CPS 比较政治学丛书
Comparative Politics Series

丛书主编 李路曲

本书为2009年教育部人文社科青年项目"国外政党与公民社会的关系研究：以欧美与东亚为例"
（项目批准号：09YJC810012）的最终研究成果

国外政党与公民社会的关系

——以欧美和东亚为例

高奇琦 著

全国百佳出版社
中央编译出版社
CCTP Central Compilation & Translation Press

上海市人文社科基地华东政法大学
国家重点学科华东政法大学
法律史学科建设项目

序　言

《比较政治学丛书》是在华东政法大学支持下，以华东政法大学政治学研究院为依托策划和出版的。比较政治学在国内属于一个较为新兴的研究领域，希望该丛书的出版可以为这一领域的研究贡献力量。

华东政法大学（原"华东政法学院"）是新中国创办的第一批高等政法院校。1952 年，原圣约翰大学、复旦大学、南京大学、东吴大学、厦门大学等 9 所院校的法律系、政治系和社会系合并组建成立华东政法学院。而后因历史原因，学校曾两度停办。1979 年，华东政法学院第二次复校。2000 年，在新一轮院校布局调整中，华东政法学院由隶属司法部改为"中央与地方共建，以地方管理为主"的上海市市属普通高等院校。2007 年 3 月，经教育部批准，华东政法学院更名为华东政法大学。

相对于国内历史悠久的知名综合性高等学府，华东政法大学是一所尚属年轻的大学。华东政法大学未来发展的目标是建设多科性大学，振兴包括政治学在内的多个优势学科。政治学是当前华东政法大学非法学学科发展的重点之一，具有取得显著突破的潜质，其原因有三：

第一，华东政法大学政治学学科的历史渊源可以追溯到圣约翰大学时期。地处万航渡路的华东政法大学于圣约翰大学旧址上办学。圣约翰大学是中国教会大学中历史最久的学校之一，被誉为"东方的哈佛"、"外交人才的养成所"[①]，其政治学学科在国内设立较早且较完整。1918 年，圣约翰大学在文学院下设政治学系，其下设课程为政治学、政治学理论、国际法、法律学、国政比例学、法学理论之历史、万国公法择要、外交实行、东方外交学。[②] 在1934 年圣约翰大学的文科课程设置中，政治学共设有政治学纲要、法学纲要、国际公法、市政、中国市政、英法政府、欧洲大陆之政府、中国之国际关系（1895 年止）、中国之国际关系（1895 年后）、宪法研究与民国制宪史、

---

① 张仲礼，《序》，载熊月之、周武主编：《圣约翰大学史》，上海人民出版社 2007 年版，第 1 页。
② 熊月之、周武主编：《圣约翰大学史》，上海人民出版社 2007 年版，第 145、98 页。

中国政府、财政学、国际组织、政治理论史和专修课程等，共15门，列文科21个学科课程总数之首（当时文科课程总数为126门）。① 圣约翰大学为近代中国培养了邹韬奋、顾维钧、施肇基、荣毅仁、李慎之、陈鲁直等一批杰出的外交家和政治家。岁月流转，我相信华东政法大学新一代政治学学者可以在这些外交家和政治家先辈们学习过的殿堂里薪火传承，复兴华东政法大学具有中国乃至国际影响力的政治学学科。

第二，华东政法大学内法学与政治学学科间相互给养。华东政法大学传统优势学科是法学学科。在社会科学各学科中，与法学最为接近的是政治学，政治学和法学同处于大法学的学科范围之内。具体到子学科，我们可以看到政治学理论与宪法学、行政学与行政法学、政治哲学与法理学、国际关系学与国际法学、比较政治学与比较法学之间的相互融通之处。法学和政治学学科邻近有两点蕴意：第一，政治学的演进可以借助法学之力，优势互补。第二，政治学学科的完善会为法学等相关学科进一步拓展提供更为坚实的学科结构支持。

第三，华东政法大学的政治学在新时代下构建起卓越的学科平台。华东政法大学政治学学科的发展已经颇具规模，它是上海市首批教育高地之一。政治学学科是校级重点学科。2008年1月，学校组建了政治学研究院，其目的正是希望整合政治学学科的人才资源，提升政治学学科的科研水平，推动政治学学科的整体发展。近年来，华东政法大学政治学研究院正以比较政治学为主导研究方向，锐意进取、开拓创新。希望《比较政治学丛书》的出版可以使华东政法大学政治学研究院与国内外同行分享他们在这一领域的研究成果。

华东政法大学极为重视本校政治学学科的发展。从字面上来看，就"华东政法大学"中"政法"二字所蕴含的内涵而言，学校在法学方面已经取得了不少成绩，同时，我们仍需要继续推进和加强政治学方面的建设。这一套丛书是一个开始，就是把"华东政法大学"的"政"字内涵做实的开始。大学之美，美在和谐。外在的和谐体现在校园建筑的错落有致，华政的校园做到了这一点；内在的和谐体现在学科的平衡发展以及学科间的相互给养上。后者是我们当前努力要做的。

谨此为序，并与学界同仁共勉。

何勤华
于华东政法大学
2011年5月22日

---

① 熊月之、周武主编：《圣约翰大学史》，上海人民出版社2007年版，第148、153页。

序

　　政党与公民社会是贯穿于政治学、法学和社会学三大领域中的两个重要概念。对这两大概念各自的研究成果都比较丰富（需要特别提及的是关于公民社会的研究，其是近 20 年来中国社会科学研究的热点问题）。但是对两者关系的已有研究却是相对缺乏的。关于公民社会的已有研究中，更多是把公民社会看成与国家相对的一个概念，而很少有研究关注政党与公民社会的关系。

　　实际上，政党与公民社会之间的关系是重要的，也是值得研究的。传统研究认为，政党与公民社会是两个完全不同的概念。政党主要在政治领域中活动，而公民社团则主要在社会领域中活动。在很多时候，政党发挥出利益整合的功能，而公民社会则更多以碎片化的利益诉求的面貌出现。政党往往具有严密的正式组织和明确的意识形态纲领，而公民社团则在组织建设和意识形态整合上常常缺乏建树。然而，政党与公民社会的功能有诸多重合之处，如两者从本质上都是一种利益表达机制。诚如本书作者指出的，在西方政党政治中，政党与公民社会之间的区别在缩小。绿色运动和右翼反移民组织都直接进入政治领域，通过组党、参与竞选进而分享政治权力。而主流政党在政党动员能力衰退和新社会运动的压力下，也不得不对政党组织和意识形态进行调整，使其变得越来越像公民社团。在这个意义上，当下对两者关系进行总结便显得尤为重要。

　　从比较政治学的角度对政党和公民社会两者的关系进行理论概括和实践抽象是困难的。这是一项全新的工作，可以参照的研究成果并不多。在理论概括这一部分，作者主要从国家—社会关系（作者称之为结构主义路径）和政党类型学（作者称之为历史主义路径）的视角展开分析。作者运用国家—社会关系研究中较为成熟的国家主义、多元主义和法团主义三分法对两者关系进行了规范意义的评述。同时，作者以精英型政党、群众型政党、全方位政党、卡特尔政党、新政治政党和商业公司型政党等政党类型的划分为基础对两者关系进行了历史的考察和回顾。在实践抽象这一部分，作者主要从地区模式和问题领域的角度展开比较分析。作者将两者关系总结为四种地区模式：西欧的紧密共生模式、北美的有限合作模式、东亚的政党主导模式和东亚的双重虚弱模式。这种模式分类尚待学界进一步地批评和商榷，但这种分类确有其独特之处。在问题领域中，作者选取了传统社会运动（工人运动）和新社会运动（环境运动）这两个领域来考察政党与公民社会的互动状况。整体来看，这些理论工作和实证分析都展示出作者扎实的理论功底和娴熟的研究技巧。

本书作者高奇琦博士勤奋好学、积极思考，对学术和科研有着不倦的探索精神。在当今这个特殊的时代，年轻人甘于坐冷板凳、乐于向学，这是难能可贵的。看到他能如此地热爱这份研究工作，我由衷地感到欣慰和高兴。该书是在其博士后出站报告的基础上修改完善而成的，也是其承担的教育部人文社科青年项目的结项成果。与当初的博士后出站报告相比，目前的书稿从理论基础、框架结构、逻辑论证等各方面更臻于完善，从中可以看到作者所付出的辛勤努力。尽管书中不可避免会存在一些不足，还待以后进一步完善，但本书所体现的价值使我非常乐意向社会推荐这本书并欣然为之作序。希望该书的出版，有助于学界进一步深入对政党与公民关系的探讨，也有助于扩展政党社会学和比较政党学的研究范畴。

本书是我院推出的《比较政治学丛书》之一。比较政治学是我院的特色研究方向。2010 年 5 月，我院和《政治学研究》编辑部共同主办了"比较政治学与中国政治发展"学术研讨会。这是国内首次以"比较政治学"为关键词的学术会议。我院还编辑出版了《比较政治学研究》辑刊。这套《比较政治学丛书》的出版是以上这些学科整合努力的一部分。希望这套丛书的出版有助于国内比较政治学的发展和繁荣。

李路曲

于华东政法大学政治学研究院

2011 年 4 月

内容摘要

政党主要在政治领域中活动，志愿性公民社团主要在社会领域中活动，而利益集团产生于社会领域，但主要在政治领域活动。在政治实践中，政党与公民社团（包括利益集团和志愿性公民社团）的关系模式主要分为四种：完全独立模式、集体会员模式、附属模式和分支模式。20世纪中后期以来，欧洲政治中出现了政党与公民社会相互转化的趋势。就未来而言，欧洲政治中政党公民社会化的程度可能要远远低于公民社会政党化的程度。政党政府是西方政党研究中一个重要的概念，但政党社会这一概念却未有学者提出。政党社会是相对于公民社会而言的、以政党组织为主要利益表达渠道的那部分社会。国家制度因素、政党结构和政党意识形态、政党政府因素等都会对政党社会产生重要的影响。20世纪后半期，西方国家普遍发生了政党与社会分离的现象。从政治哲学的角度来看，这是自由主义的胜利。然而，自由主义中内含的消极政党参与也导致了代议工具主义和公民犬儒主义等一系列问题。一种新的协商政治模式在汲取共和主义中积极政党参与传统的基础上，力图解决自由主义的问题。

从国家主义视阈出发来看待政党与公民社会关系，容易得出政党中心论的结论。从伦理国家主义来看，由于政党比公民社会更多体现整体性，所以政党也就具备了优先于公民社会的伦理实现地位。从自主国家主义来看，由于政党在某种程度上是国家的一部分，所以延伸后的自主国家很容易包含自主政党。从多元主义的观点来看，则容易得出公民社会中心论的结论。从功能多元主义的视角出发，政党与公民社会都有各自的功能和价值，而不能轻易地用一种功能性组织取代另一种。从权力多元主义的角度来理解，政党与公民社会需要放在更为平等的地位上展开讨论。按照差异多元主义的内涵来看，公民社会比政党更能反映少数群体的差异性。而在法团主义视阈下，政党与公民社会的关系以一种整合的面貌出现，即整体性取代优先性成为关系的中心。

从政党类型学的角度来看，目前西方学术界关于政党与公民社会关系的研究主要在政党、国家与公民社会三者关系的基础上展开。在西方的学术成果中，卡茨和梅尔与库勒的分析是最有影响和最具代表性的。比较来看，卡茨和梅尔与库勒观点的差异主要集中在以下方面：第一，国家与公民社会间关系的理解上存在差别。在群众型政党阶段，卡茨和梅尔认为国家与公民社会产生了分离，而库勒对公民社会和社会进行了区分，并认为国家与公民社会并未出现分离。第二，公民社会是否包含精英型政党。卡茨和梅尔认为公民社会完全包含精英型政党，而库勒认为精英型政党多数处于公民社会之中，但部分却进入国家的领域之中。第三，在卡特尔政党时期，政党是否远离公民社会？卡茨和梅尔对这个问题持肯定的结论，而库勒的观点则相反。整体来看，从西方学术界这些已有的成果来看，政党与公民社会间关系的讨论才刚刚开始，学界观点中出现的差异远多于共识。

政党与公民社会的西欧模式表现为紧密共生关系。西欧政党与公民社会长期处于一种密切的合作关系。政党与公民社会的合作互动不仅体现在选举之中，而且体现在平时双方的制度化交往之中。北美政党与公民社会的特征则表现为有限合作模式。政党与社会的沟通在平时非常有限，而在选举时期则较为频繁。东亚政党与公民社会的关系表现为两种模式，一是政党主导模式，主要的代表国家是日本和新加坡。在这一模式中，政党发展早于公民社会发展，因此也就导致了强政党—弱公民社会的模式。另一种是双重虚弱模式，主要的代表国家是韩国和泰国。这些国家在威权统治时期都有较长军人干政的历史，而这在某种程度上导致了政党与公民社会双重虚弱的现象。

西方国家的中左翼政党与工会组织的关系模式可以分为三种：同盟模式、准同盟模式和临时同盟模式。英国工党、德国社民党、日本社会党、澳大利亚工党等与工会的关系属于同盟模式，法国社会党与工会是准同盟模式，而美国民主党与工会的关系则是临时同盟模式。然而，整体来看，目前左翼政党与工会的传统关系模式出现了一些变化。西方生态型政党与环保团体的关系也可以分为三种：社团主导型、政党整合型和相互独立型。这三类关系分别以法国、德国和英国为代表。在现实中，仍存在一些变动的情形，即从一种状态到另一种状态。譬如，比利时生态党与环境社团的关系经历了从社团主导型到政党整合型的变化，而意大利绿党与环境社团的关系则经历了从社团主导型向相互独立型的转变。

新中国建立至今，政党与公民社会的关系变迁主要经历了政党主导、双重破坏、渐进开放和秩序合作四个时期。从政党类型学的角度来看，20 世纪 90 年代以来，执政党开始在群众型政党模式的基础上部分吸纳全方位政党的特征。在这一过程中，虽然政党介于国家与公民社会之间的基本格局并未发生变迁，但执政党介入公民社会的幅度和深度却出现明显变化。从功能主义路径来看，改革开放之前，以政党为中心的体制内诉求是公民主要的集体行动模式。改革开放之后，虽然政党路径仍然是重要的公民行动模式，但其重要性在下降。同时，以公民社会为中心的公民集体行动在逐渐兴起。协商民主理论是理解政党与公民社会关系的重要理论。然而，西方协商民主理论中对政党的关注是缺乏的，因此，应该将政党因素重新引入协商民主的分析之中。中国协商民主的内核更可能处于党际协商和党群协商之间。党际协商在某种意义上是历史制度的积淀，而党群协商则是展开执政党与公民社会良性互动关系的重要一环。在未来，中国调整政党与公民社会关系的关键是构建两者的双向赋权模式。这种双向赋权模式所试图实现的是一种超越事实和规范划分的新型合法性观念。在实践中，双向赋权是政党和公民社会围绕公共事务进行自由平等的对话和讨论，并通过话语论证来达成共识进而形成政治结果的过程。

目　录

图表索引

引　言

政党与公民社会各自的理论研究都相对成熟，而政党与公民社会之间关系的研究却相对缺乏。学界一般在讨论公民社会时，总是把国家或政府作为其相对应的概念，而忽视政党这一行为体与公民社会的互动关系。这份研究报告则试图对这组关系进行探讨。笔者采取了比较政治研究的方法，即主要以国外（欧美和东亚）案例为基础对这一问题进行探讨。

一、国内外研究现状述评

国外对政党的研究，多集中在政党类型、政党功能、政党与民主化、政党体制、政党意识形态等问题上。国外对公民社会的研究，则多集中在公民社会的概念辨析、国家与公民社会、公民社会与民主化、公民社会与社会资本、全球公民社会、公民社会与非政府组织等问题上。国外对政党与公民社会之间互动关系的理论研究较少（通过对 JSTOR 和 EBSCO 两个国外数据库的查询得出结论），但也存在一些。譬如，爱尔兰学者彼得·梅尔（Peter Mair）在讨论政党类型学时对政党与公民社会的关系有过简要的理论概括。[1] 美国学者赫伯特·基茨凯尔特（Herbert Kitschelt）在讨论运动型政党（movement party）时对公民社会运动与政党的结合进行了讨论。[2] 但这些研究都未能系统和完整地对政党与公民社会关系进行理论探讨。国外对政党与公民社会关系的实践研究穿插或散见于对某一政党的个案研究之中，如多数对英国工党的实证研究会涉及工党与工会组织的关系，而多数对德国基民盟的实证讨论也会涉及基民盟与基督教团体之间的关系，等等。当然，国外学界系统

---

① Richard S. Katz and Peter Mair, "Changing Models of Party Organization and Party Democracy: The Emergence of the Cartel Party", *Party Politics*, Vol. 1, No. 1, 1995, pp. 8 – 15.

② Herbert Kitschelt, "Movement Parties", in Richard S. Katz and William Crotty (eds.), *Handbook of Party Politics*, London: Sage Publications, 2006, pp. 278 – 281.

地对两者关系进行研究的成果也有一些，如美国学者爱德华·L. 夏布斯梅尔（Edward L. Schapsmeier）在 1981 年的专著《政党与公民行动组织》[①] 和英国学者杰弗里·K. 罗伯茨（Geoffrey K. Roberts）在 1970 年的专著《英国的政党与压力集团》[②]，然而这类研究仍然较少，而且内容也较陈旧一些。

国内关于政党和公民社会两部分各自的理论研究也比较丰富和成熟，但对两者关系的理论研究同样比较少。一些关于执政党与非政府组织的研究对本课题是有启发的，如吴新叶的论文《包容与沟通：执政党与非政府组织的互动关系》[③]、生键红的论文《执政党与非政府组织之间的关系》[④]，但这些研究仅是从执政党和非政府组织的概念梳理中寻找两者的关联，未对两者关系进行较为深入的实证分析。国内也存在一些关于国外政党与公民社会（公民社团）互动的研究，如罗云力的论文《西欧社民党的公民社会化》[⑤]、林建华、李华锋的论文《论英国工党与工会关系嬗变的特质》[⑥]。但是，这样的研究成果是比较少的。国内学术界对如何处理党群关系的政策研究较多，同时也出现了一些中国共产党与民间组织关系的研究，如张文成的论文《关于我国执政党与民间组织关系的思考》[⑦]、闫东的博士论文《中国共产党与民间组织关系研究》[⑧]。但这些研究呈现如下特点：一是缺乏系统和整体的理论研究；二是缺乏比较政治的研究方法。

二、研究意义

从理论上讲，国内外学术界对政党和公民社会这两部分的研究都比较成熟，但这两部分研究对两者之间的关系都较少涉及，系统和完整探讨政党与

---

① Edward L. Schapsmeier, *Political Parties and Civic Action Groups*, Westport, Conn.：Greenwood Press, 1981.

② Geoffrey K. Roberts, *Political Parties and Pressure - groups in Britain*, London, England：Weidenfeld & Nicolson, 1970.

③ 吴新叶：《包容与沟通：执政党与非政府组织的互动关系——一个比较视角的检视与思考》，载《南京社会科学》，2007 年第 11 期。

④ 生键红：《执政党与非政府组织之间的关系》，载《上海党史与党建》，2007 年第 8 期。

⑤ 罗云力：《西欧社民党的公民社会化》，载《当代世界与社会主义》，2008 年第 1 期。

⑥ 林建华、李华锋：《论英国工党与工会关系嬗变的特质》，载《理论学刊》，2008 年第 4 期。

⑦ 张文成：《关于我国执政党与民间组织关系的思考》，载《当代世界与社会主义》，2006 年第 6 期。

⑧ 闫东：《中国共产党与民间组织关系研究》，中共中央党校博士学位论文，2007 年。

公民社会之间关系的理论研究则更为缺乏，因此，对这一问题的深入探讨可能会有一些重要的理论突破。具体来看，本书的理论价值体现在：第一，试图以地区为单元总结政党与公民社会的关系模式（西欧模式、北美模式和东亚模式）；第二，政党国家（party state）和政党政府（party government）是西方政党理论中成熟的概念，但政党社会这一概念却没有学者提出；第三，对政党与公民社会关系进行研究的理论价值可能外溢在政治学学科之外，对法学和社会学等学科相关问题的探讨带来启发；第四，将国家与社会关系的三种理论范式——国家主义、多元主义与法团主义引入政党与公民社会关系的研究；第五，在政党类型学的基础上展开对政党与公民社会关系的历史主义分析。

从实践上讲，国外政党与公民社会的关系研究会对中国共产党处理党群关系有重要的启示意义。本书在选取国外案例时，主要选择西欧、北美和东亚国家作为研究对象。欧洲和北美是世界上政党发展时间最长的地区，一些老牌政党在政治发展过程中积累了与公民社会互动的丰富经验；而东亚国家政党所处的发展阶段、历史传统、文化背景和体制形式与我国具有一定的相似性。具体来看，国外案例的借鉴意义有：第一，西欧"紧密共生模式"的启示在于，执政党要获得更多的政治合法性和长期的执政地位，必须立足于与公民社会的密切合作。第二，北美"有限合作模式"中职业化公民社团在表达公民诉求和利益方面的优势意味着，发展职业化的公民社团以及加强执政党与职业化公民社团的合作，是未来中国共产党建设党群联结机制的一个重点。第三，东亚"政党主导模式"的启示则在于，要在执政党引导的前提下对公民社会的空间实行渐进有序地开放，通过逐步实现公民自治来保障执政党的合法性和执政地位；东亚的另一种"双重虚弱模式"则告诉我们，对于政治现代化国家而言，制度化的政党制度对于政治稳定是非常重要的。

三、基本思路和研究方法

本书的基本思路如下：首先，在进一步学习和掌握马克思主义政党理论、西方政党理论的基础上，解读和研究学术界已有的成果，例如，对有关西欧、北美和东亚各国政党与公民社会互动的研究成果进行解读和吸收，尤其是对比较研究的成果进行学习和深入探讨；其次，对学界研究的某些空白点或薄弱环节进行研究，例如，西欧、北美和东亚这三个地区是否存在一定的模式特征，这些模式特征对于中国共产党建设党群联结机制的意义何在，等等；最后，在进行个案研究的基础上进行比较研究，以抽象出更为一般的规律和可供我们借鉴的经验。

本书以马克思辩证唯物主义的理论和方法为指导，还应用了其他的多种研究方法，如比较的方法、规范研究法、经验主义和实证方法、社会分析的方法以及历史叙事的方法等。

四、本书内容与结构

全书的内容分为六章。前三章偏重理论的探讨，内容涉及"政党与公民社会关系的相关理论"、"政党与公民社会关系的结构主义路径"、"政党与公民社会关系的历史主义路径"三部分。后三章则主要在实践问题上展开，内容包括"政党与公民社会关系的地区模式"、"政党与公民社会关系的问题领域"、"西方理论与实践对中国的启示"三部分。

具体来看，第一章主要对政党与公民社会之间的一些基本概念以及整体的变迁趋势进行探讨。在这一章中，笔者首先对政党、利益集团和公民社会这三个概念进行辨析和界定，然后对欧洲政治中政党与公民社会的相互转化趋势进行分析，其后试图提出一个政党社会的概念来描述政党与公民社会两者之间的紧密关系，最后则把政党社会的关注放在自由主义与共和主义的二元经典划分下进行评述。

第二章在国家—社会关系理论的基础上展开对政党与公民社会关系的理论分析。在这一章中，笔者首先从伦理国家主义、统治国家主义和自主国家主义理论的基础上分析政党与公民社会各自的优势和价值，然后在功能多元主义、权力多元主义和差异多元主义的分野脉络上对政党与公民社会之间的关系调和进行探讨，最后提出一种政党与公民社会之间的法团主义模式以供学界作进一步的分析。

第三章运用政党类型学对政党与公民社会展开一种历史主义的探讨。在本章中，笔者首先对西方政党类型学的研究进行整体回顾，然后分别在精英型政党与群众型政党、全方位政党与卡特尔政党、新政治政党与商业公司型政党类型的基础上对政党与公民社会的关系展开分析。其中，前四种政党类型是西方政党政治中的主流，而后两种则是非主流的政党模式。

第四章试图对政党与公民社会关系进行以地区为单元的模式总结。这一章选取了政党发展的三个重要地区：西欧、北美和东亚。在笔者看来，西欧模式主要表现为紧密共生的特征，北美模式则表现为有限合作的特征，东亚政治发展的不平衡导致其同时出现了政党主导和双重虚弱两种模式。以这些模式分类为假设，本章用事实和材料对这些模式特征进行论证和分析。

　　第五章选取工人运动和环境运动这两个问题领域来讨论政党与公民社会之间的互动关系。工人运动是传统社会运动的代表。笔者对这一问题领域的展开主要以历史分析和模式分类为基础，兼引入结盟理论的一些成果，最后讨论传统左翼联盟目前所面临的挑战。环境运动是新社会运动的标志，笔者对这一问题领域的研究则主要关注生态型政党的政党特征与社团特征比较、生态型政党与环保社团的互动模式分类等问题。

　　第六章主要探讨前述理论与实践对中国的启示。笔者对新中国60多年来政党与公民社会关系的变迁过程进行历史分段，并在政党类型学和功能主义路径的基础上展开较为理论化的分析。同时，笔者也更为关注政党、公民社会与协商民主三者之间的关系。西方的协商民主理论中存在政党因素缺位的问题，然而中国协商民主问题的探讨则必须将政党因素引入，并且应该将政党与公民社会的关系即党群协商作为中国协商民主中的重要组成部分。

　　在结论部分，笔者提出"构建中国执政党与公民社会关系的双向赋权模式"这一提法。政党与公民社会的关系可以分为政党强势关系、公民社会强势关系、极化二元关系和温和二元关系四种。笔者所倾向的是温和二元关系，而这一关系的实质是政党与公民社会的双向赋权。双向赋权强调主体间性而不是主体性，同时强调赋予的内容既包括权力也包括权利。

第一章 政党与公民社会关系的相关理论

本章主要对政党与公民社会之间的一些基本概念以及变迁趋势进行描述，由四部分内容构成。第一部分对政党、利益集团与公民社会这三个概念进行辨析。政党与公民社会是本书关注的元概念。同时，由于公民社会与利益集团概念的相近以及在研究领域中的相互混用，所以本章把这三个概念放在一起来进行讨论。第二部分对欧美政治中政党与公民社会的相互转化趋势进行分析。尽管在第一部分中笔者对政党与公民社会各自的特征进行了界分，但从目前欧美政治的变迁趋势来看，这两个概念所代表的政治组织正在发生一些合流的变化。第三部分主要试图提出一个政党社会的概念来描述政党与公民社会两者之间的紧密关系。在西方政治学研究中，政党政府是一个成熟的概念，但政党社会这一概念却没有学者提出。这反映了西方政党研究中的一种向上（朝向政权、政府、国家）的关注。这种传统研究在本质上忽视政党的社会基础，所以笔者倡导一种政党向下的关注（朝向社会、少数群体、公民个体或社团）。第四部分则把这种对政党社会的关注放在一个更为宏阔的背景下考察。笔者从自由主义与共和主义的二元经典划分出发，对西方政党社会变迁的趋势进行较为理论化的考察。

一、政党、利益集团与公民社团的概念分界

政党主要在政治领域中活动，志愿性公民社团主要在社会领域中活动，而利益集团产生于社会领域，但主要在政治领域活动。笔者试图使用解决集体行动问题和社会选择问题的二维分析模式来对三者的分界和关联进行描述。在政治实践中，政党与公民社团（包括利益集团和志愿性公民社团）的关系模式主要分为四种：完全独立模式、集体会员模式、附属模式和分支模式。概言之，政党要实现利益整合和意愿汇聚，就需要把各种利益集团和志愿性社团整合到政党活动的范围之内。

（一） 西方学界对政党、利益集团与公民社团的界定

西方学者对政党内涵的界定主要有两种观点：一种是道德主义的界定，认为政党是表达和整合社会利益的组织，其主要代表是英国学者埃蒙德·柏克。柏克认为："政党是一些人基于某些一致同意的原则组织起来，并通过他们的共同努力促进国家利益的团体。"① 另一种是工具主义的界定，认为政党是个人获取公职和社会遴选精英的一种政治工具，其代表人物是美国政治学家熊彼特和杜鲁门。熊彼特表述道："一个政党并不是如古典学说（意指柏克）要我们相信的那样，是旨在'按照全体同意的某个原则'来推进公众福利的一群人。……一个政党是其成员打算一致行动以便在竞选斗争中取得政权的团体。"② 杜鲁门也认为："美国政党在通常情况下是一种动员投票的工具。"③ 当然，也有学者试图整合这两方面的观点，如阿兰·维尔认为，"政党是一种依靠占据政府中的职位来影响政府且通常是代表社会中大多数民众利益的组织"④。总之，西方学者的政党定义有两大要素，一是选取公职代表，二是整合社会利益。

利益集团（interest group）则是一个与政府相对应的概念。杜鲁门在其《政府过程》一书中，把利益集团界定为"在一种或几种共同的态度基础上，为了建立、维护或提升具有共同态度的行为方式的集团"⑤。《布莱克维尔政治学百科全书》对利益集团的定义是，"致力于影响国家政策方向的组织，它们自身并不图谋组织政府"⑥。这里需要强调的是，从政治科学的角度来看，利益集团的概念是中性的。有一种传统的认识认为，利益集团是通过游说政府分割利益的组织，这种游说会使得"部分人的意志"扭曲"公共意志"。这种认识受到卢梭"公共意志"思想的影响。笔者的理解是，利益集团的概念及理论揭示的是一种团体的行为理论，即政治行为可能更多是由团

① Edmund Burke, "Thoughts on the Cause of the Present Discontents（1770）", in Paul Langford（ed.）, *The Writings and Speeches of Edmund Burke*, Oxford：Clarendon Press, 1981, p. 317.

② 〔美〕熊彼特：《资本主义、社会主义与民主》，吴良健译，商务印书馆 2002 年版，第 413 页。

③ 〔美〕戴维·杜鲁门：《政治过程——政治利益与公共舆论》，陈尧译，天津人民出版社 2005 年版，第 294—295 页。

④ Alan Ware, *Political Parties and Party System*, Oxford：Oxford University Press, 1996, p. 5.

⑤ 同上，第 37 页。

⑥ 〔英〕戴维·米勒、韦农·波格丹诺编：《布莱克维尔政治学百科全书》，邓正来等译，中国政法大学出版社 1992 年版，第 362 页。

体做出的。团体是政治行为分析中的一个重要变量，而在使用这一概念分析时应避免价值判断的成分。

公民社团，也称为公民社会组织（civil society organization），是指在公民社会场域中活动的组织和社会角色。与公民社团相近的概念有非政府组织、非营利组织、慈善组织、民间组织等。这些概念的运用多数基于不同的情境，譬如，非政府组织在使用之初主要是指联合国承认的、用以促进第三世界发展的国际非政府组织，非营利组织则强调这类组织与企业的运作目标的截然不同，慈善组织主要强调组织在公益慈善方面的救助功能，民间组织则暗含组织的非官方色彩和自治性质。尽管在不同情境下这些概念的所指略有不同，但在一般的学理讨论中，鉴于这些组织的内涵和性质的相似性，它们经常是相互换用的。譬如，萨拉蒙（Lester M. Salamon）干脆把公民社会组织宽泛地界定为介于市场和国家之间的第三部门。① 在一般的学术讨论中，人们会将志愿协会、俱乐部、工会、慈善团体、教会等都归类为公民社团。②

（二）三个概念之间的分界

首先来区分利益集团与公民社团这两个概念。通过学术直觉作出的判断是，两者对应的概念和使用的情境不同。利益集团对应的是政府，而公民社会对应的是国家。利益集团概念的使用热潮出现在 20 世纪 60、70 年代，而公民社团的使用热潮则出现在 20 世纪 80 年代之后。然而，从这两点来判断，这两个概念的区别不是根本性的。现实中的案例也支持这一判断，许多组织如美国退休人员协会（AARP）在 60、70 年代被称为利益集团，而之后更多被称为公民社团。另一种直觉判断是，公民社团的公共性要高于利益集团。利益集团的公开诉求是小团体利益，而公民社团的公开诉求则往往是公共利益，如环境保护等。这一判断可能是不准确的。从经验来看，美国拉尔夫·纳德领导的与法律、核能源、医疗和税收等领域相关的公共利益院外集团便

---

① Lester M. Salamon, "Toward Civil Society: The Global Association Revolution and the New Era in Public Problem-solving", in Zhao Liqing and Carolyn L. Irving (eds.), *The Non-profit Sector and Development*, Hongkong Press for Social Science LTD, 2001, p. 21.

② 江明修、郑胜分：《全球性公民社会组织发展之探析》，见范丽珠主编：《全球化下的社会变迁与非政府组织》，上海人民出版社 2003 年版，第 40—50 页。

可以反证这一点。① 从逻辑来看，即便是一些狭隘的利益集团在游说政府时，也会强调其行为的根本指向是社会的公共利益。从另一角度来看，公民社团的一些所谓公共性的倡议活动，譬如，消除某种不良嗜好或倡议某一健康运动，其公共性可能是需要质疑的。从多元主义的视角来看，这种对"不良"和"健康"的定义本身就是武断和压迫性的。持反对观点的公民会认为这种界定和倡议影响了他们的选择自由。因此，公共性与否很难将利益集团和公民社团区分开。

但利益集团与公民社团也并非没有区别。笔者认为，两者的区别主要体现在范围上，即公民社团比利益集团的范围更宽泛。公民社团可以分为两部分，一部分是组织良好的、有明确议题的、希望影响政府政策的组织，可以被称为倡议型公民社团，这一类可以等同于利益集团。另一部分是组织松散的、基于某一兴趣的、主要以公民互动为主的组织，可以被称为志愿性公民社团，这一类与利益集团明显不同。经过区分之后，政党、利益集团和公民社团三者的比较就可以化约为政党与公民社团（包括利益集团）的比较。

政党同志愿性公民社团的区分是明显的：一个是政治领域中的行为者，另一个则是社会领域中的行为者。这一点不需多花笔墨来阐述。政党与利益集团（倡议性公民社团）的区分原本也是明显的，譬如罗斯金（Michael G. Roskin）等学者对两者区别的总结：第一，目标不同。政党的目标是通过选举获得权力，而利益集团的目标则是推动政党或政府的领导人往其倾向的政策方向前进。第二，成员性质不同。政党的成员来自不同阶层，而利益集团的成员则从来源上具有很强的相似性和选择性。第三，数量差异。政党在政治系统中的数目一般是有限制的，而利益集团的数量则没有限制。②

20世纪70、80年代以来欧美政党政治中的一些案例表明政党与利益集团的清晰边界开始变得模糊。60、70年代的环境保护运动催生了一大批倡导环境保护的公民社团。这些倡议性公民社团在逐个应用利益集团的各种策略诸如游说政府和议员、街头示威以及暴力抗争之后，发现最为有效的政治策略是参与选举。经过一段时间的政治化，绿色倡议组织发展成为当今有效影响欧洲政坛的绿党。同样，20世纪70、80年代反对外来移民的排外运动和

---

① 〔美〕迈克尔·罗斯金、罗伯特·科德、詹姆斯·梅代罗斯、沃尔特·琼斯：《政治科学》，王震等译，华夏出版社2000年版，第210页。

② 同上，第196页。

80 年代以后反对福利国家的抗税运动，也发展为当今欧洲政坛上非常活跃的极右翼政党。[①] 另一个有趣的例子是波兰的啤酒爱好者党。这一组织起源于一个幽默的倡议，即倡议在讨论政治问题的俱乐部中提供好品质的啤酒，这一点与结社和表达的自由、知识的相互包容以及较高的生活水平等联系在一起。然而，在 1991 年，这一组织在波兰下院中得到 16 个议席。[②] 这些案例都表明，一些公民社团在实现向政党的转变。

（三）一种统一的分析模式

尽管政党、利益集团与志愿性公民社团的界限在模糊，但三者各自的活动领域和目标还是存在明显区别。政党主要在政治领域中活动，主要目标是公共意志的表达和政治决策的制定。志愿性公民社团主要在社会领域中活动，主要目标是公民间联系的密集和社会资本的增加。利益集团则产生于社会领域，但主要在政治领域活动，主要目标是将公民意愿特别是特殊群体的意愿直接表达于政治领域，以期望直接影响利益分配的结果。当然，这仅仅是一种一般性的概念分界，能否用更加科学和统一的分析模式来区分三者呢？

这里借用基茨凯尔特的"集体行动—社会选择"二维模式对三者的关系进行整体比较。[③] 基茨凯尔特模式的分析维度之一是解决集体行动问题的维度。无论政党、利益集团、志愿性公民社团都试图将分散的公民个体组织起来实现某种政治或社会结果，即都试图解决集体行动问题。但三者在解决集体行动问题上的组织、方式和效率都有所不同。政党比较依赖正式组织，通常以制度化的方式来影响政治结果，其在整体性表达利益和分配资源时较有效率。志愿性公民社团则往往是一种非正式组织的网络，通常以更为随意和灵活的方式实现社会结果，其在公民互助和社区治理的过程中较有效率。利益集团处于两者之间。最初从社会领域产生时，利益集团的组织性是不强的，多为公民之间的松散联合，但其在进入政治领域后，为了更为有效和持久地影响政治结果，其组织建设的程度大为提高，与政府、议会、政党等逐渐形

---

① 宋全成：《欧洲移民问题的形成与欧洲极右翼政党的崛起》，载《山东大学学报（哲学社会科学版）》，2005 年第 6 期，第 95 页。

② John Kenneth White, "What is a Political Party?", in Richard S. Katz and William Crotty (eds.), *Handbook of Party Politics*, London: Sage Publications, 2006, p. 5.

③ Herbert Kitschelt, "Movement Parties", in Richard S. Katz and William Crotty (eds.), *Handbook of Party Politics*, London: Sage Publications, 2006, pp. 278 – 290.

成制度化的联结。利益集团在特殊群体的利益表达方面比较有效率。另一个是解决社会选择问题的维度。国家和政府的政策应该建立在公共意志之上，但公共意志如何产生？这需要一种社会选择机制把公民的个体意愿集聚为一定程度的集体意愿，这就是社会选择问题。政党、利益集团和志愿性公民社团都试图汇集公民的个体意愿，但三者在解决社会选择问题时的范围和特征有所不同。政党主要面向一种多领域的综合议题，而且会把在这些议题中的倾向整合成一种相对稳定和反映本党性质的纲领。利益集团主要面向某一领域中往往具有强烈冲突性的具体问题，在这一相对窄化的领域中，利益集团的倾向和导向是明确和清晰的。志愿性公民社团可能并不希望在具有分配性和冲突性的领域中提出某项议题，而更多希望在公民自治与和谐互动之中产生一些亚文化的集体观念和认同。

从这种统一模式的比较来看，在解决集体行动问题和社会选择问题上，三者的功能和作用都是独特的。特别说明的是，政党的政治角色和功能仍然是其他团体所无法替代的。强调利益集团的新法团主义和强调公民社团的直接民主模式或许可以补充民主过程中的不足，但它们无法取代政治领域中政党的任务和角色。政党以其制度化的方式启动公民的集体行动，在整体性表达利益和社会意愿整合方面具有优势，并通过一种具有政治标签性质的综合纲领简化选民的选择过程，这都是其他团体所不具备的。因此，从这个角度讲，20世纪70年代以来西方国家出现的关于政党危机的忧虑[1]，可能是过于悲观的。

（四）政党与公民社团的关系模式

在现实政治中，政党、利益集团和志愿性社团处于一种较为紧密的合作关系。如前所述，政党要实现利益的整合和意愿的汇聚，就需要把各种利益集团和志愿性社团整合到政党活动的范围之内。从这一意义上讲，政党就是利益集团和志愿性社团的部分联盟。例如，20世纪30年代罗斯福领导的民主党就是工会、农会、天主教组织、犹太人组织和黑人组织等多类社会团体共同组成的联盟。[2] 这些公民社团在某种意义上构成了政党组织生态的一部

---

① Peter Mair, "Party Politics in Contemporary Europe: A Challenge to Party?", *Western European Politics*, Vol. 7, No. 4, 1981, pp. 170—184.

② 〔美〕迈克尔·罗斯金、罗伯特·科德、詹姆斯·梅代罗斯、沃尔特·琼斯：《政治科学》，王震等译，华夏出版社2002年版，第217页。

分，在政党与选民之间发挥重要的桥梁作用。政党与公民社团之间的关系是理解政党生存、组织稳定和选举绩效的关键。

托马斯·波甘克（Thomas Poguntke）将政党同公民社团的关系模式分为四种：完全独立模式、集体会员模式、附属模式和分支模式。与此相对应，存在四类公民社团：完全独立的平行组织、集体会员的平行组织、附属组织和分支组织。[①] 完全独立的平行组织不会同政党形成任何正式的联系，它们与某些关系密切的政党之间的沟通和联系是建立在对共同利益的相互理解基础上的。这种模式给予这类组织非常高的自治性，但也给这类组织在影响政党决策时造成一些困难。这类组织影响政党决策主要是通过社团精英与政党精英之间的个人式谈判来完成。也正因为缺乏正式的组织联系，政党会担心这类组织随时可能撤回其对政党的支持，因此也会非常慎重地对待社团的利益吁请和政策建议。强势的利益集团诸如工会和教会组织喜欢采取这一关系模式，可以在与政党保持联系的同时也保持一定距离。譬如，意大利的天主教教会组织从未同基督教民主党结成某种正式联系。[②] 集体会员的平行组织是那些同样非常强势的平行组织的变体。这些组织以集体会员的方式加入政党，并通过社团精英的活动向政党决策施加影响。最经典的例子是 20 世纪 90 年代前的英国工会组织。在 20 世纪 90 年代英国工党的革命性变革之前，强大的工会组织同英国工党维持着这种相对独立又直接参与的模式。[③] 相对于政党而言，这两类组织属于外生型组织，往往是经济社会变迁或者新议题推动下产生的，其出现往往早于或至少独立于政党组织，譬如工会、农会、宗教团体和生态运动组织。[④] 这些组织在出现后由于其议题的重要性而吸引到政党的注意力，因而政党开始逐步发展与这些组织的关系，将其吁请和要求逐步整合到该党纲领中。但由于这些组织本身的自主性和独特的影响力，政党很难完全吸纳和整合它们，因此也就形成了相对独立的关系模式。

---

① Thomas Poguntke, "Political Parties and Other Organization", in Richard S. Katz and William Crotty (eds.), *Handbook of Party Politics*, London: Sage Publications, 2006, p. 397.

② Luciano Bardi and Leonardo Morlino, "Italy: Tracing the Roots of the Great Transformation", in Richard S. Katz and Peter Mair (eds.), *How Parties Organize, Change and Adaptation in Party Organizations in Western Democracies*, London: Sage, 1994, p. 250.

③ Paul Webb, "Party Organization Change in Britain: The Iron Law of Centralization", in Richard S. Katz and Peter Mair (eds.), *How Parties Organize, Change and Adaptation in Party Organizations in Western Democracies*, London: Sage, 1994, p. 115.

④ Thomas Poguntke, "Political Parties and Other Organization", in Richard S. Katz and William Crotty (eds.), *Handbook of Party Politics*, London: Sage Publications, 2006, p. 398.

附属组织和分支组织则可以说是政党创建的次级组织，其实质是政党为迎合某一目标群体利益（譬如，青年、妇女、宗教群体和少数族群）而采取的针对性策略。附属组织更为独立，主要通过领导精英而与其依附的政党相联结，因此，附属组织的成员与所属政党的成员部分重合。分支组织则完全整合进政党结构，几乎没有自治性。分支组织的会员同时也是政党组织的成员或预备队。这两类组织属于内生型组织，其主要是政党因应其选民需求而建立的。[1] 政党建立这些卫星组织可以有效回应选民的特殊经济社会要求，也有助于反映选民内部的不同政策偏好。这种目标组织的战略为公民提供了一个反映其具体利益的论坛，而这两类组织也成为政党内部合法性的重要来源。

从政党类型学的角度来看，从 19 世纪末到 20 世纪中期，西方国家的政党主导模式是群众型政党。群众型政党往往代表着明确的社会经济分野，并力图同属于其阵营的公民社团维持着排他性的联系。在群众性政党的繁荣时期，选举活动主要定位于动员本党的固定选民基础，而非竭力从对方的选举阵地中争取选民。然而，从 20 世纪 60 年代开始，在战后经济增长、福利国家发展和社会结构变迁等因素的共同作用下，传统的社会分野趋于瓦解，群众型政党的传统社会基础也趋于动摇，因此，欧洲的群众型政党逐渐向基希海默尔（Otto Kirchheimer）界定的全方位政党（catch-all party）转型。[2] 全方位政党的意识形态色彩明显减弱，更加强调公职候选人自身的管理才能。全方位政党的社会联系战略超越了其传统的支持基础，而力图获得更广泛的社会支持，因此，在这一新的政党模式下，政党与公民社团的关系更多表现出包容性。随着西欧政党与其相关社团的互动关系越来越多元，欧美在政党与公民社团的关系则开始表现出一致性。因为在美国历史上，政党与社会团体长期保持着松散的合作关系。[3]

结 语

通过对政党、利益集团和公民社团的概念梳理，笔者发现，利益集团与

---

[1] Thomas Poguntke, "Political Parties and Other Organization", in Richard S. Katz and William Crotty (ed.), *Handbook of Party Politics*, London: Sage Publications, 2006, p. 398.

[2] Otto Kirchheimer, "The Transformation of West European Party Systems", in Joseph Lapalombrara and Myron Weiner (ed.), *Political Parties and Political Development*, Princeton: Princeton University Press, 1966, pp. 184 - 185.

[3] Thomas Poguntke, "Political Parties and Other Organization", in Richard S. Katz and William Crotty (ed.), *Handbook of Party Politics*, London: Sage Publications, 2006, p. 397.

公民社团之间存在一定重合，即公民社团包括倡议型公民社团和志愿性公民社团，而倡议型公民社团基本等同于利益集团。在区分之后，三者的比较就化约为政党与公民社团的比较。政党与志愿性公民社团的区别是明显的，而政党与倡议型公民社团（利益集团）的界限却在逐渐模糊。基茨凯尔特的二维模式可以将三者统一起来分析。在解决集体行动的问题上，政党较依赖正式组织，志愿性公民社团则是一种非正式网络，而倡议型公民社团则处于两者之间。在解决社会选择的问题上，政党致力于设立多领域的综合议题，倡议型公民社团则希望启动相对具体的单一议题，而志愿性公民社团则一般不会设定任何涉及利益冲突的公共议题。

在政治实践领域，政党与公民社团紧密联系在一起，两者的关系模式可以分为四种：完全独立模式、集体会员模式、附属模式和分支模式。在模式光谱的最左边，公民社团具有高度的自治性和灵活性，但以重复博弈和不定时沟通为成本。在模式光谱的最右边，公民社团已经内部化为政党的一部分，政党与公民社团的交易成本降到最低，但公民社团也就失去任何自治的可能。政党与公民社团的关系与政党组织结构的变迁紧密联系在一起。政党与公民社团的紧密结合是群众型政党发展的一个重要标志，而伴随着群众型政党在 20 世纪中后期逐渐向全方位政党转型，政党与公民社团的关系趋向松散化。

二、欧洲政治中政党与公民社会的相互转化趋势

20 世纪中后期以来，欧洲政治中出现了政党与公民社会相互转化的趋势。政党的公民社会化表现在组织结构的扁平化、行为取向的议题化、民主模式的参与化等三方面。公民社会的政党化主要表现为公民社团在组织制度化和议题扩展之后直接以政党的身份进入政治领域。从未来看，欧洲政治中政党公民社会化的程度可能要远远低于公民社会政党化的程度。政党可能会吸收公民社会的某些沟通方式和社会动员技巧，而并非完全转变为公民社会的松散政治模式；而公民社会政党化则可能成为未来欧洲政党政治中的一个重要趋势。

（一）政党与公民社会的关联与一致

对政党内涵的界定主要有三类观点：第一类将政党视为促进国家利益的

志同道合者的团体，这一类定义有道德主义的倾向，以英国学者埃蒙德·柏克（Edmund Burke）为主要代表；① 第二类将政党视为个人获取公职和社会遴选精英的一种政治工具，这一类观点以美国学者熊彼特和萨托利为代表；② 第三类将政党视为政党是代表一定阶级、阶层或集团的利益，旨在执掌或参与国家政权以实现其政纲的政治组织，这一类观点沿袭了马克思主义对政党阶级性强调的传统，以中国学者高放为代表。③

关于公民社会概念的内涵也主要有三类观点：第一类将公民社会等同于由非官方机构或团体组成的自治空间或公共领域，这类观点主要受到哈贝马斯公共领域概念的影响；④ 第二类观点将公民社会界定为介于经济和国家之间的社会互动领域，由私人领域、团体领域、社会运动及大众沟通形式组成，这类观点主要以柯亨（Jean Cohen）和阿拉托（Andrew Arato）为代表；⑤ 第三类观点则试图整合前两种观点，认为公民社会由社会成员在自愿和自治基础上进行社会经济活动的私人领域和进行政治活动的公共领域共同组成，这一类观点以中国学者邓正来和景跃进为代表。⑥

从政党与公民社会的定义来看，两者存在密切关联。政党是联结国家与社会的桥梁，换言之，政党的根基或者说政党的一部分是处于社会之中的。熊彼特定义中对政党的社会选择功能的强调，以及马克思对政党阶级性（社会某一部分的代表）的强调都可以证明这一点。而公民社会是社会中较为活跃、易于结社的那一部分。从这个角度讲，政党与公民社会甚至会有一部分重合。譬如，处于社会之中的那部分政党便与进行政治活动的公共领域可能重合。毛里齐奥·科塔（Maurizio Cotta）的界定会帮助我们更加清晰地解释这一问题。科塔将政党主要分为四部分：政府中的政党（是指政党在政府中任职的主要官员）、议会中的政党（指该政党在议会中的议员）、成员组织的政党（包括该党的常设组织、干部和普通成员）、选民中的政党（包括该党

---

① Edmund Burke, "Thoughts on the Cause of the Present Discontents（1770）", in Paul Langford (ed.), *The Writings and Speeches of Edmund Burke*, Oxford: Clarendon Press, 1981, p. 317.

② 〔美〕熊彼特：《资本主义、社会主义与民主》，吴良健译，商务印书馆 2002 年版，第 413 页；〔意〕萨托利：《政党与政党体制》，王明进译，商务印书馆 2006 年版，第 95 页。

③ 高放：《政治学与政治体制改革》，中国书籍出版社 2002 年版，第 351 页。

④ 何增科：《公民社会与民主治理》，中央编译出版社 2007 年版，第 23 页。

⑤ Jean Cohen and Andrew Arato, *Civil Society and Political Theory*, Cambridge, MA: MITP, 1992, Introduction, p. IX.

⑥ 邓正来、景跃进：《建构中国的市民社会》，载《中国社会科学季刊》（中国香港），1992 年第 1 期。

的忠实支持者和潜在选民)。① 从这个界定来看，后两部分，特别是最后一部分则与公民社会关系密切，甚至有很大程度的重合。

从政党类型学的角度来看，在 19 世纪末到 20 世纪中期的群众型政党（mass party）发展时期，政党与公民社会的关系是最为密切的。群众型政党最初主要是左翼政党的发展形态，但这种变化同样影响到右翼政党的组织结构变迁。与之前的精英型政党（elite party）相区别，群众型政党在议会外生成，而且将某一阶级或群体作为其政党的社会基础②，这意味着群众型政党从一开始就与公民社会紧密联系在一起。群众型政党与公民社会的密切联结主要包括两部分，一是通过层级组织建设和党员队伍发展而与基层社会紧密联系；二是通过与商会、工会、农会、宗教团体、妇女组织等各种社团结盟而扩展其更为广泛的社会基础。然而，20 世纪中期之后发生了群众型政党向全方位政党（catch-all party）或卡特尔政党（cartel party）发展的趋势③，这种趋势表明政党与公民社会的关系正在发生复杂的变化。

（二）政党与公民社会的传统边界

尽管如此，政党与公民社会的界限还是清晰的。即便是在两者密切的群众型政党时期，政党与公民社团的根本性质仍然是不同的，政党主要在政治领域活动，而公民社团主要在社会领域活动。林茨（Juan J. Linz）和斯蒂潘（Alfred Stepan）区分了三种社会：公民社会（以利益和价值观为中心）、政治社会（以选举为中心）和经济社会（以市场为中心），这三种社会与国家机构和法治一起构成了影响民主转型和民主巩固的五个重要领域。④ 林茨和斯蒂潘的界定表明，政治社会是政党活动的主要场域，而政党与公民社会分

---

① 〔意〕毛里齐奥·科塔：《定义政党和政府》，见〔法〕让·布隆代尔、〔意〕毛里齐奥·科塔：《政党政府的性质——一种比较性的欧洲视角》，曾淼等译，北京大学出版社 2006 年版，第51—61 页。

② André Krouwel, "Party Models", in Richard S. Katz and William Crotty (eds.), *Handbook of Party Politics*, London: Sage Publication, 2006, p. 254.

③ 群众型政党向全方位政党的转变是基希海默尔（Otto Kirchheimer）提出的，而群众型政党或全方位政党向卡特尔政党的转变是卡茨（Richard Katz）和梅尔（Peter Mair）提出的。参见 Otto Kirchheimer, "The Political Scene in West Germany", *World Politics*, Vol. 9, 1957, p. 437; Richard Katz and Peter Mair, "Changing Models of Party Organization and Party Democracy: The Emergence of the Cartel Party", *Party Politics*, Vol. 1, No. 1, 1995, pp. 5 – 28。

④ Juan J. Linz and Alfred Stepan, *Problems of Democratic Transition and Consolidation*, Baltimore: Johns Hopkins University Press, 1996, pp. 3 – 15.

别处于两个不同的活动领域。在公民社会理论中，无论是强调公民社会制衡国家的托克维尔一派，还是强调公民社会对抗国家的潘恩一派，抑或是强调公民社会与国家共生共强的伯恩哈德一派①，几乎都强调公民社会独特的本体地位及其与政治社会的清晰分界。

当然，这些讨论仅仅是一般性分析。要进一步讨论政党与公民社会相互转化的问题，需要对两者的特征进行清晰地比较。公民社团是公民社会中的主要行为者。笔者在这里对政党与公民社团的特征进行比较：第一，两者的组织结构不同。政党多呈现出垂直的金字塔式组织结构，而公民社团则多呈现出横向的扁平式组织结构。欧洲的主流政党和世界范围内的社会主义政党大多在 20 世纪中前期采取了群众型政党的模式，群众型政党带有较浓厚的集权倾向，以层层节制的领导方式来维持上下层党员之间的沟通。这种组织体制相对开放性较差，组织权力集中于高层，沟通方式主要采取命令式的纵向沟通，强调党员的纪律性和服从性。而公民社团的扁平式组织层级较少，组织成员之间身份平等，成员之间主要采取对话和协商等横向沟通方式，强调组织成员在组织决策中的重要作用，对外界环境的开放性较强，组织的边界不明显，组织内成员与组织外参与者呈现出明显的流动性特征。

第二，两者的行为取向不同。政党行为往往更具有纲领倾向，而公民社团行为则更具有议题倾向。在西方政治中，政党的最主要功能是赢得选举，而政党为了便于锁定选民的投票选择，往往会将其一整套的政策主张凝练为容易分辨的意识形态标识。这一意识形态的标识也多具有路径依赖的特征，而将政党的行为紧紧地锁定在一定的范围之内。公民社团从其产生便往往致力于某一社会问题的解决，其小巧灵活的特点也决定其不会受到某种意识形态的约束。当然，公民社团在其诉求过程中也容易产生某些极化的价值倾向，但这种价值倾向的不稳定性和单议题性决定其还不具备意识形态的程度。

第三，两者对应的民主模式不同。政党主要对应的是选举民主，而公民社团主要对应的是参与民主。西方政党的最主要目的是通过选举竞争赢得公共职位和政治权力。西方主流政党的第一要务便是运用意识形态标签、正式组织和选举技术等方式实现选票结果最优化。公民社团则主要关注民主参与的过程，而不是选举结果。一方面，公民社团通过游说政府或抗议施压等方式来进行民主参与；另一方面，公民社团在其内部活动时也充分展示一人一

---

① 何增科：《公民社会与民主治理》，中央编译出版社 2007 年版，第 66—67 页。

票或领导轮换等直接民主的运行特点。

（三）欧洲政治中政党的公民社会化

前一部分描述了政党与公民社会的传统边界。事实上，从 20 世纪 70、80 年代以来的欧洲政治来看，政党与公民社会的传统边界正在被打破，政党与公民社会之间出现了相互转化的趋势。这一部分首先描述和论证欧洲政治中正在发生的政党的公民社会化问题。支持这一判断的论据如下：

首先，政党的组织结构逐渐从金字塔式结构向扁平式结构转型。这一点主要表现在以下方面：欧洲的政党组织很难再维持一个较为集中的权力，政党权力从党的中央机构向议会党团流失；在正式政党组织中，组织层级也在逐步减少，原先采取集体会员制度的左翼政党逐步实行个人会员制度，一些右翼政党也开始尝试取消党的中央管理层次；政党的开放性大为增加，包括在政党会议时邀请非党人士列席和表达意见，青年人和外籍人士在党内担任一定职务，入党程序由审批制变为注册制等；对党员纪律性的强调也在下降，允许成员在党内表达自己的不同意见，以及政党组织活动的常规性和制度性都在变化。

其次，政党的行为取向逐渐从意识形态向具体议题转变。一方面，政党意识形态逐渐呈现中间化的特征。为争取中间阶层的认同和支持，一些主要政党的意识形态不断向中间靠拢，纯粹的意识形态纷争逐步减弱，左右翼政党政治逐渐趋同。另一方面，具体议题在政党行为取向中的作用日益增加。在选举政治中，政党在某些关键议题上的表态和倾向已经越来越有效地影响到选举结果。[1] 在日常政党政治中，德国社民党的项目党籍（以人们感兴趣的问题或项目为中心设立党组织）制度以及类似的制度安排，都表明目前的欧洲政党在尝试将议题作为政党整合的新手段。[2]

最后，政党的民主模式从选举民主向参与民主部分地进行转移。一方面，一人一票制的直接民主逐渐成为欧洲中左翼政党的党内参与模式，英国的工党已经在这一点的政党实践上卓有成效，从而扩大了党内成员对政党事务参与的积极性，德国社民党和法国社会党等都在启动相应的制度变迁。另一方

---

① Christoffer Green-Pedersen, "The Growing Importance of Issue Competition: The Changing Nature of Party Competition in Western Europe", *Political Studies*, Vol. 55, 2007, pp. 607–628.

② 中国人民大学马克思主义学院课题组：《全球信息化背景下西方主要政党组织发展趋势研究》，载《当代世界与社会主义》，2008 年第 3 期，第 16 页。

面，政党通过一些论坛和非正式网络来推进协商民主，满足政党成员和追随民众对参与性民主的需求。譬如，英国工党在中央成立全国政策论坛，在基层成立促进者网络，通过直接对话和电子沟通等方式促进协商民主方面的政党实践。① 英国保守党也建立了保守党论坛和保守党网络这类的民主参与平台，鼓励党员和党外人士对政党政策进行讨论。②

　　导致政党公民社会化的主要原因如下：第一，政党政府的发展导致政党中央组织权力的流失。卡茨和梅尔的卡特尔政党概念揭示了西方政党政治中的一个重要变化，即政党越来越受到国家和政府的资助。③ 这一特征导致议会党团对政党组织募集资金功能的依赖性下降，从而导致了政党中央机关权力的部分空心化。中央机关权力的流失导致其对中下层党员控制力的下降，也促使其启动了政党组织结构的变革。第二，选举政治的传媒化导致候选人不再依靠政党的正式组织进行动员。我国学者罗云力用政党的传媒化来描述这一趋势，即选举政治日益变成媒体政治的竞争，政党在选举中的竞争越来越依靠传媒的力量。④ 这一变化使得候选人对政党组织动员的依赖下降，从而使得政党正式组织的层级制动员结构失去存在的意义。因为通过媒体主要动员的是中间选民，所以选举政治的传媒化在某种程度上还导致了意识形态的中间化。第三，新社会运动的发展促使政党吸收了公民社团运行的一些新元素。在新社会运动发展早期，政党多对其持反对和怀疑态度。但新社会运动内含的一些潮流是不可阻挡的，如对参与民主和议题政治的强调等。在短暂的排斥之后，欧洲的传统政党接受了这些新鲜的元素，并将其纳入政党革新的范围之内。

（四）欧洲政治中公民社会的政党化

　　政党与公民社会相互转化趋势的另一部分是公民社会的政党化，即公民社团突破其主要活动的社会领域而直接进入政治领域，并参与议会选举进而

---

① 中国人民大学马克思主义学院课题组：《全球信息化背景下西方主要政党组织发展趋势研究》，载《当代世界与社会主义》，2008年第3期，第16页。

② 中央组织部党建研究所课题组：《全球化信息化背景下国外一些主要政党组织发展趋势研究》，载《当代世界与社会主义》，2008年第3期，第10页。

③ Richard Katz and Peter Mair, "Changing Models of Party Organization and Party Democracy: The Emergence of the Cartel Party", *Party Politics*, Vol. 1, No. 1, 1995, pp. 5-28.

④ 罗云力：《德国社会民主党的传媒党化》，载《当代世界与社会主义》，2006年第1期，第26—30页。

参与执政。这里最典型的案例是环境保护组织向绿党的转型。20 世纪欧洲 60、70 年代欧洲的环境社会运动催生了一大批环境保护组织，这些组织最初采取社会抗议的运动模式，但在 80 年代纷纷参加议会选举，并相继逐步取得突破。① 到 90 年代，芬兰、意大利、德国、法国和比利时的绿党先后进入政府，德国绿党还于 1998 年实现了与德国社民党的联合执政。另一组重要的例证是西欧的极右翼社会或宗教组织逐渐发展为极右翼政党。波兰的啤酒爱好者党则是一个有趣的例子。这一组织起源于一个社会倡议，即倡议在讨论政治问题的俱乐部中提供好品质的啤酒，这一点与结社和表达的自由、知识的相互包容以及较高的生活水平等联系在一起。然而，在 1991 年，这一组织在波兰下院中得到 16 个议席。②

通过对欧洲绿党等新政党案例的经验总结，可以发现公民社会的政党化主要表现在以下方面：一是完成组织的制度化和相同功能团体的整合。社会团体一般都缺乏正式的组织建设，成员流动性强，规模也比较小，缺乏较大地域范围的影响力。因此，社会团体在进入议会选举时，特别是全国议会选举时，一般要完成相同或相近团体的联盟与合并，并需要在组织功能的复杂性和组织成员的凝聚性上有所建树。德国绿党在发展过程中就经历了成立大会的整合（1980）、与东德绿党的合并、与"联盟90"的合并等几次组织整合。奥地利绿党也出现了激进的绿色选择与温和的联合绿党合并的情况。比利时绿党则由阿加莱弗党（Agalev）和生态党（Ecolo）整合而来。③ 二是完成单一议题的扩展以及与相关议题的整合。公民社团的产生往往基于某一社会议题，单一社会议题在某一段时间内可能会迅速引发公众的兴趣，但又很容易在短时期内消退。议题的解决或消退都会引发公民社团的存在危机和合法性危机，特别是其在进入政治领域后。政治领域中的竞争需要有持久的影响力，这就需要这些团体把单一议题扩展为综合议题，并在这些议题中抽取出最核心的成分，整合成可以作为政治标签的意识形态纲领。譬如，欧洲绿党多数将单一的环境保护议题扩展为直接民主、妇女权利、35 小时工作制、

---

① 郇庆治：《从抗议党到议会党：西欧绿党的新发展》，载《山东大学学报（哲社版）》，1998年第2期，第67页。

② John Kenneth White, "What is a Political Party?", in Richard S. Katz and William Crotty (eds.), *Handbook of Party Politics*, London: Sage Publications, 2006, p. 5.

③ 郇庆治：《从抗议党到议会党：西欧绿党的新发展》，载《山东大学学报（哲社版）》，1998年第2期，第62—64页。

与第三世界合作、反对核能与武器出口等多个议题，并将生态学、社会责任感、基层民主、权力分散化、非暴力等新政治原则作为其政党意识形态的基本特征。

促使公民社会政党化的因素如下：第一，社会议题政治化的深入发展。20世纪中后期欧洲新社会运动的最主要特征就是社会议题的政治化，即环境、同性恋、女性权利等原本属于私人社会领域的议题进入公共政治领域的讨论。这种社会议题政治化的进一步发展就是欧洲新社会运动催生的新社会团体在进入政党竞争领域后变成新型政党。第二，抗议行为的成本与绩效。新社会运动中公民社团的主要行为模式是社会抗议。如果某一社会利益需要表达的次数有限且表达之后很容易实现，那么社会运动的成本是相对较低的。但如果某一议题是复杂的长期性议题，那通过社会运动来影响议员的提案显然是成本较高的选择。社会抗议的负外部性还体现在其经常演化为街头暴力和流血冲突上。社会抗议的政治绩效往往是不稳定的，取决于议员对社会议题和抗议行为的个人感知和利益平衡，而且社会抗议很难对议员的政治行为进行督促和监督。第三，选举政治中的机会结构。20世纪后期欧洲的选举政治结构对于这些社会团体而言意味着两点：一是新政党的进入门槛不高。欧洲大陆国家多数采取比例代表制，这一制度对于新政党是非常有利的，仅存在一定的进入门槛，如德国的5%限额、瑞典和奥地利的4%限额等；二是存在代议的真空地带。欧洲多数的传统左翼政党和右翼政党在20世纪80年代时还没有将后现代社会的新阶层利益和后物质主义的新政治原则纳入其代议范围，这在某种程度上给这些新政党的产生提供了政治机会。

（五）影响两者相互转化的因素

需要说明的是，仍然存在一些阻挠或影响欧洲政党与公民社会相互转化的因素。就政党公民社会化的问题而言，一些传统的因素仍然发挥重要的作用：第一，政党纲领的政治标识作用仍然非常有效。极右翼政党在本世纪初欧洲选举政治中的优异成绩有力地证明了这一点。选民厌倦了主流政党的中间化路线，没法对弱化政治标签的主流政党候选人进行选择，所以将这些流动的选票投给那些相对新颖的激进主张。第二，政党的正式组织仍然具有不可替代的地位。扁平结构和权力分立导致的最大问题是政党凝聚力的下降。特别是在欧洲政治中，单个议员是没有意义的。而且，西欧的多数政党仍然规定，党的领袖和议会候选人由党员直接选举产生或通过党员代表间接选举产生。这些都强化了政党作为整体的力量。因此，在这种背景下，德国社民党、英国工党和保守党等又重新开始强调政党的纪律性。① 第三，政党协商民主最被人诟病的地方就是其效率不足。协商民主只能作为选举民主的补充，而不能成为选举民主的替代。政党协商民主可以增加政党对民众代议的合法性，也可以满足党内成员和党外群众对政党政策参与的需要，但政党协商民众在解决问题时的效率是受到质疑的。政党事务的复杂性、政党议题的整体性和政党协商参与者的广泛性都导致了政党协商在具体问题的解决上不能发挥主导作用。党内选举和高层决策的结合仍然是欧洲政党处理政党关键事务时使用的主导方式。同时，参与并赢得政治选举仍然是政党的第一要务。唯有通过选举竞争，政党才可以执掌政权和实现其政治纲领。

同样，公民社会政党化的道路也并非一帆风顺，仍然存在一些影响公民社会政党化的因素：第一，组织制度化的困难。强调基层民主的新型政党比较难解决组织整合的问题，同时也会存在运行效率问题。根据亨廷顿政治制度化的四个标准——适应性、复杂性、自主性和内聚力②，新政党需要因应环境变迁来调整其职能的适应性，构建一定数量且分工适当的层级组织，避免外界非政治团体和非程序的影响，以及在内部达成某种程度的意见一致。这四个制度化标准对于刚刚从社会团体转型而来的新型政党而言是不小的挑战。第二，意识形态整合和政治纲领实践的困难。如何把单一的议题倾向整合为完整的政治纲领，这本身是非常困难的，更困难的是再将整合的政治纲领表达为可以吸引更多选民的政策。绿党和极右翼政党已经部分地解决了政治纲领整合的问题，但在落实为有效政策的问题上停滞不前。生态主义主张作为一种理念，许多民众是接受的，但要转化为具体政策就可能影响到民众的社会福利或工作就业等方面。如何在保持原有政治理念特色的基础上，增加政策的可行性和适用性是新政党必须面对的问题。第三，政治机会结构的变化。如前所述，新政党在20世纪后期的崛起很大程度上归功于代议真空的出现。但是，如果主流政党意识到这一问题，而主动采取吸纳新政治元素和议题的态度，那留给新政党的政治空间就会大为减少。正如欧洲政党政治中出现的，主流左翼政党正在吸纳生态主义政党和其他左翼自由主义政党的政

---

① 中国人民大学马克思主义学院课题组：《全球信息化背景下西方主要政党组织发展趋势研究》，载《当代世界与社会主义》，2008年第3期，第17页。

② 〔美〕塞缪尔·亨廷顿：《变化社会中的政治秩序》，王冠华、刘为等译，上海人民出版社2008年版，第10—18页。

治元素，而主流右翼政党正在吸纳极右翼政党在动员选民时的议题和策略，这种政治机会结构的变化对于新政党而言并不是个积极的信号。

结　语

整体来看，欧洲政治中政党与公民社会的相互转化可以归结为一种正在发生的趋势。但这两种趋势的程度是不同的，政党公民社会化的程度要远远低于公民社会政党化的程度。就政党的公民社会化而言，未来发展的趋势更可能是政党吸收公民社会的某些沟通方式和社会动员技巧，而并非完全转变为公民社会的松散政治模式。目前还没有迹象表明政党会被公民社会取代。如塔罗（Sydney Tarrow）指出的，关于政党与新社会运动的许多文献实际上过低估计了政党在适应新政治方面的能力。[①] 而公民社会政党化则可能成为未来欧洲政党政治中的一个新趋势，特别是在那些政党进入门槛较低，且内部出现代议真空的政治中。但公民社团要完成向政党的完全转型，其中的阻力和困难也非常大，最主要的困难是政治组织的进一步制度化和政治纲领在实践中的推行。

三、政党社会的分析范式：一种理论尝试

已有关于政党社会关系的分析并没有提出政党社会的概念，而鉴于政党社会概念的重要性，笔者试图更为清晰地描述和捕捉这一概念。政党社会是相对于公民社会而言的、以政党组织为主要利益表达渠道的那部分社会。国家制度因素、政党结构和政党意识形态、政党政府因素等会对政党社会产生重要的影响。政党社会由意愿聚合、利益实现和结果反馈等三个领域构成。笔者对政党社会的实证模式粗略整理出四类：西欧的紧密共生模式、北美的有限合作模式、东亚的政党主导模式和双重虚弱模式。

（一）政党社会内涵的知识回溯

根据汉斯·达尔德（Hans Daalder）的研究，最早对政党社会关系进行

---

① Sydney Tarrow, "The Phantom of the Opera: Political Parties and Social Movement of the 1960s and 1970s in Italy", in Russell J. Dalton and Manfred Kuechler (eds.), *Challenging the Political Order: New Social and Political Movement in Western Democracies*, Oxford: Oxford University Press, 1990, p. 253.

研究的是英国哲学家休谟。休谟主要是对基于原则的政党和基于利益的政党进行了区分。达尔德还描述道，在休谟之后，一些分析已经开始使用城乡、支持或反对教会、阶层等概念来描述政党之间的冲突，而这些分析都潜含了一种政党与社会关系的视角。[1] 对政党进行系统理论研究的早期著作都将政党与社会关系内含在政党的组织结构与功能之中。譬如，尽管罗伯特·米歇尔斯在其著作名称中提到政党社会学，但其实质关注的是政党的内部结构——政党领袖对政党组织的控制。[2] 同样，莫里斯·迪维尔热（Maurice Duverger）在《政党：在现代国家中的组织和活动》[3] 和希格蒙德·纽曼（Sigmund Neuman）在《现代政党》[4] 中的研究都反映了这样的特点。

尝试对政党与社会关系进行系统分析的是西蒙·马丁·李普塞特（Seymour Martin Lipset）和斯坦·罗坎（Stein Rokkan）的社会分野理论（social cleavage），该理论认为，早期的国家发展和工业革命将社会分割成不同的社会集团，而伴随着民主政治的来临，这些社会分野以政党政治的形式逐渐政治化。中心—边缘、国家—教会、土地—工业和所有者—工人等四大社会分野构筑了欧洲政党发展的分界。他们还提出社会分野可以被冻结的观点，认为"20 世纪 60 年代的政党体系仍然基于 20 年代时的社会分野"[5]。李普塞特和罗坎的结论在 20 世纪 70 年代之后逐渐受到挑战，为此，罗塞尔·达尔顿（Russell Dalton）等的研究提出了政党与社会的重新结盟（realignment）模式和终止结盟（dealignment）模式。达尔顿等认为，战后工业主义的繁荣腐蚀了传统的社会联系和社区认同，个人之间的联系和个人对组织的依附变得越来越松散，不同社会网络之间的竞争也瓦解了公民传统的社会忠诚，这些因素都决定性地导致了选举联盟的解构和选民同政党之间联系的碎片化。而作为这些变化的结果，在 20 世纪 60、70 年代，西方政党体系变迁出现了两种模式，一种是重新结盟模式，主要是指一些社会群体抛弃原先的政党而选择

① Hans Daalder, "The Comparative Study of European Parties and Party Systems: An Review", in Hans Daalder and Peter Mair (eds.), *Western European Party System: Continuity and Change*, London: Sage, 1983, p. 16.

② 〔德〕罗伯特·米歇尔斯：《寡头统治铁律——现代民主制度中的政党社会学》，任军锋等译，天津人民出版社 2003 年版。

③ Maurice Duverger, *Political Parties: Their Organization and Activity in the Modern State*, London: Methuen, 1954.

④ Sigmund Neuman, *Modern Political Parties*, Chicago: University of Chicago Press, 1956.

⑤ Seymour Martin Lipset and Stein Rokkan (eds.), *Party System and Voter Alignments*, New York: Free Press, 1967, p. 50.

与另一政党结盟的现象，这一点表现为更多的富裕阶层选择与新左派政党结盟[1]，而平民阶层选择与新右派政党结盟[2]。另一种是终止结盟模式，主要是指一些选民群体将自己同某一政党的传统固定联系割断而不再与政党结盟，即个体政治行为的非政治化，表现为不投票或者根据议题投票。[3]

然而，对政党社会关系的这些讨论都没有直接地提出政党社会的概念。政党社会概念未得到明确分析的可能原因如下：第一，美国政党并没有与社会结成密切的联系。美国政党与社会关系较为密切的黄金期是 19 世纪中后期，而进入 20 世纪以来，政党与社会的关联只是在选举期间才会体现出来。换言之，美国政党更多地是一个在选举时才发挥作用的政治标签。[4] 鉴于这一特点，政治学研究的重镇——美国政治学中对政党社会的讨论和分析就比较少。第二，欧洲政党与社会联结的过程也是渐进的。在 19 世纪上半叶，欧洲政党的形式是主要在议会内活动的精英型政党。到 19 世纪下半叶，与社会紧密联结的群众型政党才逐渐成为欧洲政党的主要形式。但在 20 世纪 60、70 年代之后又出现了某种政党与社会分离的趋势。[5] 这种渐进发展的特征和不稳定的政党社会关系都会在某种程度上影响政党社会概念的提出。第三，西方政治学的主流研究潜藏有自由主义的基本价值判断，而自由主义内含的消极公民含义，从根本上反对政党与社会结成密切关系。自由主义观念认为，政党与社会的密切关系会导致政党对社会的控制，从而可能会导致公民自由的丧失。可以想象，自由主义观念从根源上是反对政党社会这一概念的。总之，这些因素不同程度地导致了政党社会概念的未开发状态。

---

① 譬如，白领阶层逐渐成为绿党的核心选民群体。参见刘东国：《绿党政治》，上海社会科学院出版社 2002 年版，第 190 页。

② 1999 年，极右政党奥地利自由党的蓝领工人支持者占整个蓝领工人的 48%。同样，2002 年法国大选中，原属于传统左派阵营的工人、农民、手工业者及小商人，大批倒向极右势力，譬如投勒庞票的工人占工人总数的 30%。参见 Paul Taggart，"New Populism"，*West European Politics*，No. 1，Jan. 1995，pp. 34 – 51；Arnauld Miguet："The French Elections of 2002：After the Earthquake"，*West European Politics*，October 2002，pp. 207 – 220。

③ Russell Dalton，Paul Beck and Scott Flanagan，"Electoral Change in Advanced Industrial Democracies"，in Russell Dalton，Scott Flanagan and Paul Beck（eds.），*Electoral Change in Advanced Industrial Democracies：Realignment and Dealignment*，Princeton，NJ：Princeton University Press，1984，p. 8.

④ 〔美〕安东尼·奥罗姆：《政治社会学导论》，张华青等译，上海人民出版社 2006 年版，第 216—219 页。

⑤ André Krouwel，"Party Models"，in Richard S. Katz and William Crotty（eds.），*Handbook of Party Politics*，London：Sage Publication，2006，pp. 253 – 257.

(二) 政党社会的概念边界和重要性

笔者在这里试图提出政党社会的概念。政党社会一词受到政党政府（party government）概念的启发。政党政府在西方政党研究中是一个比较成熟的概念。有关政党政府的著作或编著有，谢茨施奈德（E. E. Schattschneider）1942 年的专著《政党政府》，卡斯尔斯（F. G. Castles）和维尔登曼（R. Wildenmann）1986 年的编著《政党政府的视野与现实》，卡茨（Richard Katz）1987 年的编著《政党政府：欧洲和美国的经验》，布隆代尔（Jean Blondel）和科塔（Maurizio Cotta）在 1996 年和 2000 年的两本编著《政党与政府——自由民主国家的政府与支持性政党关系探析》和《政党政府的性质——一种比较性的欧洲视角》。[①] 政党政府概念在 20 世纪后期的复兴反映了政党远离社会而完全进入国家的发展趋势。这种发展趋势目前已经受到西方学术界的广泛关注，其中不乏大量批评。同时，这也为政党社会概念的出现孕育了机会。

笔者认为，政党社会是指以政党组织为主要行为体来进行利益表达和集体行动的那部分社会。政党社会与公民社会相区别，后者主要是以公民社团为主要行为体进行集体行动。政党社会概念的核心由两部分组成：一部分是社会的政党性，即社会被政党所组织和动员的程度；另一部分是政党的社会性，其指政党深入社会并从社会中汲取合法性的程度。要称之为"政党社会"，必须满足三个条件：第一，社会各集团利益的表达和聚集是通过政党而不是通过社会精英或公民团体来实现的；第二，通过政党的代议以及政党参与政治决策，社会各集团的利益需求可以得到更为有效的满足；第三，社会可以对政党行为进行有效的回应，包括社会团体与政党的直接沟通、投票行为中的支持和背弃、政党政策执行中的社会表态，以及街头的示威或暴力抗争等。

这里需要说明的是政党社会概念的重要性。政党社会概念是从学理上将

① E. E. Schattschneider, *Party Government*, New York: Holt, Rinehart &Winston, 1942; F. G. Castles and R. Wildenmann (eds.), *Vision and Realities of Party Government*, Berlin: De Gruyter, European University Institute Series, 1986; R. S. Katz (ed.), *Party Governments: European and American Experience*, Berlin: De Gruyter, European University Institute Series, 1987; J. Blondel and M. Cotta (eds.), *Party Government: An Inquiry into the Relationship between Government and Supporting Parties in Liberal Democracies*, London: Macmillan, 1996; J. Blondel and M. Cotta (eds.), *The Nature of Party Government: A Comparative European Perspective*, London: Palgrave, 2000.

政党与社会之间密切关系进行阐述和论证的一种努力。如前所述，20 世纪70年代以来，全世界范围内出现了政党与社会分离的趋势，而从 20 世纪末以来，出于对这种趋势的反弹，许多国家的政党都在政策取向中有意加强了与社会的联结。这一变化中蕴含了两点启示：一是试图绕过政党来解决社会重大问题的公民社会方案被证明是乌托邦方案。本身有一定组织基础而且希望更为有效地影响政治结果的公民社团，往往最后都选择与政党密切合作，甚至直接转型为政党。环保组织和极右组织的政党化充分说明这一点；二是脱离社会的政党无法有效解决其政治合法性的问题。社会是政党合法性的主要来源，缺乏社会认同的政党统治是没有根基的。目前在西方政治中政党受民众批评的激烈程度是空前罕见的，意大利政党政治的变化以及比利时公民对政党政治的大规模抗议等都说明这一点，其根本原因是政党与社会联结部分的衰落，换言之，是政党对社会的代表危机（crisis of representation）。[①] 以上两点启示都在一定程度上证明了政党社会概念的重要性，如法国政治学家布隆代尔所言，"成功的政党往往在社会中拥有雄厚的社会基础，只有当社会中至少有相当比例的人属于这些政党，最起码投票支持它们时，政党才具有一种实际的政治意义"[②]。

（三）影响政党社会的因素

接下来分析影响政党社会密切程度的因素。首先，国家制度因素会对政党社会关系产生结构性影响。从国家横向制度结构来看，总统制的二元体制与议会制的一元体制相比，一元体制下政党与社会的联结更紧密。一元体制下政党的执政机会只有一种可能，即通过赢得议会多数来组成政府，而二元体制在某种意义上是两次机会，政府与议会的权力来源是分离的。一元体制中机会的相对稀缺会促使政党加大其对社会动员的程度。从国家纵向制度结构来看，单一制与联邦制相比，单一制下政党与社会的关系空间更大。因为单一制下整个政治社会的权力都是自上而下的，政党对社会的动员也比较有

---

① 安德烈－保罗·弗罗涅尔：《政党政府的规范性基础》，见〔法〕让·布隆代尔、〔意〕毛里齐奥·科塔：《政党政府的性质——一种比较性的欧洲视角》，曾淼等译，北京大学出版社 2006 年版，第 28 页。

② 〔法〕让·布隆代尔、〔意〕毛里齐奥·科塔：《前言》，见〔法〕让·布隆代尔、〔意〕毛里齐奥·科塔：《政党政府的性质——一种比较性的欧洲视角》，曾淼等译，北京大学出版社 2006 年版，第 1—15 页。

力。分权的联邦体制下，政党对社会的动员比较虚弱，各个地区之间很难有效联结起来，各个地区之间会形成一定程度上政党名称或纲领的一致，但各地政党之间实质意义的相互沟通会较少，而且整体与社会的联系也会非常有限。

其次，政党结构和政党意识形态会对政党社会关系产生重要的功能性影响。金字塔式权力结构的政党凝聚力较强，也更容易整体性的控制社会。科层制的政党权力结构可以把分散的社会整合起来，社会的参与结构基本上政党动员的结果。而分散性权力结构的政党则容易被分散的社会权力所主导。最缺乏凝聚力的政党是双重权力中心的政党，即西方国家中议会党团与党的全国性执行机构两大权力分立。议会党团会同与其竞选密切相关的地方社会权力关系密切，也容易受到这些分散的地方权力的左右。而党的全国性执行机构试图整合整个社会，但双重权力的存在使其不具备这种能力，那些地方权力不会轻易接受政党的整合和收编。从政党意识形态来看，左派政党可能更倾向于加强与社会的关系，把密切联系社会作为其重要的动员功能，而且强调密切联系社会的过程也是社会发挥其民主和参与功能的一种表现。相比而言，右派政党则相对不太强调这种对社会的直接整合和动员。

最后，政党政府因素也会对政党社会关系产生重要的间接影响。布隆代尔和科塔将政党政府关系主要分为三种类型：第一种是一党多数政府，即政府由一个通过多数代表选举产生的政党控制；第二种是一党少数政府，即由多个少数党组成的政党联盟执政，但是有一个政党居于支配地位（这个政党没能获得多数选票）；第三种是政党联盟政府，即同样是多个少数党联合执政，但是没有一个政党具有支配地位。[①] 这三种政党政府关系中，在一党多数政府中执政的政党其自主性比较强，不会受到局部社会和某一社会群体的严重影响，往往会制定出符合社会整体发展的宏观长远方案。而处于政党联盟政府中的政党，则往往与某些地方利益或某些社群有密切关系，其参政的诉求往往致力于直接分割政治利益，其短期性比较明显。一党少数政府则居于前述两种政府的中间，往往会在整体社会与局部社会之间寻求平衡。这里很难说哪一类政党政府的政党社会空间更大，只是这三类政党政府的社会政

---

① 〔法〕让·布隆代尔、〔意〕毛里齐奥·科塔：《导论》，见〔法〕让·布隆代尔、〔意〕毛里齐奥·科塔：《政党与政府——自由民主国家的政府与支持性政党关系探析》，史志钦等译，北京大学出版社 2006 年版，第 11 页。

策取向不同。

（四）政党社会的三个领域

政党社会关系是现代政治中的核心问题。虽然我们经常将政党视为社会的代议工具，但之前的政党研究一般都假定，社会的意愿会自然地形成，而政党会自然地表达这些社会意愿。关于政党对社会的代议过程，如社会如何形成集聚的意愿、政党在这种意愿集聚中的作用、政党如何实施这些社会意愿，以及社会对意愿实施后的结果如何反馈等问题，现有的政党研究都缺乏深入探讨。另外，政党与社会之间的相互独立性和相互依赖性也是政党社会研究中关注的一个重点。

具体来看，政党社会由三个领域构成：意愿聚合、利益实现和结果反馈。意愿聚合是指民众意愿的政治输入问题。通过意愿的聚合和输入，整个政治系统的压力得以减轻。社会的意愿聚合模式与政党组织和公民组织的发展程度密切相关。在公民社会发展成熟的政治系统中，公民组织是公民社会的代议行动者，而政党通过聚合公民组织的意愿来完成对社会的二级代议。在政党组织发展完备的政治系统中，政党的地方组织则是联结基层社会与政党高层决策者的纽带，同样通过信息的层级传递来完成代议过程。当然，在第二种情形中，政党高层也可以通过设立"接待选民的办公室"来直接吸纳社会意愿。这些代议过程描述起来是比较有逻辑和清楚的，但在实际中却会产生诸多的代议问题，譬如，公民组织是整个社会的代表，还是社会中比较活跃的那部分公民社会的代表？公民组织表达的经常是一些具体的、短期的、局部的社会利益，而政党的意愿聚合则需要考虑到长远和整体的社会发展，如何使两者可以保持一致？根据约翰·梅（John D. May）的不均衡曲线的一般法则（the General Law of Curvilinear Disparity），政党中间阶层的观点通常是非常极端的[①]，而政党代议过程必须要经过中间阶层，问题是政党如何可以比较客观和准确地把握社会的真正意愿？这些问题有待进一步探讨。

利益实现就是将聚合的社会意愿变成政党纲领和政策，并通过政党执政转化为政府的公共政策，从而使得社会各阶层的利益得以实现。这里涉及两个问题，一是利益实现的方式。利益实现经常需要通过政党执政来完成。当

---

① John D. May, "Opinion Structure of Political Parties: The Special Law of Curvilinear Disparity", *Political Studies*, Vol. 2, No. 2, 1973, pp. 135 - 151.

然这种执政是指政党对国家权力较大程度地掌控，譬如，像美国式的总统制政体而言，就需要政党对政府和国会的双重掌控，只执掌一方很难使政党的主张以国家政策的形式得以输出。另外，党内民主问题也涉及利益实现。譬如，奥斯汀·兰尼（Austin Ranney）认为，强调党内民主和允许党内派别间的竞争会妨碍政党纲领的实施。如果政党希望其聚合的社会意愿变成执行的政策，那就需要保持党内的纪律和团结。① 布奇（Ian Budge）则认为，北欧国家多数都强调党内民主，但他们的意识形态目标和纲领却也得到很好的坚持和实施。② 如何看待这两种不同的观点呢？这也需要深入探讨。二是利益实现的内容。如何判断政党执政后输出的公共政策是否实现了选民利益？这一问题的回答需要先界定选民利益的内容。选民利益到底是长期利益还是短期利益，是局部利益还是整体利益？对这一问题的回答也是政党社会研究需要关注的。

结果反馈是指社会根据利益实现的程度而对政党作出回馈，通过回馈借以影响后续的政党行为。如前所述，政党的主要功能是将社会的意愿集聚起来并付诸实施。然而，政党的官僚系统或代议者很容易利用代议的位置来做一些与代议无关或相悖的事情，这时候社会就需要一种向政党施加压力的机制。通常的回馈机制是选举，譬如选民与违背承诺的政党终止结盟。然而这一机制的缺点是有较长的时限，而对结果的反应很容易随着时间流逝而逐渐淡化。即时且有效的反馈机制与意愿聚合机制可以联系在一起，即通过公民组织或基层政党组织来反馈对利益实现的反应。同样，结果反馈的过程也会存在奥尔森所言的集体行动困境的问题。组织起来试图影响政党纲领的公民往往属于某一特殊利益集团，而绝大多数公民则期望可以搭公共政策的便车，或者害怕承担别人搭自己便车的成本而止于行动。

（五）政党社会的实证模式

关于政党社会的实证模式，笔者粗略整理出三种：西欧模式、北美模式和东亚模式。笔者在对政党社会的案例选择时基于两种取向：一是选择欧美案例作为研究重点。西欧和北美是世界上政党产生的最早地区，政党在这些

① Austin Ranney, *The Doctrine of Responsible Party Government*, Urbana: University of Illinois Press, 1962, pp. 16-20.

② Ian Budge, *The New Challenge of Direct Democracy*, Cambridge: Polity Press, 1996, p. 130.

地区进行了完整的政治发展过程。二是选择东亚案例作为研究重点。东亚一些国家在政治改革方面比我国启动的较早一些，它们所处的发展阶段、历史传统、文化背景和体制形式又与我国有一定的相似性。事实上，政党社会的实证模式要远比笔者总结的类型丰富，本书的案例探讨在某种意义上仅是一种探索性的尝试。

西欧政党社会的特征表现为紧密共生模式。对于西欧国家而言，现代政党多是社会运动发展的产物，如左翼政党多数是西欧工人运动的直接产物，而右翼政党大多与基督教组织有密切关联，新型政党如绿党等则从后现代的生态主义运动发展而来。西欧政党与社会长期处于一种密切的合作关系。政党与社会的合作互动不仅体现在选举之中，而且体现在平时双方的制度化交往之中。虽然在 20 世纪 70 年代后，在一些国家如联邦德国等逐步实施国家对政党竞选进行公共资助之后，政党社会之间的密切关系出现了略微疏远的变化。然而，到在 20 世纪末，欧洲的主要政党都感受到了这种因与社会疏远导致的合法性流失，而又逐渐开始采取一些重新加强与社会互动的措施。

北美政党社会的特征表现为有限合作模式。北美国家（主要是美国和加拿大）的政治发展特点是，职业化的利益集团发展得较为成熟和强大，而且利益集团经常越过政党直接游说政府而实现政策效果。同时，政党组织本身的制度化程度不高，政党主要是选举政治中遴选候选人和执政后分配政治资源的一种短期标签工具。政党与社会的沟通在平时是非常有限的，而在选举时期则相对较频繁。在 20 世纪 70 年代之后，北美国家出现了政党与公民社会更为疏离的趋势。即便是在选举之中，政党的竞选组织也逐步让位于候选人的竞选组织。[①] 与欧洲候选人依赖政党组织进行动员不同，美国则更多表现为，候选人利用其个人的竞选团队获得胜利，但在最后贴上政党的标签。另一个特征是，虽然政党与基层普通公民的联系在弱化，但是政党与职业化公民组织（政策倡议组织或利益集团）的合作关系却在日益发展。

东亚政党社会的特征则表现为两种模式，一种是政党主导模式，主要代表国家是中国、日本、马来西亚、新加坡、印尼。这种模式的特点是，政党是制度学习的产物，而非社会发展的产物。换言之，政党发展早于社会发展，因此也就导致了强政党—弱社会的模式。在这种模式下，政党成为实现政治

---

① 中国人民大学马克思主义学院课题组：《全球信息化背景下西方主要政党组织发展趋势研究》，载《当代世界与社会主义》，2008 年第 3 期，第 14—15 页。

制度化的主要行为者，也成为现代化过程中构建政治秩序和推动政治发展的重要整合工具。当然，伴随着现代化的逐步推进，社会也在逐步发展和成熟，因此这些东亚国家目前大多都面临公民社会蓬勃发展的趋势，这就出现了政党主导下对社会空间渐进开放的情境。另一种是双重虚弱模式，主要代表国家是韩国、菲律宾、泰国。这些国家在威权统治时期都与军人政治有关，而军人的干预限制了政党制度化的发展，也就导致了政党与社会双重虚弱的现象。虽然在完成民主转型之后，这些国家（特别是韩国）政党与社会都取得了一些发展，但是政党制度化仍然需要经历较长的过程，特别是需要在同时承载巨大社会动员压力的情况下实现政党政治发展。

结　语

卡茨（Richard Katz）和梅尔（Peter Mair）在一篇很有影响的论文《政党组织和政党民主的变迁模式：卡特尔政党的出现》中，描述了一种正在西方出现的政党与国家的卡特尔（state-party cartel），"合谋的政党变成国家的机关，并从国家中获取资源以及确保其生存"[①]。这种政党与国家的合谋共治（collusion）是一种双方互惠的过程：一方面政党从国家获取其行动的资源，另一方面国家通过政党法或相关法律对政党组织及其活动进行规制。这其中描述的一个重要事实是，政党日益依赖国家，而逐渐远离公民社会。在寡头统治的卡特尔政党政治中，国家的绝大多数资源和制度资产掌握在多数党的政治精英手中。而这些多数党精英利用国家的公共部门职位、公共设施、准

---

① Richard Katz and Peter Mair, "Changing Models of Party Organization and Party Democracy: The E-mergence of the Cartel Party", *Party Politics*, Vol. 1, No. 1, 1995, p. 5. 当然，最早对政党卡特尔问题进行分析的是基希海默尔。卡茨和梅尔分析的实质是对基希海默尔观点的进一步发展。基希海默尔在其1954年文章和1957年论文中，讨论了三种与政党有关的卡特尔。一是中间主义的全方位政党（catch-all parties）之间的卡特尔。由于主要政党在一些重要议题上达成妥协性的一致，那纯粹的政治反对派实际上就消失了，这就促使政治权力从议会向政府转移。二是国家与政党结合的卡特尔，即政党与其社会基础之间的联系弱化，而逐渐变为国家的一部分，从而使政治变为职业政治家的管理活动。这种政治变化促使政治权力从议会向政党的中央组织转移。由于议会成员与政党政治精英越来越趋向重合，所以这在某种程度上导致了议会政党纪律性的发展。三是政党、国家与强势利益集团的之间的卡特尔。政党试图通过与利益集团的结盟而非传统的意识形态方式来锁定选民群体的忠诚。政党越来越多地得到利益集团的资助，也越来越习惯通过利益集团来与选民沟通。与此同时，政党的传统社会基础不断虚弱，而政党从实质上越来越脱离社会。Otto Kirchheimer, "Party Structure and Mass Democracy in Europe", reprinted in E. S. Burin and K. L. Shell (eds.), *Politics, Law and Social Change: Selected Essays of Otto Kirchheimer*, New York: Columbia University Press, 1954, pp. 245 – 268; Otto Kirchheimer, "The Waning of Opposition in Parliamentary Regimes", *Social Research*, Vol. 24, 1957, pp. 127 – 156.

政府组织等为其选举政治服务，而不必依赖传统的社会动员。①

卡茨和梅尔提出的卡特尔政党模式意在警示人们，政党具有内在转变为超国家组织的危险。这种政党去社会化趋势的长期发展会阻碍和限制社会对国家做出反馈，迫使社会中各种被压迫的意见聚集起来并寻找一个危险的宣泄口，而最终可能使得国家因内部压力过大而崩溃。苏联的垮台和意大利政党的频繁轮替便是这方面的极端案例。鲁迪·安德威格用历史来说明社会对于政党的重要性：在中世纪欧洲，拥有土地和自治权的封建领主代表着帝国的一部分，而与君主分庭抗礼。但后来，或是由于农业危机，或是由于君主的操纵，他们逐渐发展成为宫廷精英，日渐依赖并受制于专制君主。于是，代表公民社会的其他形式出现了，而贵族则逐渐消失或者走向断头台。② 笔者提出政党社会的分析范式，旨在强调社会对于政党存续以及合法性获取的特殊意义。当然，这里仅是一个初探性的研究。笔者提出的概念以及分析模式还需要进一步的讨论和论证。

四、西方政党社会变迁：自由主义与共和主义的二元分析

20 世纪后半期，西方国家普遍发生了政党与社会分离的现象。从政治哲学的角度来看，这是自由主义的胜利。然而，自由主义中内含的消极政党参与也导致了代议工具主义和公民犬儒主义等一系列问题。一种新的协商政治模式在汲取共和主义中积极政党参与传统的基础上，力图解决自由主义的问题。笔者认为，将政党因素考虑进协商民主的讨论中，可以增强这一新政治范式的可行性和适用性。

（一）欧美国家政党与社会关系的变迁

西方学术界关于政党与社会的研究主要集中在两个方面：一方面是政党结构与相应社会阶层之间的关系，这主要体现在以下学者的观点中：西蒙·李普塞特（Seymour Lipset）和斯坦·罗坎（Stein Rokkan）提出的政党与社

---

① Richard Katz and Peter Mair, "Changing Models of Party Organization and Party Democracy: The Emergence of the Cartel Party", *Party Politics*, Vol. 1, No. 1, 1995, pp. 5–28.

② 鲁迪·安德威格：《政党政府、国家与社会：描述它们的界限及相互关系》，见〔法〕让·布隆代尔、〔意〕毛里齐奥·科塔：《政党政府的性质——一种比较性的欧洲视角》，曾淼等译，北京大学出版社2006年版，第1—15页。

会分野的联系性理论①，以及罗塞尔·达尔顿（Russell Dalton）等人对政党与社会联系碎片化的论述②。另一方面是政党类型同社会变迁的关系。莫里斯·迪维尔热（Maurice Duverger）对精英党和群众党产生的社会背景的分析③、奥托·基希海默尔（Otto Kirchheimer）对全方位政党与战后以福利国家为中心的社会环境之间关系的分析④、赫伯特·基茨凯尔特（Herbert Kitschelt）对运动型政党与后现代社会变迁之间关系的讨论⑤。

整体而言，对政党与社会关系进行宏观研究的较少。其中，在政党类型学方面颇有建树的学者彼得·梅尔（Peter Mair）在这方面的研究是最为领先的。梅尔从政党类型学的视角对政党、国家与市民社会的关系进行了分析。梅尔在权贵党、群众党和卡特尔党这三种政党模式下展开讨论。梅尔认为，在权贵党模式中，市民社会与国家有交集，政党的一部分处于该交集之中，另一部分处于市民社会之中；在群众党模式中，市民社会与国家已经完全分开，而政党一部分处于国家中，另一部分处于市民社会中，政党是两者的桥梁和中介；在卡特尔党模式中，市民社会与国家分离的程度更明显，政党的大部分处于国家之内，小部分在国家与市民社会的中间地带，政党与市民社会没有交集且存在相当的距离。⑥

梅尔的讨论是否可以完全应用于政党与社会关系的描述？由于梅尔在这里使用的是市民社会，而非社会，而这两者是有区别的。市民社会是社会中活跃的、易于结社的那一部分，而社会是更为宽泛的范畴。因此，梅尔的观点，即在权贵党模式下政党完全融入市民社会这一命题，应该说是可以成立的。但如果将此处的市民社会换为社会，那这一结论则可能是错误的。因为在权贵党时期，党员数量非常少，政党几乎是议会成员的联盟，所以判断说

---

① Seymour Lipset, *Political Man*, New York: Doubleday, 1960, pp. 221 – 226; Seymour Martin Lipset and Stein Rokkan（ed.）, *Party System and Voter Alignments*, New York: Free Press, 1967, p. 50.

② Russell Dalton, Scott Flanagan and Paul Beck, *Electoral Change in Advanced Industrial Democracies: Realignment or Dealignment*, NJ: Princeton University Press, 1984, p. 8.

③ Maurice Duverger, *Political Parties: Their Organization and Activity in the Modern State*, London: Methuen, 1954, pp. 1 – 2, 61 – 62.

④ Otto Kirchheimer, "The Transformation of Western Europe Party System", in J. Lapalombara and M. Weiner（ed.）, *Political Parties and Political Development*, NJ: Princeton University Press, 1966, p. 166.

⑤ Herbert Kitschelt, "Movement Parties", in Richard S. Katz and William Crotty（ed.）, *Handbook of Party Politics*, London: Sage Publications, 2006, pp. 278 – 290.

⑥ Peter Mair, *Party System Change: Approaches and Interpretations*, Oxford: Clarendon Press, 1997, pp. 98 – 103.

此时的政党完全处于社会之内，是需要进一步讨论的。

因此，修正的观点是，在权贵党、群众党、卡特尔党的发展脉络中，政党与社会处于分离、融合、再分离的关系，政党与国家则处于融合、分离、再融合的关系。换言之，只是在群众党模式下，政党大部分处于社会之中。而在权贵党和卡特尔政党模式下，政党主要是国家的一部分，而较少处于社会之中，或者相对远离社会。但无论如何，笔者与梅尔观点一致的是，20世纪中后期西方政党发生的变化，便是政党逐渐从社会中分离并融入国家的过程。当然，这仅仅是一种政治科学的描述，笔者的兴趣不止于此。要对其进行深入分析，则需要从政治哲学上为其寻找更深层次的解释和证明。笔者从政治哲学最核心的自由主义与共和主义的分野入手，试图对西方政党与社会变迁的过程进行解读。

（二）自由主义与消极的政党参与

近代以降，自由主义一直处于西方政治思想的主流地位。自由主义思想体系的核心是自由和权利，即不经本人许可，任何人不得干预他人的自由、生命和财产。自由主义从个人出发看待权利，这里的个人被理解为彼此分离的原子。自由主义将权利建立在道德哲学的基础上，这种道德哲学表现为自然法理论和义务论伦理学。概言之，自由主义依赖普遍道德意义上的人权，其理论先驱是康德。康德强调道德与政治的关系，认为权利本质上是道德的，是个人道德自律的结果，因此，合法的社会秩序是由先于民主的道德原则决定的。自由主义将人权视为道德的自我决定之表达，把多数人暴政视为民主社会的主要危险。在自由主义者看来，因为人权能够保障原子个人的权益并对国家的行为进行限制，所以主张人权具有优先性。[①]

对于政党政治而言，自由主义意味着公民对政党活动的消极参与。因为个人权利是一种否定性权利，即不受任何外在限制的权利。在这种权利结构中，公民有政治参与的权利，但没有政治参与的义务。自由主义认为，政治过程的实质是选举过程，是公民个体、社团、政党之间的利益博弈过程。政治家用政治纲领和承诺购买选民的选票，选民用选票购买自己所偏好的利益分配。自由主义认为，选举可以将个人意志综合为共同意志，同时民主可以通过选举对政治家进行监督。总之，在自由主义的视野中，选举被赋予了神

---

① 姚大志：《何谓正义：当代西方政治哲学研究》，人民出版社2007年版，第424—426页。

话的地位。而在这种政治结构中，公民对政党的参与也就仅仅体现为选举活动中的投票。在这里，如果公民有足够的理性，而政治家有足够表达其纲领的渠道，政党甚至是可以缺席的。

自由主义潜含着政党与社会分离的内容。根据自由主义的基本观点，社会是自发形成的个人交换领域，社会可以独自完成物质和利益交换的过程，因此社会应独立于政治，同时也应该独立于政党。自由主义尤其担心政党对社会的随意干扰和意志强加。在第一部分描述的西方政党与社会再次分离的景象，表明了 20 世纪自由主义在西方世界的胜利。到 20 世纪末，西方国家中民众政党参与的程度降到最低，这在学界引发了关于政党衰落的讨论。这里笼统地讲政党衰落有些武断，其实政党衰落的部分是其与社会联结的部分，也就是政党的基层部分，主要表现为选民的政党认同明显降低，政党成员的数量持续下降，群众与党组织的直接联系日益松散。在西方民众的日常生活中，加入某一政党、参加政党活动以及长久地支持某一政党变得越来越不可想象，总之，政党与民众日益疏远。

政党与社会联系的变化促使一些学者推测，鉴于科学技术的发展、经济社会的变迁和传统政治忠诚的流失，政党可能已经不再是社会群体进行利益表达的最优组织。政党与社会的分离意味着明显的问题。因为政党是公民政治参与的重要渠道，消极的政党参与意味着消极的政治参与。消极的政治参与正在造成两个非常严重的后果，一是公共生活的衰落，表现为公民意识和奉献精神的衰退、公民参与和社会合作的减少、社会信任和社会资本的丧失、公民义务和公共道德的侵蚀等问题；二是政治合法性的流失，表现为公民对政治活动的冷漠、对政治共同体的不信任、对公共善的犬儒主义和对政治组织的排斥。这些实质上构成了 20 世纪末共和主义在西方社会出现复兴势头的背景和情境。

（三）共和主义与积极的政党参与

共和主义可以被视为近代以来可以与自由主义相竞争的一种政治秩序观念。共和主义认为民主的衡量标准不是个人享有的权利，而是公民参与政治生活的深度和广度。在政治实践中，个人需要意识到自己是社会的一分子，民主也就是个人的政治自我组织。共和主义主张，公民权最重要的是积极的政治参与权。公民的政治地位不是由法定的权利来界定，而是由公民自己的积极政治实践来创造。公民应该通过积极参与公共生活把自己塑造成共同体的一员。概言之，共和主义依赖的是普遍参与意义上的人民主权，其理论先驱是卢梭。卢梭强调民主与政治的关系，把人民主权看做伦理的自我实现之表达，强调公民自我组织的内在价值。①

对于政党政治而言，共和主义意味着公民对政党的积极参与。在共和主义那里，政治不仅仅是选举过程，更重要的是公民与其代议者的对话。政党是公民在政治社会中的重要代议者，而公民需要通过对政党活动的积极参与来与其代议者进行对话和沟通。共和主义认为，选举无法完成公民意志聚合的任务，而这一任务的完成需要公民通过积极交往和行动来实现，这同样需要公民通过直接的政党参与来表达其自身意愿，并积极促进自身意愿向政党意愿的转化和聚合。在共和主义看来，国家存在的理由不是保护个人的基本自由和财产权利，而是保护舆论和集体意志形成的交往条件，这就要求政党自身也扮演积极的角色，鼓励和吸纳公民对政党活动的公平和自由参与。

共和主义内含了政党与社会结合的观念。共和主义把社会看成由政治行动构成的生活共同体，而国家和政党都是公民自我组织的形式，这样，国家和政党就应处于社会之中。在这一层意义上，政党与社会之间的界限渐趋模糊。政党与社会融合的途径有两条，一条是社会的政党化，即社会通过政党把自己组织成一个或多个具有内聚性的整体。社会的政党化可以解决西方社会逐渐被国家冷落的问题，社会可以通过自组织和政党代议来完成对国家政治生活的重新掌控。另一条是政党的社会化，即把政党消解在公民自我协调的交往关系之中。政党的社会化可以解决西方政党的合法性逐渐流失的问题，政党可以通过重新融入社会从中汲取合法性的资源。

在历史上，共和主义在政党领域的实践同 20 世纪初群众型政党的兴起联系在一起。然而，群众型政党在 20 世纪中后期的衰落表明了自由主义的胜利。但自由主义的政党社会模式又产生了新的问题，而共和主义中则蕴含了自由主义导致的政党政治参与不足问题的解决方案。这便是当下西方社会热度讨论共和主义的意义。当然，共和主义也有其不足。譬如，共和主义把公共意志理解为自发形成的集体伦理意志，这种对集体意志的强调有可能压抑现代社会中多元价值的表达。另外，共和派，特别是其代表思想家卢梭，将民主定义为所有人共同在场的参与，而且强调公民的意志不可代理，这种直

---

① 汪行福：《通向话语民主之路：与哈贝马斯对话》，四川人民出版社 2002 年版，第 217—222 页。

接民主模式显然不符合现代社会条件。① 因此，自由主义将共和主义视为集权主义思想的来源，认为集体的公共意志是不可实现的，置于个人权利之上的集体公共意志最终会导致没有自由的极权国家。因此，如何在自由主义和共和主义中折中发展，成为当下西方政治学界讨论的热点问题。

（四）超越两者：政党与协商政治

自由主义的要求是道德自律，共和主义的要求是社会融合。自由主义和共和主义之间的辩争，实质是法国思想家贡斯当所言的古代自由和现代自由之争。② 自由主义强调个人权利和机会平等，其实质是现代人的自由。共和主义强调公共生活和积极参与，其实质是古代人的自由。纯粹伦理取向的共和主义和纯粹道德取向的自由主义都是片面的。政治秩序既要将社会成员作为独立的个体去保障其自由和权利，也要将个体视为特定政治共同体的成员来为其提供集体善和集体认同。因此，政治秩序需要同时吸纳普遍的道德要求和特殊的伦理要求，而协商民主便是介于两者之间的政治模式。

协商民主首先是以反对自由主义弊端的面目出现的。自由主义导致了一系列政治问题的出现。譬如，自由主义的政治代议机制并不是为鼓励公民参与而设计的，这在不同程度上导致了公民的整体道德和政治水平下降，对政治缺乏足够认同以及对公共事务持嘲讽和犬儒态度。再如，政党代表的代议活动远离公众的视线，这使得公民的意愿在政治决策中越来越不重要。尽管周期性选举是对政党的一种限制，然而政党代表仍然可以在选举的间歇期强势地扩展权力，而且可以用选举技术消解公众的限制。另外，经济力量和社会影响的不对称反映到政治领域中，表现为政治上的边缘群体在政治决策中缺乏表达的渠道和途径。不对称性减弱了社会选择机制的中立性，也击破了选举过程所冠之的自由原则的神话。鉴于此，协商民主力图通过对共和主义中公民参与的强调来破解自由主义的这些问题。协商民主强调，每个公民都可参与到政治对话之中，都具有被倾听的平等权利。这样，民主对话可以促进公民的相互尊重并引导他们对公共利益的表达。协商过程还可以增加公民了解他者的知识和经验的机会，扩大他们的视野，并在与他人沟通的过程中，

---

① 汪行福：《通向话语民主之路：与哈贝马斯对话》，四川人民出版社2002年版，第218页。
② 〔法〕邦雅曼·贡斯当：《古代人的自由与现代人的自由》，阎克文、刘满贵译，上海世纪出版集团2005年版，第31—51页。

形成相对一致的价值观和相互认可的政治共识。

协商民主也力图在接受共和主义积极公民传统的基础上，消弭其可能引致为群体暴力的浪漫主义色彩。譬如，传统共和主义强调公民全部在场的政治参与，将这一原则完全引入国家层面或者地区层面的政治决策，意味着其所耗费的社会成本巨大，而且容易导致群体行为的非理性，因此，可以将这一原则折中为在社区或社团层面的直接参与，然而再通过社区代表或者社团代表进行较高政治层级的社会协商。而且，这里的在场参与也应该是公民的一种权利，或者是对其的一种号召，而不应该成为一种义务式的强制。另外，共和主义强调公民直接参与公共事务，而如果将这一原则置于代议和选举制度之上，或者取代两者，则可能走到另一个极端。因此，可以将这一传统作为代议和选举制度的补充。公民的协商可以为政治决策提供多种备选方案，然后再通过代议者的政治决策来完成完整的政治过程。在发展过程中，协商民主最大的挑战便是其在实践中的适用性。最关键的问题是，如何使协商对话制度化。目前的一些研究在推动这方面的实践，譬如哈贝马斯关于双轨协商民主制度的设计，格雷厄姆·史密斯（Graham Smith）和科琳娜·威尔斯（Corinne Wales）对公民陪审制度的讨论，詹姆斯·菲什金（James Fishkin）关于协商民意调查的调查研究、布鲁斯·阿克曼（Bruce Ackeman）对公民协商日的提议等。① 这些制度设计都在增强协商民主的适用性和可行性。

然而，即使如此，已有的这些关于协商民主的讨论都存在一个根本的问题，就是都在试图完全摆脱政党来解决这一问题。比如，哈贝马斯的双轨协商民主将协商过程分为两部分，一部分是在弱公共领域中经由市民社会中社团的讨论和审议形成一种公众舆论，另一部分是将公众舆论中经过审议的各种主题推入强公共领域，最后由立法机构将公众舆论转化为一种民主意志和政治结果。② 在哈贝马斯的分析中，几乎没有提及政党在其中可以发挥的功能。但事实上，完全抛开政党来讨论代议问题是非常理想化的。哈贝马斯试图让公民社团来承担代议的角色，但他未能考虑社会团体自身的合法性，以及社会团体在社会整合方面的片面性和虚弱性。而且，哈贝马斯也未能考虑到协商与决策的联结问题，也就是公民通过协商形成的意志如何进入政治领

---

① 〔南非〕毛里西奥·帕瑟林·登特里维斯编：《作为公共协商的民主：新的视角》，王英津等译，中央编译出版社2006年版，第79—118页。

② 〔德〕哈贝马斯：《在事实与规范之间——关于法律和民主法治国的商谈理论》，童世骏译，生活·读书·新知三联书店2003年版，第440—476页。

域。实际上，政党恰恰可以在两个公共领域之间构建桥梁，即先将在弱公共领域中形成的公民舆论转化为政党意志，再由政党在强公共领域中转而表达并与其他行为者博弈以形成政治决策。阿克曼的公民协商日构想，也寄希望于公民与国家的直接沟通，而未提及政党在其中的作用。[①] 而菲什金的协商民意调查，也是以政府为中心展开对公民意愿的协商式调查，也未涉及政党作用的发挥。[②] 这些问题都指向民意的表达和代议，然而都由于忽视政党的作用，而降低了其实践适用和有效的可能。这里不可回避的是，政党仍然是政治领域中最为有力的代议者和行为者，任何抛开政党的政治制度设计都会增加其乌托邦色彩。可以尝试将政党因素考虑其中，推动公民与政党的协商日制度，以及以政党为中心开展协商民意调查，使政党实现对民意的科学和有效采集，并将其带入政治领域。

结　语

在政党产生后的两百多年中，西方国家的政党与社会关系经历了分离、融合、再分离的过程。从政治哲学中经典的自由主义与共和主义的分析入手，笔者试图更为深入地理解政党与社会的变迁过程。政党发展的最初阶段是自由主义占主导地位的时期，政党与社会的分离导致了消极公民参与的出现。从 19 世纪末到 20 世纪上半叶，也就是群众型政党发展的时期，共和主义中的积极公民观念开始发挥更多的影响力。在 20 世纪下半叶，群众型政党的衰落表明了自由主义的重新胜利。但是，自由主义又不可避免地导致了消极政治参与的问题，而这又孕育了共和主义复兴的机会。然而，历史的发展并不是简单的摇摆和重复，一种新的协商政治模式试图在自由主义与共和主义之间寻找更为合理的政治解决方案。协商政治希望在汲取共和主义中积极参与传统的基础上，完善自由主义内含的选举和代议制度。已有的关于协商政治的分析都试图抛开政党来讨论公民的代议问题，这使得这一路径的制度方案具有较多的乌托邦色彩。笔者认为，政党仍然是政治领域中最有效的行为者，因此，将政党的因素考虑其中，应成为协商政治模式的应有之义。

---

① Bruce Ackeman and James S. Fishkin, "Deliberation Day", *Journal of Political Philosophy*, Vol. 10, No. 2, 2002, pp. 129 – 152.

② 〔美〕詹姆斯·菲什金：《实现协商民主：虚拟和面对面的可能性》，载《浙江大学学报（人文社会科学版）》，2005 年第 3 期。

第二章　政党与公民社会关系的结构主义路径

本章试图对政党与公民社会的关系作进一步的理论探讨。这里采取了一种结构主义的路径，把政党与公民社会的关系置于国家与社会关系的大背景下考察。中西方学术界在国家与社会关系上有非常丰富的研究成果，并基本形成了国家主义、多元主义与法团主义三大理论流派。本章从这三大理论流派出发，分别探讨其对政党与公民社会关系的寓意和启示。第一部分首先将国家主义的思想总结为伦理国家主义、统治国家主义和自主国家主义，然后主要在伦理实现和自主性的内容上重点分析了政党与公民社会各自的优势和价值。第二部分同样先对多元主义的已有研究进行总结，将其按照功能多元主义、权力多元主义和差异多元主义的脉络加以总结和分类，之后在功能性、权力分配和差异的代表这三方面对政党与公民社会之间的关系调和进行了分析。第三部分所采用的法团主义理论是国家与社会理论最新的理论成果，因此本章在对法团主义的中西方学界综述方面花费了一些笔墨，并对法团主义的内涵和分类进行了简要总结，最后提出一种政党与公民社会之间的法团主义模式以供学术界进行更为深入的探讨。

一、国家主义视阈下的政党与公民社会关系

政党与公民社会是现代政治中两类最重要的中介组织，然而已有研究对两者间关系的关注却很有限。笔者在国家主义视阈下探讨两者关系的灵感来自于霍布斯。霍布斯在《利维坦》中写道："我们看见天生爱好自由和统治他人的人类生活在国家之中，使自己受到束缚，他们的终极动机、目的或企图是预想要通过这样的方式保全自己并因此而得到更为满意的生活；也就是说，要使自己脱离战争的悲惨状况。"① 在霍布斯的理解当中，国家是分析一

---

① 〔英〕霍布斯：《利维坦》，黎思复、黎廷弼译，商务印书馆1986年版，第128页。

切政治问题的起点。政党与公民社会是"天生爱好自由和统治他人的人类"最为重要的政治组织，而这两类组织的运作均处于国家的整体框架之内。因此，笔者试图从国家的起点出发，对强调国家的学说——国家主义理论进行进一步地梳理，并以此为基础展开对政党与公民社会关系的探讨。

（一）国家主义在各学科中的不同含义

在中文的学术语境中，"国家主义"一词出现在历史学、教育学、文学、法学、政治学等不同的学科领域。在不同的学科领域中，国家主义所指代的对象和含义都存在一定的差异。在历史学中，"国家主义"主要指在中国兴起于 20 世纪 20 年代的国家主义派——或称"醒狮派"[①]。国家主义派认为，国家是自然存在的，不体现任何阶级的意志，"国权有最高性，故为自主的，其存在不待他人之承认，其权利不受他人之限制，仅依自己的意思而存在。……国内之一切团体和个人，皆于国家的承认之下始可以享有权利"[②]。每个人自出生就依赖国家的运作和福利，所以每个人"皆要靠国家所有的制度为之规定，文化为之导引，文物使之享受，信仰使之依归"[③]。国家主义派中最典型的观点是余家菊的"国家与个人合一"论和陈启天的"国家至上论"。余家菊认为，"个人而扩大其自我，则自我与国家合一。……我欲完成其自我，又必取径于服务国家。"余家菊虽然表面强调国家和个人是一种相互对等和相互依存的关系，但实际上在这一关系框架中，余家菊更为强调个人只能为国家而存在，也只能因国家而存在。[④] 陈启天认为，"一个国家能否强盛，可从一般国民的个人生活与国家生活合一的程度和人数如何而定。一个个人有无价值，也可从他的个人生活与国家生活是否合一而定。所以要个人有价值，同时又使国家能强盛，须求一般国民能化个人生活为国家生活。"[⑤]

---

① 1923 年 12 月，曾琦、李璜、张子柱等人在巴黎近郊举行"结党式"，宣告成立以"国家主义"为信条的中国青年党。1924 年，曾琦、左舜生、陈启天、余家菊等人在上海办起他们的机关报——《醒狮》周报，开展理论宣传，因此，国家主义派又称"醒狮派"。参见夏世忠：《"国家主义派"的民族主义思想评析》，载《马克思主义与现实》，2007 年第 2 期，第 180 页。国家主义派所使用的"国家主义"英文是 nationalism，而 nationalism 也可以译为民族主义。虽然国家主义的思想中包含有民族主义的观点，但民族主义观点并不是主流，其核心内涵是强调国家在社会生活中的作用。

② 林茂生：《中国现代政治思想史》，黑龙江人民出版社 1984 年版，第 203 页。

③ 方庆秋：《中国青年党》，档案出版社 1988 年版，第 36 页。

④ 余家菊：《教育原论》，大陆书局 1934 年版，第 26—31 页。

⑤ 陈启天：《新社会哲学论》，商务印书馆 1946 年版，第 5 页。

在这种国家与个人合一的生活当中，"个人是手段，国家是目的"①。教育学领域中的国家主义，也主要是以国家主义派教育家如余家菊等人为中心的考察。② 在文学中，国家主义主要指闻一多在"大江时期"（1923—1925）诗作的文化国家主义③，这一指称与国家主义派也有一定的关联。

在法学中，国家主义被描述为一种以"国家权力为核心、以'权力至上'为价值基础的一种普遍存在于社会意识形态领域内的观念体系"。吕世伦和贺小荣将国家主义的特点总结为"重国家，轻社会"、"重权力，轻权利"、"重人治，轻法治"、"重集权，轻分权"、"重集体，轻个体"、"重实体，轻程序"等六点。④ 葛洪义将国家主义在法概念研究中的表现总结为：第一，国家是社会形式上的代表，它的利益当然地高于集体利益和个人利益；第二，通过国家制定或认可的规范性文件都是不容置疑的法律；第三，对违法行为的制裁是国家强制；第四，法律的效力渊源于国家。⑤ 周永坤将法律国家主义界定为，"法律是国家的附属物，法产生于国家，法是实现国家职能的手段，没有国家就没有法"，并把法律国家主义分解为"法律本体的国

---

① 陈启天：《新社会哲学论》，商务印书馆 1946 年版，第 8 页。
② 余家菊国家主义教育思想的内容主要体现在收回教育主权、培植共和思想、实施义务教育、重视国史研究、强调蒙藏和侨民教育、推行教育督导制度等。参见余子侠、郑刚：《余家菊国家主义教育思想论析》，载《江汉大学学报（社会科学版）》，2006 年第 4 期，第 83—87 页；兰军：《余家菊国家主义思想与世界教育会议》，载《江汉大学学报（社会科学版）》，2006 年第 4 期，第 74—78 页；吴洪成：《试论近代中国国家主义教育思潮》，载《河北大学学报（哲学社会科学版）》，2007 年第 4 期，第 59—65 页。
③ 参见王向阳：《文化国家主义的诉求：闻一多"大江"时期诗作的审美内核》，载《现代文学》，2007 年第 4 期，第 67—70 页。1924 年，包括闻一多在内的清华留美学生成立"以鼓吹国家主义为革命之基础"的"大江会"，1925 年发表的《创刊词》将"大江的国家主义"定义为"中国人民谋中华政治的自由法治，中华经济的自由抉择，及中华文化的自由演进"。参见闻黎明、侯菊坤编：《闻一多年谱长编》，湖北人民出版社 1994 年版，第 7 页。需要说明的是，"文化国家主义"的英文是"Cultural Nationalism"，这一点与国家主义派的英文一致。孙中山先生将 Nationalism 译为民族主义，而闻一多则认为译为"国事主义"为佳，认为可以强化人们的"国家"观念，激发人们的爱国热情，关心国事，团结救国。参见张恩和、张洁宇：《闻一多：从国家主义到民主主义——一个真正爱国者的思想轨迹》，载《清华大学学报（哲学社会科学版）》，2003 年第 1 期，第 17 页。罗隆基则强调应把 Nationalism 译为国家主义，并指出，"大江会会员的极大多数是崇奉国家主义的'Nationalism'"，所以"说我们是一种国家主义者的联合，亦未始不可"。不同的只是"我们的国家主义，有我们学会里自己的解释，历史上引用的意义只可供我们参考"。参见闻黎明：《闻一多与"大江会"——试析 20 年代留美学生的"国家主义观"》，载《近代史研究》，1996 年第 4 期，第 174 页。
④ 吕世伦、贺小荣：《国家主义的衰微与中国法制现代化》，载《法律科学》，1999 年第 3 期，第 6—8 页。
⑤ 葛洪义：《规范主义·概念主义·国家主义（下）——评我国法概念研究理论框架的逻辑实证倾向》，载《政治与法律》，1989 年第 4 期，第 12 页。

家意志论"、"法律特征的国家强制论"、"法作用论的国家工具论"、"法律渊源的制定法唯一论"、"法类型的公法唯一论"、"立法政策中的国家利益至上论"、"法律地位的人治论"等七个方面。① 法学领域中早期对国家主义的研究，多采取批判的态度②，但近年来出现的一些观点强调国家主义在克服自由主义法治观缺陷方面的积极作用。③

在政治学中，对国家主义的分析出现在比较政治学和国际关系学的研究中。比较政治学中对国家主义的探讨实际上与世界史的研究交织在一起。譬如，20世纪初西奥多·罗斯福的进步主义政治改革被称为"国家主义"。罗斯福改革的内容包括扩大总统和政府的权力、改善工人处境和增加社会福利等。④ 再如，土耳其共和国缔造者凯末尔进行国家建设的六项原则之一便是国家主义，其内涵主要涉及经济政策，即以苏联为师，制定五年发展计划；强化国家计划管理，严格经济总体控制；实行外资企业国有化，优先发展国营企业；高筑关税壁垒，厉行进口替代战略。⑤ 在国际关系研究中，国家主义是相对于地区主义或全球主义的概念。地区主义是一种以地区为整合单元的思想潮流⑥，全球主义是一种以全球意识、人类中心、世界整体为内涵的观念形态，而国家主义则是一种强调在国际社会中以主权国家为中心处理国际事务的思维逻辑。⑦

---

① 周永坤：《法律国家主义评析》，载《云南法学》，1997年第1期，第1—2页。

② 如葛洪义认为，"把法看成是一个抽象的国家的产物和统治阶级命令的规范体系，在实践上是缺乏根据的，也是有害的；在理论上是难以自圆其说的。它必定将社会关系主体置于一个被动的接受地位而醉心于自身体系的逻辑完美性，但是'法律的灵魂不是逻辑'。这种法观念，既不符合历史，也无助于现实。"参见葛洪义：《规范主义·概念主义·国家主义（下）——评我国法概念研究理论框架的逻辑实证倾向》，载《政治与法律》，1989年第4期，第13页。吕世伦、贺小荣认为，"新中国成立后，国家主义一直是阻碍社会主义市场经济、法治乃至法学建设的主要因素之一。"参见吕世伦、贺小荣：《国家主义的衰微与中国法制现代化》，载《法律科学》，1999年第3期，第6页。周永坤认为，"在法观念及实践中，必须扬弃法律国家主义，确立'法律社会主义'的观念及法律行为模式。"参见周永坤：《法律国家主义评析》，载《云南法学》，1997年第1期，第8页。

③ 刘诚、杜晓成：《为国家主义法制观正名——以新中国1949年至1957年的法律实践为例》，载《武汉大学学报（哲学社会科学版）》，2005年第5期，第612—616页。

④ 李剑鸣：《西奥多·罗斯福的新国家主义》，载《美国研究》，1992年第2期，第125—140页。

⑤ 黄维民：《凯末尔与国家主义》，载《西北大学学报（哲学社会科学版）》，1994年第4期，第113—119页。

⑥ 门洪华：《国家主义、地区主义与全球主义——兼论中国大战略的谋划》，载《开放导报》，2005年第3期，第26页。

⑦ 蔡拓：《全球主义与国家主义》，载《中国社会科学》，2000年第3期，第16—27页。

（二）国家主义的思想渊源及现代发展

国家主义思想的起源是古希腊哲学家柏拉图。柏拉图认为，智者学派的学说破坏了公民与城邦利益的一致性，而城邦应该是一种为了某种善的目的而存在的包括全体公民的道德共同体。① 在《理想国》中，柏拉图借苏格拉底之口表述道，"我们建立这个国家的目标并不是为了某一个阶级的单独突出的幸福，而是为了全球公民的最大幸福……当前我认为我们的首要任务乃是铸造出一个幸福国家的模型来，但不是支离破碎地铸造一个为了少数人幸福的国家，而是铸造一个整体的幸福国家"②。在现代，国家主义发展出三种类型：伦理国家主义、统治国家主义和自主国家主义。

第一种是伦理国家主义。对伦理国家主义进行完整和深入表达的是德国哲学家黑格尔。黑格尔的国家主义思想融合在其对客观精神的表述之中，是其哲学体系的重要一环。黑格尔的哲学以绝对精神为出发点，绝对精神的发展经历了逻辑阶段、自然阶段和精神阶段，所以黑格尔的哲学体系相应的由逻辑学、自然哲学和精神哲学构成。精神哲学又分为主观精神、客观精神和绝对精神三部分。主观精神表现为个人意识，客观精神指社会意识，绝对精神则外化为艺术、宗教和哲学等文化类型。黑格尔的法学思想和政治理论包含在客观精神之中，所以黑格尔认为"国家是客观精神"的体现。③ 黑格尔把国家看成伦理学的意志，将自由意志及其现实化作为国家的研究对象和出发点。黑格尔国家学说的核心不是作为客观存在的国家，而是自由意志。用黑格尔的话来说，国家的形成是法律体系的形成，其核心实质是"实现了的自由的王国，是从精神自身中产出来的，作为第二天性的那精神的世界"④。黑格尔认为，自由意志的现实化是一个从"自在"到"自为"的无限展开过程，是一个伦理精神逐步具备实体内容的客观过程，而构成伦理精神的实质性内容便是家庭、市民社会和国家。家庭是伦理理念发展的第一阶段，是直接的或自然的伦理精神。家庭是以爱为基础的，是个人与他人的直接和自然统一。但是，家庭中缺乏个人的自主性，所以家庭还只是伦理发展的低级阶段。市民社会是伦理理念发展的第二阶段。市民社会中的成员是分离的、独

---

① 唐士其：《西方政治思想史》，北京大学出版社 2002 年版，第 73 页。

② 〔古希腊〕柏拉图：《理想国》，郭斌和、张竹明译，商务印书馆 1986 年版，第 133 页。

③ 〔德〕黑格尔：《法哲学原理》，范扬、张企泰译，商务印书馆 1979 年版，第 254 页。

④ 同上，第 10 页。

立的、以私利为目的的。市民社会中的个人是相互利用和相互依赖的，所以黑格尔称其为"外部国家"，它还不是伦理理念的真正实现。国家是伦理理念发展的最高阶段。经过了家庭的分化和市民社会的中介，国家发展成为普遍性与特殊性、客观性与主观性的统一体，成为"绝对自在自为的理性东西，因为它是具体性意志的现实，它在被提升到普遍性的特殊自我意识中具有这种现实性"①。

第二种是统治国家主义。对统治国家主义思想进行阐述的是德国法学家和政治学家施密特。在施密特的政治理解中，国家占据了非常重要的地位。施密特认为，"只要国家垄断着政治，那么，那种仅仅作为国家的附属性参照的政治的一般性定义就是可以理解的，而且就此而言，在理智上也理所当然了。下面的情况就是如此：要么国家（如在 18 世纪）不把社会看做对立的力量，要么国家至少（如在 19 世纪和 20 世纪的德国）作为一种稳定和独特的力量高居于社会之上。"② 施密特对国家的理解与对政治的理解结合在一起，"所有政治活动和政治动机所能归结成的具体政治性划分便是朋友与敌人的划分。……朋友与敌人的划分表现了最高强度的统一或分化，联合或分裂。它能够在理论上和实践上独立存在，而无须同时借助于任何道德、审美、经济或其他方面的划分。……政治敌人毕竟是外人，非我族类：他的本性足以使他在生存方面与我迥异，所以，在极端情况下，我就可能与他发生冲突"③。实际上，这种敌我划分的本质是统治和斗争，"就像敌人这个术语一样，斗争一词也必须在其固有的生存意义上来理解。它不是指竞争，也不是指'纯粹的精神'论争冲突或象征性的'拼搏'，毕竟每个人都免不了会在某种程度上参与后面这种活动，因为，事实上，人类的整个生活就是一场'斗争'，每个人在象征意义上均是一名战士。朋友、敌人、斗争这三个概念之所以能获得其现实意义，恰恰在于它们指的是肉体杀戮的现实可能性"④。施密特认为，国家是政治的统一体，而这种政治的统一就是斗争和统治。对此，施密特表述道，"任何宗教、道德、经济、种族或其他领域的对立，当其尖锐到足以有效地把人类按照敌我划分成为阵营时，便转化成了政治对立。政治并不存在于战争本身之中，因为战争拥有自身的技术、心理和军事规律，

---

① 〔德〕黑格尔：《法哲学原理》，范扬、张企泰译，商务印书馆 1979 年版，第 253 页。
② 〔德〕卡尔·施密特：《政治的概念》，刘宗坤等译，上海人民出版社 2003 年版，第 102 页。
③ 同上，第 106—107 页。
④ 同上，第 113 页。

但是，政治却存在于由战争这种可能性所决定的行为方式之中。这种行为方式也取决于它能明确地权衡特定的局势，因而能够正确地区别谁是真正的朋友，谁是真正的敌人。如果一个宗教群体发动了反对其他宗教群体成员的战争，或参与其他战争，那么它显然不再仅仅是一个宗教群体，而是成为一个政治统一体。"① 总之，这种国家主义认为，国家是统治的结果，是一部分人统治另一部分人（以敌友进行政治划分）的产物。

第三种是自主国家主义。自主国家主义最早出现在亨廷顿关于国家制度化的自主性标准之中。亨廷顿认为，在高度发达的政治体制中，政治组织"不受其他非政治团体和程序的影响。而在不发达的政治体制中，它们则极易受外界的影响"②。几乎与此同时，自主国家主义也出现在西方马克思主义关于国家自主性的"密里班德和普兰查斯之辩"（Miliband-Poulantzas debate）中。马克思的经典分析将国家视为资产阶级统治的工具。英国马克思主义学者拉尔夫·密里班德（Ralph Miliband）把马克思的这一经典分析发挥到极致，认为国家虽然具有一定程度的自主性，但从根本上说其仍然是资产阶级维持其统治和实现其利益的工具。希腊出生的马克思主义学者尼科斯·普兰查斯（Nicos Poulantzas）反对密里班德的工具主义国家观，并提出一种结构主义的国家观，认为国家结构凌驾于资本家个人和资本家阶级派别的特殊利益之上，通过其相对自主性保证各统治资本家阶级利益的稳定性。③

自主国家主义之后的发展表现为国家回归学派在 20 世纪 70、80 年代的兴起。回归国家学派从国家自主性和国家能力等概念出发来分析国家与社会的关系，以哈佛大学社会学教授西达·斯考切波（Theda Skocpol）、加州大学伯克利分校社会学教授彼得·B. 伊文斯（Peter B. Evans）和布朗大学社会

---

① 〔德〕卡尔·施密特：《政治的概念》，刘宗坤等译，上海人民出版社 2003 年版，第 117—118 页。

② 〔美〕塞缪尔·亨廷顿：《变化社会中的政治秩序》，王冠华等译，上海人民出版社 2008 年版，第 16 页。

③ Ralph Miliband, *The State in Capitalist Society*, New York: Basic Books, 1969; Nicos Poulantzas, *Political Power and Social Classes*, London: NLB, 1973; Ralph Miliband, "Poulantzas and the Capitalist State", *New Left Review*, No. 82, 1973, pp. 83 – 92; Nicos Poulantzas, "The Capitalist State: A Reply to Miliband and Laclau", *New Left Review*, No. 95, 1976, pp. 63 – 83. 一些中文文献参见 〔英〕拉尔夫·密里班德：《资本主义社会中的国家》，沈汉、陈祖洲、蔡玲译，商务印书馆 1997 年版，第 5—53 页；〔希腊〕尼科斯·波朗查斯：《政治权力与社会阶级》，叶林等译，中国社会科学出版社 1982 年版，第 284—367 页。

学荣休教授迪特里施·鲁斯迈耶（Dietrich Rueschemeyer）等为代表。① 斯考切波认为自由主义和马克思主义社会理论的共同点在于，"国家仅仅被看成是一个争夺社会经济利益而展开冲突的舞台"。斯考切波批评道，这两种理论"都没有将国家看成是一套具有自主性的结构——这一结构具有自身的逻辑和利益，而不必与社会支配阶级的利益和政体中全体成员群体的利益等同或融合"②。斯考切波认为，"只要这些基本的国家组织存在，它们在任何地方都具有摆脱支配阶级直接控制的潜在自主性。它们在实际上所具有的自主性的程度，以及所产生的实际影响，都因具体的场景而异。"③ 斯考切波表述道，"在从经济和社会中提取资源方面，政权组织必然会在一定程度上与支配阶级进行某种竞争。一旦这些资源被提取出来，这些资源所投向的目标可能会偏离现存支配阶级的利益。"④

（三）政党、公民社会与伦理实现

在这三种国家主义中，对政党和公民社会关系最具借鉴意义的是伦理国家主义和自主国家主义。统治国家主义对政党和公民社会的关系也会有一些启发。譬如，按照施密特的观点，从统治和政治稳定的角度分析，政党特别是强有力的政党将比公民社会更有利于统治秩序的维护。强势政党比公民社会更拥有权力，也就更有能力实现敌我的区分。从统治的视角出发，可以对葛兰西关于政党与公民社会的观点作进一步的理解。在葛兰西看来，公民社会和政党都是政治统治的工具。对于公民社会的文化统治功能，葛兰西指出，"在这个意义上说，作为积极的教育职能的学校，以及作为压制性的和消极的教育职能的法院，就是最重要的国家活动：然而在现实中还有许多其他的所谓民间首创性活动也趋向于同一个目的，这些首创性活动形成统治阶级的政治和文化领导权机构。……国家确实要求获得这种拥护，而且它还通过政治团体和工联主义团体'教育'人们对它拥护，但这些团体在性质上是民间

---

① 1985 年《找回国家》的出版是国家回归学派形成的重要标志。参见 Peter B. Evans, Dietrich Rueschemeyer, Theda Skocpol（eds.），*Bringing the State Back In*, Cambridge：Cambridge University Press, 1985。

② 〔美〕西达·斯考切波：《国家与社会革命：对法国、俄国和中国的比较分析》，何俊志、王学东译，上海人民出版社 2007 年版，第 25—28 页。

③ 同上，第 30 页。

④ 同上，第 31 页。

的，有待于统治阶级发挥民间的主动性。"① 对于政党的统治功能，葛兰西指出，"在这个意义上，'君主'可以译成现代术语'政党'。在某些国家里，'国家元首'，即在领导利益（未必是完全排它的）与其他各种利益之间进行调整平衡的要素，就是由'政党'来担任的。但区别在于，按照传统的宪法观念，它既非依法统治，又非依法支配；它拥有'实际上的权力'，行使着领导权职能，从而也行使着调节'市民社会'的各种利益使之保持平衡的职能；但市民社会与政治社会实际上紧密地交织在一起，以致全体公民都有相反的感觉，即党既在统治又在支配。"② 统治国家主义并非笔者讨论的重点。笔者重点分析伦理国家主义和自主国家主义对政党和公民社会关系的意义。

首先从伦理国家主义出发。由于这里的考察重点是政党与公民社会的关系，而黑格尔并未对政党在伦理实现中的地位作出判断，因此，笔者试图按照黑格尔的逻辑推出政党和公民社会在伦理实现上的地位和关系。在黑格尔的分析中，国家是伦理实现的一种高度。黑格尔表述道，"国家是伦理理念的现实——是作为显示出来的、自知的实体性意志的伦理精神，这种伦理精神思考自身和知道自身，并完成一切它所知道的，并且只是完成它所知道的。"③ 他还说，"国家是在地上的精神，这种精神在世界上有意识地使自己成为实在……只有当它现存于意识中而知道自身是实存的对象时，它才是国家。"④ 在黑格尔的理解中，伦理的实现形式有高低之分，家庭最低，公民社会次之，而国家最高。黑格尔指出，"对私权和私人福利，即对家庭和市民社会这两个领域来说，国家一方面是外在必然性和他们的最高权力，他们的法规和利益都从属于这种权力的本性，并依存于这种权力；但是，另一方面，国家又是它们的内在目的，国家的力量在于它的普遍的最终目的和个人的特殊利益的统一，即个人对国家尽多少义务，同时也即享有多少权利。"⑤ 黑格尔将个人的伦理实现与"为国家尽义务"联系在一起。黑格尔强调，只有为国家尽义务，才能获得真正的自由并实现人的自由本质。黑格尔批评那种"尽义务便限制了人身的自由"的观点，认为"在义务中，个人得到解放而

① 《葛兰西文选（1916—1935）》，中央编译局国际共运史研究所编译，人民出版社 1992 年版，第 439—440 页。
② 同上，第 434—435 页。
③ 〔德〕黑格尔：《法哲学原理》，范扬、张企泰译，商务印书馆 1979 年版，第 253 页。
④ 同上，第 258 页。
⑤ 同上，第 261 页。

达到了实体性的自由。……义务所限制的并不是自由，而只是自由的抽象，即不自由。义务就是达到本质、获得肯定的自由"①。黑格尔补充说，个人在为国家尽义务的同时，也获得了自身的权利和特殊的福利。他说，"个人从他的义务说是受人制服的，但在履行义务中，他作为公民，其人身和财产得到了保护，他的特殊福利得到了照顾，他的实体性的本质得到了满足。"②

贯穿黑格尔伦理思想的主体逻辑是整体性，这是其对国家的伦理价值赋予较高期望的本质之所在。对于这一点，黑格尔表述道，"国家是现实的，它的现实性在于，整体的利益是在特殊目的中成为实在的。现实性始终是普遍性和特殊性的统一，其中普遍性支分为特殊性，虽然这些特殊性看来是独立的，其实它们都包含在整体中，并且只有在整体中才得到维持。"③ 简言之，"国家的目的就是普遍的利益本身"④。黑格尔伦理思想的核心是，整体性的伦理是高层级的伦理实现。那么，政党和公民社会在整体性中的表现究竟如何呢？萨托利将政党看成部分与整体的一种结合。萨托利指出，"政党可以在两方面出轨。一方面它们的事业受到强烈的党性（partisanship）以及与宗派主义重合的威胁：部分压倒了整体。另一方面，它们的事业受到垄断和专制的威胁：整体压倒了部分。那么，政党体制的道路随着时间的流逝就成了在解体（整体的分裂）和全体一致（部分被整体吞并）进退两难的中间道路。只有当政党努力在派性和整体控制、忠诚于党和忠诚于国家、党的利益和普遍的利益之间保持平衡，政党才能安全地运行在其轨道上。"⑤ 萨托利还描述了整体与部分结合的功能性意义，"作为部分的政党是运行一个多元整体的工具：它们预计到了多样性和制度化的分歧。相反，非部分的政党恰恰否认多样性原则并把压制分歧制度化"⑥。

葛兰西对政党的整体性有更为强烈的认识。葛兰西写道，"如果说国家代表着对全国实行法治的强制力量和惩罚力量，那么，政党就代表着优秀分子对这种法治的自觉拥护，而且把这种法治看做是必须教育全体群众加以拥护的一种集体社会型式，为此，政党必须在其内部生活中具体地表明，它们

---

① 〔德〕黑格尔：《法哲学原理》，范扬、张企泰译，商务印书馆1979年版，第168页。
② 同上，第263页。
③ 同上，第280页。
④ 同上，第269页。
⑤ 〔意〕萨托利：《政党与政党体制》，王明进译，商务印书馆2006年版，第98—99页。
⑥ 同上，第99页。

已经把国家作为法律义务明文规定的准则变成道德行为的准则。在政党内，必然已经变成自由，从而使政党的内部纪律产生了巨大的政治价值（即对政治领导的价值），可以把这种纪律作为估价各个政党发展潜力的标准。从这个观点出发，可以把政党看做国家生活的大学校。政党生活的要素是：性质（顶得住过时文化的压力），荣誉（有维护新型文化和新型生活的大无畏意志），尊严（懂得为更高的目标而奋斗），等等。"① 葛兰西不仅强调政党的道德化整合力量，而且强调政党作为一种整体性功能的完整发挥，即"在现代世界上，党，从整体上讲，就是这样，并非恰好是某个大党的一部分；从指导思想、组织形式到领导方法，出发点都是要使它在整体上发展成为一个国家（一个完整的国家，而不是法律上所理解的政府），发展成为一种世界观"②。

　　相比而言，西方思想家们对公民社会的整体性多数持怀疑或批判态度。譬如，即使是对公民社会赞誉有加的托克维尔也不否认公民社会的分裂性。托克维尔指出，"不能否认，政治方面结社的无限自由，是一切自由当中最后获得人民支持的自由。即使说这种自由没有使人民陷入无政府状态，也可以说它每时每刻都在使人民接近这种状态。"③ 在此基础上，托克维尔更加强调国家对公民社会分裂性的限制，"政治结社的无限自由，又与出版自由不尽相同：前者的必要性不如后者，而其危险性却大于后者。一个国家能够把结社自由限制起来，并使其永远处于国家的控制之下；但是，国家为使结社自由存在，有时也需要耍些手腕"④。对于这一点，葛兰西也有相近观点的论述："对于这些集团（在上升到自治的国家生活之前并没有经历长期的独立自主的文化和道德发展阶段的集团）来说，中央集权阶段是很有必要而且十分适时的。这种'中央集权'正是'国家生活'的正常形态，或者至少是开创独立自主的国家生活以及建立'市民社会'的正常形态，因为从历史上看，在上升到独立自主的国家以前，要想建立市民社会是不可能的。"⑤ 总之，因为公民社会是个体或是部分，而政党既是部分又是整体，所以从整体

① 《葛兰西文选（1916—1935）》，中央编译局国际共运史研究所编译，人民出版社1992年版，第449页。
② 同上，第446页。
③ 〔法〕托克维尔：《论美国的民主》（上册），董果良译，商务印书馆1991年版，第217页。
④ 同上，第215页。
⑤ 《葛兰西文选（1916—1935）》，中央编译局国际共运史研究所编译，人民出版社1992年版，第448页。

性的角度来看，政党的伦理性要高于公民社会。

同时，这里需要说明的是黑格尔伦理思想中的辩证性。虽然黑格尔倾向强调整体性在伦理实现中的优先地位，但黑格尔同样花费了一些笔墨论述伦理实现中整体性与特殊性的辩证关系。在论及宗教与国家的关系时，黑格尔强调了公民参与教会组织这一活动对于国家的特殊意义。[①] 黑格尔将国家作为伦理实现最高形式的同时，也未忽视家庭和市民社会的伦理价值及其对国家伦理的补充。黑格尔指出，"现代国家的本质在于，普遍物是同特殊性的完全自由和私人福利相结合的，所以家庭和市民社会的利益必须集中于国家；但是，目的的普遍性如果没有特殊性自己的知识和意志——特殊性的权利必须予以保持——就不能向前迈进。所以普遍物必须予以促进，但是另一方面主观性也必须得到充分而活泼的发展。只有在这两个环节都保持它们的力量时，国家才能被看做一个肢体健全的和真正有组织的国家。"[②] 因此，在政党与公民社会的关系中，一方面，伦理实现的高度存在差别，即政党要优先于公民社会。另一方面，公民社会的伦理意义同样是不可替代的，其对政党的伦理实现具有一种补充的价值。

（四）自主政党与自主公民社会

自主国家主义的分析本身便与政党和公民社会这些概念联系在一起。要具备一定的自主性，国家就需要摆脱政党和社会对其的过度控制和影响。譬如，美国文官制度的建立过程就是国家摆脱政党分肥对其影响的过程。美国政治发展的过程证明了这一点，即在美国完成了民族国家构建之后，美国的政党及其社会动员能力实际上受到了很大的削弱。[③] 同时，体现自主性的国家同样要摆脱社会对它的强势影响，即国家要更公正地分配利益和制定政策，超脱于利益集团的游说之上。从这个意义上讲，施密特对多元主义的批评有

---

① 黑格尔表述道，"国家应全力支持和保护教会使达成其宗教目的，这在它乃是履行一种义务；又因为宗教是在人的内心深处保证国家完整统一的因素，所以国家更应要求它的所有公民都加入教会，并且不论哪一个教会……一个组织完善的国家，从而是个强国，在这方面可以表示更宽大些，对触及国家的一切细枝末节可以完全不同，甚至可以容忍那些根据宗教理由而竟不承认对国家负有直接义务的教会（当然这要看数量而定）；这是因为国家已把这些教会成员交给市民社会使受其规律的约束，国家自己就满足于他们用消极的办法（好比用交换或代替的办法）来完成对它的直接义务。"〔德〕黑格尔：《法哲学原理》，范扬、张企泰译，商务印书馆1979年版，第273页。

② 〔德〕黑格尔：《法哲学原理》，范扬、张企泰译，商务印书馆1979年版，第261页。

③ 〔美〕安东尼·奥罗姆：《政治社会学导论》，张华青等译，上海人民出版社2006年版，第216—218页。

其一定的价值。施密特认为,多元主义摧毁了国家主权的统一,并把国家降格为与其他社会组织并列的组织,从而使国家失去了对社会利益进行仲裁的地位,也使得国家成为各利益集团瓜分社会利益的场所。① 当然,国家的自主性不是这里讨论的重点。笔者希望从自主国家主义的思维脉络出发,来思考政党与公民社会两者的关系。从这一角度来讲,与自主国家相对应的概念是自主政党和自主公民社会,即不仅国家需要一定的自主性,政党和公民社会同样需要一定的自主性。

人们一般认为,政党与公民社会应该结成一种紧密的共生关系,通过其功能的互补在国家与社会之间发挥桥梁作用。然而,从另一角度来理解,保持一定的距离对双方关系的维系也有一定的积极意义。政党的目的是执掌或参与政权,而如果其仅仅代表某些少数公民团体的话,那就意味着其执政的目标很难实现,或者在执政中会遭遇更多的困难,所以成功的政党需要超越意识形态和少数利益。亨廷顿对这个问题有精辟的表述,"一个仅代表某一社会集团利益的政党——无论它代表的是劳工,还是商界或是农民——它的自主性都不如体现社会各集团利益并将它们集为一体的那个政党强。后一类型的政党明显不是为了某些特定的社会势力而存在的。"② 生态型政党在产生之初往往受到环保社团的控制,这一特征限制了生态型政党在政治领域中的表现。之后,自主性建设便成为生态型政党推进制度化的重要内容。群众型政党向全方位政党的转向也在一定程度上反映了政党自主性的增强。群众型政党往往与一些固定的公民社团结盟并采取相对稳定的意识形态纲领。这种动员模式在 20 世纪中期之前一直很流行,也非常有效率。然而,这一模式在20 世纪中后期面临转向,即更体现自主性的全方位政党成为西方政党发展的主导模式。目前西方政党政治中流行的新中间道路就是明证。另一方面,公民社会的目的是通过影响某一具体政策来实现少数群体的利益,而如果公民社团与某一政党保持过于密切关系的话,那该公民社团就会变成这一政党的"婢女",公民社会所内含的多元性和特殊性也就无从体现。公民社会概念本身所蕴含的是一种自治的观念。譬如,美国社会学家爱德华·希尔斯(Edward Shils) 对公民社会的界定,"市民社会指的是社会中的一个部分,这

---

① 〔德〕卡尔·施密特:《论断与概念》,朱雁冰译,上海人民出版社 2006 年版,第 137 页。
② 〔美〕塞缪尔·亨廷顿:《变化社会中的政治秩序》,王冠华等译,上海人民出版社 2008 年版,第 16 页。

部分社会具有自身的生命，与国家有明显区别，且大都具有相对于国家的自主性。市民社会存在于家庭、家族与地域的界域之外，但并未达致国家。"①政党在某种意义上是国家的一部分，因此，强调对国家保持自主性的公民社会，也要摆脱政党对其的控制与干扰。

同时，自主政党与自主公民社会的强调也不能矫枉过正。自主性的发展目前已经成为西方政治中的一种主流趋势。西方学界关于政党政治的前沿研究，如政党类型学（全方位和卡特尔政党）和政党社会学（政党与社会解盟关系）的研究，都表明政党在摆脱公民社会的影响。在政治实践中，英国工党和德国社民党则是两个最为典型的案例。同时，公民社会也在发展一种自主性，即强调公民社会模式对政党模式的替代可能。美国公民社团的职业化发展以及其绕过政党直接在政治体制内的表达和游说正在影响和改变着欧洲政治的传统。实际上，这两种过于自主化的倾向都存在问题。前者的问题在于，过于强调自主性的政党，会失去其社会存在的根基；而后者的问题在于，没有政党表达的公民社会，其将意愿转化为政策的可能性会大大降低。未来西方政治的发展趋势可能会出现一种传统的回归。一方面，公民社会重新进入政党，即新左翼政党和极右翼政党兴起的潮流会继续延续。另一方面，政党也会重新加强与公民社会的联系。当然，此时与公民社团强化的联系已经与群众型政党时代的紧密共生模式大不相同了。

结　语

从国家主义视阈出发来看待政党与公民社会关系，容易得出政党中心论的结论。从伦理国家主义来看，由于政党比公民社会更多体现整体性，所以政党也就具备了优先于公民社会的伦理实现地位。从自主国家主义来看，由于政党在某种程度上是国家的一部分，所以延伸后的自主国家很容易包含自主政党。譬如，在亨廷顿看来，政党自主性的建设是政治系统制度化的一个重要指标。从国家主义与多元主义的关系来看，政党也会在国家主义的分析中占据优势的位置。因为多元主义整体上是倾向于社会中心论的，而国家主义是多元主义的相对概念，所以国家主义是反社会中心论的。因此，整体而言，在政党与公民社会的关系中，国家主义会给予政党更多的青睐和优先。

---

① 〔美〕爱德华·希尔斯：《市民社会的美德》，见邓正来、〔英〕亚历山大主编：《国家与市民社会——一种社会理论的研究路径》，中央编译出版社 2002 年版，第 33 页。

然而，这样的结论并不完全是笔者所希望表达的。实际上，伦理国家主义和自主国家主义者们都在试图表达一种国家主义的复杂性观点。黑格尔用如下语言完整地表述了伦理实现的单一性与普遍性之间的辩证关系："构成群众的个人本身是精神的存在物，所以本身便包含着各是一个极端的双重要素，即具有自为的认识、自为的希求的单一性和认识实体、希求实体的普遍性。因而个人就能够获得这两方面的权利，既然他们无论作为个别的人或作为实体性的人都是现实的，这样一来，他们在这两个领域中既能直接达到前一方面，又能间接达到后一方面，达到前一方面的手段是：在各种制度中，即在潜在于个人特殊利益的普遍物中获得自己的本质的自我意识；达到后一方面的手段是：这些制度在同业公会的范围内给他们以实现普遍目的的职业和活动机会。"[1] 而自主国家主义者们则用下面的文字来反对对国家主义的单向度理解："无论是国家提供'集体性灾难'的案例，还是国家提供'集体福利'的事件，我们都必须同等地细致分析。不管是社会集团或阶级成功驯服寄生性政府机构的事例，还是自主性国家超越狭隘利益观念促进社会福利的行为表现，我们都必须同等地深入探究。总之，提倡把国家找回来并赋予其在社会科学的分析议程和研究路径之中更核心的地位的研究者们，必须保持警惕，以免对国家的自由主义批判与对国家能力的理论性轻视之间的旧的串联卷土重来。对国家行为的研究既不应该美化国家的力量，也不要高估其功效。"[2] 从完整的国家主义内涵上理解，政党与公民社会应该被置于更为平等的框架之中，这样可以构建一种良性和稳定的两者关系。

二、多元主义视阈下的政党与公民社会关系

一般认为，多元主义与公民社会是一组内涵上较为接近的概念，而由于政党更多反映整体性，所以多元主义与政党却是两个向度上的概念。然而，萨托利却试图打通政党与多元主义之间的隔阂。萨托利将多元主义作为柏克

---

① 〔德〕黑格尔：《法哲学原理》，范扬、张企泰译，商务印书馆1979年版，第265页。
② 〔美〕彼得·埃文斯、迪特里希·鲁斯迈耶、西达·斯考克波：《迈向更加充分了解国家的大道》，见〔美〕彼得·埃文斯、迪特里希·鲁斯迈耶、西达·斯考克波主编：《找回国家》，方力维等译，生活·读书·新知三联书店2009年版，第496页。

对政党道德性定义的理论支持。① 萨托利指出，"当柏克否定了政党最终总会变成宗派的观点，并且断言政党是对宗派的超越时，没有任何理论支持他的观点。但事后我们可以看到，政党变成了属于整体的部分（宗派则是反对整体的部分），这一观点的根据是，多元主义的世界是由'好的组成部分'构成的，也就是说，是由政党构成的。"萨托利进而阐述了多元主义与政党理念的合意，"在霍布斯的政治观点中，政党是不可思议的，在卢梭的城邦中，它们是不可接受的。只有当'对四分五裂的恐惧'消失，取而代之的是这样的信念，即清一色的世界未必是政体唯一可能的基础，政党才得到了理解。这等于说，政党和多元主义在观念上源于同样的信仰体系。"在此基础上，萨托利总结说，"由此可见，'政党多元主义'之说是正确的。"② 萨托利对学术界的启发在于，政党、公民社会与多元主义三者可以放在一个整体框架内进行讨论。顺着萨托利的思路，这里将重点探讨政党与公民社会的关系，并选取多元主义理论为视角。笔者的分析框架如下：首先对多元主义一词作多学科的审视与回顾，其次将多元主义按照功能、权力和差异三个特征进行归纳和整理，然后以这三大分类为切入点，分析其对政党与公民社会关系的喻意和价值，并最后加以简要比较和总结。

（一）多学科视野中的多元主义

"多元主义"一词出现在哲学、社会学、法学、政治学、民族学、宗教学等多个学科领域中。为了更为深入地把握这一概念的深刻内涵，笔者将对多学科视野中的多元主义内涵进行回顾。在哲学领域中，多元主义出现在认知哲学、政治哲学和科学哲学的研究文献之中。认知哲学对多元主义的思考体现在实用主义哲学家威廉·詹姆士（William James）的观点之中。在《多元的宇宙》一书，詹姆士指出，因为我们处在一个多元的宇宙之中，所以我们的知识不是固定不变，而是开放的。因此，解决问题的方法不是绝对和唯一的，而是多元的。詹姆士把自己的观点称为彻底经验主义的多元论形式，

---

① 柏克进而指出了宗派和政党之间的区别：宗派不过是"为地盘和报酬而进行卑鄙的利益之争"，而政党则是一种"高尚的关系"，是"充分履行我们的公共责任所必需的"。〔美〕萨托利：《民主：多元与宽容》，见刘军宁等编：《直接民主与间接民主》，生活·读书·新知三联书店1998年版，第55页。

② 〔美〕萨托利：《民主：多元与宽容》，见刘军宁等编：《直接民主与间接民主》，生活·读书·新知三联书店1998年版，第55—56页。

即"事物的绝对总和决不能以绝对总和的形态在实际上被经验到或者被体会到","一个传布开了的、按类区分的、或者不完全统一的外貌是实在可能已经获得的唯一形式"[①]。政治哲学对多元主义的探讨主要体现在以伯林为代表的价值多元主义和以威尔·金里卡为代表的文化多元主义理论中。后文将对这两个理论进行深入探讨,这里略过。科学哲学对多元主义的分析集中展现在哲学家费耶阿本德在1957年的《反对方法》一书中。费耶阿本德以其师波普尔的科学哲学为批判对象,反对波普尔追求的普遍适用的方法论标准和朴素的证伪主义,主张用"无政府主义"的药方来治疗方法论上的"营养不良症"。费耶阿本德认为,"没有'科学的方法';没有任何单一的程序或单一的一组规则能够构成一切研究的基础并保证它是'科学的'、可靠的。任何理论、任何方案、任何程序都必须按照它自己的优劣、根据适应于它所应付的那些过程的标准予以判定。"[②]

社会学对多元主义的探讨主要体现在福利多元主义的研究中。英国阿伯丁大学社会学教授理查德·罗斯(Richard Rose)对福利多元主义有过权威的分析。罗斯认为,市场、国家和家庭作为单独的福利提供者都存在一定的缺陷,解决办法是三个部分联合起来,相互补充,形成一种福利提供的多元组合。[③] 法学对多元主义的关注体现在法律多元主义的研究成果中。譬如,荷兰格罗宁根大学法社会学教授约翰·格里弗茨(John Griffiths)在《什么是法律多元主义》一文中提出,社会的法律秩序不是一个单一的、系统的、统一的、国家决定的等级规范秩序,相反它来源于多个社会层面,并且能够自我管理。[④] 日本学者千叶正士在《法律多元》一书中也提出法律多元的三层结构:官方法(由一国之合法权威认可的法律体系)、非官方法(没有被官方当局正式认可,但在实践中被一定范围人们——无论是否在一国之内——普遍同意认可的法律体系)和基本法(与官方法和非官方法都有特殊关联、

---

① 〔美〕威廉·詹姆士:《多元的宇宙》,吴棠译,商务印书馆2002年版,第44页。

② 〔美〕费耶阿本德:《反对方法》,周昌忠译,上海译文出版社1992年版,第17页。

③ Richard Rose, "Common Goals but Different Roles: The State's Contribution to the Welfare Mix", in Richard Rose and Rei Shiratori (eds.), *The Welfare State East and West*, Oxford: Oxford University Press, 1986, pp. 13 – 39.

④ John Griffiths, "What is Legal Pluralism?", *Journal of Legal Pluralism and Unofficial Law*, Vol. 24, 1986, pp. 1 – 56.

支撑并为它们定向的价值和观念体系）①。

政治学对多元主义的讨论出现在英国多元主义者梅特兰（F. W. Mait-land）等和美国政治学家杜鲁门（David Truman）、达尔（Robert Dahl）等的论述之中。这部分内容是笔者讨论的重点，将在下一部分重点分析。在民族学领域中，民族多元主义反对民族一体论或民族熔炉论。美国民族主义者霍勒斯·卡伦认为，美国所有的不同集团都能相处并存。在一种自然和谐的状态中，每一个集团都保持并完善着其自身的特性。卡伦主张用一种联盟式的或多中心式的理想取代那种通过熔铸而达到同化的传统美国信念。他号召每个民族集团以自身的实在和保持自身独特文化的方式而存在。② 宗教学对多元主义的阐述体现在英国比较宗教学者约翰·希克（John Hick）的观点中。希克用"终极实在"来取代基督教的"上帝"、佛教的"空"和印度教的"梵"，并作为全部宗教的基础。希克主张打破每一种宗教传统的自我中心的实体观，以"终极实在"的"一"来观照宗教的"多"。希克强调不同宗教之间展开真诚的对话，"在信仰间对话的人们越来越彼此影响，在某种程度上也相互转变，每一方都丰富对方，也为对方所丰富"③。

（二）多元主义的思想史历程

从政治学视阈来看，多元主义可以分为三类：功能多元主义、权力多元主义和差异多元主义。④ 功能多元主义的发展主要在 20 世纪初期的英国，代表人物是英国学者梅特兰（F. W. Maitland）、菲吉斯（J. N. Figgis）、巴克（Ernest Barker）、科尔（G. D. H. Cole）和拉斯基（Harold Laski）等。这些

---

① 〔日〕千叶正士：《法律多元——从日本法律文化迈向一般理论》，强世功等译，中国政法大学出版社 1997 年版，第 185—186 页。

② 〔美〕约翰·海厄姆：《当代美国思想中的民族多元主义》，载《世界民族》，1992 年第 3 期，第 11 页。

③ 〔英〕约翰·希克：《信仰的彩虹——与宗教多元主义批评者的对话》，王志成译，江苏人民出版社 1999 年版，第 151 页。

④ 贝拉米将多元主义的发展分为四个阶段。贝拉米并没有给每个阶段的多元主义定名（只是在表述时将第一种多元主义称为功能多元主义，把第四种多元主义称为激进的多元主义）。这里对多元主义的分类受到贝拉米的启发。笔者沿用了贝拉米对功能多元主义的称谓，将第二种多元主义称为利益多元主义，将第三种多元主义进行了扩展，将价值多元主义含入其中，并定名为差异多元主义。第四种多元主义主要是贝拉米自己的观点，是对第三种多元主义的解决方案。但整体来看，这一种多元主义的理念和观点还不够完整和成熟。所以，这里在分类时将第四种多元主义去掉。参见理查德·贝拉米：《多元主义和精英主义的发展》，见〔英〕凯特·纳什、阿兰·斯科特主编：《布莱克维尔政治社会学指南》，李雪、吴玉鑫、赵蔚译，浙江人民出版社 2007 年版，第 17—25 页。

多元主义者受到德国法学家基尔克（Otto von Gierke）、法国社会学家涂尔干、法国法学家狄骥（Léon Duguit）的影响。功能多元主义的主要观点如下：第一，对功能性代表原则多有强调。这些多元主义者认为，人们对功能性社团比对地域性单位有更强的忠诚感。民主参与的最重要场所应该是人们所归属的各种各样的功能性群体。第二，功能性社团具备一种团体人格。他们认为诸如宗教和工业组织这些团体不仅能满足个体利益，而且可以型塑个体的身份。个体在社团中的身份定义了他们的利益，而且个体自我发展的能力取决于其所处群体集体发展的能力。① 不同的功能性社团具备不同的团体人格。第三，对国家主权进行批评。譬如，拉斯基认为，近代国家主权论主张国家中存在一种至高无上、不可分割、不可转让的权力——主权，而这种主权学说的根源是黑格尔关于国家具有自身意志的学说。拉斯基批评道，国家仅是个人和团体利益的算术集合，并没有自己独立的意志或目的，所以必须"在道义上把国家的行为与其他社会组织的行为进行同等看待"②。在拉斯基看来，社会团体与国家的功能是类似的，即作为一个共同体为个人提供利益实现和观念沟通。第四，将社会视为有机团结的整体。不同功能的社团可以自发地、非等级地组织起来，同时每个社团在特定的领域内享有高度的自治。他们认为社团之间相互联系的纽带需要得到重视，同时主张社团应具备一种自我管理性。③

权力多元主义的发展主要出现在 20 世纪 50、60 年代的美国，代表人物是政治学家戴维·杜鲁门和罗伯特·达尔，主要观点是强调权力在政治生活中的多元分配。杜鲁门的一个基本结论是，利益集团的存在使得美国政治在权力分配上实现了多元的结果。杜鲁门主要用两点来支撑这一结论：第一，不同的利益集团都可以接近政治决策。杜鲁门指出，"美国政府制度的一个典型特征是，它提供了利益集团接近决策的各种渠道。联邦制度建立了分散的、或多或少是独立的权力中心，这些渠道使利益集团有机会接近全国性政

---

① 参见理查德·贝拉米：《多元主义和精英主义的发展》，见〔英〕凯特·纳什、阿兰·斯科特主编：《布莱克维尔政治社会学指南》，李雪、吴玉鑫、赵蔚译，浙江人民出版社2007年版，第18—19页。

② Harold Laski, *Studies in the Problems of Sovereignty*, London: George Allen and Unwin, 1968, p. 2.

③ 理查德·贝拉米：《多元主义和精英主义的发展》，见〔英〕凯特·纳什、阿兰·斯科特主编：《布莱克维尔政治社会学指南》，李雪、吴玉鑫、赵蔚译，浙江人民出版社2007年版，第20页。

府。"① 第二，多重成员身份之间的冲突会导向一种社会权力的平衡。"在任何社会中，特别是复杂社会中，没有任何一种单一的集团归属可以解释个人所有的态度或利益……个人的活动及其利益的多样性，使他参加许多现实的和潜在的集团"，所以，"利益集团组织从来就不是完整的、统一的"。②

达尔思考的核心问题是，由于公民之间在政治资源方面存在不平等，那他们在影响政治决策时是否也存在不平等呢？在对美国纽黑文市的实证研究中，达尔发现，在一个世纪以来的发展中，这个城市的居民中积累性的不平等在向非积累性的不平等转化。达尔提出非累积性不平等的六个特点：第一，不同的市民可以利用众多不同的渠道对公共机关发挥影响；第二，这些渠道不平等地在公民中进行分配；第三，对于某种特定渠道利用具有优势的个人常常在对于其他种类渠道的利用方面不存在优势；第四，在所有重要的决策方面影响力都大的渠道不存在；第五，一个影响力渠道总可以在几个特定的问题领域中具有特殊的影响力；第六，无论个人还是集团，对于任何影响力渠道都无法接近的情况不存在。③ 在《民主及其批评者》一书中，达尔进一步描述了以美国为蓝本的现代动态多元社会（modern dynamic pluralist society，简称 MDP 社会）的特征。达尔认为，"在一个 MDP 社会中，至关紧要的是它一方面抑制着权力集中于任何一个单独的一元化行为者那里；另一方面，它又在众多相对独立的行为者中间分散权力。……一个 MDP 社会的特征是政治资源（political resources）的分散，比如金钱、知识、地位，以及参加组织；战略地位的分散，尤其是经济的、科学的、教育的以及文化事务；商谈地位的分散，既有公开的，也有隐蔽的，涉及经济事务、科学、交流、教育以及其他方面。"④ 简言之，达尔承认不平等的存在，但反驳说没有一种类型的资源是占支配地位的。譬如，一些联合会的组织力量以及它们在工业社会中的战略性地位，有时能使它们的贫困成员与富有的商人进行对抗。从这一意义上来理解，达尔的多元主义所强调的同样是一种权力的多元。

差异多元主义可以分为两支。一支是伯林的价值多元主义。伯林首先在

---

① 〔美〕杜鲁门：《政治过程——政治利益与公共舆论》，陈尧译，天津人民出版社 2005 年版，第 549 页。

② 同上，第 551—552 页。

③ 唐士其：《西方政治思想史》，北京大学出版社 2002 年版，第 457—458 页。

④ 〔美〕罗伯特·达尔：《民主及其批评者》，曹海军、佟德志译，吉林人民出版社 2006 年版，第 348 页。

价值一元论批判的基础上展开讨论。伯林批判道，"以人类的生命为代价来保持我们的绝对的范畴与理想，同样违反科学与历史的原则；它是一种可以同等地在我们时代的左右翼中发现的态度，是与那些尊重事实的人所接受的原则无法相容的。"① 伯林进一步表述了"多元主义以及它所蕴含的'消极的'自由标准"的优点：第一，多元主义是更真实的，"因为它至少承认这个事实：人类的目标是多样的，它们并不都是可以公度，而且它们相互间往往处于永久的敌对状态。假定所有的价值能够用一个尺度来衡量，以致稍加检视便可决定何者为最高，在我看来这违背了我们的人是自由主体的知识，把道德的决定看做是原则上由计算尺就可以完成的事情"②。第二，多元主义是更人道的，"因为它并未（像体系建构者那样）以某种遥远的、前后矛盾的理想的名义，剥夺人们——作为不可预测地自我转化的人类——的生活所必不可少的那些东西"③。伯林所指的价值多元实质是一种差异的多元，即反对价值的一元论，而允许多元差异的存在。④

另一支是以加拿大哲学家查尔斯·泰勒和威尔·金里卡为代表的多元文化主义（Multiculturalism）。多元文化主义主张关注那些被排除在主流政治之外的少数群体，通过确定少数群体的差异特征，给予其一定特殊性的保护，并鼓励其在与主流群体的对话中寻求共识。譬如，泰勒表述道，"在某些情况下，同等对待所有公民的重要性超过文化保存的重要性，有时候则认为后者更重要。因此，这种模式归根结底不是程序自由主义模式，在很大程度上它是以关于好生活的判断——文化的凝聚力在这种判断中占有重要地位——为基础的。虽然我不能在此展开论证，但我显然是赞成这种模式的。无可争辩的事实是，今天有越来越多的社会成为包含不止一个文化共同体的多元文化社会，这些共同体全都要求保存其自身的特性。僵化的程序性自由主义在

---

① 〔英〕以赛亚·伯林：《自由论》，胡传胜译，译林出版社2003年版，第215页。
② 同上，第215—216页。
③ 同上，第216页。
④ 萨托利的观点也可以归入价值多元主义的范围。萨托利认为，从历史上看，多元主义"是在16和17世纪蹂躏欧洲的宗教战争之后，随着对宽容的逐渐接受而出现的。……多元主义以宽容为前提，也就是说，不宽容的多元主义是假多元主义。它们的不同之处是宽容尊重各种价值，而多元主义设想各种价值。多元主义坚持这样的信念：多样性和异见都是价值，它们使个人以及他们的政体和社会变得丰富多彩"。参见〔美〕萨托利：《民主：多元与宽容》，冯克利译，见刘军宁等编：《直接民主与间接民主》，生活·读书·新知三联书店1998年版，第53页。

未来的世界上可能很快就行不通了。"① 金里卡区分了三类集体权利：自治权利、多族群权（polyethic rights）和特殊代表权。自治权的范围可以是地域性的，也可以是功能性的。多族群权包括国家对少数群体的财政支持以及对某些特殊习惯、节日、语言的法律保护。特殊代表权是指少数群体在立法以及其他政治领域中的配额保护政策。② 从本质上讲，多元文化主义强调文化的多元共存，文化多元共存的基础是不同价值主体间相互平等的承认。文化多元主义通过一种差异政治来强调每个人认同的独特性以及相互承认。差异政治要求的不是普遍的权利，而是某种特殊的认同，要求以公民彼此之间的差异为基础而加以区别对待。在这个意义上，多元文化主义也可以称之为差异多元主义。

（三）政党与公民社会的功能

功能多元主义提醒我们关注政党与公民社会各自的功能。就政党的功能而言，《布莱克维尔政治学百科全书》的界定是，"几乎所有政党似乎都表现为两种功能的结合，即：一方面政党向社会作出反应；另一方面由政党向社会施以控制。例如，大多数苏联问题专家现在都承认，苏联共产党不仅是作为社会控制的一种机制而行为，而且也作为略受限制的各种利益的代言人而行为，这些利益中有些已经牢固地制度化，其他则制度化程度较低。同样，西方政党也常常领导而不是追随公众舆论，并且即使是在自由民主制度下，对于加入政治市场的自由也存在诸多限制，政党为了实行这种限制而具有的确定议事日程的功能显然使其具备了控制的成分"③。英国学者海伍德将政党功能界定为："政党是国家和市民社会之间联系的重要渠道，发挥着诸如代表人民、组织和招募政治精英、利益表达和聚集、组建政府等功能。"④ 迈克尔·罗斯金等认为，政党具备如下功能：第一，连接政府与公众的桥梁。通过政党的政治输入，公民可以使得自己的需要为政府所知。第二，利益的聚

---

① 〔加〕查尔斯·泰勒：《承认的政治》，见汪晖、陈燕谷主编：《文化与公共性》，生活·读书·新知三联书店1998年版，第320页。

② Will Kymlicka, *Multicultural Citizenship: A Liberal Theory of Minority Rights*, Clarendon Press, 1995, pp. 27－32.

③ 〔英〕戴维·米勒、韦农·波格丹诺编：《布莱克维尔政治学百科全书》，邓正来等译，中国政法大学出版社1992年版，第520—521页。

④ 〔英〕安德鲁·海伍德：《政治学核心概念》，吴勇译，天津人民出版社2008年版，第272页。

合。政党通过把不同的利益聚合到一个更大的组织中来，以此驾驭和平息利益集团之间的冲突。第三，整合进政治体系。为了赢得选举，政党通常会欢迎新的利益集团加入自己的阵营，允许它们表达意见或将其意愿写进党的纲领。第四，政党在将利益集团整合进社会的同时，也教育它们的成员如何玩政治游戏。在政党活动中，人们学习公开演讲、组织会议和妥协，从而提高他们的政治能力。第五，选民动员。政党会努力用政党组织或利益激励来让公众去投票。没有政党的宣传，许多选民会对大选置之不理。第六，组织政府。政党在选举获胜之后会赢得政府的职位和权力，并以此实现自己在选举时允诺的政策。[①] 杰弗里·庞顿和彼得·吉尔将政党的功能总结为四点："第一，政党促进大量群体和地区利益的集中，这种利益的集中引起并为全体选民展示了做出明确选择的问题；第二，组织和动员选民；第三，录用领袖人物，并组成政府；第四，启动并监督政府政策的实施。"[②]

对于公民社会的功能，拉里·戴蒙德总结为如下：第一，通过政治制度实施对国家权力的有效制约；第二，补充政党在刺激政治参与中的作用，并增加民主政治中公民的政治效能感和参与技巧；第三，有利于形成民主的一些规范性特征，如宽容、折中、妥协以及对反对观点的尊重等；第四，制造一些聚合和表达利益的渠道（不同于政党的渠道）；第五，与成熟的经济一起来推动利益的交叉和重合，以缓解和消除政治冲突；第六，培养和训练新的政治领袖；第七，在培育领袖之外实现一些民主构建的软性目的；第八，在民众中传播动员的信息以克服集体行动的逻辑困境；第九，有利于形成推动经济改革的政治和社会联盟；第十，促进政治系统的责任性、回应性、包容性、有效性和合法性。[③] 戈登·怀特认为，公民社会在削弱权威主义政府以及帮助建立和维持民主政体方面发挥关键作用，并且在改善民主政体的治理质量方面发挥着重要功能。具体来看，怀特将公民的主要功能界定为四点：第一，公民社会有助于形成"势均力敌的反对派"，以使国家和社会之间的力量对比倾向于后者。第二，公民社会可以通过实施公共伦理标准和行为准

---

① 〔美〕迈克尔·罗斯金、罗伯特·科德、詹姆斯·梅代罗斯、沃尔特·琼斯：《政治科学》，王震等译，华夏出版社 2000 年版，第 216—218 页。

② 〔美〕杰弗里·庞顿、彼得·吉尔：《政治学导论》，张定淮等译，社会科学文献出版社 2003 年版，第 124 页。

③ Larry Diamond, "Toward Democratic Consolidation", *Journal of Democracy*, Vol. 5, No. 3, 1994, pp. 7 – 11.

则以及改进政治家和行政人员的责任性而发挥限制国家的作用。第三，公民社会可以在国家和社会之间发挥一种媒介作用，以联结普通公民与正式政治制度。第四，在民主化或民主巩固的过程中，公民社会可以发挥启动制度创新的作用。①

不同学者对政党和公民社会功能的总结有所不同，但究其实质可以发现，政党和公民社会的功能有诸多一致之处：第一，在代议性方面，两者都表明自己是社会利益的代议者；第二，在整合性方面，两者都宣称自己拥有整合社会利益的功能；第三，在社会性方面，两者都是民主政治的制度和文化形成的重要场域；第四，在规范性方面，两者都发挥监督政府的功能。然而，在这四方面特征之中，政党与公民社会所发挥的具体功能又有所不同。就代议性而言，政党代议的主要场所是政治系统，非常接近于政策的形成和制定，而公民社会代议的主要场所仍是社会系统，其意愿的政策实现仍需要借助政治工具。就整合性而言，政党整合的程度和层次明显要高于公民社会。就社会性而言，政党的政治社会化功能同样在一个较高的层次上展现，其通过与政府、议会和司法机关的互动来培育政治精英，而公民社会则在较初始的阶段上培育那些刚刚进入政治领域的政治人物。就规范性而言，政党主要通过其对政权的控制来限制政府的行为，以实现其在选举中所承诺的政治目标，而公民社会主要通过解构性的力量和反对性的行为来对政权形成制约和压力。整体而言，从功能多元主义来看，政党和公民社会有各自的功能。这两组功能都有其独特性，而且相互不能替代。

（四）实现权力多元：政党与公民社会

权力多元主义暗示我们需要用一种平等的态度来看待政党与公民社会之间的地位问题。巴伯对多元主义的行为者平等逻辑有精彩的描述："民主的多元主义模式是通过在'自由市场'中的讨价还价和（以）交换的方式解决冲突来界定的，并且'自由市场'是处于那种受到承诺约束的以'社会契约'为基础的政府领导的。自由不仅是市场的运行准则，而且是市场的首要目标，市场使自由成为证明市场模式的政治的合理性的首要规范。多元主义民主不同于权威型的和司法型的民主，它依赖于具有参与性的和积极能动性

---

① Gordon White, "Civil Society, Democratization and Development I", *Democratization*, Vol. 1, No. 3, 1994, pp. 382 - 386.

的公民群体，这一公民群体分散为不同的个体、集团和党派（政治性的和其他的），他们在竞争性的立法谈判的框架中，充分表达和追求私人利益。"①在巴伯对多元主义民主的评述中，政党与公民社会的地位是平等的，都被还原为需要表达私人利益的公民群体。

按照权力多元主义的逻辑，当政党比较强势时，政党容易用其接近政治决策的便利或用组织联系和意识形态来控制公民社会，最终导致公民社会自主性的丧失。一些东亚国家如日本和新加坡的政治发展证明了这一点。日本和新加坡经历了较为制度化的政党发展过程，形成了有强势影响并长期执政的群众型政党——自民党和人民行动党，但与此同时，政党对社会的强势进入以及政党组织在社会中的有效分布，挤压了公民社会的成长空间和存在意义，并在很大程度上导致了公民社会的自主性缺乏。从权力多元主义视角出发，解决这一问题的关键在于，政党需要释放公民社会所应有的空间，同时以更为平等的态度处理两者关系。从另一角度来讲，当公民社会比较强势时，政党则很容易依附于公民社会，而这种依附会导致政党整体性的下降，并最终可能会导致政党的衰落。英国工党与工会的关系则是这一问题的绝佳注脚。英国工党长期依赖工会的支持，工会是工党的缔造者，并作为工党的集体党员，通过缴纳集体党费和捐赠等方式为工党长期提供主要的财政支持。譬如，直到1983年，工党总收入的98%仍来自工会。因此，如果得不到工会的支持，工党连基本的生存都有问题，而且工会对工党的资助也并非不求回报，而是实际发挥了对工党的政策选择施加压力的作用。这种依附在20世纪80年代末时成为工党发展的阻力，也就构成了工党实施组织改革和推动第三条道路的政治背景。在1994年布莱尔担任工党领袖之后，工党多次宣称其需要成为"多数人的党"和"必须代表整个国家说话"的党。布莱尔采取了一系列措施摆脱对工会的控制：开始接受和争取企业界的赞助；增加个人党员数量和提高个人党员党费标准；取消工会直接赞助工党议员的制度，等等。到2002年时，工党只有30%的收入来自工会。②这种转向使得工党以较为独立自主的姿态来设计政策选择，也在客观上增加了赢得选举和有效执政的可能。

然而，权力多元主义也并非无懈可击。譬如，巴伯对这种民主模式也多

① 〔美〕本杰明·巴伯：《强势民主》，彭斌等译，吉林人民出版社2006年版，第173—174页。
② 李华锋：《英国工党与工会关系嬗变的影响因素分析》，载《社会主义研究》，2009年第5期，第35—36页。

有批评："多元主义民主是在缺乏独立根基的情况下，通过自由平等的个体间和群体间——他们在社会契约管制的市场环境下追求私人利益——的讨价还价和交换来解决公共冲突的。"① 在巴伯看来，这种权力多元主义甚至是一种天真的乌托邦理想，在现实中则几乎不可能存在。例如，巴伯对这一模式批评到，"多元主义民主之所以具有缺陷，是因为它依赖于对自由市场和被认为是自由平等的讨价还价机制的虚构，因为它不能产生任何种类的公共思考和公共目的，因为它对真实的权力世界是天真的，还因为它运用了代议制原则，并且将一种隐秘的独立根基——对自由市场和看不见的手的幻想，以及一种认为追求个人私利就会奇迹般地产生公益的简化的功利主义原则（曼德维尔、斯密和边沁）——重新引入政治生活中。"② 巴伯的批评对我们分析政党与公民社会的关系是有启示意义的，即从规范意义上讲，我们可以希望实现政党与公民社会在权力分配上的平等，然而在现实世界之中，由于政党更接近政治权力，所以因政党拥有优势权力而挤压公民社会的情况会更多出现。譬如，在苏联国家、东欧国家和东亚国家中大量出现这样的例子。从这一角度来理解，权力多元主义的乌托邦理想正是其价值之所在，对于笔者讨论的主题，其最大的寓意便在于对政党的优势地位提出批评。

（五）谁更能代表差异？

差异多元主义认为，多元主义的核心在于承认差异，承认特殊性。顺着差异多元主义的进路思考，政党和公民社会谁更加能反映差异呢？笔者的一个基本判断是，公民社会比政党更能反映差异。政党的两大政治活动——选举与执政都体现了一种政治的一致性。选举通过多数决的制度设计得出一个抹杀差异的政治结果，而执政后的政策实施也多表现为普遍和公平的一致分配结果。公民社会的活动则是围绕部分群体的代议和特殊性政策的实现而展开的，公民社会的这两大活动更多地反映出一种基于部分的特殊性和差异性。简言之，在公民社会而不是政党中，少数群体的差异得以承认并得到尊重。这是泰勒花费很大篇幅讨论公民社会、公共领域与承认政治之间关系的原因。在泰勒看来，"差异政治认为应当承认每一个人都有他或她的独特的认同。但是，承认在这里表示某种不同的东西。……就差异政治而言，要求我们给

---

① 〔美〕本杰明·巴伯：《强势民主》，彭斌等译，吉林人民出版社2006年版，第174页。
② 同上，第174页。

以承认的是这个个人或群体独特的认同，是他们与所有其他人相区别的独特性。"① 泰勒关于差异的分析是与其对一致性的批判结合在一起的。泰勒尖锐地批评道，"就某种程度而言，朝向中央集权与官僚化的趋势在现代社会中是无可避免的。这对民主是不利的，它使得条件（b）难以达成，而其所造成的恶梦情境，便是一个过度集权的政府。……然而这个潮流可以藉由双重的分权而加以抵消：一是朝向地区性的社会，一是寄宿的公共领域。"②

泰勒所推崇的尊重差异和所批判的一致集权，与其对公民社会的界定紧密联系在一起。泰勒对公民社会作出三层界定："1. 在最起码的意义上，市民社会存在于有自由社团之处，而不是处于国家权力的监护之下。2. 在较强的意义上，市民社会只有在作为整体的社会能够通过独立于国家监护之外的社团来组织自身并协调自身行为这样的地方才存在。3. 作为第二种意义的替代或补充，只要各式各样的社团的整体能够举足轻重地决定或转变国家政策的进程，我们就能够谈论市民社会。"③ 虽然泰勒并未对其所属意的公民社会内涵作出清晰的界定，但可以看出，泰勒试图在这三种形式的公民社会内涵之间作出折中。泰勒所言的第一种形式的公民社会即更多强调差异性。泰勒的思想源泉主要来自黑格尔。尽管黑格尔更主要是一个国家主义者，但黑格尔同样强调公民社会的意义。黑格尔这样来描述国家、家庭和市民社会的关系："如果我们把这些自然的关系同精神的关系相对比，那么家庭可比之于感受性，市民社会可比之于感受刺激性。至于第三者即国家是自为的神经系统，它自身是有组织的；但它只有在两个环节，即家庭和市民社会，都在它内部获得发展时，才是有生气的。"④

差异性的缺点是碎片化。美国政治学家伯恩斯曾对公民社团的碎片化影响有过精彩的描述：第一，集团之间的竞争不是公平的，组织严密和财力充足的集团比其他集团更有优势；第二，社会集团的斗争加剧了社会的不平等，因为低收入的社会群体由于财力有限和组织不完善而处于影响政治的劣势状

---

① 〔加〕查尔斯·泰勒：《承认的政治》，见汪晖、陈燕谷主编：《文化与公共性》，生活·读书·新知三联书店1998年版，第301页。

② 条件（b）是指"公民的各种团体、形态与阶级的心声能够真正被倾听，并在辩论中也能发挥他们的影响力"。参见〔加〕查尔斯·泰勒：《公民与国家之间的距离》，见汪晖、陈燕谷主编：《文化与公共性》，生活·读书·新知三联书店1998年版，第205、210页。

③ 〔加〕查尔斯·泰勒：《吁求市民社会》，见汪晖、陈燕谷主编：《文化与公共性》，生活·读书·新知三联书店1998年版，第175页。

④ 〔德〕黑格尔：《法哲学原理》，范扬、张企泰译，商务印书馆1979年版，第264—265页。

态；第三，单一问题集团的相互斗争使权力更为分散，同时其结果是政策不连贯、低效和延误、缺乏整体性和预见性。① 对于解决碎片化的方法，伯恩斯总结了一些建议：第一种主张对这些公民社团无为而治，其自身可以找到适当的平衡；第二种认为，公司的政治行动委员会非常强势，而消费者团体、妇女团体、环境保护团体和民权团体的政治行动委员会影响则小得多，应当改变这种状况，使两者之间保持平衡；第三种认为，这些集团之间的竞争很难实现平衡，而解决办法则是改变公民社团所运行的政治制度环境。这个流派指出了"麦迪逊方法"（即通过联邦制的纵向分权和三权分立的横向分权使得任何多数或少数都无法控制政府）的效果和问题，同时主张建立更强大的政党来控制公民社团。②

　　笔者更倾向于第三种观点，即用政党来消解公民社会因过于强调差异性而带来的碎片化影响。托克维尔在对美国政治的分析中也赞同发挥大型政党的整合作用。托克维尔一方面表达道，"政党是自由政府的固有灾祸，它们在任何时候都没有同样的性质和同样的本性。"③ 另一方面，托克维尔希望一种其所描述的"大党"出现："被我称为大党的政党，是那些注意原则胜于注意后果，重视一般甚于重视个别，相信思想高于相信人的政党。一般说来，同其他政党相比，它们的行为比较高尚，激情比较庄肃，信念比较现实，举止比较爽快和勇敢。"④ 托克维尔比较了大党和小党的优劣，"大党在激荡社会，小党在骚扰社会；前者使社会分裂，后者使社会败坏；前者有时因打乱社会秩序而拯救了社会，后者总是使社会紊乱而对社会毫无补益。"⑤ 托克维尔认为，美国建国时的联邦党是其心目中的"大党"，而联邦党的对手共和党则是"小党"。托克维尔叹息到，"今天在美国已经看不到大政党了。仍然存在许多威胁着美国的未来的党派，但没有一个党派表示反对政府的目前形式和社会发展的总方向。威胁着美国的未来的党派所依据的不是它们的原则，

---

① 〔美〕詹姆斯·伯恩斯等著：《美国式民主》，谭君久等译，中国社会科学出版社1993年版，第270页。

② 同上，第274页。

③ 〔法〕托克维尔：《论美国的民主》（上卷），董果良译，商务印书馆1991年版，第195页。

④ 托克维尔又表述了其厌恶的"小党"："小党与此相反，它们一般没有政治信念。由于它们自己觉得并不高尚，没有崇高的目标，所以它们的性格打上了赤裸裸地暴露于它们的每一行动上的自私自利的烙印。"〔法〕托克维尔：《论美国的民主》（上卷），董果良译，商务印书馆1991年版，第196页。

⑤ 〔法〕托克维尔：《论美国的民主》（上卷），董果良译，商务印书馆1991年版，第197页。

而是它们的物质利益。在如此辽阔的国家里，这种利益与其说能在利益互不相同的地区形成政党，不如说能在这样的地区形成敌对的国家。"① 托克维尔的观点整体上是倾向于多元主义的，但其对大党的期望实质上反映了其对多元主义碎片性后果的一种反思和抵制。

结　语

就其本质而言，多元主义是一种自由主义的思潮，其通过反对主导权威的存在而表达一种参与个体平等的自由内涵。然而，多元主义的思想在其发展过程中不断添加一些新的元素。从目前的三种多元主义的特征来看，其可以放入社会科学中理性主义、结构主义和文化主义三大分野的框架下理解。② 功能多元主义反映了一种理性主义的理解，即个体参与何种功能性社团是一种理性思考的结果。权力多元主义则体现为一种结构主义的整体观，即从社会结构整体的视角来看，权力是多元分布的。差异多元主义是一种文化主义，即强调文化的多样性和个体特征的相对性。这三组多元主义对政党与公民社会的关系有着重要的寓意和启示。从功能多元主义的视角出发，政党与公民社会都有其各自的功能和价值，而不能轻易地用一种功能性组织取代另一种。从权力多元主义的角度来理解，政党与公民社会需要放在更为平等的地位上展开讨论，同时，这种平等性需要置于具体的情境中考察，以避免落入平等乌托邦的空谈之中。按照差异多元主义的内涵来看，公民社会比政党更能反映少数群体的差异性，但这种差异性和特殊性不能完全脱离整体性来谈论，否则差异性所伴生的碎片化将给社会带来分裂的不堪后果。

三、法团主义视阈下的政党与公民社会关系

斯坦福大学政治学荣休教授菲利普·施密特（Philippe C. Schmitter）和布拉格查尔斯大学公共政策教授尤尔根·格劳特（Jürgen R. Grote）对法团

---

① 〔法〕托克维尔：《论美国的民主》（上卷），董果良译，商务印书馆1991年版，第199页。
② 理性主义传统主张个体理性、实证研究和微观分析，在经济学中最为主导，其代表是亚当·斯密。结构主义强调比较历史、因果动力和宏观分析，在历史学和政治学等学科中最为流行，其代表是马克思。文化主义强调案例诠释、身份认同和中观分析，在社会学、文化性和人类学分析中占据重要位置，其代表是韦伯。参见马克·利希巴赫：《社会理论与比较政治学》，见马克·利希巴赫、阿兰·朱克曼主编：《比较政治：理性、文化和结构》，储建国等译，中国人民大学出版社2008年版，第351—362页。

主义理论和实践的关系有一段有趣的评述："我们现在知道，20世纪70年代中期对法团主义的重提，是具有讽刺意味的。当学者们刚开始使用这一概念解释发达资本主义趋势的时候，法团式的实践已经达到顶端，而后在80年代渐渐回落。然而，当许多观察家宣布它已消失的时候，法团主义却又抬头了；直至现今90年代，法团主义似乎又把它的两个主题——利益集中和决策体制——推向了新的高度。"① 施密特和格劳特的这段文字恰恰说明了法团主义的强大生命力及其对政治实践的充足解释力。笔者所关注的重点是政党与公民社会的关系，选取的视角则是法团主义。笔者首先对法团主义作中西方学术史的梳理，然后在其内涵和经典分类的基础上对法团主义意蕴下的政党与公民社会关系进行理论探讨。

（一）法团主义在中国社会科学研究中的兴起

近年来法团主义（corporatism）成为国内社会科学研究的一个热点词汇，其主要出现在社会学、政治学、管理学、经济学、历史学等领域之中。法团主义一词有多个译法，还包括社团主义、组合主义、统合主义与合作主义等表述。因此，为了讨论的方便，笔者在转述他人观点时一律采用"法团主义"的表述。社会学中关于法团主义的研究主要集中在法团主义理论和公民社会研究（社团研究）之中。最早讨论法团主义理论的成果出现在社会学领域中。早期引介的一篇重要文献是张静发表在《社会学研究》上的《"合作主义"理论的中心问题》一文。在文中，张静对法团主义的基本理论及其在中国研究中的运用作了较为详细的梳理。② 当然，张静关于法团主义更为完整的引介和评述集中展现在《法团主义》一书中。③ 社会学对法团主义的关注主要以公民社会或社团为核心展开。譬如，顾昕和王旭对中国市场转型过程中国家与专业团体的关系进行研究，并发现两者关系的这种法团主义模式并非如许多人认为的仅是一种过渡性形态，而有可能较长期地存在。④ 再如，顾昕对公民社会和法团主义的关系进行研究，认为国家应在公民社会的发展

---

① 〔美〕菲利普·施密特、〔捷〕尤尔根·格劳特：《法团主义的命运：过去、现在和将来》，林猛译，见张静：《法团主义》，中国社会科学出版社2005年版，第202页。

② 张静：《"合作主义"理论的中心问题》，载《社会学研究》，1996年第5期，第39—44页。

③ 张静：《法团主义》，中国社会科学出版社1998年版。

④ 顾昕、王旭：《从国家主义到法团主义——中国市场转型过程中国家与专业团体关系的演变》，载《社会学研究》，2005年第2期，第155—175页。

中发挥能促性角色，通过推动公民社会走向社会法团主义，来增强国家的合法性和社会发展能力。① 另如，张静对法团主义模式下的工会角色进行研究，并指出工会作为社会功能组织之一，应当在国家和职工之间发挥法团主义的功能。② 马秋莎以经济社团为例对中国法团主义的发展进行了探讨，认为中国独特的国家法团主义正在发生变化，这种变化的程度及走向将取决于并反作用于未来的权力安排和经济管理体制的演变。③

政治学对法团主义的探讨主要分布在法团主义理论、法团主义与政治改革、法团主义与政府、法团主义与社团等问题上。在法团主义理论方面，颜文京对法团主义的概念、分类和历史渊源进行了梳理，并对法团主义发生的历史条件以及国家和社会组织在该模式中的作用进行较为详尽的分析。④ 景跃进则对多元主义、精英主义和法团主义三种理论间的关系进行探讨，认为多元主义与精英主义处于（权力）"分散与集中"连续谱的不同位置，而多元主义与法团主义则可以在（组织）"开放与封闭"的连续谱上发现它们的居所。⑤ 在法团主义与政治改革的关系方面，刘为民认为，法团主义为中国政治转型提供了一种新视角，可以推动政治转型在宏观、中观、微观和方法层次上的稳妥推进。⑥ 刘安就海外关于改革后中国国家与社会关系的研究进行梳理后发现，流行的市民社会理论和法团主义框架并不完全符合中国的文化传统与社会结构，而要解释这一过程则需要发掘自身的经验或进行概念再造。⑦ 安戈和陈佩华运用法团主义理论对中国的改革实践进行分析并指出，体现国家法团主义特征的群众性团体正在向社会法团主义转型，而且这种转

---

① 顾昕：《公民社会发展的法团主义之道——能促型国家与国家和社会的相互增权》，载《浙江学刊》，2004 年第 6 期，第 64—70 页。

② 张静：《"法团主义"模式下的工会角色》，载《工会理论与实践》，2001 年第 1 期，第 1—6 页。

③ 马秋莎：《比较视角下中国合作主义的发展：以经济社团为例》，载《清华大学学报（哲学社会科学版）》，2007 年第 2 期，第 126—138 页。

④ 颜文京：《调整国家与社会关系的第三种模式——试论组合主义》，载《政治学研究》，1999 年第 2 期，第 85—93 页。

⑤ 景跃进：《比较视野中的多元主义、精英主义与法团主义——一种在分歧中寻求逻辑结构的尝试》，载《江苏行政学院学报》，2003 年第 4 期，第 81—87 页。

⑥ 刘为民：《法团主义与中国政治转型的新视角》，载《理论与改革》，2005 年第 4 期，第 5—8 页。

⑦ 刘安：《市民社会？法团主义？——海外中国学关于改革后中国国家与社会关系研究述评》，载《文史哲》，2009 年第 5 期，第 162—168 页。

型的可能性要远远高于对任何形式的政治民主的引进。^① 在法团主义与政府的关系方面，许婷的研究指出，法团主义为政府与社会组织良性互动关系的建构提供一条切实可行的路径。^② 曹海军和文长春的研究认为，法团主义作为一种新型的政府治理模式，将成为政府能力建设和制度创新的一个新起点。^③ 刘恩东则认为，法团主义对研究社会转型期中国利益集团的政治参与及其与政府的互动有重要理论价值。^④ 在法团主义与社团关系方面，政治学研究偏重使用一些政治学的概念进行相关分析，譬如王诗宗对温州商会的政治合法性及其与法团主义的关系进行了探讨。^⑤

在经济学领域，法团主义主要出现在经济福利制度和劳资关系等问题的研究中。譬如，郑秉文对法团主义在西方发达国家经济制度和福利制度中的运用进行分析，暗示中国的福利制度构建应该借鉴西方的经验并同时在学习中努力避免西方出现的问题。^⑥ 陈少晖的研究指出，中国私营企业的劳资关系模式更多反映出旧法团主义的特征，而未来劳资关系的协调机制构建应该以新法团主义为基础。^⑦ 杨鹏飞以上海市的实践为例，得出与陈少晖相类似的结论，主张建立新法团主义的劳资关系体制。^⑧ 管理学对法团主义的分析主要集中在政策研究领域。例如，俞静运用"地方性国家统合主义"这一概念分析了中国汽车产业的寻租行为和汽车产业政策失效的根源。^⑨ 薛澜和彭志国则以日本审议会机制为基础，从微观制度层面分析了法团主义框架下政

---

① 安戈、陈佩华：《中国、组合主义及东亚模式》，载《战略与管理》，2001 年第 1 期，第 52—60 页。

② 许婷：《法团主义：政府与社会组织的关系模式选择》，载《中共浙江省委党校学报》，2006 年第 4 期，第 91—94 页。

③ 曹海军、文长春：《"统合主义"政府：一种新型的政府治理模式》，载《理论探讨》，2006 年第 4 期，第 14—16 页。

④ 刘恩东：《法团主义视阈中利益集团与政府关系》，载《国家行政学院学报》，2009 年第 3 期，第 52—55 页。

⑤ 王诗宗：《行业组织的政治蕴涵——对温州商会的政治合法性考察》，载《浙江大学学报（人文社会科学版）》，2005 年第 2 期，第 158—165 页。

⑥ 郑秉文：《合作主义：中国福利制度框架的重构》，载《经济研究》，2002 年第 2 期，第 71—79 页。

⑦ 陈少晖：《新合作主义：中国私营企业劳资关系整合的目标》，载《当代经济研究》，2008 年第 1 期，第 24—28 页。

⑧ 杨鹏飞：《新合作主义能否整合中国的劳资关系？——以上海市的实践为例》，载《社会科学》，2006 年第 8 期，第 32—40 页。

⑨ 俞静：《地方性国家统合主义、寻租和中国汽车产业政策失效》，载《公共管理评论》，2006 年第 2 期，第 75—94 页。

策咨询机制的构建和完善途径。① 法团主义的研究也出现在那些经历过该模式的他国历史研究中。例如，王皖强用"从法团主义到撒切尔主义"来描述战后英国保守党在国家干预经济问题上的政策变迁。② 夏立安则对法团主义在法西斯意大利的发展及其对意大利现代化进程的影响进行总结。③

（二）西方法团主义研究的学术史

法团主义的观点在第二次世界大战之前就已经出现。譬如，西方马克思主义者葛兰西就曾表达过法团主义的思想。他指出："在这众多的民间团体（分两类：自然的，及契约的或志愿的）之中，有一个或者一个以上的团体，相对地或绝对地起主导作用，即构成某个社会集团对国民（或市民社会）的其余部分的领导权机构，也就是构成狭义的国家即政府——强制机构的基础。"④ "二战"后，美国经济学家安德鲁·肖恩菲尔德（Andrew Shonfield）较早地对西方资本主义经济逐步法团化（corporatization）的趋势进行了描述，"主要的利益集团被集中起来并鼓励就未来行为达成一系列的妥协，这会推动经济朝着预期的路径演进。这一计划表明了一种方向，即利益集团与带着面纱的国家已经就未来的发展达成了某种合意"⑤。关于法团主义里程碑式的成果出现在《政治评论》杂志在 1974 年第 1 期题为"新法团主义：自由世界的社会和政治结构"专辑中。该专辑由五篇文章组成：美国乔治亚大学国际关系教授霍华德·威亚尔达（Howard J. Wiarda）主要关注法团主义在拉美经济发展中的表现⑥；加拿大西蒙·弗雷泽大学拉美史教授罗纳德·纽顿（Ronald C. Newton）则用"天然的法团主义"一词来描述和分析拉美的民粹

---

① 薛澜、彭志国：《论合作主义视角下政策咨询机制构建与完善》，载《科学学研究》，2005 年第 5 期，第 612—617 页。

② 王皖强：《从法团主义到撒切尔主义——战后英国保守党在国家干预问题上的转变》，载《湘潭大学社会科学学报》，2001 年第 2 期，第 36—41 页。

③ 夏立安：《法团主义在法西斯意大利的命运》，载《齐鲁学刊》，2003 年第 2 期，第 11—17 页。

④ 《葛兰西文选（1916—1935）》，中央编译局国际共运史研究所编译，人民出版社 1992 年版，第 445—446 页。

⑤ Andrew Shonfield, *Modern Capitalism: The Changing Balance of Public and Private Power*, Oxford: Oxford University Press, 1965, p. 231.

⑥ Howard J. Wiarda, "Corporatism and Development in the Iberic-Latin World: Persistent Strains and New Variations", *Review of Politics*, Vol. 36, No. 1, 1974, pp. 3 –33.

主义和政治发展①；美国匹兹堡大学政治学教授詹姆士·马洛伊（James M. Malloy）以秘鲁为例对权威主义、法团主义以及社会动员的三者关系进行了分析②；菲利普·施密特对法团主义的概念进行了完整的界定，并将新法团主义作为一种与多元主义、国家主义和工团主义（syndicalism）相区别的利益表达方式加以阐述和分析③；美国圣母大学历史学教授弗里德瑞克·派克（Fredrick B. Pike）则将法团主义作为一种政治学与国际关系之间的桥梁，并将其运用于拉美与美国外交关系的研究之中④。在这一专辑的五篇文章中，施密特的文章最具影响力。

在这次专辑之后，法团主义的讨论主要在三个领域展开。第一个领域是法团主义与多元主义的关系。曼海姆大学的伯杰塔·尼德曼（Birgitta Nedelmann）和科特·梅尔（Kurt G. Meier）就两者关系提出三点意见：第一，法团主义仅仅作为反对多元主义的概念而存在是不充分的。第二，法团主义实际上吸取了多元主义的一些特征，譬如其对政治制度和政治行为的分析都关注利益表达这一要素，而这一要素在很大程度上是多元主义的特征。第三，国家在法团主义分析中有较为重要的地位。在这里，国家不再被看做利益相互竞争的一个背景场域（多元主义的观点），而是被看做一个参与政策产生的行为体。⑤ 澳大利亚拉筹伯大学政治学教授罗斯·马丁（Ross Martin）在自由法团主义（liberal corporatism）概念的基础上讨论了两者关系。马丁认为，自由法团主义概念需要在集团间合作、经济政策、劳方和资方的关系、管理等四个方面加以界定，同时，自由法团主义概念的不足在于，已有的分析者并没有就国家的作用这一核心议题达成一致的观点。在新法团主义与多元主义的关系上，马丁指出，两者有诸多共通之处，而且在某种意义上，两

---

① Ronald C. Newton, "Natural Corporatism and the Passing of Populism in Spanish America", *Review of Politics*, Vol. 36, No. 1, 1974, pp. 34 – 51.

② James M. Malloy, "Authoritarianism, Corporatism and Mobilization in Peru", *Review of Politics*, Vol. 36, No. 1, 1974, pp. 52 – 84.

③ Philippe C. Schmitter, "Still the Century of Corporatism?", *Review of Politics*, Vol. 36, No. 1, 1974, pp. 85 – 131.

④ Fredrick B. Pike, "Corporatism and Latin American-United States Relations", *Review of Politics*, Vol. 36, No. 1, 1974, pp. 132 – 170.

⑤ Birgitta Nedelmann and Kurt G. Meier, "Theories of Contemporary Corporatism; Static or Dynamic?", *Comparative Political Studies*, Vol. 10, No. 1, 1977, pp. 39 – 60.

者甚至是同一连续体上不同程度的表现形式。① 在对马丁的回应性文章中，欧洲大学学院比较社会制度教授科林·克劳奇（Colin Crouch）批评马丁忽视了法团主义的本质性特征，但同意马丁将新法团主义和多元主义视为同一连续体的观点。克劳奇认为，利益代表作为一个连续体，可以分为威权法团主义（authoritarian corporatism）、自由法团主义、多元主义和竞争等四个程度。②

第二个领域是新旧法团主义的争论。英国赫尔大学管理学教授安德鲁·考克斯（Andrew Cox）就法团主义的新旧版本进行了清晰的区分。考克斯认为，旧法团主义主要是指一种国家在不同的功能利益间参与协调和谈判的理想模式，而新法团主义则关注政策的制定过程。考克斯进而指出，新法团主义的这种政策过程导向实际上无益于学理上的深入，而主张将法团主义作为与多元主义和一元主义（monism）相对应的政治类型加以讨论。③ 苏赛克斯大学政治学教授阿兰·考森（Alan Cawson）对考克斯回应道，考克斯主要是在抽象的层面上来谈法团主义，而缺乏经验支撑和实证研究。考森援引施密特关于法团主义一（利益代议）和法团主义二（政策形成）的区分，来批评考克斯轻视政策过程在法团主义中作用的观点。④ 第三个领域是法团主义的危机问题。维也纳大学政治学教授彼得·格里希（Peter Gerlich）等以奥地利为例对法团主义制度在应对经济危机中的低效率进行了分析，认为西欧的法团主义制度正在遭遇困境并存在衰败的危险。⑤ 对法团主义面临的困境，施密特撰文表达其复杂的情感。一方面，施密特承认法团主义正在遭遇危机。在新自由主义的浪潮下，法团主义已经死亡！（Corporatism is dead!）另一方面，施密特认为法团主义的生命力并没有终结［法团主义长命百岁！（Long live corporatism!）］。施密特指出，"在可预见的未来，（经济发展的）当务之急与灵活性、自律以及竞争性联系在一起。而如果法团主义在一个合适的层

---

① Ross Martin, "Pluralism and the New Corporatism", *Political Studies*, Vol. 31, No. 1, 1983, pp. 86 –102.

② Colin Crouch, "Pluralism and the New Corporatism: A Rejoinder", *Political Studies*, Vol. 31, 1983, pp. 452 –460.

③ Andrew Cox, "The Old and New Testaments of Corporatism: Is It a Political Form or a Method of Policy-making?", *Political Studies*, Vol. 36, No. 2, 1988, pp. 294 –308.

④ Alan Cawson, "In Defense of the New Testament: A Reply to Andrew Cox, 'The Old and New Testaments of Corporatism' ", *Political Studies*, Vol. 36, 1988, pp. 309 –315.

⑤ Peter Gerlich, Edgar Grande and Wolfgang Müller, "Corporatism in Crisis: Stability and Change of Social Partnership in Austria", *Political Studies*, Vol. 36, No. 2, 1988, pp. 209 –233.

面上加以构造的话，将对这些目标和一个物质上更为成功的政治经济有所贡献……"①

当然，对法团主义的讨论也有一些出现在上述三个领域之外。譬如，加拿大卡尔顿大学政治学教授里奥·潘尼奇（Leo Panitch）对 20 世纪 70 年代法团主义的发展进行了梳理，认为目前法团主义正在作为社会科学中一个新兴的产业出现。潘尼奇指出，在国家与社会的关系上，法团主义与社会主义是共同反对自由主义的两大思想路径，而法团主义只有与社会主义联合起来才有可能实现施密特所言的"法团主义的世纪"（century of corporatism）②。1981 年，麻省理工学院政治学教授苏珊娜·伯杰（Suzanne Berger）主编了《西欧的组织利益：多元主义、法团主义与政治的转型》一书。③ 同年，美国政治学家阿尔蒙德为伯杰撰写了长篇书评《法团主义、多元主义与职业记忆》。在书评中，阿尔蒙德指出，目前出现的法团主义研究浪潮是利益集团研究的第三波。第一波出现在 20 世纪初期，以政治学家本特利（Arthur Bantley）为代表，而第二波出现在 20 世纪中期，以政治学家杜鲁门（David Truman）为代表。④ 英国德蒙特福德大学政治学高级讲师斯蒂芬·帕尔森斯（Stephen Parsons）则提出法团主义的逻辑问题，认为法团主义所主张的利益协调需要在个体偏好、不确定性和信任三个变量之上展开分析。⑤

（三）法团主义的内涵与分类

菲利普·施密特对法团主义的内涵有一段经典的描述："法团主义可以被定义为这样一种利益代议系统：在这一系统中，各个（社会）组成单元被整合进一些单一的、非竞争性的、存在等级秩序和功能区分的、数量有限的组织之中。这些组织得到国家的承认和批准（如果不是创建的话），在其各自的领域中被赋予一种协商代表的垄断权力。同时，作为交换，这些组织在

---

① Philippe Schmitter, "Corporatism is dead! Long Live Corporatism!", *Government and Opposition*, Vol. 24, No. 1, 1989, pp. 54 – 73.

② Leo Panitch, "Recent Theorizations of Corporatism: Reflections on a Growth Industry", *The British Journal of Sociology*, Vol. 31, No. 2, 1980, pp. 159 – 187.

③ Suzanne Berger (ed.), *Organizing Interests in Western Europe: Pluralism, Corporatism, and the Transformation of Politics*, New York: Cambridge University Press, 1981.

④ Gabriel Almond, "Corporatism, Pluralism and Professional Memory", *World Politics*, Vol. 35, No. 2, 1983, pp. 245 – 260.

⑤ Stephen Parsons, "On the Logic of Corporatism", *Political Studies*, Vol. 36, No. 3, 1988, pp. 515 – 523.

其所代表团体的领导人选择及其需求和支持的表达方面施加一定的控制。"①
施密特的定义基本上成为之后法团主义分析的基础。《布莱克维尔政治学百
科全书》总结了关于法团主义的三种不同认识②：第一，法团主义"是一种
不同于资本主义和社会主义的新型政治经济制度，它依据统一、秩序、民族
主义和成功等思想原则，由国家掌握以私人所有占主导地位的工业的发展方
向"。第二，法团主义"是一种和资本主义议会政治并行的国家形式。议会
政治以一种区域——个人代表制模式为基础，社（法）团主义则把职能代表
制和国家干预融合在一起"。第三，法团主义"既不是一种完备的政治制度
也不是一种国家形式，而是一种不同于多元主义的利益调解形式，在这种形
式下，数量有限的、具有等级序列的垄断组织在与国家谈判协商的活动中代
表其所属成员的利益，并且实施公共政策"。③ 这三种定义的区别在于将法团
主义是看做一种政治制度，还是一种国家形式，抑或是一个政治过程，然而
仔细观察可发现，这种区别是表面的。在本质上，这三种定义都强调一种介
于国家主义与多元主义之间的内涵。第一种定义强调法团主义介于资本主义
与社会主义之间，而资本主义和社会主义在本质上分别代表了多元主义与国
家主义的内涵。第二种定义强调法团主义是职能代表制和国家干预的结合。
职能代表制与多元主义的内涵交织在一起，而国家干预则更多展现国家主义
的内容。第三种认识与施密特的观点基本一致，其明确强调与多元主义不同，
用"数量有限的、具有等级序列的垄断组织"来展现国家权力。同时暗指与
国家主义也有所不同。国家主义强调自上而下分配利益，而法团主义强调代
表性组织与国家谈判并实现政策目标，这又包含了多元主义的内涵。简言之，
法团主义的内涵介于国家主义与多元主义之间。

　　法团主义的理论发展中出现了一些类型学的分析。譬如，施密特将法团
主义分为国家法团主义（state corporatism）与社会法团主义（societal corpo-

---

　　① Philippe C. Schmitter, "Still the Century of Corporatism?", *Review of Politics*, Vol. 36, No. 1, 1974, pp. 93 - 94.

　　② 《布莱克维尔政治学百科全书》还给出了法团主义的一个简要定义："社团主义是一种特殊的社会——政治过程。在这个过程中，数量有限的、代表种种职能利益的垄断组织与国家机构就公共政策的产出进行讨价还价。为换取有利的政策，利益组织的领导人应允通过其成员的合作来实施政策。"参见〔英〕戴维·米勒、韦农·波格丹诺编：《布莱克维尔政治学百科全书》，邓正来等译，中国政法大学出版社1992年版，第175页。这段内容应该是从施密特的定义中借鉴而来的，其表达的语序都与施密特一致。

　　③ 〔英〕戴维·米勒、韦农·波格丹诺编：《布莱克维尔政治学百科全书》，邓正来等译，中国政法大学出版社1992年版，第175页。

ratism）。施密特认为，"社会法团主义被嵌入进一个政治系统之中：该系统有着众多相对自主的且多层的地域性单元；有着开放的、竞争性的选举过程和政党制度；有着在意识形态上多样化的、以联盟为基础的行政权威，甚至还与高度分层和柱状的政治亚文化联系在一起。而国家法团主义则往往与这样一种政治系统相联系：地域性的次单元紧密地从属于中央行政权力；选举是不存在的或是全民公决型的；政党系统被一党主宰或垄断；行政权威在意识形态上是排外的，并在较狭窄的范围内录用官员，同时基于阶级、种族、语言和地区主义的政治亚文化受到压制。社会法团主义看起来是后自由主义的、发达资本主义的、组织良好的民主福利国家的一种衍生物，而国家法团主义则看起来是一种反自由主义的、晚发资本主义的、威权新重商主义国家的界定要素。"① 施密特认为，社会法团主义主要存在于瑞典、瑞士、荷兰、挪威、丹麦以及那些在传统上被学者界定为多元主义的国家如英国、联邦德国、法国、加拿大和美国等之中。国家法团主义则主要出现在葡萄牙、西班牙、巴西、智利、秘鲁、墨西哥和希腊等国，以及法西斯统治时期的意大利、维希政府时期的法国、国家社会主义时期的德国以及陶尔斐斯时期的奥地利等国家中。② 在施密特之后，还出现了一些类型学的研究进展。考克斯对旧法团主义和新法团主义作了有益的区分。前者重点描述利益协调的理想状态，而后者则关注政策实现的过程。③ 施密特将法团主义分为"法团主义一"和"法团主义二"两个领域。前者偏重描述利益代议过程中的协调，而后者主要关注政策形成过程中的协调。④ 克劳奇对自由法团主义与权威法团主义也进行过辨析。⑤ 但整体来看，施密特之后的这些分类基本上仍然是在国家法团主义与社会法团主义的分类内涵上展开的，只不过用不同的概念来描述这种区分。

① Philippe C. Schmitter, "Still the Century of Corporatism?", *Review of Politics*, Vol. 36, No. 1, 1974, p. 105.

② Ibid. , p. 104.

③ Andrew Cox, "The Old and New Testaments of Corporatism: Is It a Political Form or a Method of Policy-making?", *Political Studies*, Vol. 36, No. 2, 1988, pp. 294 – 308.

④ Phillipe Schimitter, "Reflections on Where the Theory of Neo-Corporatism Has Gone and Where the Praxis of Neo-corporatism May Be Going", in G. Lehmbruch and Phillipe Schimitter (eds.), *Patterns of Corporatist Policy-Making*, London: Sage, 1982, p. 262.

⑤ Colin Crouch, "Pluralism and the New Corporatism: A Rejoinder", *Political Studies*, Vol. 31, 1983, pp. 452 – 460.

（四）政党与公民社会之间的法团主义模式

政党与公民社会两者关系的分析在中西方学术界中并不多见。但实际上，这组关系可以放在国家与社会的大背景下分析。国家与社会的分析本质上是一种结构主义分析，即关注社会变迁的宏大结构，强调结构对行动者的选择激励和环境约束作用。国家与社会的分析已经成为社会科学中一种较为成熟的理论范式。国家主义、多元主义和法团主义是国家与社会分析中的三大经典理论流派。政党与公民社会的关系是国家与社会关系在更为微观的领域中的投射。政党越来越成为国家派向社会的代理人（特别是从卡茨和梅尔所提出的卡特尔政党模式的特征来看），而公民社会则愈加表现为一种社会伸入国家的工具。因此，国家社会分析中的三大流派对政党与公民社会关系的分析是非常有指导意义的。

在国家主义的视野中，政党具有相对优势的地位。黑格尔的伦理国家主义将伦理实现与整体性结合在一起，所以政党因其具有更多的整体性特征，而比公民社会具有更明显的伦理意义。斯考切波的自主国家主义也暗示政党比公民社会具备更强的自主性，更容易避免少数群体对集体利益的干扰。在多元主义的视野中，公民社会处于相对优先的位置。功能多元主义的喻意是，公民社会具备一些政党所缺乏的功能，这可以使公民社会作为一种独特的功利价值得以保存。权力多元主义暗示政治过程中各行为体的地位应该是平等的。这一点无疑可以提升在政治过程中相对弱势的公民社会的地位。差异多元主义将特殊性视为现代政治的一种价值加以追求，而相比政党而言，公民社会具备更多实现特殊性的潜能和资质。在国家主义和多元主义的分析中，政党与公民社会之间处于一种紧张关系，即何者为优先一直是分析两者关系的一个核心命题。从这一意义上讲，法团主义的价值在于突破两者何为优先的思考，而试图将两者作为一种整合的价值加以分析。

加拿大哲学家泰勒关于法团主义有过一些评论："然而也存在着这些社团被整合到国家内部的趋势，即走向所谓的'法团主义'（corporatism）的趋势（通常以略带冷嘲热讽的强调称谓它，因为该术语源于法西斯时代的意大利）。诸如瑞典、荷兰、西德等很多这一类国家，正在把工会、雇主协会等组织整合到政府规划之中。"[①] 实际上，泰勒对法团主义持一种认同的态度。

---

① 〔加〕查尔斯·泰勒：《吁求市民社会》，见汪晖、陈燕谷主编：《文化与公共性》，生活·读书·新知三联书店1998年版，第172页。

泰勒评述道，"此处提及的整合'到国家之内'是有争议的；有些人视之为政府为了某种特殊利益而丧失了独立性。但实际发生的是社会与政府交织在一起……实际上，协商/辩论这两种轨迹通常是互补的；关于社团主义的议题可被书写成这样一个问题，即有多少重要的协商发生在议会之外。"① 泰勒对法团主义的赞同还体现在其对公民社会的三种定义之中。泰勒认为，公民社会的第一种定义在于强调其独立于国家的特征，即是一种多元主义的公民社会定义。公民社会的第二种定义强调"公民社会只有在作为整体的社会"存在才具有其更为重要的意义。公民社会的第三种定义是第二种的补充，强调"只要各式各样的社团的整体能够举足轻重地决定或转变国家政策的进程，我们就能够谈论市民社会"②。公民社会的第三种定义明显就带有法团主义的色彩。泰勒关于公民社会的第三种定义暗示了一种政党与公民社会之间的法团主义关系，即公民社会的价值在于有效影响国家政策，而有效影响政策的途径就是与政党发展较为密切的关系，借助政党或与政党合作来实现政策目标。

法团主义的意义还在于其可以将政党与公民社会的关系从互补模式转向整合模式。关于政党与公民社会关系的传统研究往往强调两者的互补性。譬如，乔治·梅森大学公共政策学院讲座教授杰克·戈德斯通认为，公民社会抗议和政党选举政治之间存在互补性，表现在如下方面：第一，政党选举政治作为一种制度化的政治活动，其存在高度的间歇性，主要集中在选举期间，而公民社会抗议则可以不受季节和年份的限制而持续进行。第二，选举政治主要是对那些具有广泛主张的候选人或政党表示赞成或反对的意见，而公民社会抗议和结社活动却可以专注于某个特定的社会问题，赋予活动以特异性。第三，抗议活动和社团活动可以强化选举结果。当右派政党执政时，左翼运动可以组织更多的社会运动，以确保自己的意愿也可以被考虑，或是表示其对执政集团的反对。而当左翼政党执政时，左翼运动也可以组织更多的社会运动，以促使同盟政党兑现其选举诺言，或是对反对集团施加压力以促成执政集团政策的实施。第四，社会运动可以塑造社会议题来影响政党的选举机会。譬如，美国公民权运动不但动员黑人投票给民主党，而且通过渲染种族

---

① 〔加〕查尔斯·泰勒：《呼求市民社会》，见汪晖、陈燕谷主编：《文化与公共性》，生活·读书·新知三联书店 1998 年版，第 172—173 页。

② 同上，第 175 页。

隔离的不公正性来使得支持反种族隔离的民主党获得另一种形式的选举支持。① 实际上，这种互补模式仍然是建立在二元对立的基础上的，整合模式则更为强调两者利益的一致与行为的契合。法团主义认为，利益代表具有一定的层级，同时不同层级进入政治权威中心的机会是制度性不均衡的。从这一意义上来看，政党与公民社会是联结国家与社会之间的不同层级。政党与公民社会进入政治权威中心的机会也是不均衡的，所以政党更多地参与政治决策；但同时，公民社会也不会游离于政治体制之外，而是通过法团主义的功能代表获取一定的向政治体制高层表达的机会。这样，在法团主义模式下，政党与公民社会就结成了一个利益表达和政策实现的政治有机体。

在法团主义模式出现的早期，国家法团主义是更为流行的模式。而且，国家法团主义由于与法西斯统治联系在一起，所以给法团主义带来一些糟糕的名声。"社（法）团主义制度过去始终与法西斯主义和独裁统治联系在一起，这种联系一直到最近才结束。而且，法西斯的和独裁统治的社（法）团主义特征在那些受其影响最深的国家里如奥地利和瑞典势必遭到公开反对。"② 在国家法团主义的政治架构中，政党被赋予更为重要的角色，而公民社会的功能性代表也需要在政党代议的基础上实现。在国家法团主义的典型国家中，政党制度几乎由少数的或独一的政党主宰和垄断。在这一意义上，政党权力有时几乎可以与国家权力画等号。同时，地方分支单位严格服从中央的官僚权力，这使得地方层级的公民社会也不得不从属于中央层级的代表性社团或地方的政党组织。这些特点都使得国家法团主义遭受到的批评越来越多。而社会法团主义则是近年来更受学术界青睐的一种类型。按照美国学者埃里克·诺德林格的描述，在社会法团主义结构中，最重要的活动者是"那些为数众多的功能性协会以及那些能够代表几乎所有劳工、商业和农业部门的协会国家总部。它们特别有效的资源包括：高密度的成员结构（绝大多数功能性的和部门性归置的行动者属于这些协会）、极大数量的协会总部成员、集中化的组织、对关键性经济资源的控制以及专门技术知识和特殊信息。协会代表一方面通过选择和制定公共政策，另一方面通过采纳和应用大多数公共政策的形式在其相互之间以及中高级公共官员中间分配这些资源。

---

① 〔美〕杰克·戈德斯通：《跨越制度化政治与非制度化政治》，见〔美〕杰克·戈德斯通主编：《国家、政党与社会运动》，章延杰译，上海人民出版社2009年版，第XXIII页。
② 〔英〕戴维·米勒、韦农·波格丹诺编：《布莱克维尔政治学百科全书》，邓正来等译，中国政法大学出版社1992年版，第173页。

公共官员依据协会能够施加于彼此及国家身上的资源来对他们的偏好作出回应，并且通过权衡其相互优势及一整套共享的技术——管理标准来对这种回应进行调整"①。社会法团主义的特征很接近多元主义，即强调公民社会的主动性，要求协会代表主动积极地"选择和制定公共政策"。另一方面，为实现政策效果，社会法团主义也强调公民社会与公共官员的沟通。在这种沟通之中，政党也可以发挥重要的桥梁作用。在社会法团主义的框架下，政党与公民社会的地位更为平等。在当前这样一个社会中心转向的时代大背景下，社会法团主义视阈下的政党与公民社会关系更为凸显其价值。（见图1）

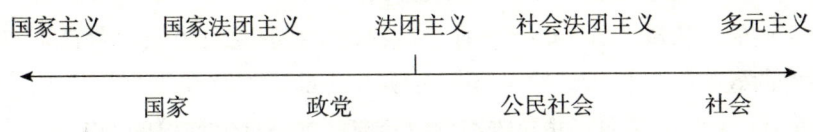

图1：结构主义视野下的国家、政党与社会关系（1995—2010）

结　语

政党与公民社会的关系可以放在国家主义、多元主义和法团主义这三种视阈下讨论。在国家主义视阈下，政党处于优先的地位。在多元主义视阈下，公民社会处于优先的地位。而在法团主义视阈下，政党与公民社会的关系以一种整合的面貌出现，即整体性取代优先性成为关系的中心。当然，法团主义也并不是铁板一块。法团主义内部的分歧使得这种整体性的内部也出现优先性的争论。法团主义可以分为国家法团主义和社会法团主义。这一分类表明，即便是在法团主义的视野之中，对优先性的考虑也是不可避免的。笔者认为，法团主义的整合特色和折中色彩并不能完全取代优先性的考察，而在共时性下对优先性的考察是没有太大意义的，需要引入历时性的因素对优先性进行分析。政党与公民社会何者优先需要放在历史演进的大背景下进行讨论。政党与公民社会都是现代政治的产物，两类事物出现的时间和历史背景还比较接近。一种大致的判断是，在民主政治构建的过程中，政党的作用处于优先地位，而在民主政治巩固的过程中，公民社会的作用更应被强调。

---

① 〔美〕埃里克·诺德林格：《民主国家的自主性》，孙荣飞等译，江苏人民出版社2010年版，第42页。

第三章　政党与公民社会关系的历史主义路径

本章试图对政党与公民社会的关系进行一种历时性的探讨。由于政党理论比公民社会理论发达，所以本章的历史主义路径展开是以政党类型学的理论为基础的。从整本书的框架来看，笔者试图将政党与公民社会置于一个相对平等的框架下来分析，然而可能有学者会批评本章在进行探讨时采取了"政党中心论"的倾向，并导致本章内容与整本书价值预设的冲突。实际上，本章以政党类型学为基础进行分析，主要采取的是德国哲学家理查德·阿芬那留斯（Richard Avenarius）所言的"费力最小原则"[1]。因为公民社会的类型学尚不成熟，所以笔者在探讨两者关系时不得不从政党类型学出发。第一部分首先对西方政党类型学的研究进行了整体回顾，并对一些前沿的争论进行较为详细的描述。之后的三个部分都按照西方较为成熟的政党类型为内容展开。第二部分讨论了精英型政党和群众型政党类型下政党与公民社会的关系，这一段分析涉及的主要是 19 世纪初期到 20 世纪上半叶的欧洲历史。第二部分主要讨论了全方位政党和卡特尔政党模式下政党与公民社会的关系，这两种政党类型主要出现在 20 世纪中期到目前的欧洲政治中。第三部分主要以新政治政党和商业公司型政党为分析主线。这两类政党在 20 世纪 70、80 年代之后逐渐登上西方政治舞台，而且这两类政党主要作为非主流模式而存在。

一、西方政党类型学研究的回顾与争论

国内学界对国外政党问题的研究主要采用国别研究和问题研究的方法，

---

[1] 阿芬那留斯主要是在认识论的角度上讨论这一原则。阿芬那留斯认为，正如人们在活动中为实现一定目的，主要采取费力最小的手段一样，人们在认识中也理应如此。认识是记述经验之间的关系，这种记述要遵循费力最小原则。参见夏基松：《现代西方哲学》，上海人民出版社 2006 年版，第 32 页。

而较少使用理论化的科学分析或规范分析。实质上，西方政党理论本身是发展比较完整的，并且作为西方政治学理论中较为重要的一部分。只是，国内学术界对西方政党理论的关注和引介较少。西方政党理论的内容主要包括政党体系、政党类型、政党组织、政党意识形态、政党模式、政党参与、政党政府、政党社会、政党法制、政党认同、政党民主、政党选举、政党央地关系、政党反腐败、政党变迁、政党制度化、政党职业化、政党市场化等方面。类型学（Typology）是社会科学研究中的一个基本组成部分。在国内的社会科学研究中，类型学在考古学和语言学等学科中已经发展得比较成熟和完备①，而在法学、政治学和民族学等研究中才刚刚出现②。政党类型学是西方政党理论中较为基础的部分，而西方学术界对政党类型学的研究也比较丰富。国内对西方的政党类型学研究已经有一些翻译和评介，如张小劲和李路曲的研究。③ 这里试图对西方政党类型学最新的一些研究成果进行介绍，并对这些理论发展进行评述。

（一）组织学与功能主义：西方政党类型学研究的两大传统路径

最早对政党分类进行系统研究的是法国政治学家莫里斯·迪维尔热。迪

---

① 在考古学领域，国内学者苏秉琦在 1941 年就使用类型学对斗鸡台沟东区墓葬进行了研究。其他概述性研究，参见赵东升：《考古类型学的一点思索》，载《文物世界》，2002 年第 6 期，第 17—19 页；陈畅：《试论考古类型学的逻辑与原则》，载《华夏考古》，2006 年第 1 期，第 88—101 页。语言类型学承担了跨语言比较和在比较中总结人类语言共性的任务。国内语言类型学的研究参见罗仁地：《历史语言学和语言类型学》，载《北京大学学报（哲学社会科学版）》，2006 年第 2 期，第 27—30 页；吴春相：《当代语言类型学视野下的汉语研究方法论》，载《东疆学刊》，2009 年第 3 期，第 73—78 页。

② 在政治学领域，使用类型学进行研究的成果已经出现在民主理论、治理研究和大国外交研究等领域。参见周义程：《民主是什么——一项关于民主概念与类别的类型学考量》，载《探索》，2009 年第 3 期，第 47—52 页；张昕：《转型中国的治理新格局：一种类型学途径》，载《中国软科学》，2010 年第 1 期，第 182—188 页；张登及：《中国大国外交的类型学分析》，载《世界经济与政治》，2004 年第 8 期，第 76—80 页。在法学领域中，使用类型学进行的研究已经出现在犯罪学和法律史等领域中。参见周亮、徐绫泽：《论类型学研究范式在犯罪学中的应用》，载《时代法学》，2008 年第 5 期，第 56—61 页；程乃胜：《论类型学研究范式在法制现代化研究中的运用》，载《法学评论》，2006 年第 1 期，第 15—22 页。民族学中出现的类型学研究，参见魏光明：《当代民族主义的类型学分析》，载《中南民族学院学报（人文社会科学版）》，2001 年第 2 期，第 46—50 页。

③ 张小劲教授是国内最早对西方政党类型学进行关注的学者。在其论文中，张小劲对西方政党类型学的研究（截至 20 世纪 90 年代中期）进行了详尽的梳理和介绍。参见张小劲：《关于政党组织嬗变问题的研究：综述与评价》，载《欧洲》，2002 年第 4 期，第 62—76 页。李路曲教授则对西方政党类型学进行了较为深入的评析。参见李路曲：《当代西方政党的形态和类型评析》，载《中共天津市委党校学报》，2006 年第 3 期，第 58—65 页；李路曲：《政党分类的一些思考》，载《华东政法大学学报》，2008 年第 4 期，第 129—138 页。

维尔热的开创性研究构成了西方政党类型学研究的组织学路径，这一路径主要以政党组织的规模以及政党与次级团体的关系为维度进行分类。迪维尔热从组织学视角出发将政党分为干部型政党（cadre parties）和群众型政党（mass parties）。干部型政党主要由少数较高社会经济地位的政治精英组成，这一政党往往是国会议员及其政治网络的松散政治联盟。群众型政党则拥有健全和完整的政治组织，通过对社会的动员而形成较大的组织规模，而且在政党组织之外还紧密联系着许多次级公民社会团体，譬如妇女联合会、青年联合会、工会、农会等。① 意大利学者安杰洛·帕内比安科（Angelo Panebianco）提出了更为学理性的组织学分类，将政党分为群众官僚型政党（mass-bureaucratic parties）和选举职业型政党（electoral-professional parties）。群众官僚型政党与迪维尔热的群众型政党内涵相仿，增加"官僚"这一后缀更清晰地表述了群众型政党组织完备的内涵，即强调政党形成了像政府一样的官僚组织结构。选举职业型政党则是试图描述 20 世纪中后期的政党组织变迁，即政党越来越像一个选举机器。一方面，政党抛开传统的政党组织和意识形态动员，而通过雇佣公共关系专家和民调技术人员，运用媒体技术进行动员；另一方面，政党领袖以及党内的公职候选人越来越多地直接通过媒体与选民沟通，政党组织结构从金字塔结构向扁平结构转变。②

　　另一种路径的开创者是同时期的美国政治学家西格蒙德·纽曼。纽曼开创了政党类型学研究的功能主义路径，这一路径主要以政党追求的具体目标和承担的相应政治功能为维度进行分类。纽曼以这一视角将政党分为个体表达型政党（parties of individual representation）、社会整合型政党（parties of social integration）和完全整合型政党（parties of total integration）。个体表达型政党的功能主要限于对具体社会群体利益的表达。社会整合型政党拥有健全完整的组织，并向党员以及追随群众提供一系列政治和社会服务，而党员和群众则以会费或志愿活动来回馈政党，这样政党将党员和群众融入以政党为中心的社群之中。完全整合型政党则致力于执掌政权或者激进地改变社会，

---

① Maurice Duverger, *Political Parties: Their Organization and Activity in the Modern State*, London: Meuthen, 1954, p. 71.

② Anglo Panebianco, *Political Parties: Organization and Power*, New York: Cambridge University Press, 1988, pp. 262 – 274.

往往要求其党员对政党的高度认同和无条件服从。①

美国加州大学圣地亚哥分校政治学教授卡雷·斯特罗姆（Kaare Strøm）和加拿大纽芬兰纪念大学政治学教授史蒂文·沃林茨（Steven B. Wolinetz）的研究是功能主义路径的另一类发展。斯特罗姆认为，政策、选民和公职是政党竞争行为的三种功能取向。虽然政党在其行为时往往综合考虑这三种功能取向，但政党总是对某一种取向有相对稳定的选择偏好。根据其对这三种取向的选择偏好，斯特罗姆把政党分为追求政策型政党、追求选民型政党和追求公职型政党三类。② 沃林茨在斯特罗姆研究的基础上，进行了更为操作化和实证化的研究。沃林茨采用四个指标来进一步区分这三类政党：内部政策辩论、选举过程、政策立场和政策支持基础。（参见表1）追求政策型政党在内部政策辩论中花费人力和物力较多，政党成员对政策辩论的参与度较高，政策在选举过程中的作用显著，政策立场也比较稳定，支持政策产生的相关研究机构也比较发达。北欧的社会民主党、欧洲的多数新左翼政党和自由党、欧洲的部分基督教民主党和极右翼政党都属于追求政策型政党。追求选民型政党更多花费资源在选举过程之中，政策制定主要集中在领导层，选举中的政策具有一定的变动性以适应竞选战略的要求，政策立场缺乏长时期的连贯性，支持政策产生的研究基础也较为缺乏。加拿大和美国的政党、法国的戴高乐主义政党、德国的基民盟等都属于追求选民型政党。追求公职型政党在内部政策辩论、政策立场和支持政策基础等指标上的特征与追求选民型政党类似，但在选举过程这一指标上却表现出与追求选民型政党明显不同的特征。追求公职型政党更为忽视政策议题在选举中的作用，更加偏好低风险战略，在对新选举手段的运用上也要逊于追求选民型政党。意大利的多数政党（包括基督教民主党、社会党、自由党）和荷兰的基督教民主党等都属于追求公职型政党。③

---

① Sigmund Neumann, "Towards a Comparative Study of Political Parties", in Sigmund Neumann, *Modern Political Parties: Approaches to Comparative Politics*, Chicago: University of Chicago Press, 1956, pp. 395 –416.

② Kaare Strøm, "A Behavioral Theory of Competitive Political Parties", *American Journal of Political Science*, Vol. 34, 1990, pp. 365 –398.

③ Steven B. Wolinetz, "Beyond the Catch-all Party: Approaches to the Study of Parties and Party Organization in Contemporary Democracies", in Richard Gunther, José Ramón Montero, and Juan J. Linz (eds.), *Political Parties: Old Concepts and New Challenges*, New York: Oxford University Press, 2002, pp. 150 –155.

表 1：沃林茨对追求政策、追求选民和追求公职三类政党特征的总结

	衡量指标	追求政策型政党	追求选民型政党	追求公职型政党
内部政策辩论	政策议题的辩论在政党会议中所占时间的百分比	高	低	低
	辩论的特征	紧张的、延长的、以议题为中心的	形式上的、发散性的、非集中的	形式上的、发散性的、非集中的
	参与的程度和层级	广泛的、政党组织的多数层级都会参与	参与限定在领导层或者政策委员会这一层次上	参与限定在领导层或者政策委员会这一层次上
选举过程	政策的显著程度	高	变化中	低
	战略的相对作用	战略追随政策	政策被设计来适应战略和最大化选民的支持	变化中，偏好低风险战略
	新选举手段的运用	从低到中等	高	从低到中等
政策立场的连贯性		高	从中等到低，倾向于基于领袖意志或者选举机会结构的变迁	从中等到低
支持政策的基础（例如研究办公室、智库及相关附属组织）		中等的	最小的，在政党领袖或者政党公职部分的支配之下	最小的，在政党领袖或者政党公职部分的支配之下

资料来源：引自 Steven B. Wolinetz, "Beyond the Catch-all Party: Approaches to the Study of Parties and Party Organization in Contemporary Democracies", in Richard Gunther, José Ramón Montero, and Juan J. Linz (eds.), *Political Parties: Old Concepts and New Challenges*, New York: Oxford University Press, 2002, p. 155。

根本而言，组织学是一种理性主义路径。理性主义是一种微观的个体分析，以个体的行动为中心，以个体的利益需求为动力。[①] 政党类型分析的组织学路径使用理性主义的分析假设，试图发现政党发展的一些普遍规律和理性结果。理性主义路径下政党类型的核心问题是如何用政党组织来解决公民的集体行动问题。理性主义关注的重点是个体选择的聚合。而政党类型学的

---

① 美国政治学家安东尼·唐斯（Anthony Downs）在《民主的经济理论》一书中关于投票和选择分析的空间模型被认为是理性主义政治学分析的起源。美国政治学家威廉·赖克（William Riker）关于政治联盟的经济分析、美国经济学家曼瑟尔·奥尔森（Mancur Olson）关于集体行动逻辑的分析、美国经济学家道格拉斯·诺斯（Douglass North）关于路径依赖和正式制度的新制度经济学、美国经济学家詹姆斯·布坎南（James Buchanan）和戈登·塔洛克（Gordon Tullock）的公共选择理论等都是这一领域的经典分析。

组织学路径试图找到个体选择聚合最为合理的组织边界，即精英型政党还是群众型政党是表达公民个体意愿的最佳规模。功能主义路径的实质是结构主义分析。结构主义是一种宏观的整体分析，以整体的环境为中心，以整体的社会变迁为动力。[①] 从结构主义出发，政党类型学的功能主义分析暗示，政党的功能是政党所处社会结构的客观结果。功能主义分析更为关注政党所处系统中党员或社会活动分子、政党组织或社会团体、政党制度和国家制度间的动态关系。

（二）历史主义路径

历史主义是历史学研究中的一个重要流派。西方已有的政党研究并未使用历史主义或相关词汇来描述已经具备其内涵和特质的政党类型学路径。但笔者在研究中发现，历史主义一词可以较为精要地表述约翰·霍普金斯大学政治学教授理查德·卡茨（Richard Katz）和欧洲大学院比较政治学教授彼得·梅尔（Peter Mair）开创的新路径，因此，笔者借用了这一表述。历史主义思想源自史学家们对 18 世纪理性主义的不满，对于启蒙史学家们的"普遍的人性和理智"[②] 信念，历史主义史学家们力图用发展性和个体性替代之[③]。

---

① 马克思的历史唯物主义和阶级分析是结构主义分析的起源。美国社会科学家伊曼纽尔·沃勒斯坦（Immanuel Wallerstein）的世界体系论、美国历史学家和政治学家巴林顿·摩尔（Barrington Moore）关于社会起源的分析、人类学家和经济史学家卡尔·波兰尼（Karl Polanyi）关于社会大转型的分析、哈佛大学女社会学家西达·斯考切波（Theda Scocpol）关于国家和社会革命的分析、加州大学洛杉矶分校社会学教授迈克尔·曼（Michael Mann）关于社会权力的多卷本分析等是这一领域的经典论述。

② 启蒙史学家们认为人类的本性是一致的，并且具有实践理性的潜能，而透过理性的应用，人类得以解决自身的困境，以获得理想的生活。在启蒙史学家们看来，历史研究的目的在于从人类以往的经验里，撷取共通的理性法则。启蒙史学家的代表作是伏尔泰的《风俗论》和孟德斯鸠的《论法的精神》。Ernst Cassirer, *The Philosophy of Enlightenment*, Trans. Fritz C. A. Koelln and James P. Pettegrove, Princeton: Princeton University Press, 1951, pp. 13 - 14.

③ 历史主义史学家中最具代表性的是意大利的维科（Giambattista Vico）和德国的兰克（Leopold von Ranke）。维科对历史过程的看法既不是直线史观，也不是希腊史学家的循环史观。维科认为每个时代虽具有某些与其他时代相似的性质，但历史不会重演。维科持有一种"螺旋状循环史观"。如果说维科较为强调历史的发展性。那兰克则更强调历史的个体性。兰克认为，每一时代和每一国家都有其独特的尊严和存在的价值。如兰克之名言，"我深信，每一个时代都直接与上帝联系"，意指每一个时代在上帝的心目中具有同等的意义。Giambattista Vico, *The New Science of Giambattista Vico*, trans. Thomas Goddard Bergin and Max Harold Fisch, Ithaca, New York, 1948, pp. 357 - 373; Leopold von Ranke, "On the Character of Historical Science", in Georg Iggers & Konrad von Moltke (eds.), *The Theory and Practice of History*, Indianapolis, IN: Bobbs-Merril, 1973, p. 53.

进入 20 世纪以来，历史主义的用法出现分歧。如波普尔认为历史主义是一种社会科学的方法论，即试图在历史演化的过程中，寻求历史的模式和法制，以达到历史预测的目的。[①] 而克罗齐则认为，历史主义是一种逻辑原则，关键在于强调生活和实体本身就是一种历史，而且仅仅是历史而已。[②] 笔者在这里采用台湾学者黄进兴对历史主义的定义，即"任何事物的性质由历史发展的过程来掌握，任何事物的价值可由本身的历史来判断"。

最初尝试历史主义路径的是卡茨和梅尔。在 1995 年论文《政党组织与政党民主的变迁模式：卡特尔政党的出现》中[③]，卡茨和梅尔吸收了迪维尔热关于干部型政党和群众型政党的界分以及德裔美国学者奥托·基希海默尔（Otto Kirchheimer）关于全方位政党（catch-all party）的论述[④]，再加上自己提出的卡特尔政党（cartel party），构筑了一个完整的政党变迁模式来描述 200 年来的政党发展史。卡茨和梅尔的"四阶段政党类型"分别为精英型政党、群众型政党、全方位政党和卡特尔政党。卡茨和梅尔认为，精英型政党的存续时间主要是 19 世纪初期到 20 世纪初期，其社会背景是有限普选权的开放，政党组织的规模较小，政党成员精英化程度高，政党资源的主要来源是政党成员的私人联络，政党运作的特点是政治精英的局部社会动员，政党参与政治竞争的目标是分配特权。群众型政党的存续时间主要是 1880 年到 1960 年，其社会背景是大众普选的推动，政党组织规模较大，政党成员的社会普及程度较高，某一意识形态是构筑该类型政党认同的基础，政党资源的主要来源是个人党费或捐赠，政党运作的特点是人力密集型的整体社会动员，政党参与政治竞争的目的是进行社会的激进改革。全方位政党的存续时间主要是 1945 年到现在，其社会背景是意识形态的中间化，政党组织的规模趋于缩小，政党向所有阶层开放，党内的异质化程度提高，政党资源的主要来源

---

① Karl R. Popper, *The Poverty of Historicism*, London：Routledge, 1961, p. 3.

② Benedetto Croce, *Sylvia Saunders Sprigge*, *History as the Story of Liberty*, New York：Norton, 1941, pp. 63 – 74.

③ 《政党政治》（*Party Politics*）是目前国外政党研究领域最重要的学术期刊。卡茨和梅尔的文章是《政党政治》1995 年创刊号的第一篇文章，可见其学术分量之重。

④ Otto Kirchheimer, "The Transformation of the Western European Party Systems", in Joseph LaPalombara and Myron Weiner (eds.), *Political Parties and Political Development*, Princeton, N. J. : Princeton University Press, 1966, pp. 177 – 200.

是社会捐赠，政党运作的特点是人力密集与资本密集的结合，政党参与政治竞争的目的是推动社会的渐进改良。卡特尔政党的存续时间主要是 1970 年至现在，其社会背景是政党与国家的结合，政党组织的规模越来越小，党员与非党员之间的界限模糊，强调党员的个人化而非有组织的整体，政党资源的主要来源是国家补贴，政党运作的特点是资本密集型，政党参与政治竞争的目的是将政治作为一种职业。[①]

在这篇论文中，卡茨和梅尔最大的理论贡献在于对卡特尔政党概念的提出以及将卡特尔政党作为政党发展过程的第四种类型。尽管卡特尔政党概念的提出最初引发了一些学术争论[②]，但西方许多政党研究的学者还是都接受了这一概念，并对这一概念的理论内涵和实证测量都进行了深入探讨。[③] 然而，将这一概念作为政党发展的第四个阶段似乎会产生更大的学术争议，其原因是卡特尔政党和全方位政党在概念内涵上有一定的重合和交叉。基希海默尔曾对全方位政党的特征有过深刻的描述："一、政党意识形态包袱的急剧减少；二、高层领导群体的地位巩固与否，不再以其是否能实现政党的目标为依据，而是看其是否有助于国家利益的实现；三、个体成员所起作用的降低；四、淡化自身的阶级属性，淡化自己的特定社会阶层或宗教派别的出身，鼓励从各种人群中尽可能多地吸收拥护者；五、确保与各种不同利益集团都有往来，并通过这些利益集团来争取选举上的支持。"[④] 基希海默尔关于

---

① Richard Katz and Peter Mair, "Changing Models of Party Organization and Party Democracy: The Emergence of the Cartel Party", *Party Politics*, Vol. 1, No. 1, 1995, pp. 5 – 28.

② Ruud Koole, "Cadre, Catch-all or Cartel? A Comment on the Notion of the Cartel", *Party Politics*, Vol. 2, No. 4, 1996, pp. 507 – 523.

③ 关于卡特尔政党理论的进一步研究，参见以下研究成果: Nicole Bolleyer, "Inside the Cartel Party: Party Organization in Government and Opposition", *Political Studies*, 2008, pp. 1 – 21; Susan E. Scarrow, "Party Subsidies and the Freezing of Party Competition: Do Cartel Mechanisms Work", *West European Politics*, Vol. 29, No. 4, 2006, pp. 619 – 639; Herbert Kitschelt, "Citizen, Politicians, and Party Cartellization: Political Representation and State Failure in Post-Industrial Democracies", *European Journal of Political Research*, Vol. 37, 2000, pp. 149 – 179。关于卡特尔政党实证方面的研究，参见以下研究成果: Klaus Detterbeck, "Cartel Parties in Western Europe", *Party Politics*, Vol. 11, No. 2, 2005, pp. 173 – 191; Klaus Detterbeck, "Party Cartel and Cartel Parties in Germany", *German Politics*, Vol. 17, No. 1, 2008, pp. 27 – 40; Yael Yishai, "Bringing Society Back in: Post-Cartel Parties in Israel", *Party Politics*, Vol. 7, No. 6, 2001, pp. 667 – 687。

④ Otto Kirchheimer, "The Transformation of the Western European Party Systems", in Joseph LaPalombara and Myron Weiner (eds.), *Political Parties and Political Development*, Princeton, N. J.: Princeton University Press, 1966, p. 190.

全方位政党内涵的某些描述完全可以适用于卡特尔政党。譬如，第二点的核心含义其实是"政党与国家的结合"，第三点的潜在含义就是"党员与非党员之间的界限模糊"，第五点的另一种表达就是将"政治作为一种职业"。所以，从这一意义上讲，全方位政党与卡特尔政党并无本质的差别，而只是程度的差别。卡特尔政党是全方位政党的一种极化。而且"卡特尔"一词在政党研究中的使用也并非卡茨和梅尔的首创。基希海默尔在其 1957 年《议会政体中反对力量的消失》一文中，就描述了三类政治卡特尔：第一，以中间主义全方位政党为核心的政党间卡特尔。政治反对力量的弱化和议会权力向行政权力的转移导致了政党间卡特尔的出现，一些潜在的竞争者特别是一些激进政党被排除在卡特尔之外；第二，国家—政党卡特尔（state-party cartel）。政党逐渐疏远其与社会的联系，同时日渐融入国家，将政治变成由职业政治家们主导的国家管理活动；第三，政党、国家和利益集团之间的卡特尔。与全方位政党的发展相联系，政党试图在大型利益集团的支持下关闭选举市场。政党日益将利益集团而不是政党传统的社会基础作为其活动资源的来源。①基希海默尔的"国家—政党卡特尔"概念与卡茨和梅尔的卡特尔政党概念就内涵而言非常接近，而且在分析时，基希海默尔将其他两类卡特尔与全方位政党联系起来分析。因此，完全辨明全方位政党和卡特尔政党之间的区别，需要进一步的理论工作。

使用历史主义路径对政党类型进一步研究的是荷兰学者安德·库维尔（André Krouwel）。库维尔以卡茨和梅尔的政党发展四阶段为基础，吸纳英国学者乔纳森·霍普金（Jonathan Hopkin）和意大利学者卡泰里诺·保罗西（Caterina Paolucci）最新提出的商业公司型政党（business-firm parties）概念②，而将政党类型分为五组：精英型或干部型政党（elite or cadre parties）、群众型政党、全方位选举主义政党（catch-all, electoralist parties）、卡特尔政党和商业公司型政党。在政党类型的时间界定上，库维尔进行了略微的调整，如卡茨和梅尔将精英型政党、群众型政党、全方位政党和卡特尔政党的存在

---

① Otto Kirchheimer, "The Waning of Opposition in Parliamentary Regimes", *Social Research*, Vol. 24, 1957, pp. 127 – 156.

② Jonathan Hopkin and Caterina Paolucci, "The Business Firm Model of Party Organization: Case from Spain and Italy", *European Journal of Political Research*, Vol. 35, 1999, pp. 307 – 339.

时间界定为"19 世纪"、"1880—1960"、"1945 至今"、"1970 至今",而库维尔则调整为"1860—1920"、"1880—1950"、"1950 至今"、"1950 至今"。库维尔的理论贡献主要集中在两点:第一,在历史维度之外使用起源、选举、意识形态和组织等四个维度来更加清晰地界定五大政党类型的特征。而且,对选举、意识形态和组织维度提出了更为细化的衡量指标,如把选举维度的指标界定为"选举的社会支持"和"精英招募的类型",把意识形态维度的指标界定为"政党竞争的基础"和"政党竞争的程度",把组织维度的指标界定为"会员组织的重要性"、"政党中央的地位"、"政党公职部分的地位"、"资源结构"、"政治竞选的类型"(参见表2)。

表2:库维尔的历史主义路径的政党分类

维度	特征	精英或干部型政党	群众型政党	全方位选举主义政党	卡特尔政党	商业公司型政党
	时间	1860—1920	1880—1950	1950 至今	1950 至今	1990 至今
起源维度	来源	议会渠道	议会外渠道	从群众型政党演化而来,与利益集团联系在一起	议会党、国家机关和利益集团的聚变	从政治企业家的商业集团演化而来
选举维度	选举的社会支持	与政治精英有个人联系的有限选民	在社会分野基础上的特定阶级、宗教或种族群体	核心支持群体和宽泛的中产阶级	用支持换取有利政策的定期客户	在选举市场上具有高度活跃性的像消费者一样的选民
	精英招募的类型	自我招募,候选人主要来自上层阶级	通过政党内部程序招募,以恪守政党认同和组织纪律为原则	外部招募,候选人主要来自各种利益集团	外部招募,候选人主要来自国家机关(公务员群体)	自我招募,候选人主要来自商业精英或社会精英
意识形态维度	政党竞争的基础	候选人的社会地位	意识形态和某一社会群体的代表性	政党公职部分对社会的管理质量	通过分割行政机关权力来维持已取得的地位	作为一种政治产品的议题或领袖魅力
	政党竞争的程度	竞争程度低,竞争基于个人社会地位和财富	极化的意识形态的激励竞争(离心的竞争)	基于选举技术的向心竞争	在一些议题上的虚假竞争:竞争变成象征性的	以媒体注意力为中心的技术竞争

（续表）

维度	特征	精英或干部型政党	群众型政党	全方位选举主义政党	卡特尔政党	商业公司型政党
组织维度	会员组织的重要性	不存在或者很小	志愿会员组织是政党的核心	政党成员的边缘化	会员组织变成遴选政治精英的蓄水池	最小的或者不相关的
	政党中央的地位	最小的，政党中央从属于政党的公职部分	政党中央与政党基层部分处于一种紧密共生关系	政党中央从属于政党的公职部分	政党中央与政党公职部分处于一种紧密共生关系	最小的或者不相关的
	政党公职部分的地位	政党公职部分是政党组织的核心	政党公职部分从属于政党中央	权力和资源集中在议会党群体中	权力和资源集中在政党的公职部分	政治企业家的高度自治性
	资源结构	个人财富	个人党费或附属次级组织募捐	利益集团资助和国家补助	国家补助	商业公司支持
	政治竞选的类型	个人联系	人力密集型的大众动员	职业化和资本密集型的组织动员	职业化的长期组织动员	即时地使用专家（外包模式）和市场营销动员

资料来源：引自 André Krouwel, "Party Models", in Richard S. Katz and William Crotty (eds.), *Handbook of Party Politics*, London: Sage Publications, 2006, pp. 262 – 263。

　　库维尔还分别从四个维度中逐一选取出两个变量为横纵坐标，以求对五大类型的特征进行更为清晰的表述和定位。在起源维度中，库维尔选取集聚资源方式和生成基础（内生和外生）为横纵坐标。在选举维度中，库维尔选取社会基础和精英招募模式为横纵坐标。在意识形态维度中，库维尔选取动员目标和意识形态刚性为横纵坐标。在组织维度中，库维尔选取外部参与结构和内部权力结构为横纵坐标。（参见图2）通过这些横纵坐标的定位，五大类型政党的特征区分更为清晰。第二，库维尔的另一个理论贡献在于将霍普金和保罗西的商业公司型政党作为政党发展的第五种类型。从逻辑上，政党的商业化趋势早在全方位政党和卡特尔政党中就部分表现出来，譬如，这两类政党在政治竞争活动中对资金的高度依赖，因而，商业公司型政党似乎是这两类政党发展的一种必然结果。然而，从目前世界各国的政党实践来看，仅仅是意大利贝鲁斯科尼领导的意大利力量党和泰国他信领导的泰爱泰党符合商业公司型政党的特征。而且，即使这两个案例也会遭人诟病。意大利力量党已经更名，而且其政党组织结构和意识形态特征都在向传统的群众型政党或全方位政党部分转型，而泰爱泰党则已经在泰国的动荡政局中消失，继承了其遗产的人民力量党仍然需要面对极不稳定的政治秩序。所以，从这一角度来讲，将商业公司型政党作为政党发展的第五种类型可能会受到更多的质疑。

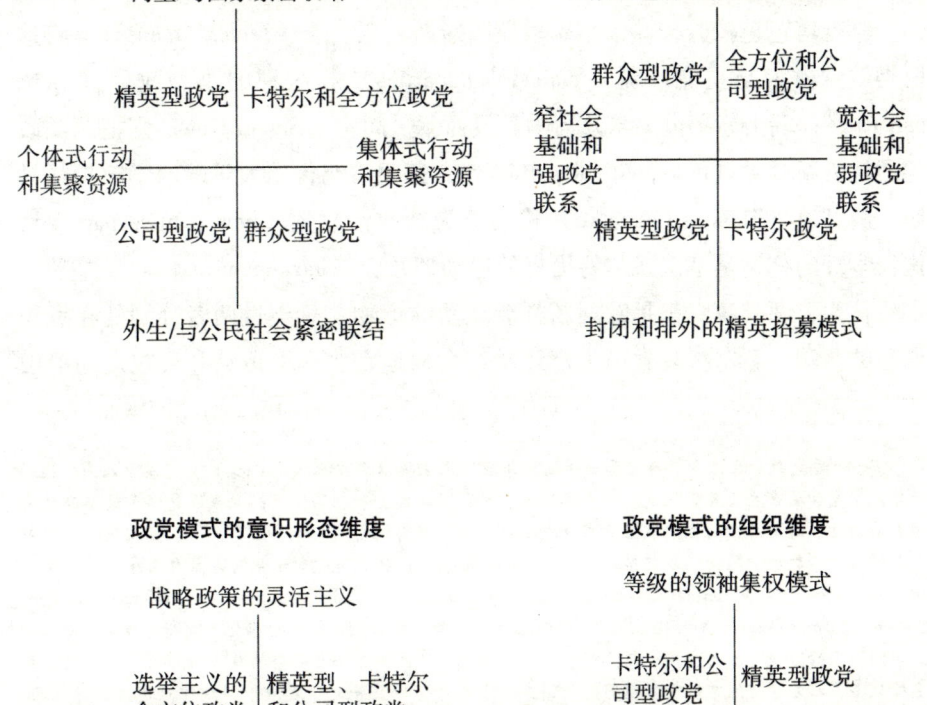

图2：库维尔政党模式分析的四个维度

资料来源：引自 André Krouwel, "Party Models", in Richard S. Katz and William Crotty (eds.), *Handbook of Party Politics*, London：Sage Publications, 2006, pp. 264 – 267。

那么，哪一种类型更适合作为政党的第五种类型呢？20 世纪下半叶以来，与传统政党相区别的两类新型政党——新左翼政党和新右翼政党在欧洲政坛上愈加活跃。[1] 按照意识形态的分野，新左翼政党和新右翼政党是两类完全不同的政党，但两者却在反政党体制特征、体制外动员方式、正式组织建设的缺乏、成员边界的模糊和意识形态的极端性等方面具有诸多相似性。基于这些相似性，西方学者往往把两类政党放在一起来进行讨论。譬如，加州大学圣塔芭芭拉分校政治学副教授詹姆斯·亚当斯（James Adams）等将这两类政党视为与主流政党（mainstream parties）相区别的小型政党（niche parties）[2]；瑞士苏黎世大学政治学教授西蒙·胡克（Simon Hug）则把两类政党通称为新政党（new political parties）[3]；德国波鸿鲁尔大学政治学教授托马斯·波甘克（Thomas Poguntke）称两类为新政治政党（new politics party）[4]；比较学理的称谓是基茨凯尔特提出的运动型政党（movement parties）。基茨凯尔特认为，两类政党都是欧洲新社会运动的产物，只不过两者分别处在意识形态的两端。新左翼政党由生态运动、女权运动、和平运动和民权运动等发

---

① 新左翼政党在法国、荷兰和斯堪的纳维亚国家主要以新左派（new left）为标签，以同传统的社会民主党和共产主义政党区别。而在奥地利、比利时、瑞士和德国，生态党或绿党则是这类新政党的主要名称。这类政党的主要政治诉求包括环境保护、可持续发展、和平与非暴力、直接民主等。杜克大学政治学教授赫伯特·基茨凯尔特（Herbert Kitschelt）将这类政党统称为左翼自由政党（left-libertarian parties）。参见 Herbert Kitschelt, "Left-libertarian Parties: Explaining Innovation in Competitive Party Systems", *World Politics*, Vol. 40, No. 2, 1988, p. 194。新右翼政党在经济全球化、欧洲一体化和外来移民等问题上持激烈的反对态度，极其强调秩序、传统、认同和安全在社会构建中的作用。这类政党的名称较多，西方学者经常给予其不同的称谓，如比利时安特卫普大学政治学副教授凯斯·默德（Cas Mudde）称之为激进民粹主义右派（radical populist right），基茨凯尔特和哈佛大学比较政治学迈奎尔讲师皮帕·诺里斯（Pippa Norris）称之为激进右派（radical right），英国基尔大学政治学讲师伊丽莎白·卡特（Elizabeth Carter）和意大利博洛尼亚大学比较政治学教授皮尔洛·伊格纳茨（Piero Ignazi）称之为极端右派（extreme right）。参见 Cas Mudde, *Populist Radical Right Parties in Europe*: Cambridge: Cambridge University Press , 2007; Herbert Kitschelt and Anthony J. McGann, *The Radical Right in Western Europe: A Comparative Analysis*, Ann Arbor: The University of Michigan Press, 1995; Pippa Norris, *Radical Right, Voters and Parties in Electoral Market*, Cambridge: Cambridge University Press, 2005; Elizabeth Carter, *The Extreme Right in Western Europe*, Manchester: Manchester University Press, 2005; Piero Ignazi, *Extreme Right Parties in Western Europe*, Oxford: Oxford University Press, 2003。

② James Adams, Michael Clark, Lawrence Ezrow, Garrett Glasgow, "Are Niche Parties Fundamentally Different from Mainstream Parties? The Causes and the Electoral Consequences of Western European Parties' Policy Shifts, 1976 – 1998", *American Journal of Political Science*, Vol. 50, No. 3, 2006, pp. 513 – 529.

③ Simon Hug, "Studying the Electoral Success of New Political Parties: A Methodological Note", *Party Politics*, Vol. 6, No. 2, 2000, pp. 187 – 197.

④ Thomas Poguntke, *Alternative Politics: The German Green Party*, Edinburgh: Edinburgh University Press, 1993.

展而来，而新右翼政党则从反移民运动、反欧盟运动等发展而来①。

从政党政治发展的现状来说，将运动型政党或新政治政党作为政党发展的第五种形态似乎更符合西方政党实践，但也存在一些问题。前四种政党类型都是该时期政党的主流形态，而且各种类型之间存在一种递次的演进路径，即政党从议员为中心的精英型开始发展，然后构建严密的政党组织和刚性的意识形态，其次弱化基层组织和软化意识形态立场，最后与国家结成卡特尔。但这种线性逻辑会与第五种新增加的类型相冲突。第五种类型只是一种新型政党，从目前的发展状况来看，虽然这种新型政党的产生反映了政治社会发展的某种新潮流②，其部分特征正在被主流政党所吸收，但其也只是政党类型中的非主流，很难会成为未来西方政党的主导类型。新型政党如果希望获得执政地位，仍然需要部分地吸收和借鉴传统政党的特征。③ 因此，将何种政党作为政党发展的第五种类型，这仍需要进一步地探讨。

历史主义路径的优点在于其理论框架的清晰和简洁。"政党发展四阶段"或者"政党发展五阶段"的理论框架是比较抽象和凝练的。如果这些历史分段描述准确的话，这几个精练的概念就可以把世界政党 200 多年的历史概括出来，而且便于人们在研究和分析世界政党问题时演绎地运用这些理论。然而，西方政党研究的历史主义路径也存在两个结构性的问题：第一，欧洲中心主义假设与亚非拉国家实践的冲突。西方政党类型学的发展主要基于欧洲各国（严格说是西欧各国）的政党实践，就连美国的案例都认为是特殊主义的。④ 这种欧洲中心主义的假设倾向最为显著地反映在各政党类型的存在时间界定上，无论是卡茨和梅尔的时间界定，还是库维尔的时间界定，都是基本按照欧洲政党发展的时间来判定的。譬如，在亚非拉多数发展中国家的政党政治中，精英型政党仍然是主流的政党形态，群众型政党或全方位政党仅

① Herbert Kitschelt, "Movement Parties", in Richard S. Katz and William Crotty (eds.), *Handbook of Party Politics*, London：Sage Publications, 2006, pp. 278 – 281.

② 高奇琦：《欧洲运动型政党产生的政治文化分析——后现代价值与多元主义的双重路径》，载《国际论坛》，2009 年第 5 期，第 6—11 页。

③ 高奇琦：《欧洲新左翼与极右翼的政党政治——一种运动型政党模式的分析》，载《世界经济与政治论坛》，2009 年第 2 期，第 54 页。

④ 佛罗里达国际大学政治学教授尼科尔·莱（Nicol C. Rae）和牛津大学政治学教授阿兰·维尔（Alan Ware）都用"例外主义（Exceptionalism）"一词来描述美国的政党政治。参见 Nicol C. Rae, "Exceptionalism in the United States", in Richard S. Katz and William Crotty (eds.), *Handbook of Party Politics*, London：Sage Publications, 2006, pp. 176 – 203；Alan Ware, "American Exceptionalism", in Richard S. Katz and William Crotty (eds.), *Handbook of Party Politics*, London：Sage Publications, 2006, pp. 270 – 277.

仅是近年来政党转型的目标，这些亚非拉国家的政党实践可以很容易地证伪这种欧洲中心主义的政党阶段分类。第二，线性发展逻辑与政党发展多元性的冲突。历史主义路径暗含了一种线性发展的逻辑，即一般而言政党总是会按照精英型政党、群众型政党、全方位政党、卡特尔政党、商业公司型政党（或是运动型政党）的演进路径发展。如斯大林的人类社会发展五阶段论一样，这种线性逻辑让人印象深刻，便于分析实际问题，但其很容易受到政治发展实践和多元主义者的质疑。如同各国的社会发展有其独特性一样，各国的政党政治发展也有其独特性。这种线性逻辑的假定必然与实践发展的非线性产生冲突。

（三）两种整合主义路径

整合主义一词，出现在心理学的心理治疗研究之中。心理学中的整合主义主要指四种整合倾向：第一，以某一理论和技术为基础的整合；第二，以一个基本范式体系为组织框架，融合、吸收其他范式的技术和方法；第三，着眼于研究各种范式中的一些共同的要素，并从这种研究结果出发来整合不同的理论；第四，对两个以上的范式进行整合，从而形成自身独特的理论体系。① 整合主义的内涵与更为广泛使用的折中主义类似。折中主义出现在哲学、心理学、教育学、政治学和法学的研究之中②，主要是指采用折中的方法或理论，从各种不同的来源选择学说或成分，并将其结合成令人满意的或可接受的风格、实践或思想体系。这里所谓的整合主义路径，就是在研究中

---

① 刘滨：《东西方心理疗法整合主义之我见》，载《社会心理科学》，2003 年第 4 期，第 140 页。

② 在哲学中，折中主义是希腊晚期哲学中的一个派别。参见王晓朝：《"折中主义"考辨与古希腊晚期哲学研究》，载《哲学动态》，2001 年第 9 期，第 9—14 页；余友辉：《学园怀疑主义与希腊折中主义》，载《浙江社会科学》，2004 年第 4 期，第 136—140 页。在心理学中，折中主义疗法是整合主义疗法的一种。参见张纪梅：《从人性观角度看折中主义疗法的意义》，载《心理科学》，2002 年第 5 期，第 620 页。折中主义在语言中的应用，参见戴忠信：《论外语教学研究中的折中主义思想》，载《教育探索》，2002 年第 12 期，第 62—64 页。在西方政治思想史中，密尔在自由主义与社会主义之间的思想特征被描述为折中主义。王辉森：《密尔政治思想体系中的折中主义特征》，载《江淮论坛》，2004 年第 2 期，第 103—106 页。在国际共产主义运动研究中，折中主义被用来指称社民主义的机会主义和修正主义特征。管敏政：《折中主义·当代民主社会主义·资产阶级自由化思潮》，载《浙江社会科学》，1991 年第 4 期，第 27—29 页。在法学中，折中主义被用来描述西塞罗自然法思想在神性与人性、自发与自觉、道德与法律、抽象与具体之间的游弋。参见孙文恺：《论西塞罗自然法思想的折中主义特质》，载《苏州大学学报（哲学社会科学版）》，2007 年第 6 期，第 31—35 页。

整合使用多种研究路径。譬如，上一部分，库维尔在历史主义路径分析中增加了四个维度以求更为清晰地描述五大政党类型的特征，这也可以算做一种整合主义的尝试。但库维尔的分析主要是以历史主义为主的，所以笔者把他的研究还是归在历史主义路径中。具体来看，西方政党类型学研究中的整合主义路径主要有两种：一种试图整合组织学和功能主义这两大传统路径，另一种则试图建立历史主义与组织学的二维分析框架。

最早尝试第一种整合路径的学者是基希海默尔。基希海默尔试图整合组织学和功能主义两种传统路径，并以此提出一个政党类型的四分法：个体表达型的资产阶级政党（bourgeois parties of individual representation）、阶级群众型政党（class-mass parties）、宗教群众型政党（denominational-mass parties）和全方位人民党（catch-all people's parties）。[①] 在这个四分法中，基氏的组织学路径运用是迪维尔热的干部型/群众型政党分类，再加上自己提出的全方位政党。当然，基氏用"资产阶级"一词来指称"干部或精英"的含义。基氏的功能主义路径运用主要借鉴纽曼的个体表达型、社会整合型和完全整合型三分法。同时，基氏用"群众型政党"一词来替换"社会整合型政党"，用"人民党"一词来替换"完全整合型政党"。经过基氏的整合，政党的组织学路径和功能主义路径完美地结合在这一四分法中。沃林茨则用另一种方法来整合政党类型研究的组织学路径和功能主义路径。沃林茨的功能主义是建立在斯特罗姆的政策、选民和公职三分法上的。沃林茨的组织学路径是一种复杂的混合，既包括了迪维尔热的干部/群众型划分（恩赐导向型政党和大众整合型政党），还包括新发展的组织类型（全方位政党、卡特尔政党和新政治政党）。沃林茨以追求政策型、追求选民型和追求公职型为功能主义分类的三维，然后把以组织学分类为基础的这些政党类型放在三维结构图中。（参见图3）

第二种整合路径的尝试者是美国俄亥俄州立大学政治学教授理查德·冈瑟（Richard Gunther）和美国胡佛研究所高级研究员拉里·戴蒙德（Larry Di-

---

① Otto Kirchheimer, "The Transformation of the Western European Party Systems", in Joseph LaPalombara and Myron Weiner (eds.), *Political Parties and Political Development*, Princeton, N. J.: Princeton University Press, 1966, pp. 177–200.

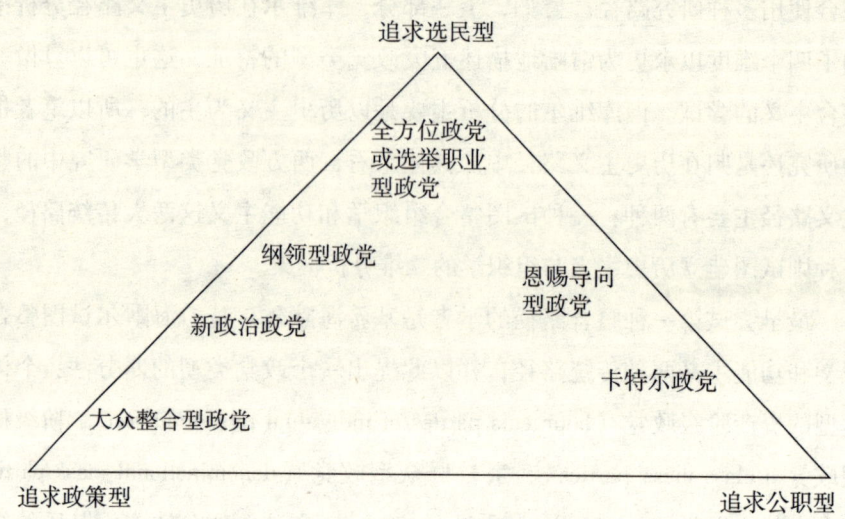

图3：沃林茨的组织—功能整合主义尝试

资料来源：引自 Steven B. Wolinetz, "Beyond the Catch – all Party: Approaches to the Study of Parties and Party Organization in Contemporary Democracies", in Richard Gunther, José Ramón Montero, and Juan J. Linz (eds.), *Political Parties: Old Concepts and New Challenges*, New York: Oxford University Press, 2002, p. 161。

amond)。冈瑟和戴蒙德主要从历史主义和组织学的二维视角来整合政党类型学的研究。一方面，冈瑟和戴蒙德以历史主义路径为维度，将政党分为精英型政党、基于群众的政党、基于种族的政党、选举主义政党和运动型政党五类。这五类中的三类如精英型政党、基于群众的政党和选举主义政党是历史主义路径已有研究中基本得到学界认可的政党类型，而基于种族的政党和运动型政党则是冈瑟和戴蒙德新加进去的政党类型。另一方面，冈瑟和戴蒙德则同时用历史主义和组织学两个维度把这五大类政党再进行精致的划分，共分出15种政党子类型。事实上，冈瑟和戴蒙德在进行子类型划分时实际还运用了其他维度，如其把基于群众的政党分为社会主义、民族主义和宗教三类，这一划分实际运用了意识形态维度。当然，冈瑟和戴蒙德用历史主义逻辑争辩说，这三类群众型政党有其明显的历史出场顺序，这三类分别在20世纪初，20、30年代和40、50年代出现。

冈瑟和戴蒙德的理论贡献在于：第一，部分突破了欧洲中心主义的政党类型学研究传统。冈瑟和戴蒙德考虑了大量非西欧政党政治的因素，如对民族主义政党、种族主义政党、庇护型政党和原教旨主义政党的关注，这些政党类型是发展中国家政治中较多出现的。第二，精细的类型划分几乎包括了政党实践中可能出现的所有类型。譬如，笼统而言，精英型政党是政党最初形成的一种类型，但事实上精英型政党在后发国家出现是晚近的现象，而且精英型政党的一些特征如以地方利益来交换选举支持等在一些西方工业发达国家（如意大利、日本、比利时、奥地利、法国）到目前也仍然存在①，所以冈瑟和戴蒙德用"庇护主义政党"（clientelistic party）一词与精英型政党的最初类型——地方权贵型政党相区别。再如，群众型政党是一个宽泛的指称，基希海默尔用阶级群众型政党和宗教群众型政党来对这一概念进行细分，而冈瑟和戴蒙德的努力要远超于此。首先，两位学者将群众型政党分为社会主义群众型政党、民族主义群众型政党和宗教群众型政党三类，然后，社会主义群众型政党又分为阶级—群众型政党（主要指欧洲的社会民主党）和列宁主义政党（以苏联模式为特征的社会主义政党），民族群众型政党又分为多元民族主义政党（有民族主义诉求，但不排斥其他政党的存在，如西班牙巴斯克民族主义党）和极端民族主义政党（主要指激进的法西斯政党和新法西斯政党），宗教群众型政党又分为宗派性政党（denominational party，主要指欧洲的基督教民主党）和原教旨主义政党（极端的宗教群众型政党，如阿尔及利亚的伊斯兰拯救前线）。② 再如，冈瑟和戴蒙德用选举主义的标签来替代历史主义路径中的全方位政党概念，然后再把选举主义政党细分为全方位政党（如美国的民主党、布莱尔领导下的英国工党、匈牙利民主论坛、西班牙的民众党和西班牙人社会主义工人党）、纲领性政党（programmatic party，其组织性要强于全方位政党，更接近群众型政党，如撒切尔领导下的英国保守党、20 世纪 80 年代以来的美国共和党、墨西哥的民族行动党）和个人魅

---

① 〔奥〕沃尔夫冈·米勒：《各国政府的政治恩赐》，见〔法〕让·布隆代尔、〔意〕毛里齐奥·科塔：《政党政府的性质——一种比较性的欧洲视角》，曾淼等译，北京大学出版社 2006 年版，第 118—135 页。

② Richard Gunther and Larry Diamond，"Types and Functions of Parties"，in Larry Diamond and Richard Gunther（eds.），*Political Parties and Democracies*，Baltimore and London：The Johns Hopkins University Press，2001，pp. 16 – 22.

力型政党（该类政党完全是个人的选举机器，如贝·布托领导的巴基斯坦人民党、埃斯特拉达领导的爱国民众战斗党、普京领导的俄罗斯统一党）。冈瑟和戴蒙德把库维尔历史主义路径中商业公司型政党的例子，如贝鲁斯科尼领导的意大利力量党和他信领导的泰爱泰党也归入个人魅力型政党之列。（见图4）①

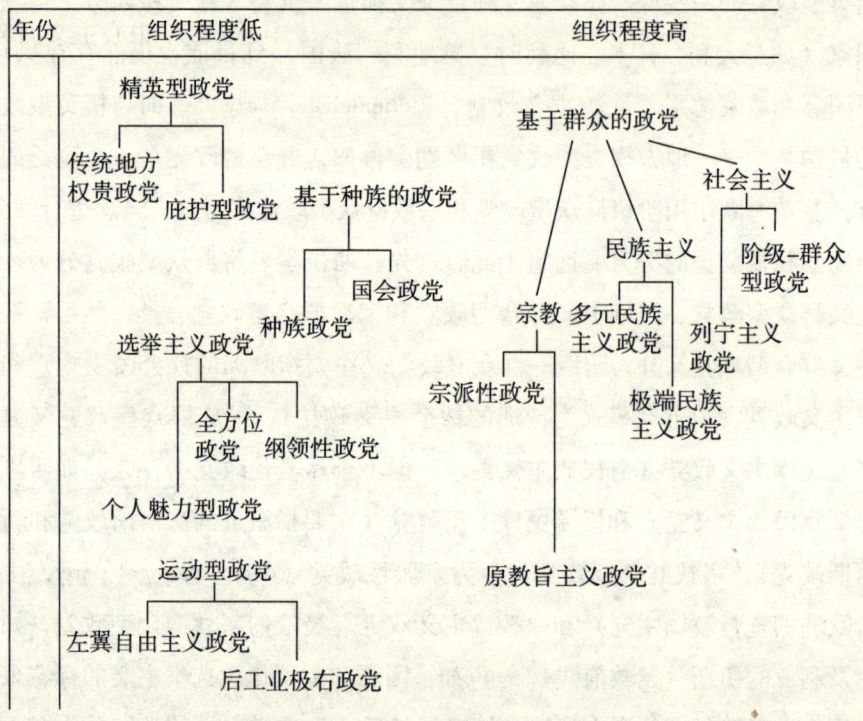

图4：冈瑟和戴蒙德关于政党的历史与组织二维

资料来源：引自 Richard Gunther and Larry Diamond，"Species of Political Parties：A New Typology"，*Party Politics*，Vol. 9，2003，p. 173。

当然，冈瑟和戴蒙德的历史—组织二维整合路径也存在如下局限性：第一，冈瑟和戴蒙德将历史作为其分析的维度之一，而其对各政党类型的起始时间界定仍然存在欧洲中心主义的倾向。为了避免更多的争论，冈瑟和戴蒙

---

① Richard Gunther and Larry Diamond，"Types and Functions of Parties"，in Larry Diamond and Richard Gunther（ed.），*Political Parties and Democracies*，Baltimore and London：The Johns Hopkins University Press，2001，pp. 25 – 29.

德将各政党类型的时间范围界定转化为起始时间界定。因为当许多政党类型在西欧已经完结或转向其他类型时，而在其他地区还只是刚刚开始发展，所以，两位学者只界定起始时间是希望避免欧洲中心主义。但从时间界定的结果来看，这种欧洲中心主义的痕迹仍然是无法抹去的。从这种历史主义的结构图示中，我们很容易看到的是西欧政党发展的历史，而不是世界政党发展的历史。当然，这一点在很大程度上是欧洲政党发展的领先性和丰富性决定的。但无论如何，冈瑟和戴蒙德在这一问题上试图避免欧洲中心主义的努力值得尊重。

第二，冈瑟和戴蒙德建立的理论模型过于复杂。理论的要点是精要和凝练。如果理论复杂得像社会现象，那就不是好的理论。前美国政治学会会长、著名国际政治理论大师肯尼思·华尔兹（Kenneth N. Waltz）认为，对于理论而言，"描述越完整，解释力就越小，而一个简洁精致的理论最富解释力。……理论只能通过简化来建立，无论是牛顿力学，还是亚当·斯密的经济学理论概莫能外"①。冈瑟和戴蒙德将政党类型划分为五大类和十五小类，每一小类之间都存在精细的差别，其中一些之间还存在交叉或紧密联系。了解清楚这一如此繁杂的理论体系就需要花费大量时力，毋宁言还要用这一理论体系来分析现实中的政党政治问题。政党分类的日益复杂化引起了学界对理论简化的思考。沃林茨吸收了荷兰学者路德·库勒（Ruud Koole）关于现代干部党（modern cadre party）的分析②，同时以迪维尔热的干部型/群众型政党分类为基础，建立了一个修正了的干部型/群众型政党分类。从表3可以看出，这一精简的政党分类却几乎可以囊括西方国家中的所有主流政党。当然，沃林茨的还原主义尝试又回到了政党类型学研究的组织学传统。历史的循环总是告诉人们，在新方法和新路径尝试之后，便更能体会传统路径的优势和长处。

①〔美〕肯尼思·华尔兹：《国际政治理论》，信强译，上海世纪出版集团2003年版，第9、13页。

② 库勒以荷兰政党为模板提出现代干部党的五个特征：第一，职业集团（特别是议会党）主导政党的领导层；第二，党员参与率较低；第三，吸引更为宽泛的选民；第四，维持群众型政党的结构，但也推动一定程度的党内民主；第五，在资金上对公共资助和党员会费保持双重依赖。从库勒的描述来看，现代干部党实质是群众型政党和全方位政党的一种复合体。Ruud Koole, "The Vulnerability of the Modern Cadre Party in the Netherlands", in Richard Katz and Peter Mair (eds.), *How Parties Organize: Change and Adaption in Party Organization in Western Democracies*, London: Sage, 1994, p. 299.

表3：冈瑟和戴蒙德关于政党的类型及其特征

类型	政党模式	目标	选举战略	组织结构与联系	社会基础
精英型政党	地方权贵型政党	代表那些以地域为界定的选民	通过地方利益的恩施或者地方权贵的权威来获得选举支持	不存在组织结构，主要是候选人的个人联系，政党是一个象征性的标签	地方的和异质性的
	庇护主义政党	保护特殊利益或者维持现状	通过庇护网络以及特殊利益交换来获得选举支持	组织结构主要通过垂直的忠诚网络和庇护交换结构来维持	农民阶级和城市移民群体等
基于群众的政党	阶级—群众型政党	推动以工人阶级福祉为内容的社会变迁	以工人阶级为中心进行意识形态动员	大众会员型的组织结构，并与工会和其他附属性社会组织保持密切联系	工人阶级、自由职业者等中下层阶级
	多元民族主义政党	保护国家主流族群			工人阶级和中产阶级
	列宁主义和极端民族主义政党	夺取政权和实现其意识形态纲领	动员核心选民进行选举或议会外斗争	组织呈等级制结构，纪律性较强，党员需经过严格的遴选程序，政党组织主导外围附属组织的发展	工人阶级或民族主义者
	宗派型政党（多元主义）	保护宗教群体的核心利益	使用宗教组织、宗教象征和利益分配来动员宗教群体	党员身份与宗教组织身份之间可能会重合，政党组织和宗教组织有密切联系	宗教群体和社会中持保守倾向的群体
	原教旨主义政党	以宗教教义为原则重新组织国家和社会	通过教义灌输和利益分配来动员宗教信徒和构建宗教政治认同	以宗教权威为中心，组织结构呈等级制，并以政党分支机构和附属组织为中心向社会渗透	宗教群体和中下层阶级
基于种族的政党	种族政党	保护和提高种族群体的利益	通过庇护主义向种族群体提供特殊利益以对其进行动员	从基于传统社区纽带的弱组织到基于现代政治观念的强组织都可能存在	基于种族、地域或宗教的单一群体
	国会政党	通过在种族群体之间分享权力和资源以消解社会冲突	通过庇护式交换或国家统一允诺来进行选举动员	基于地区精英和地方权贵的联盟或联邦主义的组织	种族、地域或宗教等群体的联盟

（续表）

类型	政党模式	目标	选举战略	组织结构与联系	社会基础
选举主义政党	全方位政党	通过宽泛利益的聚合来最大化选举支持	通过中间化的议题立场和塑造候选人形象来获得选举支持	弱政党组织，组织主要围绕选举展开，与公民社会组织保持弱化的、变动性的联系	中间选民
	纲领性政党	实现意识形态的主张	通过意识形态的或纲领性的主张来吸引选民	与全方位政党相同	以纲领或意识形态为中心的选民群体
	个人魅力型政党	取得或保持政党领袖的权力	通过强调领袖的魅力型权威和个人的庇护网络来获取选票	以选战和政党领袖为中心的短期和低制度化组织	中下层阶级
运动型政党	左翼自由主义政党	推进后物质主义议程	将抗议活动与定期选举动员相结合	开放的会员组织，分权结构的组织形式，集体大会的协商模式	受教育良好的后物质主义者
	后工业极右政党	推进反移民或反福利国家议程	通过强调议程内容或领袖魅力来获得选民支持	强政党领袖，弱政党组织	保守主义者和反移民群体

资料来源：引自 Richard Gunther and Larry Diamond，"Types and Functions of Parties"，in Larry Diamond and Richard Gunther（eds.），*Political Parties and Democracies*，Baltimore and London：The Johns Hopkins University Press，2001，pp. 10－11。

表4：沃林茨的干部型和群众型政党划分

党员参与的程度 党员的数量	低度参与	高度参与
低数量	经典的干部型政党，如法国的法国民主联盟、加拿大的自由党和进步保守党、美国的共和党和民主党	现代干部党，如荷兰的工党，基督教民主党和人民自由民主党，英国的工党、德国的社会民主党和基民盟，法国的社会党

（续表）

党员的数量 ＼ 党员参与的程度	低度参与	高度参与
高数量	以领导为中心的政党，如法国的保卫共和联盟和英国的保守党	群众型政党，如瑞典的社会民主党和意大利的左民党和共产党

资料来源：引自 Steven B. Wolinetz, "Beyond the Catch-all Party: Approaches to the Study of Parties and Party Organization in Contemporary Democracies", in Richard Gunther, José Ramón Montero, and Juan J. Linz (eds.), *Political Parties: Old Concepts and New Challenges*, New York: Oxford University Press, 2002, p. 161。

结　论

类型学、形态学和动力学构成了社会科学解释和叙事的整体框架。类型学先将模式化的行为体、行动以及互动过程进行分类，形态学列出构成部分间关系的原则或确定出互动的主题和逻辑，而动力学则研究整个互动过程的发展、变迁和制度化。政党类型学主要以政党组织（包括党员个体）、政党参与政治的过程（包括执政、参政或作为压力存在）、政党与其他行为体的互动（包括政党与社会、政党与政府、政党与国家等）进行分类。政党形态学关注政党内部、政党之间以及政党与其他行为体互动的实践规律和运行规则。政党动力学力图分析政党政治的内在动力和变迁过程。政党类型学是政党形态学和政党动力学的基础。

西方政党类型学的传统路径是组织学和功能主义。组织学路径沿袭了近代以来的理性主义传统，将政党组织视为根据外部价格变化解释行动的、意图性明显的理性计算工具。当社会尚处于未被动员的状态时，政党主要在精英阶层活动。当劳动力成本低廉的时候，政党使用较大规模的组织和群众社团参与政治竞争。当劳动力成本高到政党无法承受时，政党组织便采用相对价格低廉的媒体动员和专家动员模式。组织学路径的观点是行动主义的，假定理性的政党组织试图有效地适应其所处的外部环境。组织学路径很容易被批评为一种机械行动主义的主体性观点。功能主义路径把政党视为满足社会结构中一定功能的工具。政党的功能体现在政党与其所处社会整体结构的互动之中。政党与国家的互动使得政党的政策实施成为其功能，政党与社会的互动使得政党的代表选民成为其必要，政党与政府的互动使得政党的占据公职成为其需求。功能主义中的结构倾向暗示，在一定程度相似的类型中，不同的背景可能产生类似的结果。在功能主义的视野中，政党变成社会结构的影子和沉默的见证者。功能主义的政党类型学导向一种结构宿命论、一种铁笼式决定主义，而缺乏行动中的个性和自我意识。组织学的实质是理性主义，而功能主义的实质是结构主义。这两类类型学路径都偏重普遍性和概括性。

西方政党类型学的新发展主要在历史主义和整合主义的路径上展开。历史主义路径试图将政党发展描述为一个连续的、递次的演进过程，即从以议员为中心的精英型政党开始、再到组织完整和意识形态分明的群众性政党、然后发展为面向最大群体的全方位政党，最后与国家结合成卡特尔。从这一演进逻辑来看，历史主义试图发展一种线性的通则解释。然而，历史主义又包含了对每一阶段的个体性阐释。譬如，历史主义路径用很多篇幅来界定不同类型在不同维度上的区别。这种整体的通则解释和阶段的个性描述构成了历史主义研究中的紧张关系。对历史主义的批评也基于这一紧张，通则解释导致了欧洲中心论的倾向，而个性描述使得研究者对其特征的总结多有诟病。整合主义的产生源自对单一维度分析的不满，许多思想家都娴熟地使用这一方法对他人的观点进行折中和改造。最经典的例子是马克思对法国空想社会主义、黑格尔辩证法和费尔巴哈唯物主义的整合。再如哈贝马斯对自由主义和共和主义思想的整合。就这一方法而言，历史主义中梅尔和卡茨的分析也有整合的成分。整合可以避免和消减传统分析的一些缺陷，如冈瑟和戴蒙德的整合路径部分地突破了欧洲中心主义。但是，整合之后还有进一步提炼和归纳的问题。深刻的思想家总是可以在整合之后让理论模型变得相对的精练和抽象。冈瑟和戴蒙德的理论模型过于复杂和精细，越来越接近现实，也越来越远离理论的抽象。总体而言，历史主义更强调发展性，而整合主义则偏爱复杂性。与前两种类型学路径相比，后两类更多偏重个体性和特殊性。

在对欧美政党进行国别研究或比较研究时，需要适当借鉴西方政党理论。西方政党理论的发展相对比较成熟和完整，而且对于西方政治实践而言是合乎其情境的。当然，对欧美政党的研究同样需要结合马克思主义的政党研究方法，马克思关于阶级与政党关系的研究至今仍然是非常深刻的。对欧美政党的研究还可以结合西方马克思主义的一些研究成果。当然，西方政党的主流研究也部分受到西方马克思主义的影响，譬如基希海默尔本身便是法兰克福学派第二代的人物。[①] 在对后发展国家进行研究时，西方政党理论的主流

---

① 陈振明、陈炳辉、骆沙舟：《"西方马克思主义"的社会政治理论》，中国人民大学出版社1996年版，第9页。

范式可能就会有应用的困难。这里就需要以马克思主义为指导,吸收依附理论和比较政治学中关于后发展国家的研究,以及结合后发展国家的具体实践进行分析。

二、基于精英型政党和群众型政党模式的考察

本部分选取了政党发展中的两个早期类型——精英型政党和群众型政党。精英型政党(elite party)也被称为干部型政党(cadre party),是政党最初形成的类型。群众型政党是在欧洲 19 世纪末期之后主要是作为对公民选举权扩大的反应而发展起来的政党类型。以这两类政党模式的特征为基础,这里将对政党与公民社会关系的变迁作学术史的梳理。

(一)精英型政党:从地方权贵主义到庇护主义

《布莱克维尔政治学百科全书》在"干部党"这一词条中解释到,"它的组织关系松散,不强调党内成员之间的一致性和整体性,这与群众性政党形成了极为鲜明的对照。对选民人数的限制意味着从创设群众性党团中可得到的好处只能是微乎其微,而干部党的主要功能是争得选票。要达到组织的目标,依靠一个由领袖人物组成的非正式集团就足够了。这个集团成员可以通过他们的社会关系和政治关系提供必要的协作,从而在竞选中角逐,并能够利用他们的职权达到目的"①。最早对干部型政党进行经典分析的是法国政治学家迪维尔热,他主要在政党组织结构划分的基础上对政党的类型进行讨论。迪维尔热首先对干部会议这一组织形式进行描述并给予评价,"干部会议是政党结构中的一种陈旧类型……就成分和结构而言,它们代表了地位较高的阶级的意向,……而直接适应民众需要的那些组织形式如支部等常常会导致干部会议的衰落"②。迪维尔热认为,干部会议在欧洲处于衰落阶段,其作为一种现存的组织形式仅在美国得以保留。在对干部会议这一组织形式研究的基础上,迪维尔热展开了对干部型政党的分析。干部型政党的组织规模较小,参加者多为一些政治精英人物。这样的政党组织纪律性不强,也缺乏对相关

---

① 〔英〕戴维·米勒、韦农·波格丹诺:《布莱克维尔政治学百科全书》,邓正来等译,中国政法大学出版社 1992 年版,第 85 页。

② Maurice Duverger, *Political Parties: Their Organization and Activity in the Modern State*, translated by Barbara and Robert North, New York: John Wiley & Sons, 1959, pp. 20 - 21.

社会组织的领导和控制。干部型政党的主要目的是赢得选举。党的领导人更关心其与候选人的接触,其对民众的动员只是建立在是否赢得选举的功利结果基础上。迪维尔热称,干部型政党在西方普遍处于衰落状态。到 20 世纪初期,西方国家的干部型政党多数已被群众型政党所取代(只有美国例外)。①

虽然西方学界在分析政党类型时往往将精英型政党和干部型政党这两个概念混用,但实际上从汉语语意的角度来理解,这两个概念还是有一定区别的,即"干部"一词有"社会主义概念"的色彩。在这一意义上,干部往往是指那些严密地组织在一起、受一个中心的指挥和领导、受共产主义理想激励、为社会主义政党活动并久经考验的特殊积极分子群体。因此,笔者在这里更倾向于使用精英型政党一词。理查德·冈瑟(Richard Gunther)和拉里·戴蒙德(Larry Diamond)对精英型政党这一概念有过完整和深入的分析。两位作者将精英型政党分为两类,即传统的地方权贵政党(traditional local notable party)和庇护式政党(clientelistic party)。冈瑟和戴蒙德认为,地方权贵政党出现于 19 世纪初期到中叶,其作为半民主体制中有限选举权实施的一种特殊产物。此时,这些国家的选举和被选举权主要限定于那些成年且拥有丰实资产的男性,即这种竞争性的游戏主要在上层阶级中展开,所以选举并不需要大规模的动员。地方权贵只需要依靠其传统的威望或个人联系便可赢得选举职位。中央性的政党官僚组织也不需要存在,而所谓的国家层面的政党组织也只是松散的联盟,或是基于利益共享或互相尊重的当选议员间的派别。19 世纪上半叶英国下院中的派别、19 世纪和 20 世纪上半叶法国的保守主义政党以及多数发展中国家的早期政党(包括一些现存政党)都属于这一类型。②

冈瑟和戴蒙德认为,作为地方权贵政党的一种新发展,庇护式政党则容易出现在一种情形中,即一方面社会在经历工业化和城市化,另一方面选举向普通民众开放。工业化和城市化打破了传统的社会结构,即传统的地区性社会网络瓦解,而新的社区和社会联系则在更加水平的层面上形成,同时,这些新的社区还拥有强大的选举力量。庇护式政党是这种社会结构的反映,政治精英与选民之间可以形成一种用选票换实惠的利益关系。在这一过程中,

---

① 〔美〕安东尼·奥罗姆:《政治社会学导论》,张华青等译,上海人民出版社 2006 年版,第 195 页。

② Richard Gunther and Larry Diamond, "Species of Political Parties: A New Typology", *Party Politics*, Vol. 9, No. 2, 2003, pp. 175 – 176.

选举动员需要依赖恩惠许诺或非选择性的强制。此时的庇护式政党仍然是地方经济或职业政治权贵的联盟。这种政党同样缺乏有力的组织和成熟的意识形态，其主要功能仅是协调精英间的竞选努力。19 世纪后期和 20 世纪初期是这一类型政党发展的黄金时期，其案例主要出现在美国、南欧、拉美和东亚等地区。[①] 冈瑟和戴蒙德对精英型政党的分类与乔纳森·霍普金（Jonathan Hopkin）就庇护主义和政党政治的分析有相似之处。霍普金在分析政党政治时区分了两类庇护主义。一类是传统庇护主义，或称权贵庇护主义，即代理人和选民主要在传统的社会秩序下用利益来交换选票。代理人和庇护者之间的关系是嵌入在社会结构当中的，双方都很难离开对方来进行选择。另一类是新庇护主义，或称政党庇护主义。虽然新庇护主义仍是工具性的，但其关系结构已经较为水平化或更民主。代理人和庇护者之间的关系也更具流动性，其为更大规模的政治竞争创造了机会。[②] 霍普金的这两个概念与冈瑟和戴蒙德的分类其实质是一样的，权贵庇护主义在政党类型中的表现就是地方权贵政党，而政党庇护主义在政党发展中的形态则是庇护式政党。

（二）作为精英公民社会一部分的精英型政党

卡茨和梅尔对精英型政党模式下政党、国家与公民社会三者的关系有过精彩的论述。卡茨和梅尔先是描述了精英型政党时期国家与公民社会的发展状况，"精英型政党出现在 19 世纪末和 20 世纪初的自由政体之中，此时无财产者的选举权和其他政治权利都是受限制的。尽管公民社会与国家之间的区分在法律上已经开始出现，但在政治实践中两者的界限仍然是模糊的。由于政治运动仍然是禁止的，所以普通民众在政治上和社会上的动员也是困难的。这样，构成公民社会中政治部分的人们与在国家中占据权势地位的人们是紧密相关的，其通过家庭和利益的纽带联系在一起。而且，这两个部分的人们还不是简单地相互联系，而是在更深程度上相互渗透"[③]。在此基础上，卡茨和梅尔进而分析了精英型政党、国家与公民社会的关系，"这一时代的特殊

[①] Richard Gunther and Larry Diamond, "Species of Political Parties: A New Typology", *Party Politics*, Vol. 9, No. 2, 2003, pp. 176 – 177.

[②] Jonathan Hopkin, "Clientelism and Party Politics", in Richard S. Katz and William Crotty (eds.), *Handbook of Party Politics*, London: Sage Publications, 2006, pp. 406 – 407.

[③] Richard S. Katz and Peter Mair, "Changing Models of Party Organization and Party Democracy: The Emergence of the Cartel Party", *Party Politics*, Vol. 1, No. 1, 1995, p. 9.

政治特征是，假定存在一个单一的国家利益，而政府的功能便是发现和实现这种国家利益。那么，在这种情境下，政党便如伯克所描述的、作为'追求公共利益的人们的组合（或者如果对那段历史不那么善意解读的话，也可以称其为是追求私人利益的人们的组合）'而自然产生。这种政党不需要正式的、结构化的组织。他们通过其当地的地位和联系在地方层面汲取选举所需要的资源，同时利用其在政治结构中的位置向国家提出政策要求。在这一过程中，实际上不需要中介"①。

继而，卡茨和梅尔对该时期三者的关系进行了总结。这一时期，"在这些领域中的政治活动主要是大资产阶级政客和中小资产阶级选民之间的游戏。所以，他们在议会中采取联合行动，抵制曾经更为流行的反政党情绪。在这一概念上，政党仍主要采取干部或秘密会议的形式，并如图示中展示的，交叉于国家和公民社会之间。简言之，政党是那些同时组成国家和公民社会的人们的委员会"②。在卡茨和梅尔看来，精英型政党时期的国家与公民社会并没有完全分离，而政党是公民社会的一部分，是公民社会中最精英的、在政治上最活跃的、也最接近国家的部分。国家还没有职业化，而公民社会也还没有平民化。换言之，国家与公民社会还没有向两端延伸。政党此时也没有严密的组织结构和明确的意识形态，所以从根本上说政党仍属于公民社会。国家、公民社会和政党此时都几乎是精英或少数群体的活动领域，因此这三类组织紧凑地结合在一起。（见图5）

美国政治学家威廉·钱伯斯（William N. Chambers）对现代政党与宗派做过明晰的比较：现代政党是一个有骨干领导集团的整体性组织，而宗派则是暂时性的个人联盟；现代政党通过竞选和执政等政治实践促进党本身的发展，而宗派的政治家们则很少涉及这些新的政治技巧；政党有着为数众多且异质的支持者，而宗派则是一个基于狭隘关系范围的集团；政党主要依靠公众的支持来保持其执政地位，而宗派则是高度的自治团体，其不大会涉及公众的广泛支持。③ 钱伯斯关于政党和宗派的区分便于理解精英型政党的特征及其与国家和公民社会的关系。精英型政党的特征实际在钱伯斯界定的"政

---

① Richard S. Katz and Peter Mair, "Changing Models of Party Organization and Party Democracy: The Emergence of the Cartel Party", *Party Politics*, Vol. 1, No. 1, 1995, p. 9.

② Ibid.

③ William N. Chambers, *Political Parties in a New Nation: The American Experience 1776 – 1809*, New York: Oxford University Press, 1963, pp. 45 – 49.

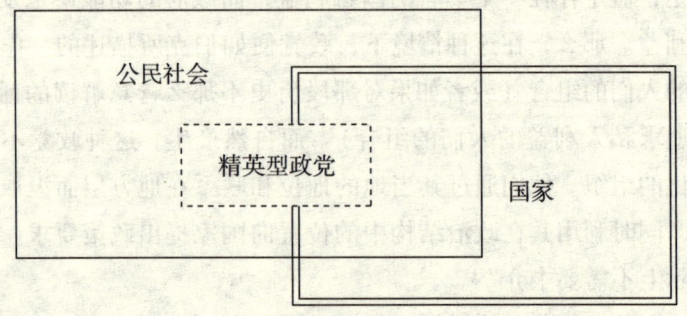

图5：卡茨和梅尔关于精英型政党、国家和公民社会关系

资料来源：引自 Richard S. Katz and Peter Mair，"Changing Models of Party Organiza-
tion and Party Democracy：The Emergence of the Cartel Party"，*Party Politics*，Vol. 1，No. 1，
1995，p. 10。

党与宗派"之间，即精英型政党在很大程度上仍然反映宗派或者说是公民社
团的特征，但同时其又以政党的某些组织或功能行事。这里以法国大革命时
期的政治派别为例来对三者关系作进一步探讨。一些学者认为法国大革命时
期的政治派别还不能称之为现代政党，但笔者认为，此时的政治派别已经具
备了精英型政党的一些特征，其中一些组织还具备了群众型政党的部分特征。
譬如，雅各宾俱乐部便拥有自己的领导机构，拥有固定的章程，有着分布全
国各地的1 000多个支部，并且有过上台执政的经历。这时的政治派别集中
反映了政党、公民社会与国家紧密结合的特征。在法国大革命期间，法国的
国家变革和治理都是由这些政治派别所推动的。这些政治派别的第一属性是
由精英组成的公民社会。譬如，雅各宾俱乐部首批接纳的400多名成员都是
诸如哲学家孔多塞、经济学家卡索特、数学家卡米、社会活动家罗伯斯庇尔、
拉斐特、布里索之类的社会精英。同时，雅各宾俱乐部还不是一般的公民社
会，它更是力图接近政治和参与国家治理的、活跃的政治组织，或者用前面
的界定来说，雅各宾俱乐部在本质上已经很接近政党。这样来看，这时期的
政党是完全处于公民社会之中并更接近国家的那一部分政治组织。

（三）选举权的扩大与群众型政党的兴起

《布莱克维尔政治学百科全书》在"群众性政党"词条中的解释是，"一
种以依赖其正式成员为组织特征的政党，它完全不同于'贵族党'和'干部
党'那类在其成员和支持者之间既无严格的条件、又无明确界限的政党。群

众性政党的必备要素是对党员的义务和权利有正式的规定，党章对党组织以及党员参与的决策程序、特别是党内干部的选举和党纲的制订有详尽的说明"①。最早对群众型政党进行完整讨论的同样是迪维尔热，他主要在支部和基层组织这两种政党组织的基础上讨论群众型政党。在迪维尔热看来，支部是一种高度集中的组织形式，通过组织机构和意识形态吸引民众参与，其特征主要体现在欧洲大多数社会党上。与之前讨论的干部会议相比，迪维尔热更欣赏支部的参与民主特征："干部会议无疑是不民主的……这种由半指定的知名人士为代表组成的封建性的小集团，很显然带有寡头政治的性质。而支部对大家则是开放的，领导人由成员选举产生，这符合政治民主的要求。"② 基层组织比支部更为严密和团结，基层组织是业缘取向的，与地缘取向的支部相比，业缘取向的组织更具有心理的认同效果。同时，基层组织更是深入到社会的底层，而最为基层的组织规模也相对较小。基层组织代表了欧洲共产党人的组织创新努力。迪维尔热对这三类组织的功能进行了更深入的区分：干部会议主要是希望赢得选举（主要是即时性的、短期的政治目的）；建立支部则希望通过与民众结成稳定的联盟，而长期赢得选举；基层组织在赢得选举的目标之外，还可能承担推翻现存制度的功能。③ 在此基础上，迪维尔热分析了群众型政党的特征。群众型政党往往建立起支部或基层组织这样复杂且严密的结构，吸收大量交纳党费的成员参与，并在政党组织之外维持了一批与其紧密联系的社会团体组织。群众型政党是现代社会选举权范围扩大后的产物。为了稳固其与追随民众的关系，群众型政党在组织手段之外还常常使用某种意识形态的工具。在欧洲发展最为成熟的群众型政党——社会党和共产党组织中，马克思主义是其社会动员的主要精神武器。迪维尔热还以政党组织为标准将群众型政党分为基于支部的群众型政党（branch-based mass parties）和基于基层组织的献身者政党（cell-based devotee parties）。前者相对更民主一些，而后者则更强调意识形态和组织上的纪律性。④

---

① 〔英〕戴维·米勒、韦农·波格丹诺：《布莱克维尔政治学百科全书》，邓正来等译，中国政法大学出版社 1992 年版，第 460 页。

② Maurice Duverger, *Political Parties: Their Organization and Activity in the Modern State*, translated by Barbara and Robert North, New York: John Wiley & Sons, 1959, p. 26.

③ Ibid., pp. 35–36.

④ Maurice Duverger, *Political Parties: Their Organization and Activity in the Modern State*, translated by Barbara and Robert North, New York: John Wiley & Sons, 1959, pp. 63–71.

与迪维尔热同时代的美国政治学家纽曼也注意到群众型政党的发展，只不过纽曼用社会整合型政党（party of social integration）一词来表述这一现象。纽曼描述到，"现代政党已经在稳定地扩大其在政治共同体的范围和权力，并最终改变其功能和特征。与个体代表型政党（party of individual representation）不同，当代政治社会日益出现一种社会整合型政党。……它不仅需要永久的付费会员（这在代表型政党中并不那么常见），而且需要对个体日常生活的一种全面影响。"① 之后的卡茨和梅尔也描述过精英型政党和群众型政党的区别："老的干部党主要依赖支持者的质量，而新党则依赖支持者的数量；由于缺乏金额较大的个人捐助，所以群众型政党用多份小型捐助来弥补；由于缺乏少数精英人士的影响，群众型政党用政治组织和集体行动来弥补；由于缺乏对商业媒体的控制，群众型政党则用党办媒体和其他党的沟通渠道来弥补。"②

冈瑟和戴蒙德对群众型政党研究的贡献在于，使得群众型政党的类型划分进一步细化，两位作者选取了两个维度——纲领/信仰维度和多元/霸权维度将群众型政党分为六类。纲领/信仰维度可以分为三个类别：社会主义、民族主义和宗教。按照多元/霸权维度，则可以分为多元主义政党和原生霸权型（proto-hegemonic）政党。这两个概念与迪维尔热的"基于支部的群众型政党和基于基层组织的群众型政党"概念内涵类似。两个维度进行交叉后，得到如下六种类型的政党：阶级群众政党（class-mass parties），即以社会主义为政党纲领、通过地域性组织和功能性组织进行社会动员、主张对社会进行渐进改革的政党，以德国和瑞典等国的社民党为典型案例；列宁主义政党（Leninist parties），即同样以社会主义为政党纲领，但强调推翻现存政治秩序并进行社会革命的，更强调组织纪律性的政党，以意大利和法国的共产党为例；多元主义的民族主义政党（Pluralist nationalist parties），即用民族主义进行思想动员、有完整的政党组织形态和有力的社会附属组织、不排斥与其他政党合作的政党，以巴斯克民族主义党（Basque Partido Nacionalista Vasco）为例；极端民族主义的政党（Ultranationalist parties），即将民族主义作为一种意识形态来追求、坚持高度纪律性的组织方式、对其他政党进行打压和排

① Sigmund Neumann（ed.），*Modern Political Parties: Approaches to Comparative Politics*，Chicago：University of Chicago Press，1956，p. 404.

② Richard S. Katz and Peter Mair，"Changing Models of Party Organization and Party Democracy: The Emergence of the Cartel Party"，*Party Politics*，Vol. 1，No. 1，1995，p. 10.

斥的政党，以希特勒和墨索里尼的法西斯主义政党为例；宗教群众政党（de-nominational mass-party），即以某一宗教为政党动员的价值理念、有相对成熟的组织架构的政党，以"二战"后在西欧各国兴起的基督教民主党为例；原教旨主义政党（fundamentalist party），即以某一宗教为意识形态、极为强调成员对政党组织和宗教价值的忠诚、有极端化倾向的政党，以阿尔及利亚的伊斯兰解放阵线和土耳其的福利党为例。①

（四）群众型政党：公民社会与国家之间的桥梁

对群众型政党、公民社会与国家三者间关系最早进行阐述的是卡茨和梅尔。两位作者认为，在群众型政党时期，国家与公民社会出现了明显的分离。两位作者表述道，"伴随着工业化和城市化的推进，满足选举权所要求的财产标准的人们越来越多，同时这些财产标准也逐渐调低。此外，对工人阶级组织的限制日益与资本主义国家的自由主义合理性要求相冲突，因此，工人阶级在工业领域和政治领域进行组织并采取行动越来越成为常态。这样，这一变迁进程在国家与公民社会之间制造了一个非常清晰的沟壑。公民社会领域变得越来越大，将许多并不与国家管理精英直接相联系的个人也包含其中。公民社会成员逐渐将国家看成'他们'而不是'我们'"②。在这样一种国家与公民社会分离的情形下，两位作者将群众型政党描述成公民社会力图进入和控制国家统治结构的一种工具："这些群众型政党是第一类公开声称其仅代表社会中一部分群体利益的政党组织。这种代表性决定了其主要功能是追求其所处社会阶层的利益，而不是国家整体利益。这时候，政党变成了其所代表的社会集团进行政治利益表达的一个论坛。"③ 卡茨和梅尔将群众型政党带来的政治发展看成一种历史的进步，"群众型政党的兴起与普遍选举权的最终实施与政治分配的再定义联系在一起。这样一个（政党的）寡头系统不仅使得选举权和民主得以延展至几乎所有的成年公民，而且它改变了公民（选民）与国家之间的关系。选举变成了代表（delegates）而不是托管人（trustees）的选择。……政党变成了使这一切变成可能的工具。政党、公民

① Richard Gunther and Larry Diamond, "Species of Political Parties: A New Typology", *Party Politics*, Vol. 9, No. 2, 2003, pp. 179–183.

② Richard S. Katz and Peter Mair, "Changing Models of Party Organization and Party Democracy: The Emergence of the Cartel Party", *Party Politics*, Vol. 1, No. 1, 1995, p. 10.

③ Ibid., p. 10.

社会和国家的关系将在图示中展现：国家与社会出现了明显的分离，而政党作为两者之间的桥梁和联系而存在。政党的掌舵者是公民社会。政党通过占据公职和控制公共服务的恩赐分配渗透入国家"①。

卡茨和梅尔的观点并非没有争议。在一篇题为《干部、全方位或卡特尔？对卡特尔政党观点的评论》的文章中，路德·库勒（Ruud Koole）对卡茨和梅尔的观点提出不同意见。库勒首先指出了其对国家与社会关系的不同理解。库勒认为，即使到群众型政党时期，国家与公民社会仍然存在一定程度的交叉。库勒表述道："自 19 世纪中期起出现了一个双重趋势：一方面，选举权的扩展将越来越多的普通公民整合入公民社会。这样，从学术上讲，公民社会与社会之间的区分开始明显出现。另一方面，国家越来越多地侵入社会。譬如，在此之前，家庭、教会和工人组织在组织社会团结方面发挥着重要的作用，而现在这一功能则由国家来发挥。社会福利的增加和国家管理体制的扩大使得许多人在个人收入上直接依赖国家。即便是那些在国家体制之外工作的人们也不得不在其日常生活中越来越多地面对国家。"② 简言之，库勒与卡茨和梅尔的观点有一致之处，即选举权使得社会出现了明显的扩展。库勒通过对社会与公民社会的区分来表达这种社会拓展的趋势。与卡茨和梅尔不同，库勒认为国家与公民社会并没有出现分离。虽然卡茨和梅尔也强调国家的专业化过程，但库勒则更为强调国家对社会的渗透和介入。因此，在国家渗入社会这一前提下，国家与公民社会自然不会分离，反而会更加紧密地交叉在一起。库勒实际上是说，公民社会是社会中最活跃、最接近政治的部分，所以其与国家出现重叠和交叉，而社会中不太活跃的那一部分则与国家出现距离。后一点的内容则与卡茨和梅尔的分析出现一些共识。（见图6）

关于政党、国家与公民社会的关系，库勒指出，"在大规模选举权引入之前（1920 年左右之前），政党仅仅部分与公民社会重叠，同时较少地与国家重叠。而诸如社会主义政党和宗教性政党这类解放性政党，则不再仅仅是选举的组织工具。如荷兰新教的归正会所言，他们在动员'选民背后的人们（the people behind the voters）'。如果将选举权作为公民社会成员的指标之一，那大众整合型政党则推动了公民社会的扩展。这是他们存在的主要原因：将

---

① Richard S. Katz and Peter Mair, "Changing Models of Party Organization and Party Democracy: The Emergence of the Cartel Party", *Party Politics*, Vol. 1, No. 1, 1995, p. 11.

② Ruud Koole, "Cadre, Catch-all or Cartel? A Comment on the Notion of the Cartel Party", *Party Politics*, Vol. 2, No. 4, 1996, p. 509.

第二层级的居民变成成熟的公民。这种对选举权的斗争便是对公民社会再定义的斗争。……在 19 世纪的后半部分，两类政党同时存在：一方面，在公民社会之外有着广泛影响的群众型政党或社会整合型政党正在逐步成为主流；另一方面，仍从有限的公民社会中排他性地汲取资源的核心小组政党、干部型政党、个体代表型政党或精英型政党也在发挥作用"①。（见图 7）

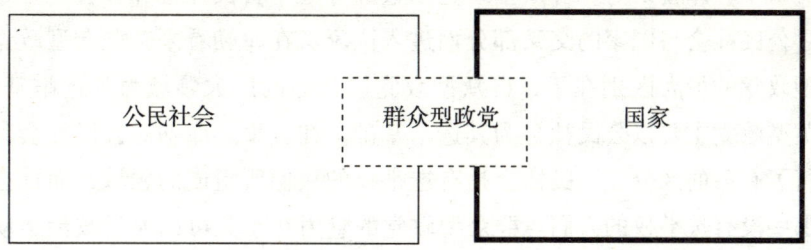

图 6：卡茨和梅尔关于群众型政党、国家和公民社会关系

资料来源：引自 Richard S. Katz and Peter Mair，"Changing Models of Party Organization and Party Democracy：The Emergence of the Cartel Party"，*Party Politics*，Vol. 1，No. 1，1995，p. 11。

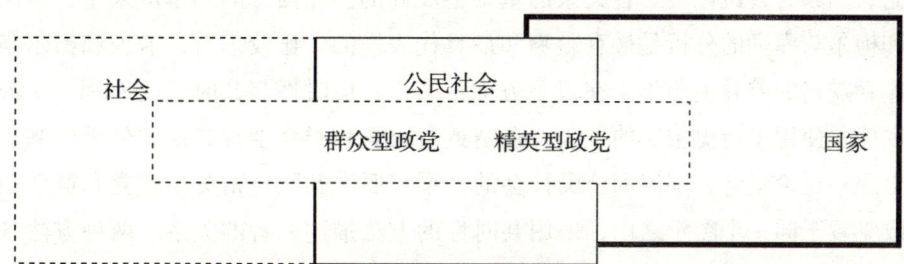

图 7：库勒关于精英型政党、群众型政党、国家和公民社会关系

资料来源：引自 Ruud Koole，"Cadre，Catch – all or Cartel? A Comment on the Notion of the Cartel Party"，*Party Politics*，Vol. 2，No. 4，1996，p. 511。

库勒对政党类型学的历史主义划分有质疑。库勒选取了一个时期，即1920 年之前来整体考察政党、国家与公民社会的关系。库勒认为，在 1920年之前，特别是在 1850—1920 之间，并不存在单一的精英型政党或群众型政党模式，而是两种模式的并存。那么，如果两种模式并存的话，任何一种单

---

① Ruud Koole，"Cadre, Catch-all or Cartel? A Comment on the Notion of the Cartel Party"，*Party Politics*，Vol. 2，No. 4，1996，pp. 510 – 511.

一模式下的三者关系解释都是没有意义的。这样，库勒就描绘了一个两种政党模式并存的三者关系图示。库勒认为，精英型政党多半处于公民社会之中，并突破国家与公民社会交叉的区域，而进入专属国家而非公民社会的部分之中。这一点与卡茨和梅尔的观点有较大差异。卡茨和梅尔认为，在精英型政党模式中，政党完全被包含在公民社会之中。在群众型政党与国家和公民社会的关系中，库勒认为，群众型政党多数部分处于公民社会和社会之中，同样穿过公民社会与国家的交叉部分而进入国家。在库勒看来，群众型政党与精英型政党的最大区别在于，群众型政党以社会的广大领域为其选举基础，而精英型政党主要以公民社会为其选举基础。在这里，库勒对公民社会和社会进行了有益的区分。公民社会是有选举权的人们所组成的领域，而社会则包括那些没有选举权的人们。群众型政党的魅力在于其可以通过政治运动和执政活动使这些没有选举权的人们逐步拥有选举权。

结　语

整体来看，目前西方学术界关于政党与公民社会关系的研究主要是在政党、国家与公民社会三者关系的基础上展开的。在西方的学术成果中，卡茨和梅尔与库勒的分析是最有影响和最具代表性的。比较来看，卡茨和梅尔与库勒观点的差异主要集中在以下方面：第一，历时性与共时性的差别。卡茨和梅尔使用了历史主义的方法，在精英型政党和群众型政党模式分类的基础上逐一讨论政党、国家和公民社会的关系。而库勒则将精英型政党和群众型政党置于同一个图示之中，采用共时性的方法描述三者的关系。两种方法各有优劣，卡茨和梅尔的方法可以使人们更加清晰地把握政党类型变化及其政治环境的互动关系，而库勒的描述则似乎更接近现实的状况。第二，国家与公民社会关系的差别。由于国家与公民社会关系是三者关系的基础，所以两组作者在国家与公民社会关系上观点的不同决定性地导致了三者关系的差异。在群众型政党阶段，卡茨和梅尔认为国家与公民社会产生了分离，而库勒对公民社会和社会进行了区分，并认为国家与公民社会并未出现分离。应该说，库勒的分析更接近现实。第三，公民社会是否包含精英型政党。卡茨和梅尔认为公民社会完全包含精英型政党，而库勒认为精英型政党多数处于公民社会之中，而部分突入国家的领域之中。客观而言，两组作者所强调的内容不同。卡茨和梅尔强调精英型政党本身所内含的公民社会身份，而库勒则强调精英型政党在执政后所具备的国家属性。总而言之，这两组作者在政党与公民社会关系上的观点各有千秋。卡茨和梅尔的贡献在于较早地对这一问题进行探讨，而库勒则在对卡茨和梅尔观点批评的基础上使理论分析更为接近现实。

三、基于全方位政党和卡特尔政党模式的考察

本部分选取全方位政党和卡特尔政党为核心概念，以文献综述的方式对西方学界关于政党与公民社会关系的一些前沿观点进行引介和评述。笔者的分析框架如下：鉴于中间选民定理与全方位政党的内涵实质相近，这里对中间选民定理首先作了文献史的回顾。继而，对全方位政党和卡特尔政党的前沿研究进行综述和分析。最后，以政党类型学为基础，在国家与社会关系的宏大叙事背景下，就西方学界关于政党与公民社会关系的变迁研究进行较为详细地引述和探讨。

（一）中间选民定理：含义及应用

中间选民定理（the Median Voter Theorem）是安东尼·唐斯在 1957 年出版的《民主的经济理论》一书中提出的。在此书中，唐斯引入经济学中的霍特林大街模型，并以此为基础对政党与选民的关系展开论述。1929 年，霍特林在《经济学杂志》上发表《竞争中的稳定性》一文，提出"空间竞争理论"。霍特林假定在一条大街上只有两家杂货商，同时假定消费者在两家商店之间的选择只取决于交通费用。最后，霍特林得出的结论是，竞争将驱使两家杂货商向大街的中心移动，以便在保持自己传统顾客的同时再争取更多的新顾客。① 唐斯将霍特林大街模型运用于政党竞争。假定政党竞争中只存在两个政党，同时假定选民在两个政党之间的选择只取决于政党与自己在意识形态上的距离（即选民投票支持在意识形态与自己接近的政党）。那么，竞争将使得两个政党向中间投票人的位置移动，以便在保持自己原来选票的同时争取更多的选票。所以，唐斯的中间选民定理认为，在两党制中，因为在选举中处于中间标度可以同时吸引左右两边的选民，所以政党表述施政纲

---

① Harold Hotelling, "Stability in Competition", *The Economic Journal*, Vol. 39, 1929, pp. 41–57.

领要尽可能地处于中心位置。① 唐斯的中间选民定理对两党制国家中两党政策日益趋同的现象具有强大的解释力。意大利博洛尼亚大学教授斯蒂芬诺·巴托里尼（Stefano Bartolini）将唐斯开创的这一路径称为政党研究的空间竞争路径。②

当然，唐斯的中间选民定理实质有严格的假定：第一是两党制，第二是选民偏好呈单峰，第三选民偏好呈对称分布。当三个条件全都符合时，中间选民定理是最具解释力的。③ 当两党制和单峰偏好条件符合，但选民偏好呈非对称分布时，政党的最优位置将会被拉到众数，而非中数。这一点也可以算做中间选民定理的变体（中间不一定是中数，也可以是中间的众数）。当政党制度是两党制，且选民偏好呈双峰时，政党的最优位置是选民偏好的峰点。政党向中心移动会得到对方阵营的部分选票，但也会失去己方阵营的更多选票（因为峰点意味着选民偏好的集聚点。从这个意义上说，中间选民定理推论的向中数移动，实质是向单峰的峰点移动）。唐斯在研究中提出，如果选民偏好呈多峰分布，则容易产生多党制。④ 但就在多党制且选民偏好多峰分布的情况下，政党会呈向心还是离心运动趋势的问题，唐斯并没有进行进一步的讨论。

唐斯未完成的讨论是由意大利政治学家乔万尼·萨托利（Giovanni Sartori）推进的。在其1976年著作《政党与政党体制》中，萨托利对多党制下的政党空间竞争倾向进行了分析。萨托利将包含有三到五个相关政党的多党制称为温和多党制，将超过五个相关政党的多党制称为极化多党制。萨托利认为，温和多党制的相关政党之间的意识形态距离相对小，相关政党容易结成两极联盟格局，政党空间竞争呈现出向心竞争的特点。⑤ 极化多党制的相关政党之间的意识形态距离比较明显，容易形成以某一主导性政党为中心的离心竞争格局，即一个主导性政党长期处于中间位置，而其他政党与中间政党的竞争呈离心竞争。处于两端位置的政党都试图极化它们的意识形态表达以

---

① 〔美〕安东尼·唐斯：《民主的经济理论》，姚洋等译，上海人民出版社2005年版，第108—109页。

② Stefano Bartolini, "*Coalition Potential and Government Power*", in Paul Pennings and Jan-Erik Lane (eds.), *Comparing Party System Change*, London：Routledge, 1998, p. 40.

③ 〔美〕安东尼·唐斯：《民主的经济理论》，姚洋等译，上海人民出版社2005年版，第128—129页。

④ 同上，第117—119页。

⑤ 〔意〕G. 萨托利：《政党与政党体制》，王明进译，商务印书馆2006年版，第257页。

从中间政党那里竞争选民。①

以色列希伯来大学教授罗温·哈让（Reuven Y. Hazan）的研究重新讨论了萨托利关于极化多党制下的离心竞争问题。哈让认为，萨托利的观点可能过于绝对。哈让发现，一方面，边缘政党可能对中间政党的存在和发展作出极化的反应，以迫使中间政党选择向边缘移动，最后导致离心的政党竞争。另一方面，中间政党可能针对边缘政党的极化反应而发起一场中间化的运动，而如果中间政党成功，则暗示着一种向心化的政党竞争。② 科拉·斯特罗姆对已有空间竞争分析中对政党寻求选民行为（voter-seeking behavior）的过多关注提出批评。斯特罗姆认为，在两党制的情况下，因为选票的最大化是获得执政权力的唯一途径，所以对政党寻求选民行为的关注是合理的。但在多党制情况下，政党往往在寻求公职行为（office-seeking behavior）和寻求选民行为之间平衡。而且，斯特罗姆认为，在多党制下，鉴于选民的工具性特征，政党的寻求公职假定比寻求选民假定更为合理。③

丹麦奥胡斯大学政治学教授克里斯托弗·格林－派德森（Christoffer Green-Pedersen）则在哈让和斯特罗姆的基础上对多党制下的政党空间竞争进行了进一步的分析。格林－派德森认为，在多党制下，假定政党是完全寻求公职行为取向的，同时假如一个主导性的中间政党存在，那么明显的向心竞争倾向会出现。对于边缘政党，仅有两条路径可以获得政府权力：一是与中间政党结盟然后组成中左或中右政府；二是与另一个边缘政党组成更为宽泛的联盟。换言之，如果边缘政党想获得政府权力，那唯一的选择便是向中心移动（与中间政党或与另一个边缘政党结盟都是向中心移动）。④

（二）意识形态的终结？全方位政党的兴起

中间选民定律在一定程度上宣告了政党意识形态的终结。群众型政党是以正式的政党组织和完整的意识形态为支撑的政党，而这样一种政党模式正在遭受冲击。最初以政党类型学的方式对这一问题进行阐发的是政治学家奥

① 〔意〕G. 萨托利：《政党与政党体制》，王明进译，商务印书馆2006年版，第190—193页。

② Reuven Y. Hazan, *Center Parties: Polarization and Competition in European Parliamentary Democracies*, London: Pinter, 1997, pp. 158 –166.

③ Kaare Strøm, "A Behavioral Theory of Competitive Political Parties", *American Journal of Political Science*, Vol. 34, No. 2, 1990, pp. 568 –569.

④ Christoffer Green-Pedersen, "Center Parties, Party Competition, and the Implosion of Party System: A Study of Centripetal Tendencies in Multiparty Systems", *Political Studies*, Vol. 32, 2004, p. 326.

托·基希海默尔（Otto Kirchheimer）。在《西德政治现象的笔记》一文中，基氏首次使用全方位政党这一概念。[①] 在之后的一些论文中，基氏多次谈及这一概念，但都未作完整的论述和分析。[②] 在《西欧政党体系的转型》一文中，基希海默尔对全方位政党的内涵及其特征进行了系统地阐发："大众整合型政党作为那个具有严格阶级划分和尖锐派别结构的时代的产物，正在将自己转变为一种全方位的、人民的政党。这种政党抛弃了塑造大众知识框架和道德框架的任务，而将注意力更多地集中到选举事务上，努力地争取范围更广的选民以使自己胜出。"[③] 基希海默尔总结了全方位政党的五个特征：第一，政党的意识形态包袱急剧减少；第二，政党高层领导群体的地位巩固更取决于国家利益目标的实现，而不仅仅是政党目标的实现；第三，个体成员作用的降低；第四，特定阶级或宗教派别属性的淡化，并努力从更多的人口群体中吸收支持者；第五，确保与各种利益集团的联系。[④] 基希海默尔认为，全方位政党的兴起将导致党派对立的消逝。他援引了美国政党、德国基督教民主联盟、德国社会民主党（在实施 1959 年《哥德斯堡纲领》之后）、奥地利社会民主党和法国新共和联盟等例子来论证这一趋势。《布莱克维尔政治学百科全书》在"全方位政党"词条中评论说，"'全方位'党的概念表明了意识形态理论的部分终结，雷蒙·阿隆、丹尼尔·贝尔、爱德华·希尔斯和李普赛特都对此做出过贡献。不过，作为左翼社会主义者的基希海默尔对他所分析的趋势很是痛惜"[⑤]。

之后，意大利学者盎格鲁·帕尼比昂科（Angelo Panebianco）用选举职业型政党（electoral-professional party）一词来表述与全方位政党相近的内涵。帕尼比昂科在描述一种趋势，即政党日益变得操作职业化和资本密集化。操

---

① Otto Kirchheimer, "Notes on the Political Scene in West Germany", *World Politics*, Vol. 6, No. 3, 1954, pp. 317 – 318.

② Otto Kirchheimer, "The Political Scene in West Germany", *World Politics*, Vol. 9, No. 3, 1957, p. 437; Otto Kirchheimer, "The Waning of Opposition in Parliamentary Regimes", *Social Research*, Vol. 24, No. 2, 1957, p. 314; Otto Kirchheimer, "Majorities and Minorities in Western European Governments", *Western Political Quarterly*, Vol. 12, 1959, p. 270; Otto Kirchheimer, "German Democracy in the 1950's", *World Politics*, Vol. 13, 1961, p. 256.

③ Otto Kirchheimer, "The Transformation of West European Party System", in Joseph LaPalombrara and Myron Weiner (eds.), *Political Parties and Political Development*, Princeton: Princeton University Press, 1966, pp. 184 – 185.

④ Ibid., p. 190.

⑤ 〔英〕戴维·米勒、韦农·波格丹诺:《布莱克维尔政治学百科全书》，邓正来等译，中国政法大学出版社 1992 年版，第 94 页。

作职业化使得选举专家和职业经理正在取代传统的政党官僚组织。资本密集化则使得政党在资金上越来越依靠国家补助和利益集团的捐献，并将商业大众媒体作为其与选民的主要沟通渠道。① 这一描述实质是对全方位政党在选举过程中特征的一种总结。冈瑟和戴蒙德则用"选举主义政党"（electoralist parties）一词来描述与帕尼比昂科概念相似的内容。不过，冈瑟和戴蒙德进行了更为细化的分类。两位作者将选举主义政党分为三类：全方位政党，即拥有较松散的政党组织、浅层和模糊的意识形态、明确的选举定位以及强有力的职业选举集团的政党，以美国民主党、布莱尔领导下的英国工党、匈牙利民主论坛、西班牙社会党等为代表；纲领性政党（programmatic party），即处于全方位政党特征与群众型政党特征之间的政党，既拥有一定的正式组织和意识形态，同时也在选举中表现出明显的灵活性，以撒切尔领导下的保守党、20 世纪 80 年代之后的美国共和党等为代表；魅力型政党（personalistic party），即选举动力主要依靠政党领袖的个人魅力（不是依靠职业选举集团，也不是依靠政党正式组织）的政党，以泰国的泰爱泰党为代表。②

从学术史的角度来看，全方位政党已经成为政党类型分析中的重要概念。《政党政治》刊物在 2009 年专门组织了一期题为"21 世纪的全方位？40 年后对基希海默尔论点的修正"的专辑。除导言外，专辑由六篇文章组成。作为基希海默尔在哥伦比亚大学指导的博士，美国科罗拉多大学博尔德分校政治学荣休教授威廉·沙弗朗（William Safran）梳理了基氏的生平经历、政治观点以及全方位政党概念对当今政党政治分析的意义。③ 美国威斯康星大学政治学助理教授简尼弗·史密斯（Jennifer K. Smith）则运用全方位政党这一概念对英国的政党转向过程进行分析，认为英国政党模式正在向全方位政党转变。英国工党和保守党在其选战过程中都试图在说服选民而不是动员选民，而这一模式的转变导致个体党员的边缘化和政党组织的集权化。④ 美国马里兰大学政治学助理教授卡洛琳·弗洛斯蒂尔（Carolyn Forestiere）对意大利政

---

① Angelo Panebianco, *Political Parties: Organization and Power*, Cambridge: Cambridge University Press, 1988, pp. 264 – 266.

② Richard Gunther and Larry Diamond, "Species of Political Parties: A New Typology", *Party Politics*, Vol. 9, No. 2, 2003, pp. 185 – 188.

③ William Safran, "The Catch-all Party Revisited: Reflection of a Kirchheimer Student", *Party Politics*, Vol. 15, No. 5, 2009, pp. 543 – 554.

④ Jennifer K. Smith, "Campaigning and the Catch-all Party: The Process of Party Transformation in Britain", *Party Politics*, Vol. 15, No. 5, 2009, pp. 555 – 572.

治的研究发现，战后意大利政党并没有经历全方位的转型，而只是在 20 世纪 90 年代政党体系的巨变之后才出现了一些全方位的特征。弗洛斯蒂尔对全方位政党和全方位集团（catch-all bloc）进行了区分，前者是指单一的全方位导向的政党，而后者则是指一组结盟的、整体表现出全方位导向的政党集合。① 美国西佛罗里达大学政治学副教授米歇尔·威廉姆斯（Michelle H. Williams）在对法国政党政治的研究中发现，法国政党存在意识形态合流和极化的双重竞争趋势，而总统制是这一现象的重要解释因素。威廉姆斯同时指出，在 2007 年选举中，法国最主要的政党——人民运动联盟（UMP）表现出全方位政党的明显特征。② 基希海默尔在对全方位政党分析时曾提出，在大型政党转向全方位政党后，小型政党会逐渐消失，而美国衣阿华大学政治学教授加加·斯普恩（Jae-Jae Spoon）援引法国和英国的绿党发展来证明这一结论的局限性，并力图对基氏的观点进行修正和补充。③ 乔治亚大学国际事务教授克里斯托弗·艾伦（Christopher S. Allen）以德国和瑞典社民党为例指出了全方位政党模式的缺陷。艾伦认为，全方位政党的困难在于，其对中间选民的过于强调可能使得一些传统的支持者感到厌倦，从而会倒向那些表达极化意识形态的政党。④

（三）卡特尔政党：一种新的政党模式？

理查德·卡茨和彼得·梅尔于 1995 年在《政党政治》（*Party Politics*）上发表《政党组织的模式变迁与政党民主：卡特尔政党的兴起》一文。在文章中，卡茨和梅尔表述道，"现在我们看到一种新型政党模式的出现，即卡特尔政党，其特征表现为政党与国家间的相互渗透和政党间的串通共谋。……一方面，这种发展与政党体系的整体变化有关，另一方面，这种发展将对卡特尔内单个政党的组织变化产生影响。"⑤ 在文中，卡茨和梅尔不仅提出卡特

---

① Carolyn Forestiere, "Kirchheimer Italian Style: Catch-all Parties or Catch-all Blocs", *Party Politics*, Vol. 15, No. 5, 2009, pp. 573 –591.

② Michelle H. Williams, "Kirchheimer's French Twist: A Model of the Catch-all Thesis Applied to the French Case", *Party Politics*, Vol. 15, No. 5, 2009, pp. 592 –614.

③ Jae-Jae Spoon, "Holding Their Own: Explaining the Persistence of Green Parties in France", *Party Politics*, Vol. 15, No. 5, 2009, pp. 615 –634.

④ Christopher S. Allen, "Empty Nets: Social Democracy and the Catch-all Party Thesis in Germany and Sweden", *Party Politics*, Vol. 15, No. 5, 2009, pp. 635 –653.

⑤ Richard Katz and Peter Mair, "Changing Models of Party Organization and Party Democracy: The Emergence of the Cartel Party", *Party Politics*, 1995, Vol. 1, No. 1, p. 17.

尔政党的概念，并且从历史主义角度出发，对精英型政党、群众型政党、全方位政党和卡特尔政党发展的整体过程进行比较。笔者的重点是比较全方位政党和卡特尔政党模式的异同，因此，在这里重点对这两种政党模式展开梳理。在卡茨和梅尔看来，全方位政党的存续时间主要是 1945 年到现在，其社会背景是意识形态的中间化，政党组织的规模趋于缩小，政党向所有阶层开放，党内的异质化程度提高，政党资源的主要来源是社会捐赠，政党运作的特点是人力密集与资本密集的结合，政党参与政治竞争的目的是推动社会的渐进改良。卡特尔政党的存续时间主要是 1970 年至现在，其社会背景是政党与国家的结合，政党组织的规模越来越小，党员与非党员之间的界限模糊，强调党员的个人化而非有组织的整体，政党资源的主要来源是国家补贴，政党运作的特点是资本密集型，政党参与政治竞争的目的是将政治作为一种职业。[①]

在卡茨和梅尔研究的基础上，德国学者克劳斯·德特贝克（Klaus Detterbeck）使用组织结构、政治功能和政党竞争这三个维度来界定卡特尔政党的特征。德特贝克认为，组织结构维度主要涉及政党内部的权力平衡，而卡特尔政党在组织结构上的特征主要表现为三个方面：第一，政党公职部分（party in public office）地位的上升，公职获得者支配着政党中央执行机构和内部的政策制定过程；第二，政党积极分子（是指积极参与政党的政治和社会活动、但不参与公职竞争的政党行动主义者）的政治影响被边缘化，选举过程被职业专家所主导；第三，政党内部呈现出垂直分层结构，即当国家的一些宏观政治或者战略问题被讨论时，国家层面的政党领袖总是试图摆脱地区政党精英的吁请或要求，而这些地方政党精英总是在其所在地区的候选人选择或者其他政治事务上坚持一定的自治性。[②] 卡特尔政党在组织结构维度上的特征也是卡茨和梅尔最为强调的。[③] 德特贝克认为，政治功能维度主要涉及社会和国家的位置，而卡特尔政党在政治功能上的特征表现为以下四点：第一，政党在代议社会的能力和动机上日益减弱，同时政党越来越对执行政

---

① Richard Katz and Peter Mair, "Changing Models of Party Organization and Party Democracy: The Emergence of the Cartel Party", *Party Politics*, 1995, Vol. 1, No. 1, p. 18.

② Klaus Detterbeck, "Cartel Parties in Western Europe?", *Party Politics*, Vol. 11, No. 2, 2005, pp. 174 – 175.

③ Richard Katz and Peter Mair, "Changing Models of Party Organization and Party Democracy: The Emergence of the Cartel Party", *Party Politics*, Vol. 1, No. 1, 1995, p. 21.

府功能方面表现出热情；第二，职业的政党领袖更加热衷于在议会中实现某一政策结果，而不是像过去那样更多致力于解释政党宣言或在政党大会上讨论政治；第三，政党对议会和政府的排外性支配使其打开了一个获得公共财政资助的新渠道，而过去政党只能更多依赖于政党成员的会费和捐助；第四，政党成员在政党事务上的参与程度日益降低，一些传统上与政党密切联系或附属于政党的群众性社团也不再积极参与政党事务，相反，职业化的专业性公民倡议组织与政党发展出新型的合作关系。① 在政党竞争的维度上，德特贝克认为，确保获取国家公共资助的一致需求改变了政治对手之间的关系。在社会学习的过程中，政党行为体们认识到共同利益的存在和集体行动的必要。具体来看，卡特尔政党在政党竞争上的特征主要表现为两方面：第一，主要政党为减少选举竞争的激烈程度而形成卡特尔联盟，这种联盟的具体表现诸如执政党也给予反对党在国家补贴和经济庇护上一定程度的利益实现等；第二，这种卡特尔联盟对新政党的进入形成一定的壁垒，当然，这一联盟不可能完全关闭选举市场。新政党往往在两种选择之间摇摆，一种是以反体系政党的身份挑战现有的卡特尔秩序，另一种是认可卡特尔联盟的治理方式并以现有秩序的游戏规则行事，后一种选择会加强卡特尔秩序的存在和影响。②

　　从学术史的角度来看，卡特尔政党研究已经成为政党类型学分析的重要部分。卡特尔政党的研究主要分为两大部分。一类是卡特尔政党的理论研究。例如，美国杜克大学政治学教授赫伯特·基茨凯尔特（Herbert Kitschelt）对卡茨和梅尔的观点进行质疑。基茨凯尔特认为，整体来看，目前的政党领袖并没有忽视普通党员的意见，而是对党员的意见更为敏感；政党间合作在竞争领域中产生一种囚徒困境，并最终会阻止卡特尔政党的出现；如果说存在卡特尔政党时代的话，那现在是其时代的终结而不是开始。③ 美国休斯敦大学政治学副教授苏珊·斯卡罗（Susan E. Scarrow）就公共资助对政党竞争的影响及其与卡特尔政党模式的关系进行研究。斯卡罗认为，公共资助并不必然导致卡特尔政党的产生，即公共资助不一定会冻结新政党的出现，同时公

---

① Klaus Detterbeck, "Cartel Parties in Western Europe?", *Party Politics*, Vol. 11, No. 2, 2005, p. 175.

② Ibid.

③ Herbert Kitschelt, "Citizen, Politicians, and Party Cartellization: Political Representation and State Failure in Post-Industrial Democracy", *European Journal of Political Research*, Vol. 37, 2000, pp. 149 – 179.

共资助会产生碎片化的影响。① 埃克赛特大学政治学讲师尼科·波勒耶（Nicole Bolleyer）对卡特尔政党模式的内部动力机制进行研究。波勒耶认为卡特尔政党在维持社会基础和维持政党一致性之间存在紧张关系，而成熟的卡特尔政党在组织上是比较脆弱的，其只能通过执政后的选择性利益满足组织内的需求。② 另一类研究则偏重考察卡特尔政党模式在各国政治中的运用。譬如，德特贝克认为卡特尔模式仅部分适用于德国政党，即德国存在政党卡特尔（party cartel），但并不存在卡特尔政党。③ 以色列海法大学政治学教授亚尔·伊沙伊（Yael Yishai）通过对以色列案例的考察发现，卡特尔政党模式存在诸多缺点，而补救的办法则是重新将社会引入政治之中，即强调政党的社会属性和社会存在。④ 加拿大温莎大学希瑟·马克尔瓦（Heather Ma-cIvor）将卡茨和梅尔的分析变量运用于加拿大政治中发现，20 世纪 60 年代以来，加拿大的主要政党确实形成了一个垄断政治权力的卡特尔。⑤ 加拿大卡尔加里大学丽莎·杨（Lisa Young）同样用卡特尔政党模式来考察加拿大的政党政治，但得出不同的结论：虽然加拿大政党在联邦层面比较依赖于公共资助并且也试图阻止新政党进入政党体系，但加拿大并没有形成卡特尔政党。杨认为，加拿大政党与公民社会的联系仍然保持完整，同时，卡特尔政党模式在盎格鲁—美国政治体制中的适应性尚需存疑。⑥

（四）全方位政党、卡特尔政党、国家与公民社会

以上关于政党模式的分析中实际暗含了政党和公民社会关系的分析。譬如，前述伊沙伊和杨的研究都涉及这一点。西方学界对政党与公民社会的完整分析基本上是放在政党、国家和公民社会三者关系之中讨论的。在已有的

① Susan E. Scarrow, "Party Subsidies and the Freezing of Party Competition: Do Cartel Mechanisms Work?", *West European Politics*, Vol. 29, No. 4, 2006, pp. 619 –639.

② Nicole Bolleyer, "Inside the Cartel Party: Party Organization in Government and Opposition", *Political Studies*, 2008, pp. 1 –21.

③ Klaus Detterbeck, "Party Cartel and Cartel Parties in Germany", *German Politics*, Vol. 17, No. 1, 2008, pp. 27 –80.

④ Yael Yishai, "Bringing Society Back in: Post-Cartel Parties in Israel", *Party Politics*, Vol. 7, No. 6, 2001, pp. 667 –687.

⑤ Heather MacIvor, "Do Canadian Political Parties Form a Cartel?", *Canadian Journal of Political Science*, Vol. 29, No. 2, 1996, pp. 317 –333.

⑥ Lisa Young, "Party, State and Political Competition in Canada: The Cartel Model Reconsidered", *Canadian Journal of Political Science*, Vol. 31, No. 2, 1998, pp. 339 –358.

分析中，最有影响的是卡茨和梅尔的研究。卡茨和梅尔将三者关系放在精英型政党模式、群众型政党模式和"作为经纪人的政党"（the parties-as-brokers）模式的框架下讨论。虽然卡茨和梅尔在同一篇文献中系统分析了全方位政党的特征并提出了卡特尔政党的概念，但两位作者并未用全方位政党和卡特尔政党的概念来分析三者关系。卡茨和梅尔关于这些政党模式的讨论出现在三者关系讨论之后。两位作者就"作为经纪人的政党"模式描述到，"政党与国家的关系正在发生变化，并逐渐形成一种新的模式。在这一模式中，政党越来越少地以公民社会代理人（agents）的面目行事，并日益渗透入国家，最终以公民社会和国家之间经纪人（brokers）的身份出现。政府中的政党更多地以两面神的形式存在（Janus-like existence）。一方面，政党从公民社会中积聚意愿并表达给国家官僚机构，另一方面，政党变成了官僚机构将政策应用于公众的代理人。"[①]

从内容上来看，"作为经纪人的政党"模式这一概念实际上是全方位政党和卡特尔政党的复合体。一方面，卡茨和梅尔表述到，"作为经纪人的政党是与多元主义的民主概念相契合的。在多元主义视角下，民主主要是相互独立的组织利益之间的谈判和调解。政党在这些利益之间不断建立变化的联盟。因为此时政党的功能主要是妥协的协调者和未表达利益的发现者，所以政党对各种利益群体的开放是非常重要的。……因此，全方位政党模式不仅对于那些为自我利益谋算的政党领袖是有吸引力的，而且从规范的角度来看也是比较合理的。"[②]"在这些利益之间不断建立变化的联盟"与"对各种利益群体的开放"都是全方位政党的特征。这段评述实际上将"作为经纪人的政党"模式与全方位政党模式等同起来。另一方面，两位作者也指出，"作为经纪人的政党模式对未来政党的发展有重要的寓意。……政党实施经纪人功能的能力不仅取决于其对选民的吸引力，而且取决于其对国家的操控能力。但是，如果一个政党能够以公民社会利益代言人的身份操纵国家的话，那政党也可能会以自己利益之名操控国家。正如爱泼斯坦对美国'作为公共事业的政党'（parties as public utilities）模式的评价，'如同许多商业公司，政党

① Richard S. Katz and Peter Mair, "Changing Models of Party Organization and Party Democracy: The Emergence of the Cartel Party", *Party Politics*, Vol. 1, No. 1, 1995, p. 13.

② Ibid., p. 14.

已经成功地使用国家权力在保护自己的利益'。"① "对国家的操控能力"和
"以自己利益之名操控国家"都是卡特尔政党特征。这段关于"作为经纪人
的政党"模式的描述与该文中卡特尔政党内涵的分析几乎一致。与从这个角
度来讲，卡茨和梅尔实际上将全方位政党和卡特尔政党视为一种趋势上程度
不同的表现形式，即这两种政党模式都反映了政党脱离公民社会而进入国家
的趋势，只是在进入国家的程度上有所差异。全方位政党与各类公民社会组
织已经开始保持相对的距离，并在模仿政府的方式行事，这是其进入国家的
一种表现。卡特尔政党进入国家的特征更为明显，在政党资金来源上主要依
靠国家，并通过政党结盟限制其他政党对政治体制的进入。（见图8）

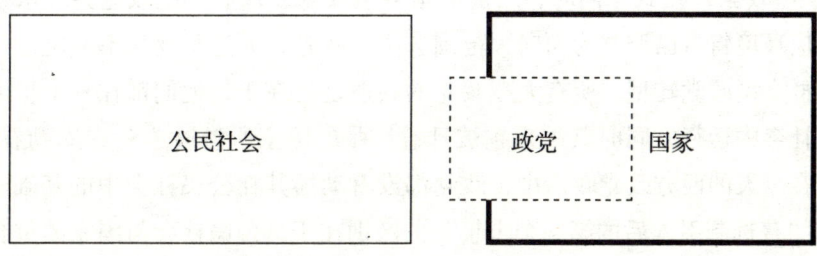

图8：卡茨和梅尔关于政党、国家和公民社会关系的"作为经纪人的政党"模式
资料来源：引自 Richard S. Katz and Peter Mair, "Changing Models of Party Organization and Party Democracy: The Emergence of the Cartel Party", *Party Politics*, Vol. 1, No. 1, 1995, p. 10。

　　在对卡茨和梅尔关于卡特尔政党模式的评论文章中，库勒对政党、国家
和公民社会三者关系也进行了分析。与卡茨和梅尔使用政党类型学进行历史
分期不同，库勒将普选制的引入作为分期的重要标准。虽然两组作者分期标
准不同，但实际上可以通约。库勒所指的"普选制引入之前"，与卡茨和梅
尔所讨论的精英型政党和群众型政党时期相仿。库勒言及的"普选制引入之
后的第一个十年"，与卡茨和梅尔所描述的全方位政党时期则比较契合。库
勒含混表述的"今天（today）的政党"则与卡茨和梅尔分析的卡特尔政党较
相近。尽管纵向分期可以通约，但这两组作者所讨论的内涵却有较大差异。
两组作者最大的差异在于对国家和公民社会关系的认识不同。卡茨和梅尔认

---

　　① Richard S. Katz and Peter Mair, "Changing Models of Party Organization and Party Democracy: The Emergence of the Cartel Party", *Party Politics*, Vol. 1, No. 1, 1995.

为，进入全方位政党模式后，国家与公民社会出现了较大距离的分离。而库勒则认为，国家与公民社会并未产生分离。特别在今日的政党模式中，国家与公民社会还出现了聚合的趋势，即两者交叉的部分更多。①

以此为基础，两组作者观点的另一差异体现在政党与公民社会的关系上。卡茨和梅尔认为，在"作为经纪人的政党"模式中，虽然政党仍然在国家和公民社会之间活动，但本质上政党已经远离了公民社会。而库勒则认为，政党并没有脱离公民社会。库勒写道，"伴随着普选制的引入，政治图景急剧变化。为赢得政府权力，政党而不得不寻求更为广泛的群众支持。这样，大型政党都是能够吸引多数选民的政党，虽然其不一定是迪维尔热所界定的'群众型政党'模式。同时，之前的精英型政党或核心小组政党为寻求生存则因应环境将自己调整为面向大范围选民的政党，而这种变化不一定意味着要向群众型政党转型。所有大型政党的共通之处在于，他们都在一个扩大的公民社会中运行，同时其越来越被日益扩张的国家所渗透。"② 在库勒看来，即使在今天的西方政党政治中，政党都没有动摇其在公民社会中的基础。今天与"普选制引入后的第一个十年"的区别在于，公民社会与国家的重合部分增加了，而政党作为两者之间的桥梁和纽带并没有发生根本性的变化。对于这一点，库勒有过精彩的评述："假如国家与社会之间的重合部分越来越多，而政党又与国家重合（如卡茨和梅尔暗示的），那我们就不能简单地得出结论说政党正在完全脱离社会。尽管政党已不再是大众包装的工具，但政党仍然通过向选民提供政治定位的确定场景和承担表达同意或不满的渠道，而在国家与社会之间发挥着黏合剂（binder）作用。虽然政党在政治人员的招募过程中发挥一种半垄断的功能，但其仍然作为引发公众同情或反感的民意构造工具而产生作用。"③（见图9、图10）

---

① Ruud Koole, "Cadre, Catch-all or Cartel? A Comment on the Notion of the Cartel Party", *Party Politics*, Vol. 2, No. 4, 1996, pp. 509 –511.

② Ibid. , p. 511.

③ Ruud Koole, "Cadre, Catch-all or Cartel? A Comment on the Notion of the Cartel Party", *Party Politics*, Vol. 2, No. 4, 1996, p. 514.

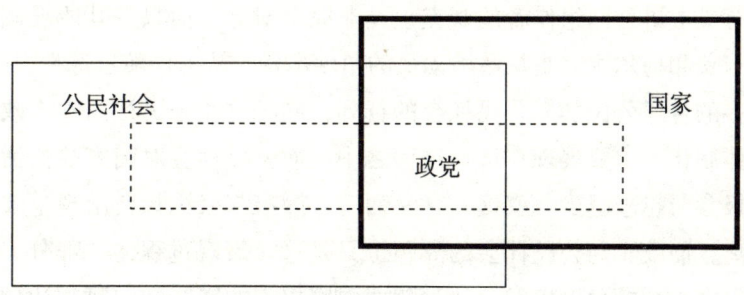

图9：库勒关于"普选引入后第一个十年中的政党位置"

资料来源：引自 Ruud Koole, "Cadre, Catch-all or Cartel? A Comment on the Notion of the Cartel Party", *Party Politics*, Vol. 2, No. 4, 1996, p. 512。

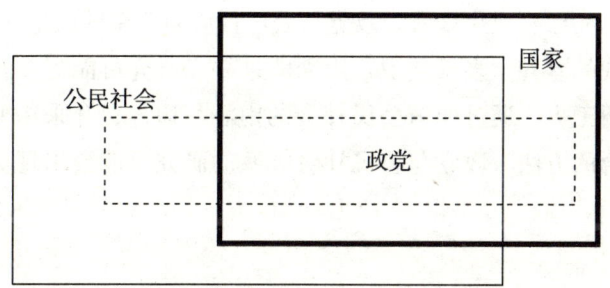

图10：库勒关于"今天的政党位置"

资料来源：引自 Ruud Koole, "Cadre, Catch-all or Cartel? A Comment on the Notion of the Cartel Party", *Party Politics*, Vol. 2, No. 4, 1996, p. 514。

结　语

在西方学术界，政党与公民社会关系的讨论是在国家、政党与社会的三者关系中展开的。卡茨和梅尔与库勒是这一问题最重要的阐述者。两组作者在两个问题上有截然相反的结论：第一，国家与公民社会是否出现了分离？第二，政党是否远离公民社会？卡茨和梅尔对两个问题都持肯定的结论，而库勒的观点则相反。尽管两组作者的观点完全相反，但他们之间还是存在一定共识的。譬如，两组作者在政党国家化上的态度是一致的。卡茨和梅尔的卡特尔政党概念，其核心内容就是政党的国家化，而库勒虽然撰文与卡茨和梅尔商榷，但在政党的国家化问题上，库勒也是持赞同意见。只是库勒认为，政党国家化的动力来源于国家与社会的聚合（或言国家对社会控制的增强）。

从这一意义上讲，两组作者的观点也并非完全对立，而只是其所强调的内涵不同。卡茨和梅尔主要是从政治动员的角度出发，认为伴随着选举权的扩大，越来越多的普通公民加入公民社会的行列，同时这些公民社团卷入政治的方式愈加体制化，主要展现在选举过程之中，而公民社会对国家政治活动的直接且积极参与越来越少。就这一含义而言，国家与公民社会出现了政治动员上的分离，而政党与公民社会的隔距也只是这一宏观过程的一部分。库勒则主要从国家干预的角度出发，认为随着国家权力的膨胀和国家福利功能的扩张，越来越多的经济和社会生活都打上了国家的烙印。简言之，国家愈加干预公民社会，而公民社会在经济和合法性上广泛地依赖国家。与此同时，政党以国家代理人的角色出现，而使得公民社会直接对政党产生功能上的依赖。从西方学术界这些已有成果来看，政党与公民社会间关系的讨论才刚刚开始，学界观点中出现的差异远多于共识。未来的进一步研究可能需要在公民社会的范围界定上下工夫，通过厘清公民社会的内涵与边界，并采用变量界定和经验分析相结合的方法，政党与公民社会关系的研究可能会出现更多共识性的结论。

四、基于新政治政党和商业公司型政党模式的考察

本部分关注的是西方政党政治中的非主流政党。一类是被称为运动型政党，主要由新左翼政党和新右翼政党组成。另一类是被称为商业公司型政党，如意大利的力量党，其选举的动员能力不容小视，但由于其在西方政党政治中的数量还比较少，所以也属于非主流政党。笔者对这两类政党的特征进行介绍，并对这两类政党与公民社会的关系进行考察和比较。

（一）新左翼政党与新右翼政党

20世纪下半叶以来，与传统政党相区别的新型政党在欧洲政坛上愈加活跃。欧洲新型政党主要包括两类，一类是新左翼政党，这类政党在法国、荷兰和斯堪的纳维亚国家主要以新左派（new left）为标签，以同传统的社会民主党和共产主义政党区别；而在奥地利、比利时和瑞士和德国，生态党或绿党则是这类新政党的主要名称。这类政党的主要政治诉求包括环境保护、可持续发展、和平与非暴力、直接民主等。基茨凯尔特（Herbert Kitschelt）将

这类政党统称为左翼自由政党（left-libertarian parties）。① 另一类是新右翼政党，这类政党的名称较多，西方学者经常给予其不同的称谓，如凯斯·默德（Cas Mudde）称之为激进民粹主义右派（radical populist right）②，基茨凯尔特和皮帕·诺里斯（Pippa Norris）称之为激进右派（radical right）③，艾立扎波茨（Elizabeth Carter）和皮埃罗·伊格纳茨（Piero Ignazi）称之为极端右派（extreme right）④。这类政党在经济全球化、欧洲一体化和外来移民等问题上持激烈的反对态度，极其强调秩序、传统、认同和安全在社会构建中的作用。

尽管按照意识形态的分野新左翼和新右翼政党是两类完全不同的政党，但这两类政党诸多相似之处，具体如下：第一，两类政党在产生之初有强烈的反体制特征。譬如，德国绿党在 20 世纪 90 年代之前，明确表示其是"在基层民主和非集中化基础上建立的一种新型的政党机构"，突出了绿党的"反政党的党"的鲜明特征，对其他一切传统政党都采取怀疑、排斥和不合作的态度。多数新右翼政党也是"反体制政党"（anti-system parties），虽然在表面上接受了政党体制并参与政党竞争，但从深层次缺乏对体制的认同感，上台执政后的很多政策都损害了政党体制的合法性。⑤ 第二，两类政党都青睐体制外动员的方式。新左翼政党经常利用生态主义运动、女权运动和和平反战运动来证明其强大的群众动员能力，并影响民众态度和政治结果。新右翼政党也热衷于启动一些针对经济全球化、欧洲一体化和外来移民的社会运动，来增强其对公众认知和国家决策的影响力。第三，两类政党在正式组织建设方面都缺乏建树。绿党采取扁平式的网络动员结构，而反对金字塔式的科层制结构，这本身就是去组织化的努力。新右翼政党同样不依赖中央控制和等级结构，而借助政党领袖的魅力型权威来整合和动员民众。第四，两类政党都缺乏成员边界的明确界定。参与这两类政党的成员是没有边界的，只要是希望参加的都可以加入，这使得两党的社会基础变得极为宽泛且相互交

① Herbert Kitschelt, "Left-libertarian Parties: Explaining Innovation in Competitive Party Systems", *World Politics*, Vol. 40, No. 2, 1988, p. 194.

② Cas Mudde, *Populist Radical Right Parties in Europe*, Cambridge: Cambridge University Press, 2007.

③ Herbert Kitschelt and Anthony J. McGann, *The Radical Right in Western Europe: A Comparative Analysis*, Ann Arbor: The University of Michigan Press, 1995; Pippa Norris, *Radical Right, Voters and Parties in Electoral Market*, Cambridge: Cambridge University Press, 2005.

④ Elizabeth Carter, *The Extreme Right in Western Europe*, Manchester: Manchester University Press, 2005; Piero Ignazi, *Extreme Right Parties in Western Europe*, Oxford: Oxford University Press, 2003.

⑤ 陈崎：《新世纪的西欧右翼政党》，载《北京行政学院学报》，2006 年第 4 期，第 8 页。

叉。工人阶级可以加入新右翼反对全球化的扩张，而富裕阶层也可以加入新左翼反对现代化下人类生活方式的异化。第五，两类政党都具有意识形态的极端性。两类政党分别处于政党意识形态谱系的两端，一个为极左，一个为极右，两者也可以被称为激进左派和激进右派。另一种更为学理的称法是左派自由主义政党（left-libertarian parties）和右派权威主义政党（right-authoritarian parties）。

基于这些相似性，西方学者往往把两类政党放在一起进行讨论。譬如，詹姆斯·亚当斯（James Adams）等将这两类政党视为与主流政党（mainstream parties）相区别的小型政党（niche parties）[①]；西蒙·哈格（Simon Hug）则把两类政党通称为新政治党（new political parties）[②]；比较学理的称谓是基茨凯尔特提出的运动型政党（movement parties）。基茨凯尔特认为，两类政党都是欧洲新社会运动的产物，只不过两者分别处在意识形态的两端。新左翼政党由生态运动、女权运动、和平运动和民权运动等发展而来，而新右翼政党则从反移民运动、反欧盟运动等发展而来。[③] 笔者在讨论时采用基茨凯尔特的称谓。

（二）社会运动的政党化：交易成本和社会学习的解释

交易成本分析是新制度经济学的基本分析范式，其代表人物是美国著名经济学家奥利弗·威廉姆森（Oliver Williamson），新制度经济学家将交易成本分析应用到代理关系、寻租活动、外部性问题和制度变迁等广泛的领域。[④] 因为政治过程也可以被看做政治行为体之间的交易过程，所以这一分析范式还进入到政治学领域[⑤]，笔者就试图使用这一范式对运动型政党产生和转型

---

① James Adams, Michael Clark, Lawrence Ezrow, Garrett Glasgow, "Are Niche Parties Fundamentally Different from Mainstream Parties? The Causes and the Electoral Consequences of Western European Parties' Policy Shifts, 1976 - 1998", *American Journal of Political Science*, Vol. 50, No. 3, 2006, pp. 513 - 529.

② Simon Hug, "Studying the Electoral Success of New Political Parties: A Methodological Note", *Party Politics*, Vol. 6, No. 2, 2000, pp. 187 - 197.

③ Herbert Kitschelt, "Movement Parties", in Richard S. Katz and William Crotty (eds.), *Handbook of Party Politics*, London: Sage Publications, 2006, pp. 278 - 281.

④ 卢现祥：《西方新制度经济学》，中国发展出版社 2005 年版，第 11 页。

⑤ 譬如，1990 年，诺思在《理论政治学杂志》上发表了《政治的交易成本理论》一文。1996 年，阿维纳什·迪克西在《经济政策制定：一种交易成本政治学的视角》一书中提出了交易成本政治学的概念。Douglass North, "A Transaction Cost Theory of Politics", *Journal of Theoretical Politics*, Vol. 2, 1990; Avinash Dixit, *The Making of Economic Policy: A Transaction-Cost Politics Perspective*, Cambridge: MIT Press, 1996.

的动力机制进行分析。运动型政党的产生是社会运动向运动型政党转变的过程，按照交易成本的逻辑，这一过程的发生意味着社会运动在解决社会问题时的交易成本要比运动型政党高。下面将使用事实对这一假设进行验证，这里使用的交易成本主要分两部分，即促成交易发生的协调成本和保证交易契约被执行的监督成本。①

如果某一社会利益需要表达的次数有限且表达之后很容易实现，那么社会运动的成本是相对较低的。因为表达次数有限，集体行动的协调仅需要约定集会地点即可，特别是在通讯工具非常发达的今天，其协调成本较低。而且，因为表达次数有限，参与者可以每次都不相同，参与者也不需要被监督，这样监督成本也相对较低。但如果某一社会利益需要多次表达，那就需要组织化。进行组织化本身需要一定的制度成本，但一旦组织建立，那制度化的利益表达会节省协调成本，不再需要每次重复地一对一式的约定和告知，可以通过组织分层且有序地传递信息。另外，组织化可以节省监督成本，通过要求某些参与者加入组织，并用缴纳会费或价值强化等方式固定他们同组织的关系，这样可以节省每次监督他们参与组织活动的成本。这一讨论解决了社会运动缘何会形成社会组织的问题，但仍然没有解决社会运动缘何要进入政治领域的问题。

从效能上说，社会运动要直接影响政治，需要借助政治单元的力量。譬如，社会运动的政治功用也就是希望可以影响议员的提案。如果某项议题积累已久且很容易解决，那么一次或数次强大的社会运动可以影响多名议员的认知，并可能促使他们共同提出议案或推动表决，从而导致社会问题的解决。如果是长期性的且相对复杂的问题，那么通过多次社会运动来影响议员显然太过于偶然。相对节省成本的办法是游说议员，但协调成本仍然较高，因为假若议题复杂，那可能涉及议员的利益冲突而导致议员放弃提案，假若议题是长期性问题，则可能涉及议员的工作绩效而促使议员不去提案。而且，在这一过程中，对议员的监督很难，最主要的监督则是不与违约的议员再次合作，但这也意味着这一方式的监督成本较高。从根本上讲，这是一个经济学上所言的外部性问题，所以最节省成本的办法便是外部问题内部化，也就是

①　另一种分类是三分法，还包括信息成本，但事实上信息成本可以包括在两项之中。为了简化分析，这里选用两分法。关于交易成本三分法的阐述，参见卓越：《政府交易成本的类型及其成因分析》，载《中国行政管理》，2008年第9期，第38页。

直接参选议员。虽然增加了一些参加竞选的成本，但这一方式简化了说服议员的过程，完全节省了同议员沟通的协调成本和监督成本。因此，如果进入政治市场的门槛不高，那组成政党参加选举便是非常理性的选择。

另外，社会运动的负外部性也是导致运动型政党产生的重要原因。因为社会抗议经常会演化为街头的暴力抗争和直接的流血冲突，所以社会运动的体制外动员方式常常具有很高的负外部性。如果这一极化的情况出现，那社会运动的成本会骤然升高，会导致人们放弃这种利益表达方式，那今后便很难再组织起这类抗议性的集体行动，换言之，极化的表达方式增加了今后组织社会运动的协调成本。这一点与上面外部问题内部化的分析可以共同解释社会运动进入政治领域的原因。略作小结，经过验证我们发现，要解决长期性的且复杂的社会问题，社会运动的集体行动成本显然高于运动型政党，这便是这一转型发生的根本动力。

运动型政党的转型是运动型政党向传统政党转变的过程。同样使用交易成本的分析，可以发现运动型政党在政党政治中存在以下几类高交易成本的问题：第一，运动型政党仍保留的体制外动员方式在多数民众看来是不负责任的，这会增加其组织其他集体行动的协调成本。在现代政党体系中，负责任的政党才可能在政党体系中较为长久地存在。政党的责任性主要体现在要兑现其选举承诺，更加理性地参与国家治理。这意味着运动型政党需要弱化其消解性的体制外活动的一面，而凸显其在立法、选举和执政中理性行为的形象。第二，正式组织的缺乏会导致运动型政党在执政治理中的困境。运动型政党的扁平式动员结构在选举过程中还拥有一定程度的成本优势。因为选举只是短期行为，拥有选举专家和强势媒体的扁平式网络动员可以在短时期内获得强大的社会影响，而且成本相对低廉。即便是传统政党也意识到这一点，其逐渐在选举中放弃传统的组织动员模式，而强化专家和媒体的作用。新左翼政党和新右翼政党在欧洲近年来的崛起也证明了运动型政党在选举中的部分成本优势。但是这一结构在执政中的交易成本却很高。参与国家治理也需要更高程度的组织化，因为只有组织化才可以更多地招募和网罗治理国家的专业人才。事实上，新左翼政党和新右翼政党都意识到了这一问题。新左翼政党正在通过参与选举政治逐渐抛弃其传统的基层民主的组织结构，政党公职人员也变得相对稳定并采取较长的任期，政党内部则更加注重正式代议渠道的建设。这种转型使得选民对新左翼政党的利益表达和利益实现更加信任。新右翼政党则通过与中右翼政党联合执政来缓解这一问题。① 第三，议题有限和缺乏整合则使得运动型政党吸引和说服选民的协调成本较高。议题有限和缺乏整合意味着选民支持基础的范围会非常有限。而议题扩展和整合之后，人们看到代表这一政党标识的某些符号之后就会去投票或表示支持。因为很多理性的选民并不一定会去了解某一政党的具体政策和主张，而只会关注这一政党在左与右、自由与保守等政治分野中的位置，政治纲领和政党意识可以帮助这些选民判断未来该政党政策变化的可能。目前无论是新左翼政党还是新右翼政党都在致力于议题扩展和纲领整合。

社会学习理论是 20 世纪 60 年代在心理学中兴起的一种理论，其创始人是美国新行为主义心理学家阿伯特·班杜拉（Albert Bandura）。班杜拉在其1977 年出版的《社会学习心理学》一书中，对社会学习理论进行了完整的总结和论述。② 根据班杜拉的社会学习理论，社会学习是个体通过对他者的行为观察后获得的适应社会的一种学习活动，是一种社会化过程。③ 鉴于社会学习理论在个体行为方面的较强解释力，笔者借鉴这一理论试图对社会运动逐步政党化的选择过程作出解释。社会运动逐步政党化的实质是社会活动家及其组织通过对外部事件的观察和感知逐步调整其政治行为的学习过程。班杜拉的社会学习理论认为，社会学习过程分为认知过程和自我调节过程两部分。

认知过程主要是个体感知外部事件，对这些事件进行符号处理和储存，并在适当的时候再现这些事件的过程。④ 社会活动家的认知主要是通过对交易成本的衡量和比较来进行的。在社会运动向运动型政党转化的过程中，社会活动家说服议员的失败（包括议员对社会运动的不尊重和议员对表达承诺的背弃等）和社会运动的负外部性（譬如流血事件的发生）等会成为社会活动家认知的主要事件源，并将这些事件中的负面效应符号化并加以存储，在经过多次感知和存储之后，形成一种相对稳定的要求变迁的认知，即社会运动的表达方式需要改变。在具体的情境下，某一类事件在认知中会放大和强

---

① 陈崎：《新世纪的西欧右翼政党》，载《北京行政学院学报》，2006 年第 4 期，第 8—9 页。

② 唐卫海、杨孟萍：《简评班杜拉的社会学习理论》，载《天津师范大学学报》，1996 年第 5 期，第 30—35 页。

③ 沈煜峰、吴清：《班杜拉的社会学习理论述评》，载《教育研究与实验》，1989 年第 3 期，第 64—76 页。

④ 蒋晓：《班杜拉社会学习说述评》，载《社会科学》，1987 年第 1 期，第 72 页。

化，譬如在德国绿党产生的过程中，1977 年的两次以暴力流血冲突结束的反核运动起到非常重要的作用。① 在运动型政党向传统政党转变的过程中，体制外动员引发的选民支持率下滑、缺乏正式组织导致的执政资源窘迫和纲领整合不够而造成的说服选民困境都会成为社会活动家（此时身份已经转化为政治活动家）在这一阶段认知的主要事件源。通过对这些事件的加工和保持，一种希望向传统政党转变的稳定认知会逐步形成。当然，这一认知过程也是反复多次博弈的长期过程。德国绿党用十多年的时间来完成这一认知过程，直到 20 世纪 90 年代，德国绿党才逐渐改变了对其他传统政党的怀疑、排斥和不合作的态度。对于新右翼政党而言，这一认知过程才刚刚开始。只有这些政党在政党竞争中获得政权而突然感觉到无法执政时，那些源事件的符号效应才会被放大。

自我调节过程是个体对其自身行为施加影响的过程。自我调节并不是机械地对环境刺激作出反应，而是能动地、有意识地根据自己设定的预期标准而奖惩自己。班杜拉认为，自我调节过程主要分为三个步骤：第一，作出试探性的行为。这一试探性行为是基于前面的认知调整而作出的。第二，观察并评价自己的试探性行为。要首先建立个体的评价标准，在这一标准的基础上对自己的行为作出判断。第三，提供自我的强化。凡达到自己订立的标准，就给以自我奖励，而达不到则给以自我惩罚。通过这种自我调节，改变自己的行为模式，形成新的观念和人格。② 尝试直接参与选举便是社会运动向运动型政党转变过程中的试探性行为。对于德国绿党而言，这一试探性行为的作出是在 1977 年到 1979 年间，德国的新社会运动团体陆续在萨克森州等地参加了州市级地方议会选举。在尝试参选之后，对参选行为的评价便成为这一行为能否持续的关键。令德国的新社会运动欣喜的是，"不来梅绿色名单"进入了州级议会。很明显，这一突破成为德国生态主义运动自我奖励的源泉，新的强化方式就是继续参与。到 1980 年，各地绿色组织和相关团体在卡尔斯鲁厄召开建党大会，此后德国新社会运动便以绿党的身份正式登上德国政治舞台。③ 通过反复多次的自我调节，德国新社会运动改变了社会运动的行为模式，以新的政党的身份和人格进行政治领域。尝试构建正式组织和扩展表

---

① 刘东国：《绿党政治》，上海科学院出版社 2002 年版，第 85—86 页。
② 蒋晓：《班杜拉社会学习说述评》，载《社会科学》，1987 年第 1 期，第 72—73 页。
③ 关于绿党政治变化的描述，参见王芝茂、王筱宇：《新社会运动与德国绿党的形成》，载《江南大学学报（人文社会科学版）》，2006 年第 5 期，第 16—17 页。

达议题则是运动型政党向传统政党转变的试探性行为。德国绿党在 20 世纪 90 年代启动这样的尝试，在试探之后，绿党通过观察发现，新的行为模式具有低交易成本的优势。既然交易成本低，那么自我满足感上升，正向的自我强化动机产生，那进一步的、多层次的转型行为就会出现。当然，德国绿党向传统政党的转型正在发生之中。相比绿党而言，新右翼政党的转型现在仍处于初始的试探阶段。

（三）商业公司型政党的特征

英国学者乔纳森·霍普金（Jonathan Hopkin）和意大利学者凯特瑞那·保罗西（Caterina Paolucci）在《欧洲政治研究》（*European Journal of Political Research*）上发表一篇名为《政党组织的商业公司模式：西班牙和意大利的案例》的文章。在文章中，霍普金和保罗西认为，一种新型的商业公司型政党正在欧洲出现。[①] 两位学者认为，自上而下的集权模式是商业公司型政党的重要特征。在传统政党的权力结构中，虽然政党领袖的作用也是重要的，但从规范意义上讲，政党领袖的权力来自于政党成员的授权。在实际运作中，传统政党的党魁也往往受到政党中央委员会的制约。然而，在商业公司型政党的权力结构中，克里斯玛型的政治企业家在政治决策和资源分配等问题上拥有绝对的主导权。在政党内部，整个政治权力是自上而下分配的。魅力型政治领袖一般不会受到有效的制约。在这种政党结构中，党内民主和党员投票不是政党合法性的来源，而通过外部民粹主义动员获得的领袖魅力才是政党合法性的来源。资源的高集聚性使得商业公司型政党将政党生存的主要责任都系于政党领袖一人。[②] 这种政党特征容易导致两个问题：第一，政党领袖的失势会导致整个政党的衰落。第二，政党领袖的个人行为就可能改变政党的名称、组成结构和社会属性。

从组织结构来看，商业公司型政党表现出明显的低制度化特征。根据亨廷顿制度化的四个标准[③]，政党的制度化同样应在适应性、复杂性、自主性和内聚性四方面上有所建树。传统的群众型政党具有较高的制度化程度，往

---

① Jonathan Hopkin and Caterina Paolucci, "The Business Firm Model of Party Organization: Case from Spain and Italy", *European Journal of Political Research*, Vol. 35, 1999, pp. 307-339.

② Ibid., p. 333.

③ 〔美〕塞缪尔·亨廷顿：《变动社会中的政治秩序》，王冠华等译，上海人民出版社 2008 年版，第 10—18 页。

往通过科层制的内部组织结构来实现其组织的复杂性，通过代表社会多个集团利益来避免其对某一社会集团的依赖性，通过组织内部的纪律和协商来保证其结构的内聚性，通过代际更替和内部变革来增强其对外界环境的适应性。然而，商业公司型政党与传统政党在制度化的特征方面存在较大区别。商业公司型政党往往无意于建立金字塔式的组织结构，而倾向于扁平式的横向结构模式。商业公司型政党更多看重内部个体的独立性，而不太强调整个政党组织的纪律性，表现为松散的组织特征。商业公司型政党的行为个体（主要是议会党成员，即拥有议员身份的政党成员）对外部社会集团的依赖程度较高。同时，商业公司型政党在外部环境的适应性上会表现出高效性和不稳定性，即商业公司型政党可以在较短的时间内迅速取得政治绩效，但由于其缺乏历史的连贯性和缺乏适应经验的累积，其很容易在重大危机之中突然崩溃。

在霍普金和保罗西的分析中，贝鲁斯科尼领导的意大利力量党（Forza Italia）是商业公司型政党的典型案例。从权力分配来看，贝鲁斯科尼有意识地采取了一些措施来限制外来社团对力量党的意愿输入，也限制党内任何自下而上的参与动机，其目的是为了保持自己在政治操作中的自由度。在1998年之前，意大利力量党的党员大会一直没有召开，党的最高执行机构是总裁委员会。总裁委员会成员主要由贝鲁斯科尼商业集团中的高级经理和律师组成，另外夹杂了一些学者和知名人士以增加外界对意大利力量党多元化的认知。实际上，总裁委员会也只是贝鲁斯科尼的外围执行机构。以贝氏的密友为中心，在其米兰和罗马的住所进行的一些非正式会议往往产生意大利力量党的一些重大决策。力量党的决策过程体现出一种高度集权化的特征。意大利学者约瑟夫·法雷尔（Joseph Farrell）认为，力量党权力结构的模板完全来自现代资本主义公司。[①]

从组织结构来看，意大利力量党在建立之初表现出明显的选举机器的特征，贝鲁斯科尼对力量党的组织构建和会员参与毫无兴趣。精英党的组织结构意味着其不需要公民社会的支持。1994年选举结束后，在选举中发挥了重要作用的4 000个意大利力量党俱乐部（Farza Italia Clubs）就迅速地被边缘化。在力量党出现的前两年，它的政党结构并未发生变化，主要原因是人们仍感叹和震惊于这一结构导致的选举成功之中。然而，这一结构一直承受着

---

① Joseph Farrell, "Berlusconi and Forza Italia: New Force for Old?", *Modern Italy*, Vol. 1, No. 1, 1995, pp. 45 – 46.

外来者（非贝氏商业集团的员工）的参与压力。会员身份的有限和内部参与角色的缺位使得外来者无法对力量党的政党决策施加任何影响。因此，一种要求去菲尼维斯特化的批评声和压力逐渐显现。1995 年力量党在地方议会选举中的失败和贝氏政府的垮台使得力量党高层开始考虑采纳一些传统政党的组织特征。1997 年，力量党开始推动会员制，并在短期内达到 14 万人的会员规模。1998 年，力量党第一届党员大会举行。该大会后力量党的中央执行机构总裁委员会由 21 人组成，其中 6 人经大会选举，9 人为原党内重要人员，6 人为贝氏任命。[1] 1998 年之后，力量党试图在其特殊的公司型结构与传统的群众型政党结构之间寻求某种平衡。

按照亨廷顿的标准，意大利力量党在政党制度化的问题上并未取得有效进展。从复杂性来看，1998 年之前，力量党试图保持一种公司治理的组织结构，排斥政党组织的建设和普通党员的参与。1998 年之后，力量党作出一些调整，但这些调整仍然是外表的一些修饰。力量党一直未构筑起科层制的复杂组织结构。从自主性来看，力量党高度依赖贝氏商业集团的经济资源。从内聚性来看，一方面力量党可以避免传统政党内部派系的争夺，可以迅速地作出和执行党的决策，另一方面力量党的内聚性是以贝氏的领袖型魅力为基础的，这使得这种内聚性对贝氏个人具有高度依赖性。从适应性来看，虽然力量党经过了两次在野的危机考验，这对其适应能力是一种锻炼和提升，但整体来看，力量党还非常年轻，而且，力量党并未经历过组织领导人的代际更替，很难想象未来没有贝氏的力量党会走向何处。

（四）商业公司型政党与公民社会的关系

商业公司型政党与公民社会的关系暗含在霍普金和保罗西的分析之中。两位作者认为，从运作方式来看，商业公司型政党习惯将外包型的职业政治内部化。选举政治的职业化是 20 世纪后半叶以来西方政党政治中的一个普遍趋势。政党越来越多地雇佣公共关系顾问和媒体专家来进行媒体主导的选举动员。这些专业人士精心准备关于政党和候选人的信息，并运用媒体策略将这些信息广泛且即时地传递给选民大众。即便是西方的主流政党也在不同程度上表现出对职业选举政治的依赖（政党政治家日益依赖于政治营销顾问和

---

[1] Jonathan Hopkin and Caterina Paolucci, "The Business Firm Model of Party Organization: Case from Spain and Italy", *European Journal of Political Research*, Vol. 35, 1999, pp. 329 – 331.

民意调查员等)。然而,传统政党仍会部分保留其传统组织动员模式的特征,或者在组织动员模式与媒体动员模式之间寻求平衡。而且,传统政党仅仅是将竞选中的部分技术活动外包给咨询公司。商业公司型政党则从商业公司转变而来,或以后者为基础,而其本身就拥有一定规模的广告策划团队和公共关系团队,这使得商业公司型政党可以更为便利和娴熟地使用这些技术工具。技术外包的内部化使得商业公司型政党在民意调查、媒体设计和公共关系等领域都拥有绝对的技术优势。① 从这一趋势来看,商业公司型政党在力图发展一种远离公民社会的模式。出于对效率的考量,商业公司型政党更乐于与职业化的公司合作。当然,对于一些已经非常职业化的公民社团,商业公司型政党也不会完全排斥。

从政治纲领来看,商业公司型政党喜欢追逐流行的政治议题并将其提升为意识形态,但这种意识形态往往具有变动性的特征。从西方政党发展的整体趋势来看,民意调查技术的发展促使政党不再囿于传统意识形态的边界,而更注重以民调结果为标准来选择其在某些争议议题上的立场和政策。但是,传统政党仍然会在议题立场和传统意识形态之间维持一种动态的平衡,不会轻易地从意识形态谱系的一端跳到另一端。意识形态仍然是传统政党提供给其结盟民众的一种政治标识。因为议题辩论的技术性越来越高,选民有时很难或者没有时间辨别政党在议题中的立场,而政党的标签功能可以降低选民在选择时的信息成本。商业公司型政党往往建立时间较短,没有形成相对一致的传统意识形态。由于没有意识形态的包袱,商业公司型政党可以采纳最为流行的议题立场以博得选民支持。但由于议题都是相对独立的,而且某些议题的流行立场可能相互冲突,这使得商业公司型政党需要高超的政治技巧整合这些立场和观点。此外,由于这些流行的议题立场本身是变动的,所以商业公司型政党的政治纲领很容易呈现出极化和不稳定的特征。这种流动化的政治纲领暗示,商业公司型政党在某些议题上与公民社团展开合作,但这种合作也是即时性的和短暂性的。换言之,从意识形态特征来看,商业公司型政党采取了与公民社会解盟(dealignment)的战略。

这些特征可以从意大利力量党的案例中清晰地展示出来。贝氏直接借调其商业帝国中的精英和资源来构筑意大利力量党的运行框架,而这些商业精

---

① Jonathan Hopkin and Caterina Paolucci, "The Business Firm Model of Party Organization: Case from Spain and Italy", *European Journal of Political Research*, Vol. 35, 1999, p. 334.

英和资源可以使得贝氏不需要依靠公民社团来进行选举动员。力量党的政治营销由达克隆（Diakron）来完成，而这一机构的负责人、员工和营销技术支持几乎都来自菲尼维斯特（Fininvest，贝氏的金融投资公司）。4 000 个力量党俱乐部则是意大利项目（Programma Italia，菲尼维斯特处理投资基金的一家分支机构）利用其业已存在的全国销售网络建立起来的。俱乐部全国委员会（ANFI，Associazione Nazionale dei Clubs di Forza Italia）用来协调和组织这些俱乐部的活动，而这一机构的负责人则由菲尼维斯特的前总经理担任。出版者 80（Publitalia 80，菲尼维斯特在商业广告方面的分支机构）运用其在商业领域中的网络联系和技术经验主导了力量党候选人的招募和选择过程。被借调到 1994 年大选中的一些菲尼维斯特的高级经理最后都成为力量党的核心骨干成员。[1]

菲尼维斯特的专家使得力量党的职业化政治变得相对廉价和便捷。达克隆和出版者 80 承担了传统政党的政党大会和执行委员会的功能。达可隆收集大量民调信息，而力量党的决策便基于这些信息。[2] 民意调查经常可以作为与盟友或竞争对手谈判的战略资源。民意调查的持续发布和引用证明了贝氏作为一种新政治力量的流行程度，这在某种程度上也加速了选民的顺风车效应（band-wagon effect，即越来越多的选民加入胜者一方）。力量党还大量采用英美国家政党常用的焦点组织（focus group）战略，即由这些焦点组织推动某一议题的讨论公开化，然后达可隆追踪在这些议题上的民意倾向，使得力量党可以有效和快速地更新和形塑其竞选战略。贝氏还有效地发挥了其在商业电视的优势，电视可以将魅力型领袖的形象投射给足不出户的普通选民，这一模式降低了对传统劳力密集型的会员动员模式的需求。将电视广播系统内部化进力量党的政党结构之中，使得这一印象的投射更为有效。这些电视台或归贝氏直接拥有，或与菲尼维斯特有着密切的合作关系。这些电视台还发挥设计候选人形象和训练候选人应对公共媒体的能力。总之，贝氏将商业竞争中的营销战略完全应用到政治竞争中。

从政治纲领来看，力量党在意识形态上表现出明显的右翼极化和议题化特征。冉伊欧罗认为，力量党一直试图吸纳选民在一些议题上的流行立场。

---

[1] Jonathan Hopkin and Caterina Paolucci, "The Business Firm Model of Party Organization: Case from Spain and Italy", *European Journal of Political Research*, Vol. 35, 1999, pp. 323 – 324.

[2] Joseph Farrell, "Berlusconi and Forza Italia: New Force for Old?", *Modern Italy*, Vol. 1, No. 1, 1995, pp. 46 – 47.

譬如，力量党产生于冷战结束后的反共产主义高潮之中，一开始就将反共产主义态度作为其政党认同的基调。在里根和撒切尔推动的新自由主义浪潮中，力量党很自然地将减税、去管制化和经济自由作为其经济方案的主要内容。在20世纪后叶的反政党浪潮中，力量党表现出倾向于建立新宪法的反传统政治文化特征。在移民问题越来越凸显之后，力量党逐渐表现出反对移民的政策倾向。① 力量党的右翼倾向使得一些右翼团体对与其合作非常感兴趣，但力量党的组织结构和运作方式决定了其与右翼团体的合作是工具性的和即时性的。总之，力量党不会与右翼团体形成稳定的结盟关系，因为贝鲁斯科尼更乐于在新鲜的议题立场之间游走，并且运用民粹主义的极化动员方式来获得选民的关注度和支持率。

结　语

非主流政党与公民社会的关系表现出两种不同的趋势。从运动型政党来看，这类政党的出现就表明了其与公民社会的密切关系。虽然运动型政党为了赢得选举或参与执政而在政党化过程中对自身的结构和特征进行了调整，但整体来看，这类政党与公民社会仍然保持着较之传统政党更为紧密的关系。从商业公司型政党来看，该类政党与公民社会保持了一定的距离。商业公司型政党把公共媒体和职业团队的作用发挥到极致，也将传统政党所依赖的公民社团动员远远抛开。在商业公司型政党的成本收益分析中，公民社团动员的成本太过高昂，而且也无法短期内实现政治绩效。在这种完全市场化的思维中，商业公司型政党与公民社会之间形成了现代政党政治中最为疏远的关系。关于这两种不同的趋势，前者可以被称为"政党运动化"，而后者则可以被称为"政党商业化"。对于公民社会而言，商业化的政党是功利政治的极致与罪恶，而运动型政党才是将少数群体利益贯彻实现的福音和天使。

---

① Francesco Raniolo, "Forza Italia: A Leader with a Party", *South European Society & Politics*, Vol. 11, No. 3 – 4, September-December 2006, p. 442.

第四章　政党与公民社会关系的地区模式

　　本章尝试对政党与公民社会关系进行模式总结，主要以地区为维度，选取了政党发展的三个重要地区：西欧、北美和东亚。在第一部分中，笔者以英国、法国和德国为主要案例对西欧政党与公民社会的关系展开分析，将其描述为紧密共生模式，并在最后讨论了这一模式在 20 世纪末以来面临的挑战。第二部分分析的地区是与西欧政治发展的时间相近，但特征却截然不同的北美。在这部分中，笔者将北美政党与公民社会的模式总结为有限合作模式，即政党与公民社会在选举期间结为即时性的同盟，而在平时却保持一种断裂或非结盟的联系。这种北美模式所面临的挑战是政党和公民社会可能同时衰落，但从目前来看，这一发展态势还不明朗。第三部分和第四部分关注晚发的且正在经历政治变迁的东亚，东亚政治发展的不平衡使得东亚模式很难用一种类型来描述。第三部分以日本和新加坡为案例，并将这两国政党与公民社会的关系总结为政党主导模式。第四部分关注韩国和泰国的政党与公民社会发展，并将两者关系总结为双重虚弱模式。相比欧美国家而言，东亚国家政治变动的可能性更大，因此，第三部分和第四部分的分析中将有较大的篇幅讨论这两种模式变动的可能性。

一、西欧的紧密共生模式：以英国、法国和德国为例

　　本部分力图对政党与公民社会间的关系作实证性的考察。西欧是现代政党和公民社会最先出现并经历过完整发展的地区，因此，对这一地区两者关系的考察将具有一定的代表性。同时，笔者选取西欧政治发展中的典型案例，即英国、法国和德国，对西欧政党与公民社会的关系作归纳性的理论探索。基本的研究路径如下：首先，对英法德三国各自的政党和公民社会发展历程进行简要梳理；然后，提出理论假设，即西欧的政党与公民社会处于一种紧密共生的关系，并用经验事实对这一假设进行论证；继而，尝试对紧密共生

模式的产生原因作出解释；最后，就这种紧密共生模式目前面临的变迁与挑战进行简要分析。

（一）西欧政党的发展历程

英国的政党政治起源于 1679 年英国议会围绕王位继承问题展开的争论。在争论中，反对国王兄弟詹姆士二世继承王位的议员称为"辉格党"，支持者称为"托利党"，这便是英国两大政党的发端。从 1830 年格雷内阁建立到 1867 年第二次议会改革期间，辉格党和托利党分别演变为自由党和保守党。由于选民增多，两党开始放弃旧的活动方式，在全国范围内建立常设性政党组织。自由党更多代表工业资产阶级的利益，主张实行自由主义社会改革。保守党则代表金融贵族、大商人和大地主的利益，反对激进的自由主义改革。① 在英国工业垄断地位逐渐丧失和自由放任时代结束后，自由党逐渐衰落，而英国社会主义运动和工人运动中议会主义和工联主义的结合，则使得工党在获得广泛群众基础之后迅速崛起。② "二战"之后，工党以多数党的身份较长时间地执政，工党福利政策的强势因应了战后时代的潮流，同时促使保守党放弃传统立场，转而支持工党提出的国有化和福利国家的主张。按照国内学者阎照祥的提法，最终工党和保守党在战后达成了英国的"共识政治"③。

在 1789 年开始的法国大革命时期，法国出现了一些与之后法国政党有着历史渊源的政治派别或社团，譬如在三级会议转变为国民议会后，在国民议会内外形成了维护旧秩序的"贵族派"和主张新制度的"爱国派"。④ 之后，随着革命的发展，一些党派开始执掌政权，如君主立宪派（斐扬派）、吉伦特派、山岳派、平原派、热月党等。这些党派并没有延续下来或演变为新的政党，但对日后的政党发展却产生深远影响。譬如，雅各宾主义的激进思潮成为法国左翼激进政党的思想基础。另如，大革命时期议会中左派和右派的区分也一直沿袭至今。复辟王朝时期出现了保王党与自由党之间的斗争，但

---

① 〔美〕罗威尔：《英国政府·政党制度之部》，秋水译，上海人民出版社 1959 年版，第 14—99 页。

② 高岱：《英国政党政治的新起点：第一次世界大战与英国自由党的没落》，北京大学出版社 2005 年版，第 100—115 页。

③ 阎照祥：《英国政党政治史》，中国社会科学出版社 1993 年版，第 8—12 页。

④ 吴国庆：《法国政党和政党制度》，社会科学文献出版社 2008 年版，第 1—2 页。

严格来说，此时的政党还不完全是现代意义的政党。七月王朝时期，法国政党更具备其现代意义，保王党在法国北部和西部的乡村和山区发展其影响，而共和党则将其选民基础确定为巴黎、大工业区以及东部和南部种植葡萄与拥有土地的农民居住区。此时，工人运动也有一定的发展，1864 年法国成立第一国际巴黎支部。① 至第三共和国时期，法国政党政治基本成形。这一时期，保王党逐渐衰落，而共和党较长时期地占据执政党的位置。同时，法国工人党在 1880 年正式诞生。在经过几次变动之后，法国工人党在 1902 年演变为法国社会党。1921 年，另一个马克思主义政党——法国共产党成立。第四共和国时期，一些有影响的传统政党如社会党、共产党、激进党等恢复活动，一些新的政党如人民共和党、民主及社会抵抗联盟、法兰西人民联盟等相继成立。② 第五共和国时期，激进党和人民共和党等中间政党衰落，而左翼政党和左翼联盟都有长足发展，法国社会党还实现了长期执政，戴高乐主义多数派政党也是这一时期政党发展的特征之一。1958 年成立的保卫新共和联盟、1967 年成立的"第五共和国民主人士联盟"和 1976 年成立的保卫共和联盟都是戴高乐主义政党。③

在德意志帝国时期，主要有五个政党。右翼的保守党以东普鲁士的大地主、农民以及官吏为其社会基础，反对宪政改革和民主自由措施。中间党派以罗马天主教党为代表，其社会基础有资产阶级和贵族，也有平民阶层，其以基督教为理论基础，主张以自由民主改革增进工人和平民的利益。左翼由国家自由党、进步党和社会民主党构成。国家自由党的社会基础为工业领袖、经理人和城市中产阶级，主张渐进改革。进步党较为激进，以中产阶级及工人为社会基础。社会民主党的党员以工人为主，主张政治和经济改革。在魏玛共和国时期，右翼的保守党发展成为德意志国家人民党，原属左翼的国家自由党也向右转，发展成为德意志人民党。左翼的社会民主党在这一时期有较大发展，同时另一左翼政党——共产党诞生，主张以激烈手段夺取德国政权。希特勒统治时期，国家社会党独霸政治舞台，其他政党停止活动。德意志联邦共和国时期，联盟党（基督教民主联盟—基督教社会联盟）和社会民

---

① 洪波：《法国政治制度变迁：从大革命到第五共和国》，中国社会科学出版社 1993 年版，第 288—293 页。

② 吴国庆：《法国政党和政党制度》，社会科学文献出版社 2008 年版，第 45—127 页。

③ 洪波：《法国政治制度变迁：从大革命到第五共和国》，中国社会科学出版社 1993 年版，第 304—315 页。

主党作为两大主要政党轮换执政。自由民主党作为第三党多次参与政权，而绿党则在 1980 年成立后迅速发展。①

（二）西欧公民社会的发展历程

英国公民社会的萌芽出现在中世纪末期。在自然经济向商品经济过渡的过程中，行会作为主要的社会经济组织出现。在资产阶级革命之前，英国的行业可以分为商人行会、手工业行会和公会三个阶段。② 1601 年《慈善事业法》（the Statute of Charitable Uses）和《贫困法》（the Poor Law）的颁布，推动了民间慈善事业的发展。之后，一些自助团体如"友谊社"等大量出现。1793 年的《罗斯法》正式承认了"友谊社"的法律地位。其后还出现了一些其他形式的自助组织，如工会、消费合作社、建房社等。③ 1792 年，第一个具有重要历史影响的工人阶级政治组织——伦敦通讯会产生。在通讯会的最昌盛的时候（1795—1796），曾有 90 个分会。每分会每周活动一次，任何会员都参与分会的讨论和表决。伦敦通讯会主张议会改革和普选，希望每个人都分享国家的治理。④ 伦敦通讯会以及其他工人阶级政治组织的活动引起了英国资产阶级的恐慌，就此于 1799 年通过《防止工人非法组合条例》，规定工人结社构成刑法上的共谋罪。之后，伦敦通讯会被解散并宣布为非法。1824 年，在工人运动的压力下，议会取消了禁止工人结社的法令。同年，兰开夏的纺织工人建立了一个永久性的工会组织。1836 年，伦敦工人联合组织成立，并在之后的宪章运动中发挥重要作用。1858 年，亚历山大·麦克唐纳成立了组织更为严密和资金更为充足的全国矿工联合会。1893 年，英国的各工会组织在布雷德福召开的会议上建立独立工党。1906 年，英国承认结社自由权为一项基本权利，规定公民只要不违法法律，便有组织宗教、文化、劳工、政治等团体的权利。⑤ 1945 年，工党政府上台后，工会得到进一步的发展。但与此同时，英国福利国家的发展，使得在近代时期由国家和志愿部门分享的公共服务领域几乎被国家独占。尽管志愿组织并未完全消失，并仍活

---

① 吴志成：《当代各国政治体制：德国和瑞士》，兰州大学出版社 1998 年，第 149—155 页。

② 金志霖：《英国行会史》，上海社会科学院出版社 1996 年版，第 28 页。

③ 王绍光：《多元与统一——第三部门国际比较研究》，浙江人民出版社 1999 年版，第 125—126 页。

④ 钱乘旦：《工业革命与英国工人阶级》，南京出版社 1992 年版，第 83—93 页。

⑤ 王建芹：《从自愿到自由——近现代社团组织的发展演进》，群言出版社 2007 年版，第 112—124 页。

跃在诸如托儿服务和养老服务等国家较少涉及的领域，但整体来看，这一时期公民社会组织基本上成为政府公共服务的陪衬。这一情形在撒切尔夫人上台后，开始出现变化。目前英国的发展态势是，政府保证社会福利事业所需的资金，而提供服务的事情则由志愿机构来具体承担。①

中世纪后期，法国出现了市民阶层以及为保护本行业利益的行会。这一时期的法国行会有很强的垄断性、等级性、地域性和时间性。到法国大革命时期，由于受到卢梭思想的影响，此时法国对公民结社持否定的态度，禁止社团的存在和发展。在 1848 年欧洲革命中，法国率先承认了结社自由的基本权利地位。之后，互助性、合作性或政治性等各类结社团体在法国大量增加。1884 年，议会立法承认工会和贸易组织的活动自由。1901 年，法国制定了《结社法》，允许通过递交简单的申请表便可结为社团。自此，法国对公民社团的管理采取追惩制原则。社会团体在注册之后可以取得有限的法人资格，即这种结社享有出席法庭、取得财产和经营财产的法人资格，但不能向公众募集捐助。② 进入 20 世纪，法国公民社会的发展与福利国家的发展联系在一起。法国政府并不排斥公民社会组织的发展，而是力图把这些组织纳入政府公共服务的框架之内。法国主要采取法团主义的方式来处理政府与公民社会之间的关系，即在一个社会领域中支持一个或几个特殊的公立公益组织。通过这些半官方的公益组织，政府得以调整其与社会的紧张关系。到 20 世纪70、80 年代，法国福利国家的建设遭遇困境，因此，社会党政府在 1982 年开始采取支持非营利组织的政策，即通过发展更为自治的民间社团，逐步推动政府的权力下放。

在中世纪后期时，德国也出现了一些行会。这些行会组织与英国和法国的相类似。18 世纪后期，德国出现了一批以新兴资产阶级为主体的市民组织，如文学社、报纸刊物、音乐社、教育协会等，用哈贝马斯的表述就是"文学公共领域"③ 在德国出现。1806 年，普鲁士在普法战争失败后，启动了一系列政治改革，包括承认贸易和行业协会的民意代表地位，并与之进行

① 王绍光：《多元与统一——第三部门国际比较研究》，浙江人民出版社 1999 年版，第 127—128 页。

② 王建芹：《从自愿到自由——近现代社团组织的发展演进》，群言出版社 2007 年版，第 126—131 页。

③ 〔德〕哈贝马斯：《公共领域的结构转型》，曹卫东等译，学林出版社 1999 年版，第 39—47 页。

对话。1815 年到 1848 年，争取结社自由成为新兴资产阶级的主要追求之一，但在 1948 年之后的保守主义回潮中公民社会的发展再次受到冲击。1878 年至 1890 年期间，社会民主党和工会组织都被宣布为非法，但与此同时，俾斯麦却主导通过了最早的社会保险法案来缓解工人阶级的反抗。具体实施社会保险的机构是半独立的"社会保险公司"，即政府允许其自治，但保留对其干预和控制的权力。① 这种半官方公民社团的产生是德国公民社会组织的经典类型，其主要反映了政治权力与社会权力的博弈。德国公民社会的发展在希特勒时期遭遇毁灭性的打击，但在战后很快得到复兴。战后，德国工业联合会、德意志全国青年联合会、德国妇女委员会、德国职员联合会、德国官员联合会、德国农民协会、德国雇主协会全国联合会、德国工商大会、德国全国工业联合会等成为德国社会与政府之间合作的、活跃的社会团体。②

（三）紧密共生：两者的关系模式

在 19 世纪的英国，政党与公民社会之间的紧密关系体现在政治俱乐部这一形式中。保守党的一类社会支持力量由卡尔登俱乐部（Carlton Club）、小卡尔登俱乐部（Junior Calton）、保守党俱乐部、立宪俱乐部、小立宪俱乐部、圣·斯蒂芬俱乐部（St. Stephen's Club）和市区卡尔登俱乐部（City Calton）等组成。自由党也拥有改革俱乐部和全国自由党俱乐部等组织。保守党的另一个支持组织是樱草联盟。这是一个缴纳会费的会员组织，在 19 世纪末时达到 150 万会员。该组织设立地方盟部，具备完整的组织结构，发行刊物，并为保守党的选举贡献力量。自由党也有类似的组织，如"自由党妇女联合会"。它由一个执行委员会主持，并有一个由各地方协会的代表组成的代表大会，其通过演讲和刊物宣传来为自由党扩大影响。③ 这一时期，自由党的另一个重要社会力量是工会。因为此时英国的工人政党还未出现，所以工会组织与自由党结成紧密联盟关系。

在 20 世纪英国工党成立后，政党与公民社会的共生关系更加明显地表现出来。工党的前身是劳工代表委员会，而劳工代表委员会则在 1900 年由 62

---

① 王绍光：《多元与统一——第三部门国际比较研究》，浙江人民出版社 1999 年版，第 134—135 页。

② 吴志成：《当代各国政治体制：德国和瑞士》，兰州大学出版社 1998 年版，第 180—182 页。

③ 〔美〕罗威尔：《英国政府（政党制度之部）》，秋水译，上海人民出版社 1959 年版，第138—147 页。

个工会和一些社会主义团体代表组成的大会上宣布成立。劳工代表委员会在 1906 年选举中有出色的选举成绩，所以决定更名为政党。当时有两种选择，一种是"工党"，另一种是"社会主义党"。选择"工党"作为名称也可以彰显出工会与新党之间的密切关系。在工党发展的早期，工会为工党提供巨大的经济支持，同时也是工党的主体。在工党发展的挫折和内部矛盾时期，工会还多次介入工党。譬如，1931 年工党陷入分裂的漩涡之中，此时英国工会领袖贝文介入工党事务。此时，工党与工会的共生关系达到顶峰，这体现在：第一，由职工大会控制的全国劳工理事会成为工党的最高决策机构；第二，职工大会为工党设计未来发展规划；第三，职工大会与工党常常就某一问题发表共同声明。① 到艾德礼时期，英国工党的独立性增强，但工党与工会的紧密合作模式仍然在很大程度上保留下来。

在法国，大革命时期俱乐部的组织形式和活动方式，至今仍是法国政党发展的前期经典模式。人们在成立新政党之前，往往先成立俱乐部，进行思想和理论上的酝酿，以及组织上的准备，然后在此基础上正式成立一个新的政党。② 从这一点上可以看出政党与公民社团在组织结构上的紧密关联。在第三和第四共和国时期，法国政党与公民社团开始发展较为密切的关系，一些中小政党甚至成为一些公民社团的政治工具；同时，一些大的政党也发展其与某种主要社团的固定合作关系，如法国共产党与法国总工会结盟，法国劳工民主联合会和工人力量总工会则由法国社会党来领导。③ 在第五共和国时期，左翼政党与公民社团的紧密关系进一步发展。以社会党为例，党章要求党员应加入所在职业的一个工会组织或所在地区的合作社，并加入一个消费者保护组织，同时党章鼓励党员参加这些公民社团的活动和工作。在工会组织之外，社会党还与一些妇女组织、青年组织和学术团体建立密切的联系，这些公民社团在一定程度上参与社会党的生活，其负责人甚至在社会党内交叉任职。④

在德国，社民党与工会结成了非常紧密的联盟关系。德国的工会先于社

① 李华锋：《英国工党与工会关系的起源和早期发展述论》，载《聊城大学学报（社会科学版）》，2009 年第 5 期，第 21—23 页。
② 吴国庆：《法国政党和政党制度》，社会科学文献出版社 2008 年版，第 24 页。
③ 吴国庆：《当代法国政治制度研究》，社会科学文献出版社 1993 年版，第 188 页。
④ 陈露：《法国社会党处理党群关系的经验教训》，载《当代世界与社会主义》，2006 年第 5 期，第 7—8 页。

民党成立，但在社民党成立之后，社民党自然而然地用自己的意识形态去影响工会运动，充当工会的"政治养父"，而德国的工会运动也因此打上了"党工会"的色彩。到 19 世纪末，在《工会运动与政党》一文中，德国工人运动活动家和社民党领袖倍倍尔强调，社民党应把兴趣倾注于如何保障工会运动的群众成为党的选民后备军，同时工会也需要社民党充当其社会政策要求的代言人。"二战"之后，虽然德国工会开始强调相对于政党政治的独立性，但实际上工会与社民党发展了越来越密切的关系。这体现在：第一，工会与社民党的干部相互交叉。许多人都拥有党员和工会会员的双重身份。德国工联的领导干部大部分都是社民党党员，而社民党的领导人中也有不少出自工会。第二，从社民党和工会的构成来看，两者基本上都是由工人、职员和公务员这三部分人组成。第三，社民党和工会的基本政策目标一致。战后初期，社民党与工会共同的要求是对主导工业实行国有化、实行计划经济和实现公决权。之后，社民党承认社会市场经济的混合经济制度，工会也积极追随。[①] 战后发展起来的基民盟与基督教组织结成了紧密的同盟关系，与基民盟关系最为密切的是天主教教会组织，其在动员教民投票和为基民盟捐助方面发挥重要作用。在此之外，基民盟还发展了与新教徒工作组（福音派新教会工人组织）和社会理事会（工人运动的一翼）的紧密关系。[②]

德国政党与公民社会的共生关系还集中体现在政治基金会这一组织上。德国有六个重要的政治基金会，即接近基督教民主联盟的康拉德·阿登纳基金会，亲社会民主党的弗里德里希·艾伯特基金会、接近基督教社会联盟的汉斯·赛德尔基金会、亲自由民主党的弗里德里希·瑙曼基金会、接近联盟90/绿党的海因里希·伯尔基金会，以及亲民主社会主义党的罗莎·卢森堡联邦基金会。表面上看，德国政治基金会的功能主要是促进国内政治教育、提供奖学金资助、加强学术研究和开展国际合作。[③] 实际上，德国的政治基金会在很大程度上是为相关政党服务的。政治基金会是政党发展的产物，其在很大程度上也反映了政党分野的基本结构。按照德国法律，所有的政治基金会都能得到国家财政资助，但有一个前提，即政治基金会所属的政党必须连续四次在联邦议会选举中获得席位，国家对政治基金会资助的幅度与政党在

---

① 赵永清：《德国民主社会主义模式研究》，北京大学出版社 2005 年版，第 135—147 页。

② 〔英〕罗纳德·欧文：《西欧基督教民主党》，吴章彬等译，上海译文出版社 1987 年版，第 293 页。

③ 闫瑾：《德国政治基金会探析》，载《德国研究》，2003 年第 1 期，第 17—22 页。

德国议会中的议席数量挂钩。而且，基金会存在的主要价值在于作为政党的外围组织而进入政党不能或不愿进入的领域。譬如，基金会有专门的职能部门为相关政党做群众工作，听取和了解各阶层、各方面群众的意愿，为政党最大限度地争取支持。再如，基金会为政党培训各级政治领导人才，提高他们从事政治管理工作的能力。另如，基金会通过对政治和社会变动的研究，积极把握社会发展的态势，为政党的意识形态工作提供知识养料。同时，基金会还是政党积极开展跨国政党活动的重要渠道和助手①，基金会对政党外交工作的影响甚至扩展到德国外交政策的决策过程中②。

（四）紧密共生模式产生的原因分析

西欧政党与公民社会紧密共生模式的出现，与以下两点密切相关：

第一，从政党类型学的角度来讲，紧密共生模式是群众型政党的经典表现之一。英国、法国和德国都经历了完整的政党政治发展，即从精英型政党到群众型政党，再到全方位政党，政党类型学理论也主要是在这些欧洲国家案例的基础上总结而来的。在三大政党类型中，群众型政党是政党发展的中间阶段，也是被认为最具现代性的政党发展阶段，而群众型政党最典型的特征之一便是政党与公民社会的紧密共生。按照理查德·冈瑟（Richard Gunther）和拉里·戴蒙德（Larry Diamond）的划分，群众型政党分为社会主义群众型政党、民族主义群众型政党和宗教群众型政党。③ 西欧的左翼政党是最为典型的社会主义群众型政党。群众型政党的最大特征是具有严密的政党组织和完整的意识形态，而英国工党、法国的社会党和共产党以及德国的社民党在这两点上特征非常明显。笔者在论证西欧的紧密共生模式时所援引的主要例证也是西欧左翼政党与工会运动的关系，前述的分析已经阐述了英国工党与工会、法国社会党和共产党与工会、德国社民党与工会之间非同寻常的结盟关系。同时，左翼政党的群众型政党特征也影响到右翼政党。换言之，

---

① 吴辉：《德国政党与政治基金会的关系》，载《中共石家庄市委党校学报》，2006 年第 7 期，第 34—37 页。

② 闫瑾：《德国外交政策决策过程中的政治基金会》，载《国际论坛》，2004 年第 2 期，第 58—63 页。

③ Richard Gunther and Larry Diamond, "Species of Political Parties: A New Typology", *Party Politics*, Vol. 9, No. 2, 2003, pp. 177–183.

右翼政党也经历了群众型政党的发展过程，如英国的保守党和德国的基民盟。①

第二，紧密共生模式与西欧主要国家的政治制度有重要的相关关系。英国和德国是议会内阁制，在这种议会内阁制国家中，政党与公民社会容易形成紧密合作的关系。议会内阁制的实质是一种一元权力，即代议权与行政权的统一，或称为"议行合一"。政党权力在某种意义上是代议权的一种。政党只要执政，便可以在一定的时间期限内将政党权力与代议权、行政权合一。公民社会接近这种一元权力的最佳途径是接近政党，通过使自己青睐和支持的政党执政，才能够参与分享执政权力。政党在执政后可以通过政府权力将公民社会的意愿和需要有效地转化为政治政策。这样就出现了政党与公民社会的紧密合作模式。总统制与这种议会内阁制有明显的区别，在美国式的总统制国家中，政党仅是总统赢得竞选的工具，政党权力很难完全转化为政府权力，政府权力很大程度上是与总统个人及其亲信相关的。由于立法权力与行政权力相分离，所以公民社会与议会中的党团或议员结盟比与总统结盟更稳固。同时，相比而言，公民社会与总统结盟比与政党结盟也更稳固。因此，在美国就出现了政党与公民社会的有限合作模式。在半总统制半议会制国家中，情况略微复杂些。由于享有行政权力的总理是议会中的多数党领袖担任的，所以其行政权力与立法权力是合一的。但总统有超越行政和立法之上的权力，即总统可以解散议会和全民公决。当总统与议会是同一政党时，该政党的权力非常大，那公民社会必须与该政党结盟。当总统与议会不是同一政党时，两者间的政策冲突会比较明显。在一些较为微观的政策上，政府权力更大些，而在一些宏观的政策上，总统权力更大些。公民社会需要在结盟的对象上选择。但是，由于公民社会不能迅即地选择结盟对象，其结盟对象也往往是在历史上形成的，或是由意识形态特征或固定政策偏好所规定的，所以公民社会必须与相关的、有可能执政的政党形成稳定的结盟。这一点可以解释法国形成紧密合作模式的原因，同时也可以解释为什么法国的紧密合作程度比英德相对低一些。

结语：新挑战——紧密共生模式的变迁与终结？

罗塞尔·达尔顿（Russell Dalton）和马丁·沃腾博格（Martin Watten-

---

① 〔英〕戴维·米勒、韦农·波格丹诺：《布莱克维尔政治学百科全书》，邓正来等译，中国政法大学出版社1992年版，第460页。

berg）描述了欧洲政党出现的一些变化，如政党认同的下降、政党与社会的解盟、政党动员的消逝、选举环境的变化、选民与政党组织正式联系的弱化、政党组织在选举中的作用有限、政党和选举政治中的个人化倾向、政党传统支持地区的碎片化、对职业选举专家和媒体人士的依赖等。[1] 威廉·克劳蒂（William Crotty）赞同达尔顿和沃腾博格的分析，并认为欧洲政党有正在向美国政党模式转向的趋势。[2] 政党类型学的研究成果也可以对这一点作出佐证。奥托·基希海默尔（Otto Kirchheimer）对西欧政党政治的变迁进行总结，最早提出全方位政党（catch-all party）的概念。[3] 全方位政党最明显的特征是，政党的意识形态趋于中间化，同时政党组织变得松散。从这一特征来看，美国政党更加符合全方位政党的特征。因此，"欧洲政党的美国化"这一表述与"欧洲群众型政党向全方位政党转变"所描述的实质是一样的。

这一转变趋势对于政党与公民社会关系所提出的问题是，西欧的紧密共生模式可能会终结。例如，在1983年选举失败之后，英国工党领袖金诺克启动了工党的改革，其中主要内容之一便是保持工党与工会的距离。[4] 史密斯任工党领袖后，取消了工会在工党决策中的集体投票制，而开始推行一人一票制。布莱尔掌权后，则将"一人一票制"的适用范围扩大，从而进一步削弱了工会对工党事务的影响。在一些关系工会利益诸如社会福利和工资标准等问题上，工党愈加表现出与工会不同的观点。[5] 布莱尔改革的核心理念被称为"第三条道路"，其实质就是超越左与右的分界，不与特定集团结盟，以中间主义的态度与社会各集团结成相对有距离的关系。[6] 以法国为例，法国农会组织如全国农业经营者工会联合会，在传统上与右翼政党关系密切。从传统联系上看，社会党将农民视为一个支持资产阶级的阶级，并采取措施

---

① Russell Dalton and Martin Wattenberg, "Unthinkable Democracy: Political Change in Advanced Industrial Democracies", in Russell Dalton and Martin Wattenberg (eds.), *Parties without Partisans: Political Change in Advanced Industrial Democracies*, New York: Oxford University Press, 2000, pp. 3 – 15.

② William Crotty, "Party Transformations: The United States and Western Europe", in Richard S. Katz and William Crotty (eds.), *Handbook of Party Politics*, London: Sage Publications, 2006, pp. 507 – 508.

③ Otto Kirchheimer, "The Transformation of the Western European Party Systems", in Joseph LaPalombara and Myron Weiner (eds.), *Political Parties and Political Development*, Princeton, N. J.: Princeton University Press, 1966, pp. 177 – 200.

④ 王燕：《金诺克改革与英国新工党》，载《当代世界社会主义问题》，2004年第2期，第86—92页。

⑤ 佘云霞：《九十年代英国工党的改革及其对英国工会运动的影响》，载《工会理论与实践》，1999年第1期，第68—69页。

⑥ 谢峰：《英国工党的第三条道路述评》，载《国际政治研究》，1999年第4期，第94—99页。

限制农业社团在农业决策中的影响；农会组织也对左翼政府的农业改革采取敌视的态度。但社会党政府在 1983 年改变态度并作出妥协，如任命受农会组织欢迎的米歇尔·罗卡尔为农业部长，并在之后与农业组织保持了相对合作的关系。① 法国社会党的这种转变到 20 世纪末时表现得更为明显。譬如，若斯潘在 1999 年的社会党暑期大学发表题为"新联盟"的演说，论述"我们要把我们的政策建立在新联盟的基础上"。他在回答《社会主义评论》时说："法国社会党是一个跨阶级的党。我们的社会基础既不是清一色的，也不是狭窄的，它是经历过更新和发展的。正因如此，我们应当在各个阶层之间进行最恰当的仲裁。"②

德国社民党向全方位转型的初始努力出现在战后初期。由于阿登纳成功地将基督教民主联盟变成一个跨阶级的政党，所以社民党在这样的压力下也力图使自己从"工人政党"向"全民党"转型。这一转型努力在 1959 年的巴得哥德斯堡大会上得以体现。尽管出现这样的转型，但在勃兰特、拉封丹、福格尔等时期，德国社民党仍然与工会保持了相对稳定的合作关系。然而，在 1997 年获得竞选胜利的施罗德却提出与传统明显不同的"新中间政治"。施罗德强调要重视资本、劳工和政府三方的作用，并对社会市场模式进行改革。③ 施罗德的"新中间政治"与布莱尔的"第三条道路"内涵相近。这种转向对于工会来讲是灾难性的，所以出现了工会反抗社民党新政策的情形。④ 整体来看，政党与公民社会的西欧经典模式正在遭遇变迁。与西欧的紧密共生模式明显不同，美国政党与公民社会间的关系则表现出有限合作的一种关系，即在选举期间两者才进行相对密切的合作。从上述的分析来看，西欧的政党与公民社会关系也出现了美国化的一些趋势。这种变化趋势的未来走向现在还很难把握，其需要观察进一步的政治发展才能作出判断。

二、北美的有限合作模式：以美国为例

美国是最先发展出大众性政党的国家。这里选取美国为分析案例，试图

---

① 吴国庆：《当代法国政治制度研究》，社会科学文献出版社 1993 年版，第 200 页。

② 殷叙彝：《法国社会党近年来关于社会主义的论述》，载《国际政治研究》，2002 年第 4 期，第 63 页。

③ 史志钦：《全球化与欧洲社会民主党的转型》，中央编译出版社 2007 年版，第 177—187 页。

④ 张文红：《并肩前进抑或分道扬镳？——德国社民党与工会的关系》，载《欧洲研究》，2003 年第 6 期，第 36—42 页。

将美国案例作为一种特殊的模式加以总结。笔者首先对美国政党和公民社会的特征进行分析，以有限合作模式作为美国政党与公民社会关系的分析假设，然后用事实对这一假设进行论证并对其原因进行阐述，最后对这一模式变动的可能性及其发展趋势进行评析。

（一）美国政党发展的例外主义

美国的大众政党伴随着 1800 年的总统大选而出现，比欧洲大众政党早几十年，然而，历史的幽默在于，欧洲发展出更为完善的政党，而美国政党却在衰落。谢茨施奈德对政党在现代民主中的作用有过非常经典的评述，"毋庸置疑的是，政党的产生是现代政府的显著标志之一。政党创造出民主政治，现代民主政体不容置疑地与政党制度共生"①。然而，美国人总是忘记政党在民主政治中的作用，以至于谢茨施奈德的这段话在美国学者听起来总是那样的振聋发聩。对于美国政党的虚弱，迈克尔·罗斯金等也总结到，"在很多美国人看来，政党并没有太大的意义。美国的两大政党总是叫人觉得有点相似，彼此在基本价值观、意识形态以及政纲上有大量雷同之处，大选通常是依靠政党候选人的个人人格魅力而不是政党的公众亲和力。美国的许多政治学家担心，政党变得如此虚弱，难以发挥它必要的保持政党体系正确运作的政治功能"②。

另外一些学者则宁愿把美国政党的虚弱描述为一种独特性，或者称为政党政治的美国例外主义（American Exceptionalism）。阿兰·维尔认为，美国例外主义是美国政治学界中一个非常流行的观点，其根源来自"托克维尔所认为的美国社会独特并导致美国政治独特的观点"③。美国政治学家克林顿·罗西特（Clinton Rossiter）也强调美国政治的与众不同，"世界上没有哪个地方有与我们相似的政体"④。这种政体的美国例外主义延伸到政党政治的研究中。意大利学者帕尼比昂科在其著名的《政党：组织与权力》一书中，将美国政党排除在其对政党一般性研究的案例范围之外，并称美国政党的产生和

---

① 参见 E. E. Schattschneider, *Party Government*, New York: Holt, Rinehart & Winston, 1942, p. 1。
② 〔美〕罗斯金等著：《政治科学》，林震等译，华夏出版社 2000 年版，第 215 页。
③ Alan Ware, "American Expectionalism", in Richard S. Katz and William Crotty（eds.），*Handbook of Party Politics*, London: Sage Publications, 2006, p. 271.
④ Clinton Rossiter, *Parties and Politics in America*, Ithaca, NY: Cornell University Press, 1960, p. 37.

发展都是非常独特的。①.

维尔认为，美国政党的与众不同之处主要表现在如下方面：第一，美国存在对政党严格且范围广泛的法律控制。在美国，为了保证政党活动的公共性，国会制定了许多规范政党活动的规则和条款。第二，美国缺乏以党费为基础的政党成员结构。美国的政党组织比较松散且多是非正式的，政党成员没有缴纳党费的义务。第三，美国政党内部的权力高度分散化。与欧洲政党的官僚制结构明显不同，美国政党呈现出扁平的结构。第四，美国政党竞争具备一定的非意识形态性。虽然民主党和共和党有一定的政策偏好，如民主党倾向平民的利益，而共和党更倾向于保护富人，但与欧洲政党相比，美国政党的意识形态色彩则较弱。② 维尔比较完整地描述出美国政党的独特之处。这一点用政党类型学中精英型政党和群众型政党的分类可以更清楚且简练地表述出来。简言之，到 20 世纪初期，西方发达国家（主要是欧洲）的政党多数都转向了群众型政党，而美国的政党还基本保留精英型政党的特征。

关于产生这种独特性的原因，维尔将其总结为五点：第一，美国政治中存在浓厚的反政党价值观。这一点可以追溯到美国建国之父的思想之中。第二，美国的国家结构本身就存在分权化的倾向。从横向的三权分立到纵向的联邦制，权力制衡体现在美国政治体制的每一个角落。这种权力制衡一方面限制了美国政党政治影响的扩大，另一方面也限制了政党内部的权力集中。第三，美国大众政党组织的发展先于城市化。在美国的城市化启动之前，美国的大规模选举就已经展开，所以美国政党较早地完成了民主化的过程。第四，美国总统制政府的影响。美国总统制的发展以及行政权力的扩大导致政党权力的流失。罗斯福新政以及之后福利国家的发展取代了政党在美国早期政治中提供福利的作用，也导致了美国政党的衰落。第五，美国政党作为选举机器的有效性。20 世纪中后期以来，西方的选举政治出现了资金密集型和过程职业化的趋势，而美国政党模式可以更好地适应这一变迁。③

---

① Angelo Panebianco, *Political Parties: Organization and Power*, Cambridge: Cambridge University Press, 1988, p. xv.

② Alan Ware, "American Expectionalism", in Richard S. Katz and William Crotty (eds.), *Handbook of Party Politics*, London: Sage Publications, 2006, pp. 271 –272.

③ Ibid., pp. 272 –275.

（二）托克维尔论美国公民社会的独特性

美国公民社会的历史比美国国家和政党的历史还要长。美国政治学家伯恩斯认为，"美国最古老的联合会或许是农场主组织。最早的农业集团南卡罗来纳农业协会还是宪法诞生之前建立的。"农业组织是美国公民社会组织中很重要的一部分。在 19 世纪后期，全国格兰其协会即保护农业协会发展为拥有 100 多万会员的组织，并策划了反对农产品低价格和铁路垄断的社会运动。到 20 世纪时，美国最大的农业社团是美国农业社联盟，其在中西部非常有影响，以争取价格和扩大农业信用便利为目标。其他大批的农业组织以生产特定商品的农场主利益为基础，如美国大豆协会等。[①] 最早的工会组织在华盛顿的第一任期内便已成立。在 19 世纪，美国工会组织最大的发展便是全国性组织劳动骑士团的建立，该组织声称有会员 70 万人。到 20 世纪初期，代表行业工人的全国性工会联合会——美国劳工联合会成立。到 30 年代经济动荡时期，一部分更关心产业工人的工会脱离劳联，成立了与劳联相抗衡的全国性组织——产业工会联合会。后来，劳联和产联又合并为一个组织，即今天的劳联—产联。[②] 在企业界中，最重要的公民社团是 1912 年成立的美国商会。美国商会是众多企业联合会的联合会，由几千个地方商会组成。另一个重要的企业组织是全国制造商协会，其于 1893 年成立，主要代表比较保守的企业讲话。自由职业者组织了一些强大的联合会，如美国医学协会、美国律师协会等。[③] 美国的退伍军人组织也很发达，如美国军团、对外战争退伍军人协会等。

到美国游历的法国思想家托克维尔对美国的公民社会多有感叹，"美国是世界上最便于组党结社和把这一强大行动手段用于多样目的的国家。除了依法以乡、镇、市、县为名建立的常设社团以外，还有许多必须根据个人的自愿原则建立和发展的社团"[④]。托克维尔还谈到美国公民乐于自愿结社的原因："美国的居民从小就知道必须依靠自己去克服生活的苦难。他们对社会的主管当局投以不信任和怀疑的眼光，只在迫不得已的时候才向它求援。"

---

① 〔美〕詹姆斯·伯恩斯等著：《美国式民主》，谭君久等译，中国社会科学出版社 1993 年版，第 251 页。

② 同上。

③ 同上，第 252 页。

④ 〔法〕托克维尔：《美国的民主》（上册），董果良译，商务印书馆 1991 年版，第 213 页。

托克维尔描述了美国人通过自愿组织来解决困难的习惯。譬如，公路发生故障，附近的人会自动组织起来，并选出一个执行机构，"在没有人去向有关主管当局报告事故之前，这个机构就开始排除故障了"。那些反对道德败坏行为的活动也是自发组织的，譬如美国人会自发组织起来反对酗酒。① 托克维尔还总结了欧洲社团和美国社团的区别，"在欧洲，社团差不多总把自己看成是无法发表意见的人民的立法机构和执行机构，并凭着这种想法去行动和发号施令。而在人人都认为社团只代表人民中的少数的美国，社团只靠说理和恳求"。托克维尔解释到，欧洲"社团的主要目的是行动而不是空谈，是战斗而不是说服，所以它们自然要建立没有一点和平气氛的组织，并使其内部具有军事生活的习惯和准则。它们尽量集中领导自己的下属，把一切权力交给少数几个领袖"。而"美国人也在他们的社团中建立统治组织，但是，如果我可以用和平一词的话，那都是和平的统治组织。在社团中，承认个人的独立，每个人就像在社会里一样，同时朝着一个目标前进，但并非都要循着同一条路走不可"②。

（三）选举期间的有限合作

美国政党与公民社会的关系与欧洲明显不同。欧洲的政党与公民社会结成非常紧密的共生关系。譬如，英国工党与工会、社会主义者和改革团体的利益长期结合在一起，而保守党则与中产阶级、大小商人、金融和农业界结成稳定的同盟。然而，美国政党与公民社会的联结关系主要体现在选举过程中。对于这一点，庞顿和吉尔描述道，"像美国这样一个广阔而具有异质性的社会，其整个历史几乎一直维持着只有两党的局面，这表明其利益的集中恰到好处，但必须记住这些利益实际上只不过是每四年进行一次集中，这段时间足够让这些政党挑选其总统候选人并为赢得选举奋斗。其余时间里政党基本上只是党派自主的松散组合"③。庞顿和吉尔所言的四年一次的利益集中就是政党与公民社会的一种有限联结。再如，奥罗姆指出，干部会议是美国民主党和共和党的主要组织形式。由于美国政党"希望保持一个严密而又精干的组织"，所以其不希望在民众中发展忠诚的党员，也不希望把一些社团

---

① 〔法〕托克维尔：《美国的民主》（上册），董果良译，商务印书馆1991年版，第213页。
② 同上，第220—221页。
③ 〔美〕杰弗里·庞顿、彼得·吉尔：《政治学导论》，张定淮等译，社会科学文献出版社2003年版，第124—125页。

捆绑在其周围。但是，政党要赢得选举就必须有民众的支持，所以政党在选举时会临时与公民社会合作。"它又体现为是一个地理区域辽阔的组织；美国的干部会议包括了郡和市的单位，它有限的目的与其主张是相吻合的，其作用是断断续续的，只有在选举阶段才变得积极起来。"① 奥罗姆描述道，"在较低一级的组织里，干部会议的领导人即是选区的发言人和其他代理人，其职责是设法使选民在选举时投票支持本党的候选人。选区负责人还负有对参加候选人提名集会的党员传递信息和激发热情的责任，而所谓候选人提名集会是指党的拥护者为推选参与公职竞选的人而聚集在一起的场合。然而，普通党员很少在候选人的遴选中发挥作用，遴选候选人的主要工作是交由党的头面人物来处理的。"②

伯恩斯对美国公民社会与政党的合作关系也有评论，"尽管几乎所有大的组织都说它们是非政治的，而差不多一切有组织的集团都以这种或那种方式卷入政治。集团领导人说它们是非政治的，这通常是说它们是超党派的。有组织的利益集团的一个显著特点是他们力图通过一个党或两党来进行活动"③。伯恩斯同样指出公民社会与政党合作的主要领域是选举过程，即"意识形态的集团则可能把候选人作为目标，力求改变候选人的地位或影响选民。例如，基督教选民胜利基金会便公布国会议员候选人的'记录'，即根据他们的唱名投票公布他们对堕胎、新教育、校车接送学生、校内祈祷、平等权利修正案等的态度。美国人争取民主行动组织和美国人维护宪法行动组织则各自公布在职议员对许多开明的和保守的问题的评价"④。伯恩斯强调这种选举期间的有限合作对美国公民社会的意义，"某些集团只是由于与两大党之一密切结盟才发挥了它们的最大影响。它们把自己的成员安插在党的地方、州和全国委员会里，并帮助他们作为代表参加党的代表大会。但是这意味着丧失它们的某些独立性和目标的单一性"⑤。

杜鲁门则强调美国政党的不稳定性及其与公民社会关系的变动性。杜鲁门指出，"全国性政党在特定时刻具有流动性和不稳定性，更多地是由临

---

① 〔美〕安东尼·奥罗姆：《政治社会学导论》，张华青等译，上海人民出版社 2006 年版，第 193 页。

② 同上，第 192 页。

③ 〔美〕詹姆斯·伯恩斯等著：《美国式民主》，谭君久等译，中国社会科学出版社 1993 年版，第 259 页。

④ 同上，第 260 页。

⑤ 同上，第 260 页。

时性的个人组成的联盟，而不是持续的制度化关系。这意味着政党和其他
政治利益集团之间的关系同样是变化的。因此，政党能否作为集团接近政
府的适当工具，不仅取决于该集团，而且也取决于特定的时刻、地点以及
有关政权的层次上的特征。"① 杜鲁门重点描述了政党和公民社团对于党纲
的共同需要，"职业政党和政治利益集团更多地关注全国性政党大会上提出
的纲领，在大多数情况下，在政党初选候选人提名后要通过政党的纲
领"②。杜鲁门明确地指出了党纲在推动两者临时合作关系时的作用，"从
政党作为一种赢得选票的机制的角度看，起草一份党纲是为了在领导者与
各派之间形成一个联盟，以提名候选人，并组织全国范围内的选举活动。
……由于主要的全国性政党松散的联合性质，提出党纲是必要的"③。在杜
鲁门看来，公民社团也认识到自己在与政党有限合作中的脆弱性，所以希
望通过党纲来固化自己与政党的联系。"从政治利益集团的角度来看，准备
党纲的意义在于，达成党纲过程中的协调可以有助于各类集团接近全国性
的党组织。利益集团通常要求党纲的内容尽可能明确。……利益集团的领
导者们知道，他们所关注的问题，即使在党内，也只能在未来才能得到解
决。而在党纲中，他们试图寻求一种确定的解决方法。为了使这种确定最
大化，政治利益集团在两大政党的党纲中都寻求得到认可。"④ 在这里，需
要提及的是，政治行动委员会是美国公民社会影响政党选举的重要工具。
这一点在伯恩斯对政治行动委员会的定义中有所展示：政治行动委员会
"不过是企业界、劳工、专业人员或其他利益集团的政治组织，根据法律有
权利在自愿的基础上向集团成员、股东、或受雇职工筹集资金，以便捐款
给所支持的候选人或政党"⑤。政治行动委员会卷入整个选举过程，其主要
影响体现在为候选人募集资金这一行动上。政治行动委员会通过大规模的、
资金充足的公共关系活动巧妙地动员舆论，并以供给金钱、进行竞选宣传、
用邮件和广告等方式表达对政党的支持。

　　美国政党与公民社会有限合作的另一个特点是公民社会的跨党派合作。

---

　　① 〔美〕杜鲁门：《政治过程——政治利益与公共舆论》，陈尧译，天津人民出版社 2005 版，第
307 页。

　　② 同上，第 308 页。

　　③ 同上，第 308—309 页。

　　④ 同上，第 310 页。

　　⑤ 〔美〕詹姆斯·伯恩斯等著：《美国式民主》，谭君久等译，中国社会科学出版社 1993 年版，
第 261 页。

伯恩斯曾经讲述过一个两党人士请愿会和华盛顿各宗教间神职人员会议共同反对 1984 年里根预算的故事。两党人士请愿会包括五位前美国财政部长和一位前商务部长，而这些人士本身是跨越党派的。华盛顿各宗教间神职人员会议由天主教、基督教新教教会、犹太人组织等组成。而在这些组织中，天主教与共和党关系密切，新教教会与民主党关系密切，所以这一组织也是跨党派的。两党人士请愿会反对的理由是，军事实力以经济实力为基础，而预算赤字的不断增加会导致经济的衰退。宗教组织反对的理由是，增加军费开支，导致社会福利计划削减，并最终使得老人、妇女、儿童、少数族群等弱视群体成为预算的牺牲品。① 我们可以看到，这两个组织反对里根预算的理由也是跨越党派的。

（四）合作的动力与限制因素

从根本上说，这种有限合作模式是由美国政党的特点所决定的。例如，杜鲁门对美国政党的特点表述道，"（美国的）全国性政党，以及州的政党通常是建立在地方组织基础上的松散联盟，而不是包容性的、有力的结构。……尤其在全国层次，政党首先是一种选举的工具，只是在有限的程度上才是一种决策的工具"②。杜鲁门精准地描述了美国政党在赢得选举这一绝对目标下形成的临时性、变动性和功利性特征。杜鲁门援引美国学者赫林的话："在全国范围内的政党组织更确切地应该被视为一种人们的关系网络"，并对赫林的话解释道，"他的意思是，如果不考虑那些在正式结构中占据职位者，所谓的全国性政党组织在模式上并不具有连续性。在特定时期，政党组织是由一个人或一群人在全国或部分地区与他人建立的一种临时的、变动的关系。这种正式的、由文章规定的结构表明了一种等级制的委员会结构；从全国或州在地方的选区、参众两院的选举委员会到全国性的委员会。然而，权威的实际路线与文字所规定的权威路线并不一一对应。……这些委员会在很大程度上是自治的、平行的，而不是一种等级制——这些单位是为了选举活动而

---

① 〔美〕詹姆斯·伯恩斯等著：《美国式民主》，谭君久等译，中国社会科学出版社 1993 年版，第 235—236 页。

② 〔美〕杜鲁门：《政治过程——政治利益与公共舆论》，陈尧译，天津人民出版社 2005 年版，第 549—550 页。

临时进行合作的。"① 庞顿和吉尔也表达过类似的观点，"美国政党总是将其主要使命视为去赢得大选，而不是执政。他们不具有意识形态和政策上的连贯程度"②。美国政党的变动性和选举导向特征不仅体现在全国层面，在州等地方层面则有更为显著的表现。杜鲁门观察到，"在州层次，主要政党有时候只是作为全国性政党的分支起作用，其他时候则可能独立行动，通常它们是自主的。有时候，这些政党合作起来谋求州的每一个重要的选举职位，而另一些时候，被提名者在完全没有政党帮助的条件下独立参加选举。"③ 杜鲁门认为，地方的政党组织更是一个选举的标签。杜鲁门援引戈斯内尔的研究，认为选区领导人十分容易地鼓动其支持者不仅从政党的一个派别转变到另一个派别，甚至从一个政党转换到另一个政党。④

在美国政党的自身特点之外，还有一些因素也会促成这种有限合作模式的出现。譬如，多元主义的政治文化是限制美国政党与公民社会进一步合作的文化根源。在这种多元主义视野中，公民社会的结社是用来抵御政党执政可能出现的多数暴政的。以下托克维尔的这段分析可以深刻地揭示出美国政治文化的这一思维倾向，他指出："在我们这个时代，结社自由已成为反对多数专制的一项必要保障。在美国，一旦一个党居于统治地位，一切国家大权就落于它的手中；它的党徒也将取得各种官职，掌握一切有组织的力量。反对党的最出名人物也不能打破把他们排除在政权以外的藩篱，反对党只能在野，发动少数的全部道义力量去反对压制他们的强大物质力量。"因此，像美国这样的国家"更需要用结社自由去防止政党专制或大人物专权的了。在贵族制国家，贵族社团是制止滥用职权的天然社团。在没有这种社团的国家，如果人们之间不能随时仿造出类似的社团，我看不出有任何可以防止暴政的堤坝"⑤。这种思维倾向暗示的结果是，美国公民社会的力量要强于政党，而政党仅仅是选举的工具。所以，在美国政治中，公民社会是主体，政

---

① 〔美〕杜鲁门：《政治过程——政治利益与公共舆论》，陈尧译，天津人民出版社 2005 年版，第 297—298 页。

② 〔美〕杰弗里·庞顿、彼得·吉尔：《政治学导论》，张定淮等译，社会科学文献出版社 2003 年版，第 129 页。

③ 〔美〕杜鲁门：《政治过程——政治利益与公共舆论》，陈尧译，天津人民出版社 2005 版，第 300 页。

④ 同上，第 302 页。

⑤ 〔法〕托克维尔：《美国的民主》（上册），董果良译，商务印书馆 1991 年版，第 216—217 页。

党是客体。而这种关系仅仅在选举时会出现例外，双方关系会调换位置，政党成为选举的主体，而公民社会成为选举的客体。

美国的政治体制也是导致美国政党与公民社会进行有限合作的重要原因。美国的行政机关与立法机关相互独立，这使得总统在国会的立法行为非常脆弱。长期的政治学习过程使得国会的议员发现其不需要对政党表示忠诚。这是卡特在一个由2/3民主党多数控制的国会中都觉得无法实现其立法要求的原因。因此，在立法过程中，美国总统还需要因应时势而与非本党的议员结成特定的联盟。这种立法模式导致的结果是，公民社会只需要在国会中进行游说，而不需要影响政党或与政党结盟。庞顿和吉尔的描述，"我们可以看到在美国国会所存在的游说现象远比在英国下议院的情况严重得多，事实也确实如此。……从立法创议方面看，在美国，游说众议院则更为重要，尤其是当利益集团希望行使否决权以阻止一项提议的通过而不是通过一项新提议之时。"① 杜鲁门也有过类似的表述，在美国，"主要的全国性政党基本上是选举总统的工具，而不是运作政权的工具。如果议案要获得通过，尤其是在投票中需要得到绝对多数选票时，例如国际条约和宪法修正案，大多数需要得到来自两党的立法者的投票。"② 因此，在这种政治体制中，美国公民社会要实现自己的利益诉求，最制度化的和根本的方式就是影响国会，而不是影响政党。

另外，福利国家的出现也是导致美国政党与公民关系疏远的原因。在罗斯福新政之前，美国政党的核心集团在许多城市为一些弱势的少数群体提供公共服务，譬如为贫困的移民提供物质上的帮助或就业机会，以锁定这些群体的政党忠诚和投票结果。③ 简言之，城市地区的政党组织用其手中的资金去帮助选区内的贫困移民，这样用一小笔钱就可以招来一批稳定的选民。然而，在罗斯福新政之后，财政资源逐渐集中于美国联邦政府，而为贫困者或残疾人等弱势群体提供福利救济的渠道和方式都已经被政府制度化了。在这种情形下，美国政党组织的一项传统功能就衰落了。

---

① 〔美〕杰弗里·庞顿、彼得·吉尔：《政治学导论》，张定淮等译，社会科学文献出版社2003年版，第141页。

② 〔美〕杜鲁门：《政治过程——政治利益与公共舆论》，陈尧译，天津人民出版社2005版，第310页。

③ 〔美〕安东尼·奥罗姆：《政治社会学导论》，张华青等译，上海人民出版社2006年版，第198—200页。

（五）有限合作的终结？公民社会替代政党的可能？

尽管美国政党与公民社会的关系主要表现为一种有限合作模式，但从目前的趋势来看，这种有限合作模式也有可能走向终结。目前，西方政治中出现了政党衰落的迹象，美国也不例外。对于这一点，伯恩斯有过一个简要的描述，"近20年来，政党所受到的公众支持及其组织力量一直在下降。在过去1/4世纪的时间里，'坚定的'共和党人和'坚定的'民主党人大约减少1/3。在同一时期，无党派人士的数目却稳步增长。大多数州里的政党组织虚弱无力。政党在当地强大的地方，政党往往为一小批'老人物'所控制。美国人对政党一直在丧失信心，就像对多数其他的制度和机构丧失信心一样。"① 奥罗姆也指出，"美国政党的黄金时期是19世纪的最后25年。……简言之，同目前相比，美国政党组织在19世纪末期更为充满活力、更为强大。由于这些变化似乎显示出多少有些断断续续的下降趋势，因此探讨导致美国政党逐渐衰退的条件就是很适宜的了。"② 庞顿和吉尔也认为，美国出现了政党动员衰落的明显趋势，并将政党动员衰落的原因总结为两点：一是"单一目标压力集团"的数量增加，并且其卷入选举过程的程度在加深。二是电视对竞选的影响。电视为政治家提供了与选民直接且单向的联系，并减少了政党作为中间人的传统作用。③

西方的政党衰落趋势使得公民社会在民意表达上的作用凸显，以至于有些学者开始探讨公民社会替代政党作为民意表达渠道的可能。然而，美国的公民社会也并不完全是令人鼓舞的。尽管美国的公民社会有其深厚的传统和历史，但近20多年来美国的公民社会也出现了一些不容乐观的变化。美国政治学家罗伯特·普特南，1995年在《民主杂志》上发表《独自打保龄球：美国日益下降的社会资本》一文。④ 在文中，普特南对美国"综合社会调查"从20世纪70年代初到90年代中期的数据进行分析后得出结论：美国传统的

---

① 〔美〕詹姆斯·伯恩斯等著：《美国式民主》，谭君久等译，中国社会科学出版社1993年版，第342页。

② 〔美〕安东尼·奥罗姆：《政治社会学导论》，张华青等译，上海人民出版社2006年版，第216页。

③ 〔美〕杰弗里·庞顿、彼得·吉尔：《政治学导论》，张定淮等译，社会科学文献出版社2003年版，第125页。

④ Robert D. Putnam, "Bowling Alone：America's Declining Social Capital", *Journal of Democracy*, January, 1995, pp. 65 – 78.

公民社会组织在衰落。美国社会学家斯考切波（Theda Skocpol）的研究也支持普特南的结论。斯考切波认为，在 20 世纪 60、70 年代，美国传统的会员组织开始衰落，而新型的倡议组织逐渐成为公民运动的主导。新型倡议组织往往指向某种具体政策，其成员归属感不强，因此从加强社会联系的角度来看，他们对公民社会帮助有限。斯考切波对公民社会主导组织形态变化的描述，从另一个角度也旁证了美国公民社会的衰落。① 对普特南和斯考切波的观点，产生了一些不同意见。譬如，哥伦比亚大学社会学教授埃泽奥尼（Amitai Etzioni）认为，美国的公民并没有出现衰落，只不过是公民社会的组织形式发生了一些改变。②

普特南在 2000 年出版了《独自打保龄球：美国社区的衰落和复兴》一书。该书回应了 1995 年文章发表后受到的批评，并对"美国公民社会衰落论"的观点进行了进一步的论证。在"综合社会调查"的数据之外，普特南还使用了罗帕组织的"社会和政治趋势"（Roper Organization's Social and Political Trends）和"伊登生活方式调查"（DDB Needham Life Style Surveys）的数据。这些数据更为有力地证实了从 60 年代开始美国公民社会在政治、宗教和社区参与等领域的显著下降趋势。普特南重新分析了导致美国公民社会衰落的原因。普特南认为，高度动员化且具有浓厚公民意识的"二战"一代的消失是主要原因，约占到总权重的 50%，电视对公民社会的瓦解约占到总因素的 25%，双职业家庭对闲暇时间的压迫约占到总比的 10%，城市外向化发展导致的较长工作往返时间和其他问题约占到总影响因素的 10%，其他因素约占 5%。③

然而，普特南的悲观看法在"9·11 事件"之后却发生急剧转变。在 2002 年《美国展望》上发表的《一起打保龄球：美国》一文中，他写道，"在上世纪后期，美国公民社会出现了明显衰落的趋势。然而，9·11 悲剧却戏剧地阻止甚至扭转了这一趋势。9·11 发生的那一瞬间，我们重新发现了我们的朋友、邻居、公共组织和共同的命运。"普特南的结论基于他所领导的项目小组在 2000 年夏到 2001 年底进行的一次全国公民态度和公民行为的

① Theda Skocpol, "Association without Members", *The American Prospect*, July 1999, pp. 66 – 69.

② Amitai Etzioni, "Is Bowling Together Sociologically", *Contemporary Sociology*, Vol. 30, No. 3, May 2001, p. 223.

③ Robert D. Putnam, *Bowling Alone: The Collapse and Revival of American Community*, New York, Simon & Schuster, 2000, pp. 283 – 284.

调查。调查结论发现，与一年之前相比，美国民众对联邦政府的信任度增加了44%。对地方政府的信任度增加了19%，"对政治参与的兴趣"上升了14%，对地方警署的信任增加了14%，对其他种族人群的信任上升了11%，对商店售货员的信任增加11%，对邻居的信任增加了10%。①

2006年，《哈佛国际评论》上发表了一篇题为"美国公民社会的未来：9·11之后的公民参与"的文章，该文是对普特南的访谈记录。在文章中，普特南再次对"公民参与趋势逆转"的观点进行了确认。普特南认为，公民社会复兴趋势在2004年大选中有明显的表现。2004年大选使民众再次认识到面对面的社会联系的重要性。在2004年大选之前，美国公民使用互联网或者小型组织来相互联系和参与政治，这一点并不鲜见。然而，在佛蒙特州前州长霍华德·迪安竞选中表现出的公民政治参与却是一个真正的创新。虽然迪安最后被证明是一个有缺陷的候选人，但其竞选运动却制造出一个非电子的、面对面的社会网络。迪安的支持者们不远长途、跨越各州聚在一起进行政治活动。大选之后，这些面对面的社会网络发展为大型的福音新教组织。这些大型新教组织是新出现的一种非常有效的公民社会结构，在无形当中帮助公民社会有力地参与和影响政治，而公民社会自发的政治动员比政党对公民的政治动员更加有效。②

尽管普特南激情洋溢地描述9·11后美国公民在政治参与中出现的新变化，然而普特南也不讳言他对布什政府政策的批评和失望。9·11事件后，普特南被邀请到美国白宫，与布什政府一起合作研究如何将9·11悲剧转化为制造一个"新的最伟大一代"（普特南最先使用的语言，布什之后在国会作演讲时也使用这一语言）的动力。然而，普特南批评说，布什政府的某些公共政策是反公民社会的。譬如，伊拉克战争后美国政府向富人减税的政策是一种分裂性的社会政策。这一政策似乎在告诉民众，当普通民众为战争作出牺牲时，富人们却在逃脱社会责任。③

另一个让普特南感到担忧的趋势是，美国的公民参与出现了明显的阶级鸿沟。普特南的调查发现，美国上层中产阶级的子女比工人阶级的子女参与

---

① Robert Putnam, "Bowling Together: the United State of America", *The American Prospect*, February 2002, p. 22.

② "The Future of US Civil Society: Civic Engagement after September 11", *Harvard International Review*, Summer 2006, p. 74.

③ Ibid., p. 75.

公共事务的兴趣更为浓厚。志愿参与的鸿沟与收入差距的鸿沟相平行。与收入差距伴生的志愿参与的差距还可能会被继承。而且，中产阶级越来越不愿意同工人阶级生活在一起。美国社会正在发生结构性的变化，美国民众越来越生活在两个独立的世界。当问及如何消减和逆转这一公民参与的阶级鸿沟时，普特南开出的药方是，需要政府在经济和社会政策上进行调整，也依赖于教育者对公民意识的传播和引导，也需要在不同阶层的人们之间制造更多的"联结性社会资本"（bridging social capital）[1]。普特南认为，9·11后公民社会复兴的趋势是否延续的关键在于国家和社区两个层面领导者的态度和努力。

结　语

尽管美国出现了政党衰落的趋势，但整体来看，这种衰落和虚弱正是美国政党独特性的表现，或者说是美国政党发展的例外主义。公民社会是美国政治传统中很重要的一部分，所以很多学者对美国公民社会的发展及其政治意义寄予了厚望。从这个角度来讲，普特南关于美国公民社会衰落的观点在很大程度上是警示性的，其目的在于促使人们对公民社会更加关注。相比政党而言，公民社会在美国政治中制度化表达利益的功能更为强势，这也可以部分用以说明政党与公民社会有限合作的原因。杜鲁门指出，"政党被认为是一种机制，通过它可以在追求公职的人们挑选合适者。因此，接近政党的机制对一个政治利益集团而言是重要的，尽管原因很明显，它也不是接近政府的唯一的或最重要的途径。"[2] 这句评价很中肯地指出了美国政党的功能，也指出了公民社会对政党的有限需要。总之，美国政党与公民社会的有限合作模式是独特的，其可以作为比较政党社会学中的一个典型案例来进行研究。

三、东亚的政党主导模式：以日本和新加坡为例

东亚政党与公民社会的关系表现为两种模式：一种是以日本和新加坡为代表的政党主导模式，另一种则是以韩国和泰国为代表的双重虚弱模式。后

---

[1] "The Future of US Civil Society: Civic Engagement after September 11", *Harvard International Review*, Summer 2006, p. 76.

[2] 〔美〕杜鲁门：《政治过程——政治利益与公共典论》，陈尧译，天津人民出版社2005版，第294页。

一问题将另外讨论，而本部分则主要分析第一个问题。这里将分别对日本和新加坡各自的政党和公民社会发展过程进行梳理，然后对两国政党主导公民社会的特征展开描述和解释，最后探讨两国近年来多元主义的发展以及公民社会的兴起对政党主导模式的挑战问题。

（一）日本和新加坡的政党政治

从政党体制来看，自 1955 年开始，日本自民党几乎垄断了日本的政党政治，其历任总裁也一直处于内阁首相地位，所以学者们习惯将 1955 年之后的日本政治体制称为自民党体制或自民党"一党独大体制"[①]。1993 年，除共产党之外的所有在野党联合起来挑战自民党的独大地位，而自民党这次没有保住半数议席，并首次成为在野党。2009 年 8 月，自民党仅获得议会的 119 席位，而民主党则拿下 480 席的 308 席。自此，日本实现了向"有政权轮替的民主"的转化。政治变迁的发生促使学者们开始讨论日本政党体制转型的可能性。[②] 这种讨论在近年来更多出现，而学者们则更多关注选举制度与日本政党体制之间的关系。[③] 从政党组织及其社会基础来看，自民党和社会党等主要政党均完成了政党制度化的过程，形成了从党首到普通干部再到下级党员的金字塔式组织结构。自民党和社会党在高峰时期均拥有百万以上的党员。这种结构在 1994 年，之前的选举环境中非常有效。一方面可以将大量党员作为政党的组织基础和经济来源，另一方面可以借助党员和外围群众将党的政策宣传开来，以实现选举绩效。1994 年，日本国会通过了包含《政治资金规正法修正案》和《政党助成法》在内的"政治改革相关四法案"。新的改革法案限制了政治捐款的数量并导入了政党交付金制度，这一改革促使政

---

① 朱艳圣：《不寻常的民主——自民党单一政党统治与日本式民主》，载《当代世界与社会主义》，2003 年第 5 期，第 74 页。

② 高洪：《日本政党体制转换的社会成因》，载《日本学刊》，1999 年第 2 期，第 37—47 页。

③ 日本的众议院选举采取多数代表制与比例代表制的混合形式。周杰运用迪维尔热定律对日本政党体制进行研究后认为，日本政党体制呈现为"准两党制"的特征。参见周杰：《新选举制度对日本政党体制的影响——"迪韦尔热效应"的实证分析》，载《日本学刊》，2009 年第 4 期，第 3—15 页。张伯玉认为，日本政党制度改革的方向性非常明确，即以多数决原则推动日本政治的发展，而多数决原则不可避免地导向两党制。但是，日本社会的历史传统和日本社会的政治分化等问题则会给这种转换带来不确定性。张伯玉：《日本民主模式及政党制形态转变的可能性与不确定性》，载《日本学刊》，2009 年第 6 期，第 58—69 页。

党将获得公共财政支持作为其资金的重要来源。① 新制度实施之后，政党资金来源发生变化，依靠众多党员来维持政党财政已经成为过去。同时，大众媒体的影响和信息化社会的来临，也消解了以党员作为政党动员主要方式的必要性。政治领袖可以利用电视或网络等媒体向公众直接宣传党的政策主张。简言之，日本政党出现了群众型政党向卡特尔政党转型的趋势。② 从政党意识形态来看，战后形成了以自民党为首的保守主义政党和以社会党为首的革新主义政党对立的局面。在 1960 年以后，自民党的意识形态色彩有所淡化，并逐渐由自由民主和民族主义并存的意识形态向实用主义转变，而社会党则在 20 世纪 80 年代发生纲领转变。1986 年，社会党的新宣言指出，社会党不再是阶级性群众政党，而是代表所有国民和向所有人开放的国民政党。③ 20世纪末，民主党作为新兴政党崛起。民主党与自民党在基本观点和政治纲领上极为相似，对政府政策的总体方向也持有共识，有学者将其总结为冷战后日本政党间同质化和政界总保守化的趋势。④

从政党体制来看，自 20 世纪 60 年代后期始，新加坡形成了人民行动党长期执政的一党独大体制。一方面，人民行动党在发展过程中把其他政治组织吸纳进它的制度框架下；另一方面，人民行动党并没有像东南亚一些国家那样取缔反对党，而是有意保留了反对党。在处理与反对党的关系方面，执政党一方面对其严格限制，采取一切合法的手段将其摒弃在国家权力之外；另一方面也保证其在一定程度上的发言权，允许甚至鼓励其对执政党进行监督和反映不同意见。20 世纪 80 年代之后，反对党政治有微弱的发展，譬如1981 年第一名反对党议员进入国会，再如反对党在之后的选举政治中愈加活跃并且得票率不断增加。⑤ 从政党组织及其社会基础来看，人民行动党实现了较高程度的政党制度化并紧密地与其民众联系在一起。人民行动党的组织结构大体由集权的中央组织、分布广泛的支部和分层的党员群体组成。中央执行委员会是人民行动党的最高权力机构，负责制定人民行动党的所有重要

---

① 新制度规定，以国民每人缴纳 250 日元税金的标准，将总额约 309 亿元的政党交付金，按照各党议员数及国政选举得票率进行分配；上限不超过该党上一年收入的 2/3。参见徐万胜：《政治资金与日本政党体制转型》，载《日本学刊》，2007 年第 1 期，第 7—8 页。

② 高洪：《新世纪日本政党形态相关的若干问题》，载《日本研究》，1999 年第 4 期，第 72—73页。

③ 张伯玉：《日本政党制度政治生态分析》，世界知识出版社 2006 年版，第 174 页。

④ 李莹：《试论日本政党体制的转型》，载《当代亚太》，2007 年第 5 期，第 35—36 页。

⑤ 李路曲：《当代东亚政党政治的发展》，学林出版社 2005 年版，第 34、46 页。

政策。支部的主要职能是为选举服务和联系并服务选民。人民行动党的党员存在普通党员和干部党员的分层结构，其普通党员约 15 000 人，需要定期缴纳党费，有参加党的全体大会的权利和义务。干部党员占全体党员数的1/10，有权利参加中央委员会选举，有资格被推荐参加国会议员竞选。[①] 从政党意识形态来看，人民行动党对民主社会主义思想进行了民族主义改造[②]，致力于发展生产力和建立平等、公正、合理和机会均等的社会，并将政治稳定视为政治发展的首要大事，主张建立符合本民族传统的东方式民主。[③]

（二）公民社会：东亚的新事物

在行动主义国家的管制和约束下，战后日本的公民社会多数时间处于萎靡状态。虽然 20 世纪 60、70 年代日本也曾出现了相当有影响的社会运动，但这些社会运动几乎都是昙花一现，并未形成较为持久的影响力。在环境保护领域，虽然在 1965 至 1975 年之间数以千计的环境组织破茧而出，但这些组织都是分散的和地方化的，这导致其集体行动能力有限。例如，日本政府在 1971 年出台的一系列反污染措施是政府自身而非这些环保组织积极推动的。由于这些环保组织的产生都是出于对自身环境利益保护的应激性反应，而这些环境组织并没有在其初始关心的问题逐渐弱化后转向新的议题，因此，日本的环境组织多数在问题消失之后也随之消失。在反战运动领域，抗议美日安保条约的学生运动曾一度风起云涌。领导和组织学生运动的青年基督徒协会的组织规模也在 60 年代达到顶峰。然而，在 60 年代运动的后期，青年基督徒协会并没有以这些运动为荣，而是较为激烈地进行了自我批评。1969年，该组织的重要机构——全国学生委员会自行解散，并中止了该组织运行多年的暑期学校。70 年代之后，青年基督徒协会仍然活动于日本的公民社会中，但与 60 年代相比，它的组织结构、社会影响和活动内容都已经高度的非政治化。[④] 从 70 年代末到 90 年代中期，日本公民社会并未爆发任何在全国范围内有影响的公民运动，其公民组织却在缓慢但蓬勃地积蓄力量。70 年代末

---

① 刘阳：《从政党的组织结构和组织制度看新加坡人民行动党长期执政的原因》，载《当代世界与社会主义》，2005 年第 6 期，第38—39 页。

② 李路曲：《论新加坡人民行动党对民主社会主义的民族主义改造》，载《当代世界与社会主义》，1997 年第 4 期，第40—44 页。

③ 韦红：《新加坡的民主社会主义》，载《社会主义研究》，2004 年第 5 期，第118—120 页。

④ Mary Alice Haddad, "Transformation of Japan's Civil Society Landscape", *Journal of East Asian Studies*, Vol. 7, No. 3, 2007, p. 421.

到80年代中后期，援助型国际非政府组织成为公民组织发展的先导。80年代末到90年代中后期，大型基金会如1/100俱乐部和全球协作基金会等蓬勃发展。根据2000年日本政府的一项统计，2000年时存在的公民组织中有25.4%是在80年代产生的，有42%则是在90年代产生的。① 80年代之后产生的公民社团主要都集中在传统组织、商业组织和工会组织之外的领域，这是日本公民社会增长和多元化的重要标志。②

20世纪80、90年代积聚的公民社会发展在1995年爆发出来。1995年的神户大地震在传统的公民参与结构上打开了一个缺口。1995年阪神地震发生后，6 000多人死亡，30多万人无家可归。但由于日本政府在危机处置中的低效率和反应滞后，未能及时有效地组织国内救援物资到位，也没有允许国际组织和其他国家运送紧急物资。作为回应，超过100万的日本公民自发到阪神灾区帮助受灾民众，并带去最为需要的食品、药物和其他物品。这次地震使日本民众意识到，传统的对国家系统高度依赖的社会治理模式应该淡化，民众必须通过自己的草根行动来实现其公益。日本政府也强烈感觉到公民社会的力量和公民参与的热情，因此将1995年宣布为"志愿者年"。1995年爆发的强大势能并没有终止，经过三年的辩论，关于公民组织活动的"特定NPO法案"颁布。之后，日本政府将2001年定为"国际志愿者年"。约6 000个公民组织在这一年进行注册，参与志愿活动的登记人数为3 200万人，而在十年之前，这一数字仅为400万人。一些学者乐观地认为，90年代中后期是日本公民社会发展的分水岭，之后日本公民社会发展进入一个崭新的历史时期。③

在独立之前，新加坡就存在着一定规模的前现代性市民组织。新加坡开埠伊始，一些以语言、种族、宗教、省籍、姓氏、职业为基础的互助性社团就逐渐形成，最典型的例子是新加坡华人社团。这一时期，这些市民组织的显著特点是只为特定族群服务，而且缺乏开放性。④ 独立之后，新加坡政府

① Robert Pekkanen, "After the Developmental State: Civil Society in Japan", *Journal of East Asian Studies*, Vol. 4, No. 3, 2004, p. 373.

② Yutaka Tsujinaka, "Japan's Civil Society Organizations in Comparative Perspective", In Frank J. Schwartz and Susan J. Pharr (eds.), *The State of Civil Society in Japan*, Cambridge, U. K.: Cambridge University Press, 2003, p. 92.

③ Mary Alice Haddad, "Transformation of Japan's Civil Society Landscape", *Journal of East Asian Studies*, Vol. 7, No. 3, 2007, p. 413.

④ 王绍光：《多元与统一：第三部门国际比较研究》，浙江人民出版社1999年版，第239页。

在国家合作主义的模式下建立了一些官方色彩浓厚的社会组织，如人民协会、全国职工总会和妇女组织理事会等。人民行动党政府给这些组织以经费支持，帮助它们进行组织建设，还委派政府官员到这些组织中工作。在公职竞选时，这些社会组织也自然被动员起来宣传人民行动党的纲领主张，为行动党竞选贡献力量。这一时期，这些社会组织的特点是它们对国家和执政党权力的依附性和从属性，这些组织甚至可以看成国家权力和执政党权力在公民社会中的延伸。

真正具备现代性和自主性特征的新加坡公民社会的兴起是在 20 世纪 80 年代中期之后，一些传统的社团此时开始进行现代化的改造。1986 年，新加坡华人社团共同成立了"新加坡宗乡会馆联合总会"。宗乡总会一成立就帮助各会员组织进行现代化改造，增加这些组织的开放性和兼容性。更为重要的是，一些独立的公民社会组织此时开始形成。到 20 世纪末，这些自主性的公民组织已经在其所在的社会或政治领域制造出引人注目的影响。在种族领域，回教专业人士协会（AMP, the Association of Muslim Professionals）的成立和发展是一个典型案例。回教专业人士协会成立的背景是，马来族群对其在经济上的弱势地位和认同上的被怀疑感到不满①，同时，马来人认为人民行动党内的马来族代表并没有反映出马来族群的根本利益。这样，在 1990 年，马来人自发组织起来，希望建立一个民间的马来人协会。② 在协会的预备会议上，会议代表们明确表示，人民行动党内的马来代表已经不能领导马来社区。他们要求政府将回教理事会和回教社会发展理事会等组织非政治化，并且交由马来社会自己管理。同时，他们还希望建立一个非党派的、由不同的马来组织领导人共同组成的集体领导机构。③ 当时即将继任总理的吴作栋以特邀嘉宾的身份参加了这一预备会议。吴作栋建议，不必将回教理事会和

---

① 新加坡的马来人在受教育程度和收入水平等方面都明显逊于华人和印度人。而在一些消极的社会问题领域，如单亲家庭和吸食毒品等方面，马来人的程度则远高于华人和印度人。马来人在新加坡的弱势地位还受到新加坡地缘政治环境的影响。新加坡与马来西亚和印尼存在一些历史矛盾，这些矛盾传导到国内社会中，使得新加坡马来人的国家认同经常被怀疑。直到 20 世纪 80 年代中期，马来人才被允许服军役。即便是近十年，也很少可以看到马来人能够被提拔为军官。Chua Beng-Hua, "Culture, Multiracialism, and National Identity in Singapore", in Kuan-Hsing Chen (ed.), Trajectories: Inter-Asia Cultural Studies, London: Routledge, 1998, pp. 186 – 205.

② Garry Rodan, "State-Society Relations and Political Opposition in Singapore", in Garry Rodan (ed.), Political Oppositions in Industrialising Asia, London: Routledge, 1996, pp. 102 – 106.

③ Chua Beng-Hua, "Singapore in 1990: Celebrating the End of an Era", in Southeast Asian Affairs 1991, Institute of Southeast Asian Studies, Singapore, 1992, pp. 253 – 266.

回教社会发展理事会非政治化，政府可以帮助马来人建立一个归马来人管理的民间组织。之后，会议代表们接受了吴作栋的建议，成立了回教专业人士协会。从其建立之日起，该协会就在马来社区中建立了牢固的地位。由于独立于执政党和政府，该协会逐渐发展为马来社区最具领导性的公民社会组织。①

在艺术领域，"《离婚》剧事件"则展现出一些艺术团体试图摆脱国家干预和控制的努力。《离婚》（Talaq）是一部反映了新加坡印裔穆斯林（泰米尔人）女性面临家庭暴力和社会压迫等问题的戏剧。该剧在1999年上映时遭遇到麻烦，一个半官方组织新加坡回教理事会（the Islamic Religious Council of Singapore）认为该剧可能会引发社会矛盾，要求政府禁止这部戏的上映。之后，这部戏接受了新加坡政府管理机构——艺术理事会的审查。在审查的过程中，该剧创作方"激情剧院"（Theatre of Fire, Agni Kootthu）的负责人冉莫莉（S. Thenmoli）与艺术理事会发生了严重的冲突。艺术理事会认为审查小组应该包括回教理事会的两名男性成员，而冉莫莉坚决不同意。冉莫莉的理由是，这两名男性成员并不是艺术理事会的成员，他们的参与会使审查的过程有失公正。结果，由于双方都不肯妥协，该剧因为"涉及宗教敏感性"的原因而被要求停止上映。②

在政治领域，"思考中心"（the Think Center）的活动是一个典型案例。"思考中心"是在政治活动家詹姆士·戈麦斯（James Gomez）的倡导下建立。戈麦斯认识到注册一个志愿性组织的困难，于是在1999年将该中心注册为一个提供政治咨询的公司，并把自己称为"政治企业家"（entrepreneur of politics）。建立之初，该中心就出版了一份名叫《羞耻》（Shame）的刊物，试图披露新加坡政治中的一些鲜为人知的故事。该中心还同一些政党合作，通过组织公开的论坛来讨论一些政治议题，如选举的透明性和《社团法》对公民组织参与政治的限制等问题。该组织活动的特点是"打擦边球"，经常接近新加坡法律的边界，但总是可以灵活地避免触犯那些法律。很快该组织便成为新加坡人茶余饭后谈论的中心。鉴于戈麦斯制造新闻的能力，一些媒

---

① Chua Beng-Hua, "Non-Transformative Politics: Civil Society in Singapore", in David C. Schak and Wayne Hudson (eds.), *Civil Society in Asia*, Hampshire: Ashgate Publishing Limited, 2003, p. 29.

② Liew Kai Khiun, "Between Sensationalism and Information: Talaq and the Media", *FOCAS: Forum on Contemporary Art & Society*, Singapore: The Necessary Stage, 2001, pp. 174 – 175.

体将戈麦斯称为"头条新闻制造者"（Headline Grabber）。①

以上从三个领域的典型案例讨论了新加坡公民社会的兴起。从新加坡公民社会组织的数量来看，到 90 年代中期，新加坡已有约 4 600 个注册社团②，对于一个人口不到 300 万的国家来说，这个数目已经非常可观。总之，近 20 年来公民社会正在新加坡兴起。

（三）政党主导公民社会模式的固化

已有的一些研究已经对日本公民社会的特征进行了描述。譬如，哈佛大学政府管理学院教授苏珊·帕尔（Susan J. Pharr）将战后日本的公民社会总结为生产者组织主导、劳工和消费者组织虚弱、宗教组织无力、政治倡议组织表达功能不强、缺乏"新社会运动"、大众媒体缺乏独立性、国际非政府组织数量较少和行动主义国家对公民社会的主导等八大特征③，帕尔的分析是按照公民组织的类型进行分类描述的。而华盛顿大学亨利·杰克逊国际问题研究院教授罗伯特·比简恩（Robert Pekkanen）则试图从中央与地方的国家结构视角来描述日本公民社会的特征。在《日本的双重公民社会》一书中，比简恩认为日本的公民社会有明显的双重结构属性：一方面，在地方层面，日本存在大量小型的邻里型公民社团和稠密的基层社会网络；另一方面，在全国层面，日本却缺乏可以影响国家决策的大型职业化公民组织。④ 日本公民社会的双重特征具有其历史原因。从明治时期开始，国家便使用社团法规、经济约束和行政干预来约束国家层面的公民社会。1896 年，日本民法典以制度的形式确立了国家干预公民社会的传统。希望获得合法地位的公民组织需要得到政府的批准，而且需要经常申报关于财物和人事上的信息，并像企业一样缴税。这些规制消除了公民社会组织在全国层面公开活动且独立发展的可能。在地方层面，小型的公民社团却可以通过不注册的方式规避政府规制的约束，诸如邻里组织、志愿者救火队、志愿者福利互助组织、妇女组

---

① Chua Beng-Hua, "Non-Transformative Politics: Civil Society in Singapore", in David C. Schak and Wayne Hudson（eds.）, *Civil Society in Asia*, Hampshire: Ashgate Publishing Limited, 2003, p. 32.

② 王绍光:《多元与统一：第三部门国际比较研究》, 浙江人民出版社1999 年版, 第239 页。

③ Susan Pharr, "Conclusion: Targeting by an Activist State: Japan as a Civil Society Model", in Frank Jacob Schwartz and Susan Pharr（eds.）, *The State of Civil Society of Japan*, Cambridge: Cambridge University Press, 2003, pp. 320 – 321.

④ Robert Pekkanen, *Japan's Dual Civil Society: Members without Advocates*, Stanford, Calif. : Stanford University Press, 2006, pp. 159 – 189.

织和老年人俱乐部此类的公民社团在民间社会普遍存在，这些小型的邻里组织构成了日本地方社会中紧密联结的传统社会网络。这里需要强调的一点是，这些小型公民组织并非是完全自治和独立的，它们同地方政府发展了一种共生关系，并发挥了一部分准政府的功能。

帕尔和比简恩主要是从国家和社会的关系来分析日本的公民社会。实际上，由于战后自民党与日本政府紧密地结合在一起，并在 20 世纪 60、70 年代逐渐形成了"党高官低"的特征，即在日本政策决定过程中，自民党的地位远高于政府和各官厅①，所以日本的国家与社会关系在某种意义上就反映了政党与公民社会的关系。在日本，政党对公民社会的主导一方面反映在反对党对公民社会运动的促进和推动上，另一方面也反映在执政党对公民社会运动的消解和吸收上。下面以日本环境运动为例。至 60 年代，日本快速的工业化导致一系列环境污染问题，如 1960 年的伊势湾石油污染事件和 1961 年的四日市等工业地带哮喘事件等，这些环境污染导致了日本居民运动的兴起。1963 年到 1964 年，沼津、三岛、清水两市一町反对公害的居民运动首先爆发。之后，"四日市被害对策协议会"（1963）、"阿贺野川有机水银被害者之会"（1965）、"横滨新货物线反对同盟联络协议会"（1966）、"富士市公害对策委员会"（1967）、"杉并清扫工厂建设反对期成同盟"（1967）等众多有影响的居民运动团体成立。到 1973 年，这样的环境运动团体有 1 400 个。这类居民运动从一开始就与地方自治体的革新运动结合起来，换言之，这类居民运动是革新政党积极参与和指导的结果。② 乔治敦大学管理学教授保罗·阿尔梅达（Paul Almeida）和纽约州立大学经济政策教授林达·斯特恩（Linda B. Stearns）对日本地方环保运动考察后发现，在 20 世纪 70 年代早期的环保运动中，日本共产党与当地支援团体、全国环保社会运动组织、学生大众媒体一道推促运动走向成功。③ 在反对党积极推动公民社会运动的同时，自民党却用积极行动消解环保运动发生的问题情境。譬如，自民党政务调查会于 1964 年设立公害对策委员会，而自民党的这一行动比政府设立环境厅还

---

① 林尚立：《党高官低：日本政策决定过程中的政党与官僚》，载《复旦学报（社会科学版）》，1996 年第 4 期，第 85 页。

② 张伯玉：《日本政党制度政治生态分析》，世界知识出版社 2006 年版，第 221—223 页。

③ Paul Almeida and Linda B. Stearns, "Political Opportunities and Local Grassroots Environmental Movements: The Case of Minamata", *Social Problems*, Vol. 45, No. 1, 1998, pp. 37 – 60.

早六年半。[①] 自民党对环境问题的积极解决以及与环境团体的主动合作最终化解了这一社会运动。

自民党对公民社会的主导还体现在其协助财界组织、农协、中小企业团体以及其他友好团体实现利益并对其塑造上。自民党成立后便与财界四大团体，即经济团体联合会、日本经营者联盟、日本商工会议所和经济同友会结成紧密的制度化关系。自民党通过其执政地位给财团提供特殊利益的分配，而财团则以政治献金作为回报。自民党还同农村社会组织——农业协同组合结成合作关系，自民党倾向出台向农民倾斜的农业政策，同时农协以会费和选票作为对自民党优惠政策的回馈。当然，自民党的外围组织并不限于这两类。据 1966 年自民党全国组织委员会公布的数字，在自民党的友好团体中，实业家团体以及此类的联合体有 137 个，农林渔业关系团体 66 个，社会福利团体 49 个，青年学生团体 31 个，文化团体 20 个，妇女团体 8 个，地方自治体 7 个，农业金融团体 5 个，劳动关系团体 4 个。[②] 在反对党中，社会党是与公民社会团体最为密切的。日本劳动工会总评议会是社会党的重要外围组织，社会党对总评议会有很强的指导关系，人们将社会党称为总评议会的政治部。社会党对其外围组织的领导体现在其组织的社会运动中。在 1958 年的反对警职法修改运动中，社会党以总评议会、中立劳联、护宪联合等 7 个团体为基础，再联合各种文化团体、妇女团体等 66 个团体，组成"反对警职法修改国民会议"。1959 年，社会党在指导和参与反安保的大众运动中，又在"反对警职法修改国民会议"基础上，组成更大的国民组织——"阻止修改安保条约国民会议"。[③] 当然，社会党对外围组织的影响力和塑造功能要远逊于长期执政的自民党。

在新加坡政治中，民主规则的主要供给者是人民行动党，新加坡 20 多年来出现的民主政治发展都是由人民行动党推动的。譬如，1984 年出现的议会非选区议员制是由李光耀推动的。当行动党了解到民众希望在议会中有反对党的存在，李光耀就考虑，如何可以使反对党在没有赢得议员选举的情况下

---

① 林尚立：《党高官低：日本政策决定过程中的政党与官僚》，载《复旦学报（社会科学版）》，1996 年第 4 期，第 86 页。

② 林尚立：《政党政治与现代化——日本的历史与现实》，上海人民出版社 1998 年版，第 237 页。

③ 同上，第 237—238 页。

仍拥有一定的议席。这样，议会的非选区议员制就产生了。① 再如，1991 年的总统选举制也是由人民行动党自行推动的。当行动党发现民众对政府总理拥有的权力过分集中颇有微词，行动党就开始考虑一种将总理权力分享一部分给总统、而且总统由选举产生的制度。这样，总统选举制也就应运而生。②在新加坡，公民社会与国家的游戏规则也是人民行动党制定的。以种族领域为例。在 2000 年底，回教专业人士协会再次提出希望建立马来统一集体领导的要求，却遭到了执政党的断然拒绝。吴作栋明确表示了他的观点，"假如你们专注于社会经济项目，我没有任何问题。但假如你们讨论宗教，而且要在回教理事会之外建立另外一个替代性的伊斯兰合作团体，这还是非政治性的吗？如果你们质疑新加坡的精英主义（meritocracy），并且说马来社区正在被边缘化，那你们就正在进入一个政治领域。你们在破坏和贬低政府里的马来族官员们过去的成绩。回教专业人士协会现在有制造新闻的本领，也可以使人们更加关注他们所提出的议题，这是为什么我说他们正在进入政治领域的原因。"③ 回教专业人士协会希望与行动党政府谈判来重新确定规则，但被直白地告知，规则只能由行动党政府来制定。以艺术领域为例。20 世纪 90年代初以来，行动党政府对艺术事业的大力支持促进了新加坡艺术团体的蓬勃发展。除了建立了一些可供艺术团体免费使用的艺术馆和表演厅以外，行动党政府还通过艺术理事会直接向艺术团体提供资助，前面提到的《离婚》剧也是在政府资助下完成的。④ 同时，90 年代以后，行动党政府的文化审查政策有明显放松的迹象，一些文化公司甚至拿到了行动党政府的审查豁免。当然，一旦意识到艺术团体的行为越过了红线，人民行动党仍会使用其规则来限制和约束艺术团体的活动，正如《离婚》剧创作者"激情剧院"所遭遇的情形一样。艺术团体对人民行动党的挑战和反抗通常是无力的，因为这些艺术团体的活动资源和合法性在很大程度上都来自于其行动党政府。再以政治领域为例。2000 年人民行动党政府在芳林公园建立了一个"自由演讲角"，

---

① 〔澳〕约翰·芬斯顿主编：《东南亚政府与政治》，张锡镇等译，北京大学出版社 2007 年版，第 272 页。

② 同上，第 290 页。

③ Charlotte Venudran, "Goh Says No' to Collective Leadership", *Strait Times*, November 7, 2000, National, p. 7.

④ Somasundram Thenmoli, "Description of the Play Talaq (Divorce)", *FOCAS: Forum on Contemporary Art & Society*, Singapore: The Necessary Stage, 2001, p. 188.

这是为了回应一些政治评论家要求建立一个海德公园式自由演讲地点的呼声。[①] 然而，政府为这个演讲角制定了非常严厉的规则：发表演讲的个人必须在警察局注册；尽管附近有嘈杂的交通噪声，但在这里作演讲不允许使用任何扩音设备，也不允许悬挂任何大标题。不超过两个月，这一演讲角便归于平静。然而，这一地点之后成为"思考中心"的主要活动地点。"思考中心"的领导人戈麦斯采取如下策略：通过网络发布每次演讲或者讨论的议题；集会成员身着统一服装，在视觉上吸引更多民众参与讨论；分发小册子和收集下次活动的志愿者名单；吸引媒体的注意，试图更广泛地扩大其社会影响。[②] "思考中心"的活动从侧面证明，民间团体只能在人民行动党划定的范围内做一些努力，民间团体仍只是民主规则的接受者和遵守者。因此，新加坡民主政治演进的路径是：根据时代的潮流和民众的呼声，人民行动党供给一些新的民主规则；这些规则给予公民社会更多的空间，同时也使人民行动党处于一个非常有利的位置；最后，公民社会务实但也无奈地接受了这些规则。

公民社会兴起后，新加坡政府的权力是否大为减弱？经过分析可以发现，公民社会兴起后，政府的公共权力似乎还得到增强，这一点在 2000—2002 年新加坡经济衰退期间和 2003 年 SARS 期间清晰地表现出来。在 2000—2002 年经济衰退期间，公民社会成为政府重振经济的重要助手。在政府的经济援助计划实施过程中，民间社团积极参与其中。譬如，华人社团推出华语和方言讲解的专线服务，帮助华族社群了解政府的援助计划。再如，社区发展理事会、回教专业人士协会等社团积极协助人力部为失业者寻找再就业机会。在SARS 期间，全国义工中心、回教专业人士协会、德教太和观等民间团体与卫生部密切合作。政府部门主要负责宏观调度和经费筹集，民间部门则主要负责提供具体服务，如为隔离者提供咨询、为痊愈者提供患后心理辅导等。在新加坡的案例中，我们可以看到，公民社会在帮助政府向民众提供更加人性化的公共服务，这无疑增强了政府的执政绩效和合法性。[③]

新加坡公民社会兴起是否有效地推动了反对党政治的发展？经过考察可

① S. Koh, "Speak Up If You're A Citizen", *Singapore*, July-August 2000, p. 10.

② Chua Beng-Hua, "Non-Transformative Politics: Civil Society in Singapore", in David C. Schak and Wayne Hudson (eds.), *Civil Society in Asia*, Hampshire: Ashgate Publishing Limited, 2003, p. 33.

③ 高奇琦、李路曲：《新加坡公民社会组织的兴起与治理中的合作网络》，载《东南亚研究》，2004 年第 5 期。

以发现，新加坡公民社会与反对党政治之间存在断裂带，这一断裂带是由新加坡的《社团法》所决定的。《社团法》规定，民间社团不得从事政治活动。当然，也有极少数的公民社会组织在政治活动的边缘上游走，"思考中心"便是其中的典型案例。在 2000 年国际人权日当天，"思考中心"协助新加坡民主党秘书长徐顺全（Chee Soon Juan）组织了一次马拉松长跑活动。这次长跑活动是为了声援未经审判就入狱 23 年的政治犯谢泰傅（Chia Thai Roh）。2000 年 4 月，"思考中心"为新加坡工人党领袖惹耶勒南（J. B. Jeyarat-nam）举行了一次政治集会活动。惹耶勒南因为与人民行动党多位领导人长年打官司而面临破产的窘境。该中心试图通过政治集会为惹耶勒南筹集到一笔可以使他免于破产的资金。然而，"思考中心"的边缘游走是非常冒险的，而且代价高昂。在国际人权日的活动之后，该中心就被政府宣布为政治组织，被要求遵守政治组织相关的一系列更为严格的规定。①

人民行动党政府甚至调控着公民社会发展的节奏。新加坡公民社会发展的标志性事件几乎都是政府在推促公民社会发展方面的表态或动作。1990 年 1 月，将要继任李光耀的吴作栋在议会发表演讲时宣布，在其领导下，新加坡政治要走向"更加建设性的参与式民主"（more constructive, participatory-style democracy）②。1990 年 11 月，在继任总理后不久，吴作栋就建立了一些表达民众意见的机制，还把以前政府完全垄断的权力分散一些给民间社会，譬如把新加坡公房管理的权力分散一些给以市政理事会（town council）为工作中心的民间机构。新加坡公民社会甚至是在人民行动党向社会释放信号的情况下启动的。1991 年 1 月，新任命的新闻及艺术部部长杨荣文（George Yeo）在新加坡国立大学发表一篇题为"公民的社会：家庭与国家之间"的演讲。③ 按照新加坡政治的规则，政府官员的讲话往往是给新加坡社会传递信号，即这一议题现在可以开放讨论。当然，杨荣文演讲中"公民的社会"主要强调公民在人民行动党政府管理下的责任和义务，而不是主要强调公民广泛参与社会组织。尽管如此，这一演讲首次提出的"公民的社会"概念，

① Chua Beng-Hua, "Non-Transformative Politics: Civil Society in Singapore", in David C. Schak and Wayne Hudson（eds.）, *Civil Society in Asia*, Hampshire: Ashgate Publishing Limited, 2003, pp. 33 – 34.

② Simon Tay, "Is PM Goh's Call to Develop a Civil Society a Second Step Forward?", *The Straits Times*（Singapore）, June 12, 1997, Comment/Analysis, p. 46.

③ George Yong-Boon Yeo, "Civic Society – Between the Family and the State", the NUSS Society Inaugural Lecture, 1991, quoted in Terence Lee, "The Politics of Civil Society in Singapore", *Asian Studies Review*, Vol. 26, No. 1, March 2002, p. 117.

是与人民行动党政府几十年来强调的"强国家、好政府和正直领导人"的提法有很大的区别。

当其对民主改革没有信心的时候，人民行动党会暂停对公民社会发展的推动。在 1991 年 8 月的大选中，人民行动党丢掉了四个席位。对于人民行动党而言，这是 1968 年以来最糟糕的一次。所以，此时吴作栋内阁对民主政治改革的信心下降。到 1997 年之前，吴作栋并未采取多少有效的措施来履行他的民主化承诺。当重新找回民主改革的信心时，人民行动党再次启动了对公民社会的推动。在 1997 年大选中，人民行动党赢得了 83 个议席中的 81 席。用新加坡政治评论家西蒙·泰（Simon Tay）的话说，"在人民行动党明显逆转了选民支持率的下滑之后，吴作栋总理在议会演讲中公开宣布要'鼓励新加坡公民社会的发展'（call for the promotion of civil society in Singapore）"①。之后不久，吴作栋政府推出了新的"新加坡 21 远景规划"（Singapore 21）。这一远景规划的其中一个目标便是"鼓励参与和促进民主"②。之后，仍担任新闻及艺术部部长的杨荣文在 1998 年的一次会议上，重申了国家与公民组织之间的合作关系，明确表示要促进国家和社会之间的协作（harnessing state-society synergies）。③ 当然，在这里，人民行动党政府所感兴趣的公民社会的角色是，帮助国家治理那些国家不能或不愿介入的一些社会领域，即公民社会是国家治理的有益补充。而且，新加坡政府对公民社会的兴趣大小，取决于新加坡政府对政治支持的收益和政治开放的成本两者之间的比较。当行动党政府感觉到，通过支持公民社会的发展，赢得了更多政治支持，而政治开放所导致的对执政党的挑战却没有显著增加，行动党政府就会鼓励公民社会的发展。当行动党政府感觉到，公民社会发展伴生的政治开放，使得执政党的政治资源和合法性大大流失，民众对执政党的政治支持也在下降，那么行动党政府便会采取措施规制和管理公民社会的发展。

在日本和新加坡的政党与公民社会关系中，政党具有毫无争议的强势地位，制定着整个政治游戏的规则。长期执政的自民党和人民行动党在公共社团的法律地位、财务监督和税收豁免等方面的超级决定权，促使那些小型的

---

① Simon S. C. Tay, "Towards a Singaporean Civil Society", in *Southeast Asian Affairs 1998*, Institute of Southeast Asian Studies, Singapore, 1999, p. 244.

② Ibid., p. 252.

③ Gillian Koh and Ooi Giok Ling, "Achieving State-Society Synergies", in Gillian Koh and Ooi Giok Ling (eds.), *State-Society Relations in Singapore*, Singapore: Oxford University Press, 2000, pp. 2 – 15.

且与政党合作的公民组织兴起，也使那些议题导向的可能会挑战执政党权威的大型倡议组织步履蹒跚。在致力于经济发展的发展主义国家模式下，执政党和官僚组织都通过积极的行动主义方式来应对公民社会运动，执政党通过压迫国家层面的公民社会和阻挠公民政治意愿表达的方式来实现这一点。两国政府还把允许发展的公民组织局限在社会服务、医疗卫生和教育宗教等可以补充政府社会功能的领域，在非营利组织领域特别支持卫生和福利组织的发展，而基本不支持消费者权益或者环境保护等公民组织的发展。两国多数的公民组织把执政党政府作为其运作资金和合法性的来源，这使他们不得不去接受与执政党的合作，而不是通过社会倡议和动员来反对执政党政府的决策。两国公民社会的职业化程度低也是两国政治制度的结果，因为传统的制度安排使得公民组织积聚社会资源非常困难。公民组织接受与执政党的这种合作关系也是理性选择的结果，这一关系可以使公民组织获得真正的政治实惠，并获得从内部影响政治的渠道和路径。因此，可以将这种政党主导模式称为"发展主义导向的行动主义政党模式"，即执政党在塑造公民社会时发挥行动主义的作用，有意地去培植它所期望发展的公民组织，并为国家的发展主义目标服务。

（四）公民社会、多元主义及其对政党主导的挑战

然而，日本和新加坡的这种政党主导模式也面临更加独立和多元的公民社会的挑战。在日本，愈加独立和茁壮成长的日本公民社团正在试图同政党组织建立一种新型关系。与此同时，政党组织也在力图调整其与公民社会的关系。[1] 近年来，自民党致力于与非营利组织建立更为平等的合作关系。目前在日本，独立选民是赢得选举的关键，而非营利组织在独立选民中拥有强大的影响，因此与非营利组织合作对自民党而言是个非常有吸引力的选择。2004 年 4 月，自民党的非营利组织小组委员会组织了一个关于如何与非营利组织合作来争取选票的学术研讨会。然而，对于自民党而言，将非营利组织作为获取选票的工具也有其局限性。譬如，很少有非营利组织支持自民党。而且，非营利组织法案明确规定了对非营利组织倡议政治

---

[1] Ellis S. Krauss and Robert Pekkanen, "Explaining Party Adaptation to Electoral Reform: The Discreet Charm of the LDP?", *Journal of Japanese Studies*, Vol. 30, No. 1, 2004, pp. 1 –31.

活动的限制。更为重要的是，非营利组织获取选票的能力目前尚未完全证明。①

整合了中小左派政党和日本社会党部分力量的日本民主党非常支持新型公民社团的发展，并将它们视为自己的天然盟友。譬如，民主党在 2003 年众议院选举前的动员大会誓词上，专门有一部分谈到非营利组织在社会中的重要作用。民主党在动员誓词中呼吁，应增加享受税收优惠的非营利组织比例，增加提供学校后教育的非营利组织数量，以及鼓励在非营利组织中就业以降低失业率等。非营利组织还日益成为民主党的国会议员积累工作经验和阅历的训练场。2003 年的众议院选举中，民主党的 177 名当选议员中 12 名有公民社团工作的背景。② 日本的小型左派政党和非营利组织结成更为密切的关系。小型左派政党们曾积极推动《非营利法案》的出台，其目的是希望通过同非营利组织合作在日本新的比例代表制选举系统中获得一席之地。通过与诸多政党的合作，公民社会的多元性和独立性得以体现，其对政策的独立影响也在上升。以女性公民组织的社会影响绩效为例。如果说 1986 年的《同等就业机会法案》是在自民党政府推动下出台的，那 1997 年该法案《关于在工作场所防止性骚扰的修正案》则是在女性公民组织的积极倡导下推出的。女性公民组织的努力绝不止于此，1997 年之后保障日本女性权益的一系列法案出台，如 1999 年《节育药物使用的合法化》、1999 年《性别平等基本法》、2000 年《反跟踪法》、2001 年《防止家庭暴力法》等，这些法案出台的背后都有日本女性公民组织积极倡导的身影。③

在新加坡政治中，公民社会的兴起及其在体制内的活动也给人民行动党的制度创新造成一定的压力。换言之，如果没有公民社会的推动，执政党政府就没有足够的动机去创新民主制度。下面以"《离婚》剧事件"为例来讨论公民社会兴起对新加坡民主政治的影响。《离婚》剧事件引起了新加坡媒体和社会的广泛关注，媒体似乎希望把这一事件的冲突性展示给民众，譬如《海峡时报》对这一事件报道的标题是《艺术理事会威胁拒发该剧的播放执

① Robert Pekkanen, "After the Developmental State: Civil Society in Japan", *Journal of East Asian Studies*, Vol. 4, No. 3, 2004, p. 380.

② Ibid.

③ Jennifer Chan-Tiberghien, *Gender and Human Rights Politics in Japan: Global Norms and Domestic Networks*, Stanford, Calif.: Stanford University Press, 2004, pp. 39 – 67.

照》①。如一位观察者指出的，这一事件使人们更加注意新加坡政府在文化审查方面的决策过程，而且该事件把一个"程序上的不一致"变成了政府与文化界之间的对手游戏。② 这一事件使人们对政府文化审查政策的合理性和合法性展开讨论，使得公民对自由权利的讨论朝着新加坡政府所不希望看到的方向发展。这些文化团体对新加坡政府管制挑战的意义是深远的，他们的挑战将新加坡政府的管制置于一种两难境地。如果新加坡政府不理睬这些挑战，那么就等同于默认和鼓励这些团体的自由化努力；如果新加坡政府采取强硬的措施管制这些活动，那么就会引致社会关于自由表达权的更大范围讨论，从而使新加坡政府陷入更加尴尬和困难的境地。

艺术理事会是一个政府机构，因此，它不可能摆脱官僚机构经常会带有的那种传统思维，容易对种族、宗教和政治异议等问题非常敏感。所以，艺术理事会在审查《离婚》剧时，邀请一直表达异议的宗教组织来参与审查过程。艺术理事会本意是希望实现一个满意的安排，即《离婚》剧上映而宗教组织也得到安抚。实际上，艺术理事会并没有多少动机去阻止《离婚》剧上映。相反，如前面的描述，艺术理事会还资助了这些艺术活动。禁止《离婚》剧上映不但使文化团体怀疑艺术理事会对其活动资助的诚意，而且会使公众怀疑新加坡政府大力发展文化事业的决心。"激情剧院"之所以不同意回教理事会的两名男性成员参与审查过程，是因为"激情剧院"知道，只要这两名男性代表参与，这部戏就很难通过审查。"激情剧院"的负责人冉莫莉认为，如果让这两名男性代表参与审查，那么还应该让两名女性代表也参与审查，如泰米尔穆斯林组织 SIJU 的女性代表，或者是妇女行动与研究协会（Association of Women for Action and Research）的成员。"激情剧院"认为，只让男性代表参与审查的过程是不民主的。③ 实际上，"激情剧院"的争辩是有道理的。艺术理事会对代议制的政治理解是不深入的，它仅仅考虑到要平息穆斯林团体的牢骚，但却没有考虑到女性群体的利益表达。"《离婚》剧事件"给了新加坡政府和公民社会一个了解新的民主政治运行规则的机会。在

---

① Teo Pau Lin, "NAC 'Threatened' to withhold Play License", *The Straits Times* (Singapore), October 18, 2000, Home, p. 45.

② Liew Kai Khiun, "Between Sensationalism and Information: Talaq and the Media", *FOCAS: Forum on Contemporary Art & Society*, Singapore: The Necessary Stage, 2001, p. 175.

③ Somasundram Thenmoli, "Intimidated by the National Arts Council", *FOCAS: Forum on Contemporary Art & Society*, Singapore: The Necessary Stage, 2001, p. 185.

政治自由化的过程中，政府和民间社会都要学习新的代议制政治的规则、差异性和多元性、谈判技巧和容忍精神。虽然这一次学习过程的结果是令人沮丧的，但这一学习过程的意义却是深远的。这一事件的公众讨论最后导致新加坡内政部在议会中宣布，它不仅要重新审查该剧的上映，而且还要审查艺术理事会的审查过程。① 对新加坡民主政治而言，公民社会已经发挥着一些潜在的影响。在公民社会的推动下，人民行动党也在逐渐地、缓慢地供给着民主政治的新规则。这样的民主政治进程可能行进得比较缓慢，但是新加坡政治一旦完成转型，民主政治会比较成熟，民主巩固所需的时间也会比较短。

结　语

从整体来看，日本和新加坡的政党政治发展已经比较成熟。政党体制长期维持在一党独大的状态，同时政党从社会汲取资源和构建外围组织的能力都已经制度化。公民社会对于两国尚属于发展不久的新兴事物，由于一直处于执政党的管制和约束之下，所以其发展也只是近年来的事情。两国政党主导公民社会的情形已经固定化。在发展主义国家的情境下，执政党以经济发展来限制多元主义和民主政治的发展，用行动主义的积极政策塑造了相对萎靡的公民社会。然而，这种政党主导模式也在面临多元主义的新挑战，新挑战主要来自全球民主化的系统性压力。在亨廷顿所谓的第三波民主化浪潮冲击下，两国的公民社会都对政党长期主导的秩序表示质疑。当然，两国民主转型发生的程度不同导致了公民社会对政党主导秩序挑战的程度存在差异。日本已经进入民主巩固时期，而新加坡尚未完成西方意义的民主化进程。因此，日本的公民社会已经在与政党合作的框架下推动民主政治制度的构建和民主政治文化的形成，而新加坡的公民社会还主要停留于在人民行动党政府容忍的框架下推动政治开放这一主要任务上。

四、东亚的双重虚弱模式：以韩国和泰国为例

上一部分讨论了以日本和新加坡为代表的政党主导模式，这里则分析以韩国和泰国为代表的双重虚弱模式。笔者将分别梳理韩国和泰国各自的政党

---

① Chua Beng-Hua, "Non-Transformative Politics: Civil Society in Singapore", in David C. Schak and Wayne Hudson (eds.), *Civil Society in Asia*, Hampshire: Ashgate Publishing Limited, 2003, p. 27.

和公民社会发展历程，对其发展程度和特征进行简略评估，然后再对两国政党与公民社会双重虚弱的状况及其原因进行分析，最后探讨近年来两国政党制度化和公民社会发展对双重虚弱模式的消解及其限度。

（一）韩国和泰国的政党政治：未完成的过程？

到目前为止，韩国的多数政党仍然表现出精英型政党的特征，具体表现在：第一，以政治领袖为中心建立政党，政治领袖对政党的发展具有决定性作用。重要政党都是以某一重要政治人物为中心建立的，如李承晚的自由党、张勉的民主党、朴正熙的民主共和党、金泳三的新民党、金大中的和平民主党、全斗焕的民主正义党、卢泰愚的民主自由党等。在重要人物死亡、失去权力或者离开政党时，这一政党往往在政治舞台上消失。第二，政党成员的精英化程度较高。政党成员多是政党领袖的亲信或者追随者，主要通过血缘、地缘和学缘等传统纽带与政党领袖联系在一起。第三，政党的组织结构松散，容易解散和发生变动。韩国的政党基本都是选举机器，只有在选举时政党功能才被激活，在平常时期几乎没有政党活动。自1945年朝鲜半岛光复以来，韩国共出现过300多个政党，各政党频繁地合并、解散、分裂和更名，多数政党的存留期是5~10年。第四，政党是一种利益分配的庇护网络。韩国政党的公共属性较弱，而私人属性较强。围绕着私人网络和功利主义分配，政党内部的派系政治在韩国表现得尤为明显。当然，韩国也曾经出现了一些构建群众型政党的努力。如在第三共和国时期，朴正熙指派金钟泌按照列宁主义政党的模式构建民主共和党的组织结构。民主共和党是一个中央集权的、纪律化的组织体系，由1300多名经过良好训练的领薪者来组成政党的中央组织——书记处。[①] 但朴正熙的主要用意是用民主共和党的政党组织来限制和监视国会议员的行动，因此也遭到国会的强烈反对，最后导致这一制度建设的流产。在第五共和国时期，全斗焕试图对民主正义党进行制度化和组织化。全斗焕在首尔设立了政治研修院，以对骨干党员进行思想教育，然后再通过这些骨干党员对普通党员进行政治培训。然而，这一制度也未完全获得成功。[②] 朴正熙和全斗焕建立群众型政党失败的根源在于，两人并非是希望

---

① C. I. Eugene Kim, "The Third Republic and the DRP", in C. I. Eugene Kim and Young Whan Kihl (eds), *Party Politics and Elections in Korea*, Silver Spring, Maryland: The Research Institute on Korean Affairs, 1976, pp. 128 – 291.

② 郑继永:《韩国政党体系变迁动因与模式研究》，复旦大学博士学位论文，2007年，第98页。

建立独立的现代政党，而是希望通过政党整合确保精英们对自己的政治忠诚。

泰国政党的制度环境一直表现为变动性和非连续性的特征。泰国的政党发展源于 1932 年政变之前就已经存在的人民党（People's Party）。人民党是 1932 年政变的主要参与者，但在建立君主立宪制之后，该党并没有建立相应的政党制度，而将自身转变为人民协会，并宣布政党非法。人民党这种害怕政党竞争的思想导致了泰国政党发展的停滞。① 在泰国的第一部宪法——1932 年宪法及其同年修正案中，并无任何关于政党的条款。直到 1946 年宪法才第一次述及政党条款，允许政党的存在和活动。到 1955 年 9 月，泰国颁布其历史上的第一部政党法。然而，到 1958 年沙立上台之后，新一轮的党禁开始。到 1968 年，虽然他侬政府推动的 1968 年宪法和 1968 年政党法中有关于政党的较宽松规定，但此时在军人政权之下政党的活动空间几乎没有。直到 1973 年学生运动之后，1974 年宪法和 1974 年政党法才重新给予政党更大的活动空间。到 1974 年 4 月选举之前，泰国政党数达到 39 个。1976 年泰国政变之后，政党再次被宣布为非法。直到 1981 年新政党法颁布，政党的活动才又再次恢复。② 按照西方的政党分类标准，泰国的绝大多数小党都属于精英型政党。美国学者戴维·维尔森（David Wilson）对 20 世纪 50 年代的泰国政党有过如下描述：泰国政党在它们存在的时候"并无或者极少在议会之外有什么组织。一般来说，议员必须通过自己的努力在自己所属的省份赢得选举，政党标签是无足轻重的。政党从来没有代表过真正的社会势力，只不过代表着最上层统治阶级内部的宗派集团和个人罢了"③。维尔森的描述在今天的泰国政党政治中仍然有效。泰国的大多数政党历史都比较短，缺乏组织建设和延续性，往往以某一政治领袖为中心，而且转换政党的现象非常频繁，这些政党几乎是完全为争夺和分割利益而形成的一种庇护关系网络。这些都是精英型政党的基本特征。只有民主党属于例外情况。民主党已经具备一些群众型政党的特征：进行政党的正式组织建设，积极发展基层组织，到 1997 年时已发展基层组织 172 个；整合政党的意识形态和纲领，20 世纪 60 年代时该党的基本纲领是林肯的民主思想，即民有、民治和民享，到 70 年代时逐

---

① 王子昌：《泰爱泰党与泰国的政治发展》，载《东南亚研究》，2007 年第 1 期，第 12 页。
② 任一雄：《政党的素质与民主政治的发展——从泰国政党的历史与现状看其民主政治的前景》，载《东南亚研究》，2001 年第 5 期，第 15—16 页。
③ David A. Wilson, *Politics in Thailand*, Ithaca：Cornell University Press, 1962, p. 68.

渐调整为民主社会主义[1]；巩固稳定的选民基础，该党的主要基础在经济发展较发达的泰国南方，主要选民群体是工商业者和城市中产阶级。然而，民主党这样的情况是非常少见的，而且也不断地被军人政治所打断。

（二）韩国和泰国的公民社会发展

韩国的公民社会在日本殖民之前就已经出现。虽然儒家思想并不特别强调公民社会的作用，但在前现代的韩国确实存在着大量的自治组织，如私学、社区组织和邻里组织等。[2] 然而，这种公民社会是一种前现代意义的公民社会。1948 年韩国第一共和国成立之后，由于此时的民主宪法规定了公民结社等政治自由，所以现代意义的公民社会在这一时间有了一定的发展，并在 1949 年发挥出其影响力，即公民社会的示威游行导致李承晚政权的垮台。在李承晚之后的民主党张勉政府时期，以左派政治家、大学生和教师工会等为中心的要求社会经济正义和民族统一的激进活动增加。但同时，保守势力也开始集结，并于 1961 年发动军事政变而结束了张勉政府。此后，公民社会的发展受到明显的压制，这种压制到 1972 年维新体制出现后更加明显。虽然朴正熙政权鼓励资本集团的发展并推动"新农村运动"及鼓励农民社团的发展，但整体来看，此时韩国的市民团体多数被排除在政治过程之外。而且，在军队、警察、情报机关等强制性机构的压制之下，公民社会的活动空间急剧缩小。虽然 1973 年爆发了"请愿改宪百万人签名运动"，1974 年发生了"全国民主青年总联盟事件"，1978 年发生了"光华门反维新示威运动"[3]，但整体来看，韩国公民社会的这些微弱的活动显然无法撼动朴正熙军人政权的统治秩序。朴正熙被刺之后又发生了一系列的军事政变，公民社会出于对军人政权的反感而组织了"光州抗争"，然而这一运动又以被武力镇压而结束。在全斗焕执政时期，由于继承朴正熙的经济自由主义和政治保守主义的双轨战略，公民社会又一次被排除在政治过程之外，但此时的公民社会已经在体制外抗争这一路径上有了较为丰厚的积累。1987 年全斗焕发表"4. 13

---

① 任一雄：《政党的素质与民主政治的发展——从泰国政党的历史与现状看其民主政治的前景》，载《东南亚研究》，2001 年第 5 期，第 16 页。

② Hyuk-Rae Kim, "Unraveling Civil Society in South Korea: Old Discourses and New Vision", in David Schak and Wayne Hudson（eds.）, *Civil Society in Asia*, Burlington: Ashgate, 2004, p. 194.

③ 李元烨：《韩国市民社会运动的形成及其课题》，见李文主编：《东亚：宪政与民主》，中国社会科学出版社 2005 年版，第 282—283 页。

护宪宣言"和 5 月 18 日朴钟哲被拷问致死之后,韩国的公民社会出现了爆发的趋势。1987 年 5 月 27 日,由宗教团体等市民社会组织领导、统一民主党等政治团体参与的"争取民主宪法国民运动总部"诞生。这是一个以市民社会为主导的反独裁民主联合体。① 一些韩国学者如李寿勋认为,"1987 年是一个转折点,(政治发展的)主要推动力从政府转向市民社会。韩国的市民社会时代由此到来。"②

在泰国,传统意义的公民社会可以追溯到阿瑜陀耶时期,佛教组织可以看做是独立于国家的一种力量。寺庙是村庄的社会和宗教活动中心,而大多数男子一生都会有至少几天进入寺院出家为僧。③ 然而,泰国传统文化所强调的等级秩序却是阻挠泰国公民社会发展的因素。如社会学家尼尔斯·马尔德(Niels Mulder)对泰国文化的评价,"泰国的文化传统中不存在平等的概念……所有的社会关系都有高低贵贱之分。谈论泰国时不可能不提及地位问题。"④ 所以,泰国社会基本上是一个金字塔式的等级结构,而这种结构从根本上限制了作为现代公民社团主要形式的水平式公民组织的发展。泰国现代意义的公民社会发展主要出现在"二战"之后。"二战"后,泰国短暂的民主发展时期,促进了泰国公民社会的短期发展。1946 年,那瓦沙瓦政府废除了 1933 年的《反共法案》,导致之后工人运动的蓬勃发展。1955 年,披汶政府在美国压力下逐步放宽了对政党和出版的管制,并有限度地恢复了群众集会的自由。不久后,以工人运动为主体的泰国公民社会掀起反对披汶政府的非暴力群众运动。然而,在沙立·他纳吻军人政府上台后,泰国的工人运动陷入低潮。到 20 世纪 70 年代时,学生社团成为泰国公民社会运动的新主体。1973 年,反对他侬—巴博政府的非暴力群众运动,正是由"全国大学生联合中心"倡议发起,并主要由曼谷地区的大中专学生参与推动。到 1976 年,沙

① Sunhyunk Kim, "Civil Society and Democratization", in Charles K. Armstrong (ed.), *Korean Society: Civil Society, Democracy and the State*, London and New York: Routledge, 2002, pp. 93 – 96.

② 〔韩〕李寿勋:《1987—1992 年韩国过渡时期的政治: 市民社会的兴起》,载《国外社会科学文摘》,1998 年第 6 期,第 40 页。

③ Juree Vichit-Vadakan, "Thai Civil Society: Exploring a Diverse and Complex Landscape", in David Schak and Wayne Hudson (eds.), *Civil Society in Asia*, Burlington: Ashgate, 2004, pp. 90 – 91.

④ Niels Mulder, "Origin, Development and Use of the Concept of 'Loose Structure' in the Literature about Thailand: An Evaluation", in H. D. Evers (ed.), *Loosely Structured Social Systems: Thailand in Comparative Perspective*, New Haven: Yale University Press, 1969, p. 19.

鄂·差罗如通过政变再次恢复威权统治，导致学生运动走向低谷。① 之后的20年间，泰国的中产阶级逐渐形成，并成为公民社会的新动力。在1992年反对素金达政府的公民社会运动中，尽管也有学生和工人的广泛参与，但在运动中起中坚作用的则是城市中产阶级。

（三）政党与公民社会的双重虚弱及其原因

从韩国和泰国的政治发展来看，两国的政党和公民社会都处于欠发展的状态。两国的政党都处于政党发展的初级阶段，其政党模式还主要是精英型政党。主要政党还未完成政党制度化的过程，没有形成更具现代性的群众型政党。同时，两国的公民社会也处于发展的初期。虽然战后两国的公民社会都在缓慢地发展，但可以称之为突破性发展的情形也主要是在20世纪80、90年代启动的。笔者认为，两国政党与公民社会的双重虚弱与以下因素紧密相关。

第一，两国都有长期军人干政的历史，而军人干政导致政治发展难以制度化并缺乏连续性。韩国军人干政的历史干扰了现代政党政治的发展。朴正熙在1972年的维新新政对韩国政党政治的发展造成极大冲击：一方面，朴正熙通过修改宪法，规定总统选举由"统一主体国民会议"选举产生，而限制了政党提名候选人这一重要功能的发挥；另一方面，朴正熙通过建立"维新政友会"，分化了自己建立的民主共和党，同时通过打击新民党及其领导人金大中来限制在野政党的活动。1980年，全斗焕军事政变上台后，先是短期中止了政党的政治活动，然后通过"政治风土刷新特别措施法"和"政治资金法"来分裂在野党，试图通过分化控制的方式来限制政党发展。② 同样，韩国的军人政府也压制了韩国公民社会的发展，对于这一点，韩国国立首尔大学社会学教授韩相震描述道："军队控制下的情报部门对市民社会进行了严密的控制；持不同政见者遭到残忍的迫害和惩罚；国家安全和反共产主义的意识形态具有至高无上的地位；公民被迫保持沉默。"③

---

① 周方冶：《泰国非暴力群众运动与政治转型》，载《当代亚太》，2007年第7期，第31—32页。

② 郑继永：《韩国政党体系变迁动因与模式研究》，复旦大学博士学位论文，2007年，第24—31页。

③ 〔韩〕韩相震：《当代韩国的社会转型——论迈向竞争化市民社会的三种主要推动力》，载《江海学刊》，2008年第2期，第15页。

　　泰国的军人干政比韩国还要严重。自泰国建立君主立宪政体以来，泰国政治的发展史就是一部军事政变和军人统治的历史。从 1932 年到 1991 年，泰国的军人集团共发动 18 次军事政变。① 1992 年后的很长时间里，泰国的军事势力似乎脱离了政治，同时泰国的文官政治也在逐渐走向成熟。但 2006 年的泰国军事政变充分表明，军人集团至今仍然在泰国的政治结构中具有重要作用。泰国军人集团对政治发展的影响不仅表现在其对政党政治和公民社会发展的干扰和中断上，还表现为泰国军人集团本身的自组织性和强大动员能力。长期以来，泰国的军事部门一直都是相对封闭的独立体系，对于人、财、物的调配都具有较高的自主权，并不完全服从于政府和国会的节制和调遣。② 泰国军队拥有自己的银行和企业，控制全国众多的电台，把持国家的舆论工具。泰国军队还参与地方的经济建设和社会发展，如"绿化东北"、"新希望计划"等。军队在泰国政治中实际发挥着诸多政党组织的功能，也具有在其他发展中国家强势政党所拥有的作用。泰国军队的强势导致许多重要的政党是在泰国军人的基础上建立的，前总理、前新希望党党魁差瓦力·荣知育上将和民主党元老沙南少将就是典型的代表。③ 泰国军队几乎是泰国社会中最强大的社会组织，消耗和吸收了本该由政党和公民社会占有的社会资源。多次军事政变在普通民众心中建立起一种观念，即军队是强大和有效的，而政党与公民社会都无法与之相抗衡。

　　第二，两国的政治社会仍映射出许多传统的特征。在韩国，派系争夺和精英政治仍然是政治社会的主要特色。派系争夺贯穿于韩国 60 余年的政党政治中，限制了韩国政党的整合发展，切断了韩国政党发展的连续性。在李承晚时期，"再建派"与"革新派"的分裂导致当时第一大党自由党的瓦解。在朴正熙时期，执政的民主共和党党内的派系争夺也促使朴正熙建立"维新政友会"来制衡民主共和党的发展，在野第一大党——新民党的派系争夺使得新民党分裂为"柳珍三派"和"金大中派"。在全斗焕时期，派系斗争先是使得金泳三和金大中从新民党中分出并建立统一民主党，又使得金大中从统一民主党中分出并建立和平民主党。在金泳三时期，民自党党内的民主系迫使金钟泌从民自党退出并成立自民联，而金大中与李泽基的矛盾促使金大

---

① 朱振明主编：《当代泰国》，四川人民出版社 1992 年版，第 398—399 页。
② 周方冶：《泰国非暴力群众运动与政治转型》，载《当代亚太》，2007 年第 7 期，第 37 页。
③ 周世亮：《泰国政局中的政治三角：军队、技术官僚、公众社会》，载《学术探索》，2008 年第 3 期，第 37 页。

中从民主党退出并成立新政治国民会议。另外，在韩国政治转型的关键时期，一些政治精英的战略选择决定性地推动了韩国的民主转型，譬如卢泰愚主张协商谈判解决政治冲突，金泳三决定以进入政治体制内部的方式来推动政治转型，而金大中决定坚持在体制外领导激进运动。这些战略选择奠定了政治精英在之后民主政治中的影响，同时进一步弱化了政党在民主政治发展中的地位。派系争夺和精英政治同样是不利于公民社会发展的。公民社会的发展更容易跟议题结合在一起，而不是跟派系结合在一起。同时，公民社会强调公民的平等参与和多元主义的权力分配，这些都是与精英政治相冲突的。

在泰国，庇护主义、佛教和国王这些传统因素在政治中仍然发挥巨大的作用。美国人类学家、加州大学伯克利分校人类学荣休教授杰克·波特（Jack M. Potter）很早就指出，随从关系（entourages）及其结构是泰国社会的基本特征。[①] 然而，这种传统的随从关系，或者说庇护关系（patron-client）并没有随着现代化的推进而消失，而是与现代政治结合，发展出一个外表现代但实质传统的政治庇护主义（political clientelism），即选民给予议员选举支持，而议员为选民谋求直接的利益。[②] 这种政治模式对政党和公民社会的影响都是解构性的。庇护主义更容易导致精英型政党，而不是群众型政党，而庇护的等级结构与公民社会组织中更为普遍的水平结构也是不相容的。泰国的佛教组织也在推动现代化的进程，譬如建立了科层形式的行政组织，以与世俗的政府构成原则保持一致。但是，现代化改革进一步维护了佛教的世俗地位，譬如朱拉隆功国王采取了一系列现代化导向的政治改革，但这些改革仍然强调教育应该以传统寺院教育为基础，并认为"过分教育"具有潜在的危险性。大部分人只需要最基础的教育，而这些基础教育如读、写、道德、煮饭等等都可以由寺院和父母教给，只有那些今后进入政府部门或从事商务的人才需要学校教育。[③] 这种教育观明显对政党和公民社会发展是消极的。泰国国王同样是传统性的标志之一。虽然国王在政治冲突中扮演了纠纷调解人和秩序维护者的角色，在一定程度上给动荡的泰国政局增加了相对稳定性，但这种国王介入的体制仍然是一种保守主义的政体，而与现代政治的要素

---

① Jack M. Potter, *Thai Peasant Social Structure*, Chicago and London: The University of Chicago Press, 1976, p. 193.

② Daniel Arghiros, *Democracy, Development and Decentralization in Provincial Thailand*, Richmond, Surrey: Curzon, 2001, pp. 276 – 278.

③ 贺圣达：《东南亚文化发展史》，云南人民出版社 1996 年版，第 381 页。

——政党和公民社会的根本运行逻辑相冲突。

（四）政党制度化的努力与困难

20世纪90年代之后，韩国的主流政党出现了一些群众型政党的发展特征，主要体现在意识形态的整合上。譬如，在1997年成立的大国家党形成了较为稳定的意识形态倾向。大国家党在意识形态上倾向于右翼的保守主义，在政策上采取对朝强硬政策，重视韩美关系，强调市场竞争和效率等。同样在1997年成立的新国民会议以及之后的新千年民主党和开放国民党则形成了较为稳定的左翼特征，在政策上倾向对朝缓和、弱化美韩同盟和强调民主政治建设等。这种意识形态的连续性对于群众型政党的发展是非常重要的。当然，韩国主流政党向群众型政党的转型仍然存在许多问题，主要体现在：第一，主流政党缺乏组织构建的努力。韩国政党组织主要以中央组织为主，缺乏地方和基层政党组织的建设。近年来，韩国的一些主流政党如大国家党开始推广"真性党员制"，即将每月缴纳党费的真性党员与其他普通党员区别开来。① 这是主流政党进行组织构建的努力，但由于这些努力才刚刚启动，具体实施成效还有待检验。第二，选民缺乏稳定的政党认同。党组织不能植根于民众之中，在选举时政党动员民众的方式主要采取金钱贿赂方式或者雇佣方式。导致稳定认同缺乏的另一个主要原因是政党名称变换频繁。政治精英为获得某种政治绩效而频繁地变换政党名称，而这种变换会给选民的持久认同带来困难，会引导选民更加关注精英而非政党。

韩国主流政党还出现了向全方位政党转型的某些特征，如在卢武铉时期执政的开放国民党和刚刚上台执政的大国家党。尽管主要政党间的意识形态仍然很明显，但这些政党为了吸引更多选民的支持，特别是吸引庞大的中间阶层选民的支持，主要政党在总统选举和国会选举之中都表现出一些意识形态中间化的特征。主流政党向全方位政党的转向还与韩国的政党组织规模较小这一特征相适应。当然，韩国政党发展的主要问题是在群众型政党发展还不成熟的情况下就出现了向全方位政党转变的趋势。而西方政党基本上都是经历了几十年的群众型政党发展才部分地转向全方位政党。因为两种政党模式在组织构建和意识形态上的特征截然相反，对两种政党模式的同时学习和仓促整合可能会导致政党学习的困境。

---

① 董向荣：《韩国政党政治的发展与演变》，载《当代韩国》，2006年夏季号，第54页。

几乎与此同时，泰国的政党政治也出现了一些重要的发展。1997 年宪法颁布所推动的政党制度变迁有利于政党的整合和制度化发展，其中宪法规定的一些改革方案倾向于扶持较大的政党。譬如，鉴于一个政党获得公共资金的数量取决于该党在前一次选举中获得席位的多少，大党可以获得更多的公共资金资助。再如政党代表制和单选区制度的引入、禁止转党的条款等都是为了加强大党的影响，并通过使政党对选民更加负责任来完善政党形象。[①] 1997 年后的政党制度变迁在很大程度上推动了泰爱泰党的发展。但是，这一制度变迁在 2006 年政变之后被中止。2007 年新宪法修订了政党制度和选举程序。譬如，政党名单制的功能有所弱化，并且取消了对 5% 以下得票率的限制，以牵制大型政党的发展。同时，新宪法规定，"凡宪法法院裁定强制解散的政党，其执行委员 5 年之内不得从政"[②]。

泰爱泰党是 1998 年之后迅速崛起的一个重要政党。泰爱泰党最初是以试图进入政治领域的商业精英联盟的形式出现的，这一商业精英联盟是一种松散的、非组织化的联盟，属于典型的精英型政党模式。但之后，泰爱泰党很快就进入转型阶段。按照西方政党发展的规律，泰爱泰党最先应该学习群众型政党的特征，应致力于发展党员并进行组织建设。在实践中，泰爱泰党确实也注重党员和组织的发展。到 2001 年选举时，其党员数量据称已经达到 800 万人，到 2005 时，党员数量增加到 1 400 万人。泰爱泰党还组织每年的全国党员大会和不定期的地区党员会议。[③] 然而，这些党员数量和党员大会仅是象征意义的。这些党员并不需要向泰爱泰党缴纳党费，也几乎不参与任何政党组织的活动。党员会议更多是欢迎政党领袖的一个仪式，而不是产生政党代表和政党领袖的一种机制。党员并没有影响政党政策的正式渠道。到 2005 年初，他信允诺将模仿美国政党的初选模式，并将在地方引入由党员选举泰爱泰党候选人的机制。2005 年 7 月，在泰爱泰党的总部新迁之后，他信宣布其打算对泰爱泰党进行全面制度化。但是，直到 2006 年政变之前，却一直没有任何具体的措施出台。[④] 泰爱泰党对群众型政党模式的学习和实践过

---

① 〔澳〕约翰·芬斯顿主编：《东南亚政府与政治》，张锡镇等译，北京大学出版社 2007 年版，第 326 页。

② 周方冶：《泰国政治动荡的原因与前景》，载《当代世界》，2008 年第 10 期，第 24—25 页。

③ Pasuk Phongpaichit and Chris Baker, "Thaksin's Populism", *Journal of Contemporary Asia*, Vol. 38, No. 1, February 2008, p. 76.

④ Ibid., p. 77.

程并未完成。

实际上，泰爱泰党在其政党转型过程中一直处于一种学习的困境。西方政党的多种模式特征都可以从泰爱泰党的政治行为中表现出来，这表明泰爱泰党在试图学习西方的多种政党模式。再如，泰爱泰党也试图学习对西方卡特尔政党（cartel party）的特征，即吸纳其他政党，或与其他政党结盟，试图实现一党独大地位。然而，泰爱泰党在急速扩张中并没有采取选择性吸纳和渐进整合的战略，结果是政党的版图迅速扩大，然而内部却存在严重的分裂，如存在汪南然集团、自由正义党集团、新希望党集团、曼谷民代集团、国家开发集团和汪磨挽集团等。① 这种党派分裂和整合缺失使得泰爱泰党更像一个政党联盟，而不像一个完全整合和凝聚力较强的政党。更为恶劣的结果是，泰爱泰党的无约束性扩张导致了执政联盟扩大而待分割利益不变之间的紧张，用美国政治学家赖克（William Rike）的表述，就是这种扩张破坏了最小获胜联盟法则（minimum winning coalition law）。赖克认为，政党联盟需要保持一个最小获胜规模，是因为政党联盟规模越大，每个成员获得的利益份额越少，维持联盟的成本也越高。② 这种因利益分割产生的矛盾导致他信原亲信林明达（Sondhi Limthongkul）的倒戈，而林明达的倒戈是引发反他信运动的重要因素。③

另如，泰爱泰党同样在学习西方商业公司型政党（business-firm party）的运行特征。在所有的政党学习中，这一学习最为深入，这与他信的商业背景有很大关系。商业公司型政党最佳的范本是贝鲁斯科尼领导的意大利力量党。泰爱泰党在 2001 年选举和 2005 年选举中运用许多政治营销的技术，如使用其商业集团中的营销专家和公共关系专家通过广播和平面媒体塑造选民偏好等。但问题是，商业公司型政党的运作模式太过现代，甚至有许多后现代的元素，而泰国的现代化程度还不高，社会还很传统和保守，对商业化的力量有本能的恐惧感，而具有相当独立意识的城市中产阶级则逐渐对他信集团滥用选举技术形成一种强烈的反对态度。对商业公司型政党的学习导致了

---

① 李路曲：《泰爱泰党一党独大局面的形成》，载《社会主义研究》，2005 年第 5 期，第 114 页。

② William H. Riker, *The Theory of Political Coalition*, New Haven: Yale University Press, 1962, pp. 32 – 33.

③ Oliver Pye and Wolfram Schaffar, "The 2006 Anti-Thaksin Movement in Thailand: An Analysis", *Journal of Contemporary Asia*, Vol. 38, No. 1, 2008, p. 40.

泰爱泰党的民粹主义发展，也在很大程度上导致了其最终的毁灭式结果。

泰爱泰党的政党学习反映出一种后发劣势。后发劣势是与后发优势结合在一起的。后发优势体现为后发国家凡事都可因循早发国家的模板而为，后发劣势则表现为选择太多，导致每次学习都不深入，而浅层和扭曲的学习往往隐含着桎梏和危机。早发国家往往逐个解决社会和政治问题，并有序地完成政治制度化。但后发国家，特别是在当下全球化时代下的后发国家，则很难按次序逐一解决现代化过程中出现的问题，这些问题往往突发性地集聚爆发。后发国家有制度学习的优势，但后发国家很难找到早发国家在应对问题时的单一情境。譬如，早发国家在阶级斗争和工人运动的背景下完成了政党制度化的过程。阶级斗争提供给政党鲜明的意识形态特征，而工人运动则提供给政党充足的会员和固定支持者。但目前后发国家面临的情境非常复杂：一方面，后发国家需要完成国家构建和政治制度化，这些因素是后发国家政治稳定和秩序发展的关键；另一方面，后发国家面对的政治生态已经出现一些不利于政治制度化的变化，如社会多元化的发展和媒体政治的兴起，这两点与群众型政党模式生成的背景已大不相同。后发国家因制度学习而面对的制度选择较多，如泰爱泰党的政党运作模式似乎是希望吸收群众型政党、全方位政党、卡特尔政党和商业公司型政党四者的优势，但这种跳跃式学习模式和跨越式发展路径使其陷入一种学习的盲乱和发展的困境。这种学习和发展模式可以导致选举绩效的迅速攀升，但也容易导致其政党发展缺乏稳定性和持续性。

（五）公民社会的成熟与困难

1987 年以来，韩国的公民社会有了飞速的发展，其主要体现在：第一，公民社会组织的数量急剧增加。尽管不同学者在统计时使用的标准不同，但无论从哪一标准都可以看出韩国公民社团爆发式增长的态势。韩国学者金来龙的统计认为，到 1994 年时，韩国的公民社会团体已经达到 2 180 个，比 70 年代增加了 2.2 倍。[①] 另外一个统计数字是，1991 到 1996 年间，韩国利益团体的数量从 1991 年的 4 103 个迅速增加到 1996 年的 13 078 个。[②] 第二，韩国

[①] Yong Rae Kim, "Emerging Civil Society and the Development of Interest Group Politics in Korea", *Korea Observer*, Vol. 30, No. 2, 1999, p. 258.

[②] 刘淳：《转型期的市民社会与社会秩序——以中国台湾及韩国为例》，载《当代中国政治研究报告》，2003 年总第 2 期，第 281 页。

的公民社会与政府开始形成一种合作关系。韩国高丽大学教授金善赫认为，韩国的公民社会正在从宏大的民主运动模式向精致的利益集团模式转变。譬如，从金泳三政府开始，公民社会就开始表达其与政府建立合作关系的愿望，而不是像过去一样仅仅停留在社会抗争之上。韩国政府也开始选择性或至少象征性地认真考虑和满足公民社会领袖们的诉求或愿望。[1] 第三，韩国的公民社会开始有效地影响选举政治和议会政治。2002 年的总统选举受到公民社团及其运动的影响，公民社团与新沟通技术——互联网结合起来，与保守的媒体和社会相抗衡，使得卢武铉最终赢得了选举。2004 年，当占据国会超过 2/3 的保守反对党提出总统弹劾法案时，公民社会再次行动起来抗议国会的权力。[2] 然而，整体来看，韩国的公民社会发展还受到以下因素的制约：第一，儒家的家庭和价值观念在韩国仍然有强大的影响，而且近年来这种影响有上升的趋势。韩国一直在儒化和西化的纠葛中寻找文化认同。儒教文化是韩国传统文化的主流思想，但这一传统在日本殖民之后受到一些影响，并在"二战"后受到西方文化的冲击。但近年来韩国一直在寻找其民族主体的独立性，所以反美和反西方是其公民社会运动中的重要主题之一。对儒家文化的强调实际是与更多反应西方特征的公民社会有冲突的，儒学的等级文化观念与西方公民社会的水平联结之间存在明显的紧张关系，而这种紧张会限制韩国公民社会的发展。第二，韩国的公民社会是在反抗威权统治的基础上发展起来的。对软性暴力的运用和激进色彩一直是韩国公民社会的特征，而这种极化的特征限制了公民社会在温和和合作方向上的发展。

在泰国发生政治转型之后，公民社会也曾成功地推动了一些重要的政治改革，如 1997 年宪法的颁布。然而，到目前为止，公民社会在泰国的民主巩固过程中的作用还比较有限。在川·立派政府期间（1998—2000），一些公民组织如穷人协会（Assembly of the Poor）组织了一些有影响的农民抗议和游行活动，以反对政府采取的损害农民利益的政策。然而，在他信 2001 年执政之后，泰国的国家权力重新变得强势。一方面，他信政府采取了民生主义的政策，切实提供廉价的医疗服务给每个公民（主要解决农民的医疗问题），政府拨款给每个村庄建立农村发展基金，宣布农民债务的免息延期偿还等。

---

[1] Kim Sunhyuk, "Civil Society in South Korea: From Grand Democracy Movements to Petty Interest Group?", *Journal of Northern Asian Studies*, Vol. 15, No. 2, 1996, p. 81.

[2] 〔韩〕韩相震：《当代韩国的社会转型——论迈向竞争化市民社会的三种主要推动力》，载《江海学刊》，2008 年第 2 期，第 16 页。

这些政策似乎有利于公民社会的发展。另一方面，他信政府同时采取了限制新闻自由的政策，对社会的不同意见和批评表现出不宽容的态度。这样，国家对公民社会的控制反而强化，因此，有观察家表示忧虑，"在他信政府期间，泰国的民主在从'自由民主'向'选举民主'后退"①。2006 年的反对他信运动似乎再一次展示了公民社会的力量，但就政治结果来看，这一运动仍然是传统政治精英和军人的游戏。取代他信政府的是军人集团任命的临时政府，泰国宪法也随之由军人政府主导修订。② 公民组织并未从运动的结果中分享到应有的政治权力，公民社会运动再次成为精英们争斗的工具。泰国公民社会的不成熟还体现在某些重要的利益群体缺乏组织，如农民群体。虽然泰国有占人口高比例的农民群体支持他信政府，但由于这一群体缺乏有效的组织和动员，农民运动的政治效果非常有限。

泰国公民社会的主要缺失在于未能建构性地直接介入泰国民主政治的巩固之中。这其中可以找到许多例证。2006 年人民民主联盟领导的反他信运动是解构性的，其在很大程度上诱使军人干预政治。2008 年人民民主联盟再次领导的公民抗争运动，同样在某种程度上导致了沙马的下台。2009 年的支持他信运动也是解构性的，使得新上台的民主党阿披实政府面临政局动荡的危险。执政党政府很少将公民组织作为一种建构性的资源使用。譬如，在 2001 年大选之前，泰爱泰党与工会组织、穷人协会等公民组织私下协商，希望得到它们的支持。但在 2001 年执政之后，泰爱泰党背弃了诸多其在竞选时的允诺。譬如，他信允诺工会组织将在执政后批准国际劳工组织关于结社自由和集体谈判的协定，以及建立一个职业健康和安全研究所，他信允诺穷人协会将在执政后改造严重污染环境的巴蒙大坝，但他信在施政后均无意兑现这些承诺。③ 另外，整体来看，他信执政时期对整个公民社会都采取了挤压政策，主要体现在：指定安全部门监控非政府组织的政治活动；规定非政府组织每月向政府汇报，并对其财政实施控制；限制媒体对公民社会信息的传播等。④ 而且，在他信下台后，反他信运动中的公民社会组织也未在新的权力分割中

---

① Suchit Bunbongkarn, "The Role of Civil Society in Democratic Consolidation in Asia", in Yoichiro Sato, *Growth and Governance in Asia*, Honolulu: Asia-Pacific Center for Security Studies, 2004, p. 142.

② 周方冶：《泰国非暴力群众运动与政治转型》，载《当代亚太》，2007 年第 7 期，第 31—36 页。

③ Pasuk Phongpaichit and Chris Baker, "Thaksin's Populism", *Journal of Contemporary Asia*, Vol. 38, No. 1, February 2008, p. 76.

④ 王子昌：《泰国他信的治国之道》，载《东南亚研究》，2006 年第 5 期，第 32 页。

得到任何建设性的角色。整体而言，泰国的整体现代化程度还不高，而公民组织在某种意义上还完全是争夺利益的工具。西方发达国家的公民社会往往具备双重特征：一方面是争夺利益的工具，另一方面则是培养民主信仰和文化的场域。很明显，泰国公民社会在后一功能上还明显缺乏。

结　语

韩国和泰国政党与公民社会的关系模式可以放在民主转型的背景下理解。民主转型由民主化和民主巩固两部分组成。在民主化的起点上，韩泰两国的政党和公民社会都处于欠发展的状态，所以笔者将两者的关系模式称为双重虚弱模式。民主化的过程是两国政党和公民社会共同发展的过程。从目前的状况来看，两国的政党和公民社会都已经有一定的发展，但也存在问题。目前两国已经进入民主巩固的阶段，所以两国用发展中的政党与公民社会去面对和解决民主巩固的问题。由于两国目前的民主巩固还处于一个较为初级的阶段，此时政党的作用显得尤为突出。韩泰两国在政治现代化过程中对于政治秩序一直有一种饥渴的需求，而强大的政党和政党制度是实现政治秩序的有效办法。公民社会的解构性功能对于威权主义的回潮会形成一定的威慑作用，但制度性地推进民主巩固则需要政党的力量来完成。在未来，如果泰国的民主巩固在制度层面取得重要进展，譬如政党制度、行政制度、司法制度、选举制度和代议制度等都已完成较为成功的构建，那么这时公民社会的制约国家功能、公民教育功能、利益表达功能、政治社会化功能、训练政治精英功能等就可能发挥更为明显和重要的作用。

第五章 政党与公民社会关系的问题领域

本章选取了两个问题领域来探讨政党与公民社会之间的互动关系：一个是工人运动领域，另一个则是环境运动领域。前者是传统社会运动的代表，后者是新社会运动的标志。在第一部分中，笔者对中左翼政党与工会团体的互动尝试进行历史分析。笔者在引入政党结盟理论的基础上对中左翼政党与工会的互动历史及其三种常见模式进行讨论，然后在再结盟和解盟理论的基础上讨论了这一传统的左翼联盟所面临的挑战。在第二部分中，笔者对生态政党与环保团体之间的合作与互动模式进行探讨。笔者先是分析了绿色运动的兴起及其政党化过程，进而对新产生的生态型政党的政党特征和社团特征进行比较分析，并在此基础上对生态型政党与环保社团的互动关系模式及其面临的变动可能进行综合探讨。

一、中左翼政党与工会团体的互动研究

在《国际工人协会成立宣言》中，马克思先是对1848年革命的失败表示惋惜，"在1848年革命失败后，大陆上工人阶级所有的党组织和党的机关报刊都被暴力的铁腕所摧毁"，然后，马克思又指出，"虽然如此，1848年革命以来的这一段时期还不是白白地过去的"，之后，马克思进一步阐述道，"所以，夺取政权已成为工人阶级的伟大使命。工人们似乎已经了解到这一点，因为英国、德国、意大利和法国都同时活跃起来了，并且同时都在努力从政治上改组工人政党"[①]。马克思的这段话实际上描述的是早期工人运动的政党化努力。笔者把马克思关注的问题在历史向度和内容向度上进行拓展，将对19世纪以来西方中左翼政党与工会团体的互动过程作长时段的分析。为

---

① 马克思：《国际工人协会成立宣言》，见《马克思恩格斯选集》（第二卷），人民出版社1995年版，第603—606页。

使得研究进一步的理论化，笔者引入了政党结盟和解盟理论。在结盟理论的视阈下，笔者对劳工组织与中左翼政党的联盟关系进行粗线条的历史探讨。

（一）劳工组织与政党的结盟

政党结盟理论是政党社会学中很重要的一部分。美国政治学家西蒙·李普赛特（Seymour Martin Lipset）在其早期著作《政治人》中就表达过政党与选民结盟的观点。李普赛特认为，"低收入团体主要投票给左翼政党，而高收入的团体则主要投票给右翼政党"①。在著作《政党系统与选民结盟》一书中，李普赛特和斯坦·罗坎（Stein Rokkan）进一步提出了四组社会分野（social cleavage），即中心与边缘（center-periphery，即主要地区主导的一致性与少数地区的差异性相对应）、国家与宗教（state-church，即世俗领域与宗教领域相对应）、土地与工业（land-industry，即农业利益与工业利益相对应）、雇主与工人（owner-worker，即资产阶级与工人阶级相对应），并以此提出社会集团与相对应的政党结盟的观点。每一种分野都至少产生两个相对应的政党。由于各国政治发展的过程和情况不同，所以可能出现一个政党代表多种分野的情况，如美国民主党既是世俗党，也更多代表农业利益，同时其政策也往往倾向于工人阶级，而美国共和党则与教会关系密切，更多代表工业集团利益，同时其政策也多偏向资产阶级。李普赛特和罗坎认为，基于这四种社会分野，选民会与能反映其利益的政党结成联盟，而且这种结盟会表现出相当的稳定性，即"除了少数重要的例外，20世纪60年代的政党体制基本上反映了20世纪20年代的社会分野结构"②。阿伯丁大学公共政策学教授理查德·罗斯（Richard Rose）和阿伯丁大学政治与国际关系学教授德雷克·厄温（Derek W. Urwin）在《自1945年以来西欧政党体系的持续性与变动》一文中，用更有力的数据证明了前述李普赛特和罗坎的观点。罗斯和厄温将1945到1970年间西欧主要政党在数次选举中获国内支持的百分比和选民在政党之间的变动进行量化，在比较后得出结论，"战后西方国家大多数政党的选举力量在各次选举之间、各个年代之间或在一代人中间变化极

---

① Seymour Martin Lipset, *Political Man*, New York: Doubleday, 1960, pp. 223 – 224.

② Seymour Martin Lipset and Stein Rokkan, *Party System and Voter Alignments*, New York: Cross-National Perspectives, 1967, p. 50.

小"①。

这种政党与社会的结盟清晰地反映在中左翼政党与工会的关系上。工会是工人运动兴起后产生的社会组织。工会的早期活动主要采取体制外的社会抗议策略，力图通过罢工和游行这种柔性反抗的方式来传递其意愿。随着工人阶级逐步实现选举权，工会的斗争策略逐渐转向体制外抗议和体制内表达两种路径并用的策略。体制内表达最先出现的形式是工人代表参与议员选举。当工人代表在实现议会代表的突破后发现，仅仅是议会中的少数议席也是无法有效影响政策的，所以自行组党或与左翼政党结盟便成为其影响政治的主要路径。乔治·梅森大学公共政策学院教授杰克·戈德斯通（Jack Goldstone）描述了中左翼政党与工会团体的结盟关系，"在欧洲，19 世纪所有主要的劳工运动同时致力于建立联盟以便组织社会抗议活动、建立劳工政党以便组织投票和选举议员；在 20 世纪 30 年代的美国，罗斯福总统的社会福利计划就是由于受到与劳工组织和改革主义者社会运动有着紧密协作关系的民主党的推动而产生的，劳工组织和改革主义者的社会运动协调了社会抗议活动和传统政治动员之间的关系，自此，劳工运动积极参与民主党政治成为一个长期的政治遗产"②。

具体来看，在英国，工会在创建工党过程中起了决定作用。1868 年成立的英国工会联合组织——职工大会早期采取改良主义的工联主义思想，并与自由党结盟。但由于自由党执政后在与工会相关联的政治和社会改革等问题上缺乏积极行动，所以工会与社会主义团体合作在 1900 年成立了劳工代表委员会，并于 1906 年在工会的坚持下改名工党。1924 年，工党领袖麦克唐纳在工会的支持下首次赢得选举，并在执政后就维护工会和劳工利益方面作出诸多重大举措。③ 总体而言，英国工党与工会组织保持了紧密的合作关系。在组织上，工会以集体名义加入工党。1918 年之前，工党不吸纳个人党员。工党党员在 20 世纪 70 年代时有 680 万人，其中集体党员（绝大多数是工会会员）就占到 610 万人。在财政上，工会的资助是工党经费的主要来源，工

① Richard Rose and Derek W. Urwin, "Persistence and Change in Western Party System since 1945", *Political Studies*, Vol. 18, No. 3, 1970, p. 295.

② 〔美〕杰克·戈德斯通：《跨越制度化政治与非制度化政治》，见〔美〕杰克·戈德斯通主编：《国家、政党与社会运动》，章延杰译，上海人民出版社 2009 年版，第 XX 页。

③ 李华锋：《英国工党与工会关系的起源和早期发展述论》，载《聊城大学学报（社会科学版）》，2009 年第 5 期，第 20—26 页。

党中央约 4/5 和全党约一半的财政收入来自工会。[①] 在法国，1947 年以来，最大的工会联合会——法国总工会与法国共产党结盟。通过这一工会组织，法国共产党将炼钢业、机器制造业和采矿业等行业的蓝领工人作为其坚实的社会基础。法国社会党则控制着另一个改良主义的工会组织——"工人力量"，并将公职人员性质的工人（如邮电工人）作为其选民基础。20 世纪 70 年代之后，法国社会党还力图同比较激进的法国工人民主联合会建立联系。1971 年后，社会党开始在各工厂建立工业车间支部，并在 1976 年成功建立 756 个支部，以力图获得更多工人的支持。[②]

在德国，社会民主党的前身是德国社会主义工人党，而后者是在 1875 年由费迪南·拉萨尔创建的全德工人联合会同奥古斯特·倍倍尔和威廉·李卜克内西领导的社会民主工党合并而成的。所以，德国社会民主党从一开始就与德国工人运动结合在一起。1949 年成立的德国工会联合会与社会民主党的关系更为密切，其双方在成员上广泛地相互交叉。20 世纪 60 年代之后，工会与社会民主党的关系更为密切。社会民主党支持工人将工业共同决定权扩大到煤炭和钢铁工业以外的部门，而工会支持波兰特的东方政策。在 1972 年的大选中，工会联合会对社民党的竞选成功贡献良多。当反对党基督教民主联盟和基督教社会联盟对政府提出了不信任动议，结果全国各地爆发了支持政府的抗议罢工。[③] 在美国，劳工组织一般与民主党结盟。譬如，按照伯恩斯的描述，"1924 年，许多工会支持'好斗的牛犊'拉福莱特竞选总统；1944 年，产联正式支持罗斯福。劳联—产联 1968 年支持汉弗莱，1976 年支持卡特，1984 年支持蒙代尔。"[④] 美国工会支持的这些候选人都是民主党人。尽管存在一些例外，如英国的工会最初和自由党合作，法国的某些工会受无政府工团主义的影响很深（即不与左翼政党结盟），德国的一些工会与自由资产阶级或基督教教会有密切联系[⑤]，但整体来看，西方国家的工会与左翼

[①] 刘建飞：《英国工党与工会的特殊关系》，载《当代世界与社会主义》，1996 年第 4 期，第 65—66 页。

[②] 〔法〕拜伦·克里德尔：《法国社会党》，见〔英〕威廉·佩特森、阿拉斯泰尔·托马斯：《西欧社会民主党》，林幼琪等译，上海译文出版社 1982 年版，第 30—31 页。

[③] 〔英〕威廉·佩特森：《德国社会民主党》，见〔英〕威廉·佩特森、阿拉斯泰尔·托马斯：《西欧社会民主党》，林幼琪等译，上海译文出版社 1982 年版，第 173—174 页。

[④] 〔美〕詹姆斯·伯恩斯等：《美国式民主》，谭君久等译，中国社会科学出版社 1993 年版，第 259 页。

[⑤] 殷叙彝：《社会主义政党与工人运动及工会的关系》，载《马克思主义与现实》，2009 年第 4 期，第 167 页。

政党在 20 世纪 70、80 年代之前都结成了稳定的同盟关系。

（二）工会组织与中左翼政党：共生、协作与合作

整体比较而言，西方国家的中左翼政党与工会组织的关系模式可以分为三种：同盟模式、准同盟模式和临时同盟模式。同盟模式也可被称为共生模式，是指左翼政党与工会组织关系非常密切，其体现在政党与工会组织的干部交叉任职、工会会员同时也往往是左翼政党的基层党员、工会捐助在左翼政党财政中占绝对比重等方面。英国工党、德国社民党、日本社会党、澳大利亚工党等与工会的关系属于这一类。在英国，工党与工会结成了高度正式的密切联系。如英国学者刘易斯·明金和帕特里克·赛德对这种紧密关系的总结：第一，英国工党是在 1899 年职工大会上动议产生的，其在初期的存在就归功于工会的支持。第二，工党的绝大多数党员都是工会会员。第三，各个工会从地方到全国都参加各级工党。工会在英国工党最高决策权力机构的每年年会上，拥有正式的多数。第四，工会可以直接提名工党候选人，以保证议会党团中有直接反映其利益的议员。第五，工会的会费和捐助是工党资金的主要来源。[①] 关于德国社民党和工会的密切关系，国内学者张文红将其总结为三点：第一，社民党积极开展工会工作。社民党的 1968 年纽伦堡大会决定，党主席在每次党代会之后都要任命一个工会委员会，其成员包括由社民党人担任的各产业工会主席、德国工会联合会主席和德国职员工会主席，其任务是在重要的社会政治问题上向社民党提出建议。第二，工会是社民党重要的社会基础和选举支持力量。社民党战后最好的选举结果是通过工人实现的，这集中体现在 1972 年、1998 年和 2002 年选举中。第三，双方密切的人事结合。德国工会联合会的各层领导人多数都是社民党党员，而社民党的各级精英也有许多来自工会。双方的人事结合还表现在社民党执政时期的联邦政府和社民党议会党团里。[②]

日本社会党是在战后工人运动迅速发展的基础上壮大起来的。日本社会党在其发展过程中，与政治态度较为左倾的"总评"工会建立了牢固的合作关系，社会党甚至被称为"总评"的政治部。在 20 世纪 70 年代中期，拥有

---

① 〔英〕刘易斯·明金、帕特里克·赛德：《英国工党》，见〔英〕威廉·佩特森、阿拉斯泰尔·托马斯：《西欧社会民主党》，林幼琪等译，上海译文出版社 1982 年版，第 91—92 页。
② 张文红：《并肩前进抑或分道扬镳？——德国社民党与工会的关系》，载《欧洲研究》，2003 年第 6 期，第 32—36 页。

"总评"工会会员身份的社会党党员占到其总数的 60%。社会党众议院议员中工会领导成员出身的在 1972 年、1976 年和 1979 年分别为 53%、46% 和 38%。① 澳大利亚工党和工会同样保持了非常密切的特殊关系。国内学者韩隽将这种特殊关系总结为四点：第一，在组织上，结盟工会是工党最重要的组成部分。工党的基层组织是由个人党员组成的地方支部和集体党员的联系工会两部分构成。第二，在财政上，工会是工党最大的经济来源。工党的经费来源是党费和工会的集体捐助，而后者占到很大比重。第三，工会向工党输送高级官员。九位工党联邦总理中有六位曾在工会中担任过要职。第四，工会对工党的日常工作和政治决策产生重大影响。工党政府在制定产业或经济政策时会事先征询工会高层的意见。②

准同盟模式也可称为协作模式，是指左翼政党与工会的关系比较密切，但人事和财政上相互保留一定的独立性。在出现某些可能合作的议题后，政党与工会就如何合作进行具体的协调。法国的社会党是这一模式中最典型的例子。法国社会党在 1905 年成立时定名为"社会党，工人国际法国支部"。在 1920 年之前，社会党和工会的关系是非常密切的，但这种关系在 1920 年社会党与共产党分裂之后发生变化。1922 年，法国总工会的一些革命工团主义分子在法国共产党的支持下另行成立了统一总工会。尽管在 20 世纪 20、30 年代，社会党的工人党员仍然占到其全体党员的四成，但社会党对工会的影响一直在弱化，特别是在布卢姆任总书记后更为明显。战后，在摩勒任社会党总书记后，社会党的右倾化趋势更为显著，体现在支持右翼的经济和社会政策、认同对阿尔及利亚的殖民政策和推动苏伊士运河问题上的战争政策等，这一右倾化导致其与工会关系的日趋疏远。在 1969 年法国社会党与共和制度大会党合并后，新总书记密特朗为赢得选举而采取了亲工会的政策，提出"法国式的社会主义"主张。在其主张中，倾向于工人阶级的政策占到很大比重，如提高最低工资标准和失业补贴，扩大国有化的范围，把关键经济部门的工业企业变为国家集体单位，推行每周 35 小时工作制等。社会党与工会关系的进一步密切体现在 1974 年罗卡尔领导的统一社会党并入社会党以及法国劳工民主联合会加入社会党这一事件中。在工会以及工人选民的大力支

---

① 张伯玉：《日本政党制度政治生态分析》，世界知识出版社 2006 年版，第 300 页。
② 韩隽：《澳大利亚工党与工会的特殊关系》，载《当代世界与社会主义》，2000 年第 1 期，第 55 页。

持下，社会党在 1981 年赢得总统选举和议会选举的双胜利。① 从这一历史叙事来看，法国社会党与工会并非是紧密团结和相互共生的关系，而是一种在保证双方独立性的基础上展开协作的关系。

临时同盟模式也可称为合作模式，是指双方关系比较平等和独立，而仅仅在特定时期或在特定议题上才形成结盟关系，譬如美国民主党与工会的关系。在美国，工会影响政党最主要的工具是政治行动委员会。实际上，美国的政治行动委员会最初也是出现在劳工领域。20 世纪 30 年代，矿工联合会主席约翰·刘易斯建立了"超党派政治联盟"，作为新成立的产联的政治部门。产联与劳联合并时，这个新的劳工集团又成立政治教育委员会，这个机构便成为大多数政治行动委员会的模型。政治教育委员会的各级机构不但筹集和分配资金，而且在选举过程中也组织诸如选民登记运动、政治教育运动和促使选民投票运动等活动。② 刘易斯的"超党派政治联盟"这一名称也可以看出美国工会与政党的即时合作模式。虽然整体来看，美国民主党要比共和党与工会的关系更为密切，但劳联—产联一直在试图获得与两大党（而不仅是与民主党）的合作。劳联—产联的独立性更为明显，其全国组织有明确地表达其立场的纲领性文件，通过组织劳工的捐款、选民登记活动和投票活动对两大党都提供选举支持，并在国会对两大党同时展开强大的院外活动。

（三）工会组织与政党的解盟？

再结盟（realignment）理论是由美国政治学家 V. O. 基（V. O. Key, Jr.）提出的，其提出时间比结盟理论还要早。小基认为，在 1896—1932 年之间，美国的两大党派与社会的组合保持了稳定：民主党的投票者主要来自有乡村背景的民众，共和党的投票者则主要来自富裕的城市阶层。而在 1932 年之后，民主党成了美国的城市党，共和党则成了美国的乡村党。民主党的投票者往往是美国工人阶级的成员，而共和党的投票者则主要是美国乡村或小城镇的白人居民。小基认为，在政党再结盟过程中，一些构成要件是重要的：第一，需要有一次关键性选举（critical election）；第二，这一关键性选

---

① 吴国庆：《法国政党和政党制度》，社会科学文献出版社 2008 年版，第 197—211 页。
② 〔美〕詹姆斯·伯恩斯等著：《美国式民主》，谭君久等译，中国社会科学出版社 1993 年版，第 261 页。

举导致支持政党的选民结构发生变化；第三，选民结构的改变是显著且长久的。① 小基的理论提出后对选举心理学的发展产生推动作用，譬如坎贝尔在《美国选民》一书中将政党再结盟与政党认同结合起来讨论。② 由于小基的再结盟理论主要基于美国的政党政治，而美国的政党政治与欧洲相差较大，所以这一理论在出现之初并未在欧洲产生重要影响。直到欧洲政治结构在 20 世纪 70 年代发生显著变化后，这一理论才重新被发现和解释。

再结盟理论的重新兴起是建立在对李普赛特和罗坎结盟理论的批判基础上的。佛罗里达州立大学政治学教授斯科特·弗拉纳根（Scott C. Flanagan）和政治学副教授罗塞尔·达尔顿（Russell J. Dalton）在 1984 年的《政党与压力：发达工业社会的再结盟与解盟》一文中指出，结盟理论已经受到西方政治社会变迁的巨大挑战。两种新的政党与社会模式正在西方政治中出现：一种是再结盟模式，另一种解盟模式（dealignment）。前者是指政党和选民群体在互相选择新的合作伙伴，而后者则在描述选民可能不再与固定的政党结盟，而是观察政党的具体政策，视政策（而非政党）进行投票。弗拉纳根和达尔顿的再结盟所描述的政治现象与小基描述的不同。弗拉纳根和达尔顿认为，两个新的变化在西方发达工业国家出现：第一，一些传统的碎片性的分野如地区和种族冲突在英国、法国、西班牙、比利时等国重新兴起；第二，一些指涉生活质量的、非经济性的分野如环境保护、核危险、性别平等、消费者权利等在西方社会彰显，而这些新的变化在重塑结盟关系。与再结盟同时出现的是一种解盟趋势，其暗示的一种结果是政党作为政府与社会之间的中介功能在下降。从传统功能上讲，政党的价值在于将民众意愿整合后输入政治，然后通过执政输出决策，但目前的发展是利益集团可以跨过政党直接对政府进行游说，而且这种利益实现可以不受执政与否的限制。在这一解盟的过程中，两个因素的作用最明显：一是大众媒体和利益集团取代了传统政党组织的动员功能；二是政府自主性的增强使得政党的政治输出功能减弱。两位作者认为，解盟的趋势在美国最为显著，在英国、荷兰和斯堪的纳维亚半岛国家也有明显表现。③

---

① V. O. Key, Jr., "A Theory of Critical Elections", *Journal of Politics*, Vol. 17, No. 1, 1955, pp. 3 – 18.

② Angus Campbell（ed.）, *The American Voter*, New York: John Wiley and Sons, 1960, p. 543.

③ Scott C. Flanagan and Russell J. Dalton, "Parties under Stress: Realignment and Dealignment in Advanced Industrial Societies", *West European Politics*, Vol. 7, No. 1, 1984, pp. 7 – 23.

就政党与工会的关系而言，再结盟和解盟理论有着重要的寓意，两种模式都意味着左翼政党与工会的结盟模式会动摇甚至瓦解。再结盟理论暗示双方可能会选择新的合作伙伴，而解盟理论则喻指双方可能都不再与固定的伙伴结盟。实际上，左翼政党与工会的不一致是长期存在的，或者说是结构性的。关于这一点，英国前工党领袖艾德礼有精辟的描述："工会在一个比较狭隘的范围内活动。它们关怀着成员们作为货品生产者或劳役供给者的利益。它们忙于处理工资、工时和劳动条件等问题。……工会主义者的武器就是团结一致。一个工会的成功有赖于全体会员的共同行动和高度的忠诚。……在任何政党中，这种绝对团结性是无法获取的。一个政治家所必须应付的问题包括人类活动的全部范围——政治的、宗教的、经济的和文化的。他必须表达全体成员的意见，不仅代表财富的生产者，而且代表消费者和公民。他代表家庭妇女，也代表工人。他代表地方，也代表职业团体。所以，议会的工党与工联总会比较起来，必然会处于一种更易遭受非难的地位。"① 艾德礼表达了工党要向全方位政党转型的观点："工党不只是工会主义的一种政治表征……工会是这一运动的骨干，但工党却代表着某些超乎劳工组织需要的东西。它是具有社会主义目标的全国性的政党。因此，它在准备支援劳工组织的要求时，还须相应地照顾全体工人和整个国家的利益。它可能得出下列结论，某一工会的目前要求是和社会主义政策相冲突的。……它是工会总会的伙伴，而不是它的仆役。同样，工党也无权希望工会总会替它工作或负起应当由自己承担的决议责任。"②

艾德礼的描述在 20 世纪 70、80 年代的政治发展中得到进一步的印证。在英国，越来越多的中产阶级接近保守党，这削弱了工人阶级内部的凝聚力。越来越多的工人抛弃工党，甚至在那些半熟练工人、不熟练工人和工会会员中，工党也不再享有多数拥护。工人阶级对工党的投票从 1964 年的 55% 下降到 1979 年的 42%。同时期，工人阶级对保守党的投票却从 24% 增加到 29%。③ 20 世纪 80 年代撒切尔政府的政策如发展"企业社会"和创立"民众资本主义"等造成了工人阶级的进一步分化，也削弱了工党的社会基础。④ 1994 年，布莱尔在当选英国工党主席后，提出建设"新工党"和"新英国"

① 〔英〕艾德礼:《工党的展望》，吴德芬、赵鸣歧译，商务印书馆 1961 年版，第 36—37 页。
② 同上，第 36 页。
③ David Robertson, *Class and the British Electorate*, Oxford: Blackwell, 1984, p. 28.
④ 孙洁:《英国的政党政治与福利制度》，商务印书馆 2008 年版，第 210 页。

的口号，其改革的主要内容是重新界定国家、社会和个人三者之间的关系，增加社会和个人的责任，削弱国家职能和减少政府干预。布莱尔提出要改变工党的工人阶级属性，使其变成"跨越民族、跨越阶级、跨越政治界限……代表所有英国人民"的政党。① 为此，工党采取一系列弱化与工会联系的措施：第一，将工会在党内的投票权由原来的70%减至50%，以增强工党决策的自主性；第二，大力发展个人党员，使个人党员的数量从1992年的27.9万人发展到1997年的42万人；第三，积极吸收社会捐款，摆脱对工会资金的依赖，使工会集体党费占工党资金收入的比重从90年代初的90%下降到30%；第四，向企业界靠拢，并吸收其捐款。布莱尔多次公开表示新工党代表企业界的利益。② 整体来看，英国工党有向全方位政党转变的趋势，而在这一转变过程中工党与工会的共生关系在显著弱化。对于英国工党与工会的关系，布莱尔表示说，"现在工会的意见当然要听取，雇主们的意见也一样。但无论哪一方都不能左右工党及其政策。"③ 从布莱尔的表态中可以发现，新工党已经将工会置于与企业界平等的地位。

在德国，社民党与工会的冲突主要出现在施罗德执政之后。2003年，施罗德称，他将在不与其他团体协商的情况下实施必要的改革，而工会则指责他们的社民党总理背叛了社会民主主义理想。施罗德在议会宣布大幅度削减社会福利的"2010规划"方案之后，德国工会联合会组织了多次游行示威，而工会联合会主席佐默尔也称，工会联合会在下次大选中将不再支持社民党。此时，再结盟和解盟的情况已经在双方关系中同时出现。譬如，此时冶金工业工会和服务业工会已经开始寻求联盟党的支持，这是再结盟的主要动向。而其他的一些工会理论家则声称，"工会应立足于政党政治中间，不对任何政党负有义务，它必须为了自己成员的利益，和所有政党接触以实现他们的政治要求"，这些则是解盟的征兆。④ 在法国，社会党与工会的解盟趋势可以从其全方位政策中发现。到1977年，法国社会党有17万人，4 800个支部，其中有900个企业支部。"社会党失去了它过去具有的工人阶级的这一特性。大约有18%的工人和职员，而共产党内的工人和职员的比例分别为60%和

① 〔英〕托尼·布莱尔：《新英国》，曹振寰等译，世界知识出版社1998年版，第72页。
② 黄宗良、林勋健：《共产党和社会党百年关系史》，北京大学出版社2002年版，第360页。
③ 〔英〕托尼·布莱尔：《新英国》，曹振寰等译，世界知识出版社1998年版，第160页。
④ 张文红：《并肩前进抑或分道扬镳？——德国社民党与工会的关系》，载《欧洲研究》，2003年第6期，第36—42页。

18%……主要是因为向罗朗·凯罗尔所说的'先进的资产阶级'实行了开放政策，这里指的是那些在政治上，而不是在社会方面属于左倾的人：自由职业者、技术人员、工程师、干部、教授等的新阶层。因此，党也就日趋'知识'化了。"①

结语：旧社会运动的消逝与政党政治的转向？

左翼政党与工会关系变迁的根本原因是社会结构的变化，而在西方选举政治中，赢得选民是政党执政的唯一路径。所以，左翼政党为赢得选举，将新中间阶层作为其新的社会基础。在这种变化中，主动权掌握在政党手中。工会在某种意义是左翼政党背叛行为的牺牲品。再结盟和解盟都主要是工会应对左翼政党背叛行为的策略性结果，而非结构性的必然行为。再结盟是希望以背叛行为唤起社民党对工会的重新重视，而解盟同样是希望以一种骑墙或游离的状态让社民党感受当前即时合作模式的缺陷。在这一过程中，工会的定位和行为都比较尴尬和困窘。美国政治学家伯恩斯对美国工会的困境有一段精彩的描述，美国劳工组织"未来扩大影响的前景也很暗淡。与全国劳工的增加相比较而言，劳工组织的会员正在减少；它一般不能使南部和阳光地带的大部分行业组织工会联合起来；而在劳工的政治行动委员会数目几乎保持不变的时候，公司的政治行动委员会数目却大大增多"。伯恩斯开出的药方是，加强其与民主党的合作，但也指出这一解决方式的困难，"劳工明白它必须寻找政治同盟者，因此日益密切地和民主党一道活动。不过，劳工仍然珍惜自己的政治独立性，不想加入一个有自己的问题和弱点的政党"②。伯恩斯的这段分析对其他国家的工会也非常适用。

就未来而言，工会与右翼政党再结盟的可能性也是比较小的。德国冶金工业工会主席茨威克尔向联盟党发出与其合作的消息后，基民盟雇员方面的负责人赫尔曼－约瑟夫·阿伦茨先是表达了对茨威克尔建议的欢迎，但转而指出，工会与联盟党之间在相当多的问题上存在重大区别。③ 基民盟的态度

---

① 〔法〕乔治·阿耶歇、马蒂厄·方托尼：《法国社会党及其领导人物》，沈炼等译，新华出版社1982年版，第14页。

② 〔美〕詹姆斯·伯恩斯等：《美国式民主》，谭君久等译，中国社会科学出版社1993年版，第268页。

③ 张文红：《并肩前进抑或分道扬镳？——德国社民党与工会的关系》，载《欧洲研究》，2003年第6期，第42页。

表明这一再结盟的难度远比修复传统联盟要高得多。在未来的情形中，解盟的模式可能会出现的比较多，因为它是一种中间状态。更为常见的情况是，工会和左翼政党形成协作或即时合作模式。工会仍然是左翼政党的主要社会伙伴，但左翼政党的合作伙伴却不限于工会，新社会运动产生的环保组织、女权组织、和平组织等都会加入左翼政党的合作伙伴序列。科罗拉多大学波尔德分校政治学教授安妮·柯斯廷（Anne Costain）同其助手道格拉斯·柯斯廷（Douglas Costain）的研究表明，尽管美国妇女运动经常试图同时影响民主党和共和党，但却往往与民主党结成联盟。[1] 罗塞尔·达尔顿的研究也发现，欧洲环保组织一般认为左翼政党是其盟友，而不管它们是否参与实际的环保运动。[2] 由于这些新社会组织的加盟，中左翼政党与工会的关系会从同盟关系降级为准同盟或临时同盟关系。

二、国外生态型政党与环保社团的互动研究

美国政治学家、密歇根大学政治学教授罗纳德·英格尔哈特对绿色运动的兴起及其政党化有过一段精要的描述，"大约 30 年前，关于个体价值的研究表明西方公众中出现了渐进但确信无疑的向后物质主义价值取向的转向。在几年的时间内，第一批绿党市镇议员和区域议员当选。不到 10 年，很多欧洲国家的绿党成功地在全国大选中提出了自己的候选人，以所谓'寂静的革命'（silent revolution）开始在制度政治中显现出来，并策略机智地从地方起步，迅速地移向全国议会。"[3] 笔者将对绿色运动的政党化以及生态型政党产生后与环保社团的互动过程加以关注。笔者的研究框架如下：首先对作为新社会运动一支的绿色运动的兴起过程及其特征作简要描述，其次对绿色运动的政党化和生态型政党的形成过程进行考察，然后对生态型政党的政党特征

---

① Anne Costain and Douglas Costain, "Strategy and Tactics of the Women's Movement in the United States: The Role of Political Parties", in Mary F. Katzenstein and Carol M. Mueller（eds.）, *The Women's Movement of the United States and Western Europe*, Philadelphia: Temple University Press, 1987, pp. 196 – 214.

② Russell Dalton, "Strategies of Partisan Influence: West European Environmental Groups", in Graig Jenkins and Bert Klandermans（eds.）, *The Politics of Social Protest*, Minneapolis: University of Minnesota Press, 1995, pp. 296 – 323.

③ 〔美〕罗纳德·英格尔哈特："前言"，见〔德〕斐迪南·穆勒－罗密尔、〔德〕托马斯·波古特克主编：《欧洲执政绿党》，郇庆治译，山东大学出版社 2005 年版，第 1 页。

与社团特征进行比较，并在此基础上对生态型政党与环保社团的互动关系进行分类探讨，最后对生态型政党的去社团化可能以及向传统政党模式的转向等问题进行分析。

（一）作为新社会运动的绿色运动

新社会运动是指20世纪60年代末在欧洲社会出现的一系列大众抗议运动，如生态运动、妇女运动、和平运动、反核运动和同性恋运动等，是相对于传统的社会运动而言的。新社会运动与传统社会运动的区别主要集中在以下几点：第一，运动的主体构成不同。传统社会运动的主体是工人阶级，社会斗争可以归结为阶级斗争。新社会运动的主体是新中间阶级，其成分复杂，包括和平主义者、生态主义者、青年学生、女权主义者、民权主义者等各类人群，每个人群都有不同的社会需要和价值追求。第二，运动的内容主题不同。传统社会运动抗议的主题是经济剥削和社会财富的不公平分配，反对的是工业资本主义的逻辑。新社会运动抗议的主题是丰裕社会带来的社会拥堵和价值异化，反对的是晚期资本主义的逻辑。第三，运动的组织形式不同。传统社会运动强调组织和机构的作用，形成目标一致的群众斗争来影响国家决策。新社会运动则以非中心化和自我行动为特征，往往是各自为战，有明显的无政府主义的特征。第四，运动的理念信条不同。传统社会运动强调意识形态的指导，信奉马克思主义或民主社会主义。新社会运动强调价值观念的多元主义，以反思现代化的理念为指导。[①]

这里需要特别关注的是新社会运动的反政党体制特征。反政党体制一方面指其在观念上不赞同政党体制，更重要的是强调其特质与政党体制的不契合。新社会运动的反政党体制特征主要表现在以下方面：第一，新社会运动的社会动员模式与政党截然不同。新社会运动的社会动员网络是一种局部化的、非集中的、扁平式一体化网络，这与政党组织的整体主义、金字塔式的科层制正式组织网络相区别。第二，新社会运动的政治参与方式与政党迥然相异。新社会运动的政治参与往往借助公共论坛和大众传媒等形式来表达他们的意见和观念，而并非像政党那样地进入合法化的民主选举系统，通过投票来表达自己的诉求进而影响国家决策。第三，新社会运动的意识形态整合与政党明显区别。新社会运动所宣扬的意识和观念往往是分散化的，相互之

---

① 李瑞昌：《"亚政治"与"新社会运动"》，载《复旦学报》，2006年第6期，第120—121页。

间缺乏整合，所以新社会运动也被称为"单议题运动"或"一种运动的运动"。① 政党的意识形态则是前后连贯、高度整合且自成体系的。

绿色运动是欧洲新社会运动的一个重要组成部分，其在 20 世纪 60、70 年代能源危机和生态失控的大背景下产生。绿色运动的理论渊源可以追溯到美国经济学家和社会学家博尔丁在 1953 年《组织革命》中提出的"生态革命"的主张。"生态革命"的主张认为，一种"生态意识"需要在人们的心中萌发和产生，这样才能根除人们对大自然采取的那样盲目索取的态度，否认人类自身的生存将受到更大的威胁。② 到 60 年代时，欧洲的一些绿色公民组织诸如"环境保护—绿色行动"、"未来—绿色行动"、"保护环境—绿色名单"、"地球之友"、"世界卫士"、"自然之友"等相继在欧洲出现，并得到迅速发展。这些组织积极地去怀疑工业化盲目发展的动机和意义、主张可持续的生态经济、反对核扩散、并要求建立新的世界秩序。③ 1972 年，罗马俱乐部发布了一份名为《增长的极限》的研究报告，将绿色运动推向了高潮。1992 年在巴西里约热内卢举行的"联合国环境与发展大会"是全球绿色运动的最终重要成果，大会制定了《21 世纪议程》，并使得"可持续发展"这一理念在全球范围内宣传开来。④

（二）绿色运动的政党化与生态型政党的形成

新社会运动的反政党体制特征有其局限性。就其政治影响而言，新社会运动还只是一种草根运动或反对运动，仅仅是对环境污染、性别歧视、人权侵害、种族隔离等问题的抗议和反对，而不是对清洁环境、性别平等、人权保护和种族融合等问题的建设性追求和努力。因此，新社会运动仅仅在抗议和批判的层面上徘徊，由于其强调不合作和协商民主且缺乏行动能力，故而很难在社会问题的真正解决上有所建树。绿色运动面临同样的困局。下面以德国为例讨论德国绿色运动的困局及其突破困局的现实选择。在 20 世纪 60、

---

① 何平立：《认同感政治：西方新社会运动述评》，载《探索与争鸣》，2007 年第 9 期，第 66 页。

② 王谨：《"生态学马克思主义"和"生态社会主义"：评介绿色运动引发的两种思潮》，载《教学与研究》，1986 年第 6 期，第 39 页。

③ 王谨：《从西方绿色运动看"绿色文化、绿色美学"崛起的必然性》，载《安徽大学学报（哲学社会科学版）》，1995 年第 1 期，第 16 页。

④ 鲍健强：《从绿色运动到绿色科技》，载《科学学与科学技术管理》，2001 年第 2 期，第 18—20 页。

70 年代，德国的绿色运动最初都由小型的地区性环保组织启动。之后这些组织逐渐超越地域，发展成为联合行动的全国性联盟。但即使全国性组织的出现也未能解决一个问题：由于绿色运动主要是在现存体制外的一种自发性抗议活动，尽管声势浩大，但终究被排斥在国家政治系统的决策体系和过程之外，很难产生持久的社会效果。要解决这一问题，唯一的方式就是把绿色运动团体从基层到中央汇集起来，通过组织政党，推出自己的候选人参加各级议会选举，把运动纳入到现行的政治体制内。

直接引发德国绿色运动组党的是 1977 年的两次以暴力流血冲突结束的反核运动。1977 年到 1979 年间，绿色运动团体陆续在萨克森州、巴伐利亚州、不来梅市等地参加了州市级地方议会选举。其中，"不来梅绿色名单"突破了 5% 的议会门槛，成为第一个进入州级议会的绿党地方组织。到 1980 年，各地绿色组织和相关团体在卡尔斯鲁厄召开建党大会，此后德国新社会运动便以绿党的身份正式登上德国政治舞台。即便是在绿党建党后的十年中，新社会运动反政党体制的特征仍持续地影响着绿党的发展。例如，在 1980 年 3 月绿党的第二次代表大会上通过的党纲宣称，绿党是"在基层民主和非集中化基础上建立的一种新型的政党机构"①。这仍然突出了绿党的"反政党的党"的鲜明特征，对其他一切传统政党都采取了怀疑、排斥和不合作的态度。

在这一思想指导下，绿党丧失了在现行政党体制下与其他政党妥协和合作的可能，自我设置了参与现实政治的障碍。如 1981 年的西柏林选举和 1982 年的汉堡选举，绿党都拒绝了当地社会民主党发出的联合组阁的邀请。1984 年 12 月，在汉堡举行的绿党联邦代表大会上通过的一项决议强调："绿党当前看不到在联邦层面上与社会民主党组成联合政府或以其他方式对其提供支持的可能性"。②直到 20 世纪 90 年代，绿党逐渐改变了对传统政党的看法，以求扩大自身的政治和社会影响以及获得德国主流社会的认同。绿党还在政治纲领的内涵和外延上扩大，向多层次关注人类未来的多向性政党转型。1994 年，德国绿党成为德国第三大党。1998 年，绿党和德国社会民主党结盟成为德国执政党，这表明德国绿党已经从新社会运动转向了传统绿党最先拒

---

① 刘东国：《绿党政治》，上海科学院出版社 2002 年版，第 85—86 页。
② 王芝茂、王筱宇：《新社会运动与德国绿党的形成》，载《江南大学学报（人文社会科学版）》，2006 年第 5 期，第 16—17 页。

绝的政党政治。

究其根本，新社会运动的困局是后现代主义的困局。后现代主义是新社会运动的思想武器，其实质是通过对工具理性和现代性的批判，颠倒和解构启蒙运动以来的主导秩序，解放和关怀被现代主流所搁置的偶然事件和边缘问题。后现代主义的方法主要是批判和解构，而在建构方面时常乏力。反映在新社会运动中，譬如绿党最初主张的生态中心主义，强调生态先于一切和否定经济增长论，但其力图建构的无等级、无中心、泛道德的生态社会的构想在现实中寸步难行。因此，针对后现代主义的困局，解决办法是以格里芬为代表的建设性后现代主义，或后现代现实主义。① 后现代现实主义的方针是，在后现代批评的基础上，解决后现代语境的意义含糊问题，采取负责任和建设性的态度，为建立新的公共秩序而努力。实质上，新社会运动与政党相结合以及融入体制并与其他政党合作，这便是建设性后现代主义。20 世纪90 年代后，绿党政治哲学的浅绿和红绿转向，表明其主张的生态中心主义向人类中心主义部分回归。浅绿和红绿意味着，既不赞成蔑视自然的人类中心主义，也不赞成不要人类利益的极端生态主义。绿党意识形态的转向缓和了新社会运动对现实社会的冲击力，增强了生态政治运动的可接受性。在生态运动完成转向之后，绿党成为欧洲政坛上一股不可小视的力量。在 20 世纪80 年代，瑞士、比利时和西德等国绿党先后进入国会。到 90 年代，芬兰、意大利、德国、法国和比利时的绿党先后进入国家政府。1998 年，德国绿党和社民党结盟成为德国执政党，开辟欧洲绿党执政新时代。在地区层面，1993 年，欧洲绿党联合会成立。到 21 世纪初，由欧洲各国绿党组成的欧洲议会党团"欧洲绿党联盟"成为欧盟议会中最具跨国联动性的欧洲政党。2004 年，统一的欧洲绿党在罗马成立。②

（三）生态型政党的政党特征与社团特征

生态型政党与环保团体的关系可以从两个方面来考察：一是生态型政党

---

① 格里芬强调其建设性的后现代主义具有三大特征：第一，强调内在关系，强调个人与他人、他物的关系是内在的、本质的、构成性的。第二，强调一种有机论，即在世界中如同在家一样。第三，倡导一种对过去和未来都关心的时间观。王治河：《代译序：后现代主义的建设性向度及其依据》，见〔美〕大卫·格里芬：《超越解构——建设性后现代哲学的奠基者》，鲍世斌等译，中央编译出版社 2002 年版，第 5 页。

② 鲍伯丰、王同起：《变革中的欧洲绿党》，载《当代世界》，2007 年第 2 期，第 35 页。

在多大程度上保留了环保社团的特征；二是生态型政党与环保社团如何展开互动。这一部分将对生态型政党的政党特征与社团特征进行比较。由于生态型政党本质上属于运动型政党（movement party），因此，笔者将首先对运动型政党的已有研究作一简要分析。赫伯特·基茨凯尔特在其1989年著作《政党形成的逻辑》一书中，首次提出运动型政党的概念，并主要以生态主义政党为例对运动型政党与传统政党的特征进行了比较。[①] 基茨凯尔特在2006年发表《运动型政党》一文，对运动型政党的特征、产生原因以及向其他政党转化的可能等都进行了较为详尽的分析。[②] 为了更加清楚地界定运动型政党在政治谱系中的位置，基茨凯尔特首先对社会运动、利益集团和政党这三种利益表达工具的特征进行了区分。基茨凯尔特认为，三者最根本性的区别在于对待集体行动问题和社会选择问题时的取向。在解决集体行动的问题上，社会运动定位于消解性的抗议行为，仅需要在较短的时间内进行社会动员，这较少依赖正式的组织结构。而利益集团和政党则需要长时间存在，持久地表达某些政治利益，往往会清晰地界定会员的职责与功能，稳固地维持组织活动所需的结构和资源。在解决社会选择的问题上，社会运动和利益集团仅关注单一或少数议题领域，简化了社会选择的问题，从而减少了这一过程的交易成本。相比而言，政党则需要凝聚和整合不同议题领域，把这些同该政党的意识形态或历史上的政策倾向结合起来，通过复杂和高成本的社会选择过程持久地进行社会动员。[③]

在对社会运动、利益集团和政党进行比较之后，基茨凯尔特提出了运动型政党的概念和特征。基茨凯尔特认为，运动型政党是那些出身于社会运动但之后致力于选举政治的活动家的联盟。运动型政党存在以下特征：第一，运动型政党往往在正式的政党组织建设方面缺乏建树。这类政党不会清楚地界定其党员的地位和功能。从参与赋权的角度来看，任何参加该政党的某次会议或者投票赞成其某一动议的参与者都会被认为是该党的成员。运动型政党经常会由一位魅力型人物来担任领袖，党的中央组织成员则由世代跟随精神领袖的一批追随者组成。第二，运动型政党通常仅关注非常有限的议题，

---

① Herbert Kitschelt, *The Logic of Party Formation*, Ithaca, NY: Cornell University Press, 1989, pp. 62 – 70.

② Herbert Kitschelt, "Movement Parties", in Richard S. Katz and William Crotty (eds.), *Handbook of Party Politics*, London: Sage Publications, 2006, pp. 278 – 290.

③ Ibid., pp. 278 – 280.

这导致它们在整合社会选择方面的能力有限。这一政党关注的议题往往是其领导人在领导社会运动时长期致力于解决的问题。在一些情况下，它们会把政治表达的议题范围略微扩展到一些较为相关的领域，但这一扩展是非常有限的。第三，运动型政党积极参与选举政治，这是运动型政党与社会运动的截然区别。运动型政党参与选举政治的方式与其他政党也有显著不同。运动型政党往往采取体制内选举参与和体制外运动参与并行的双轨战略。①

回到对生态型政党的具体分析。生态型政党是社团特征与政党特征的一种复杂结合体。绿党在进入政治领域之初时，常常避免组成一个传统型政党，同时自称其为"其他政党组织"，这表明绿党活动分子强烈地反对传统政治的倾向。换言之，绿党将其政治组织视为一种推动新议题的促进者，而不是获得议会代表权的传统政党。② 因此，绿党的组织结构表现出强烈的公民社团特征，具体如下：第一，基层授权制，即决策过程是自下而上的，决策权掌握在基层组织中，而上级机构仅仅是办事机构。同时，这一过程追求最大可能的共识，并反对多数决策导致的多数暴政。第二，轮换制，即政党议员职务实行中期轮换，以反对官员的职业制。绿党追求一种没有官员的理想，希望一切人都可以参与管理他们的社会。第三，禁止兼职和任期限制。为防止权力过于集中，绿党不允许任何人兼任党的职务和议员职务。同时，党的领导职务有时间较短的任期限制。第四，非职业化，即党的各级工作者都是业余兼职的政治家。第五，集体领导制。譬如，德国联邦和州执委会不设主席，而是各设三个发言人。三人之间只有不同分工，并无主次之分。第六，男女比例制。与传统政党只是象征性的安排少数女性进入党的机构不同，绿党用硬性的比例规定保证各级机构中较高的女性参与比例。1984 年，德国绿党联邦议会党团甚至组成了全部女性六人的领导班子。③

对于生态型政党这种明显的社团特征，英国基尔大学政治学教授托马斯·波古特克评论道，"政党章程规定了绿党应成为一个由基层控制的组织，并给予政党领导人尽可能少的控制权力。为了达到这一目的，绿党引入了一系列旨在分散权力的措施，其中包括政党办公室职位与议员身份的分离、领

---

① Herbert Kitschelt, "Movement Parties", in Richard S. Katz and William Crotty (eds.), *Handbook of Party Politics*, London: Sage Publications, 2006, pp. 280 – 281.

② Robert Harmel and John D. Robertson, "Formation and Success of New Parties: A Cross-national A-nalysis", *International Political Science Review*, Vol. 6, No. 4, 1985, p. 517.

③ 刘东国：《绿党政治》，上海科学院出版社 2002 年版，第 287—291 页。

导职位的轮换原则、集体领导制、政治业余主义、禁止政党办公室内部的兼职、会议公开举行和州组织的完全独立原则等。同样重要的是，政党组织向新社会运动的活动分子开放。相应的，政党与运动之间没有确定的边界。经常发生的是，并非政党成员的活动分子被推举进入政党竞选名单甚至当选政党的议员"①。当然，生态型政党也并非完全停留在公民社团的组织层面上。实际上，各国绿党在经过几十年的发展之后都具备了一些现代政党的基本特征：形成了从地方到全国的各级组织机构和决策体制；正式党员向组织缴纳党费；定期召开党的各级代表大会；有自己的党章和纲领；议会党团与党的组织保持密切的联系。这些都基本上是群众型政党的特征。具体而言，在联邦层面，德国绿党形成了三套并行的权力机构：联邦大会是党的最高权力机构，而联邦执行委员会是党的最高执行机构；联邦指导委员会由各州党代会选举产生，对联邦执委会和联邦议会党团形成监督，以防止党的上层脱离基层组织的控制；联邦议会党团内选举产生发言人和协调人，并组成执事会，其任务是协调议会党团的工作。② 波古特克对德国绿党的这种发展评论道，"那些从未真正信服绿党应该成为'促进者'而不是严肃的权力'竞争者'这一观念的人，很快就抓住这一机会来削弱基层民主的原则：强调议会政治的结构性要求并充分利用他们的媒体关注机会以及作为议员可以获得的资源。……虽然轮换制原则 1985 年在绿党议会党团中实施，但很快就清楚的是，这不仅使议会党几个月内处在瘫痪状态，而且其本身也不是真正有效的。……同样，其他的基层民主信条也逐渐被削弱。对议员收入的限制逐渐放松，尽管仍非常希望他们向政党和生态基金做出捐献。会议公开举行逐渐让位于对外封闭，而主要绿党政治家的媒体露面越来越被政党分子和绿党议员等所接受。换句话说，政治平衡日益倾向于成为一个竞争性政党。"③ 意大利绿党也进行了组织结构上的发展。对此，意大利米兰大学社会学教授罗伯托·比奥西奥描述道，"在 1997—1999 年间，绿党增强了力量并重组了其长期依赖脆弱、模糊不清和缺乏决策明晰性的组织结构。全国领导层方面终于建立了一个政治办公室（全国执委会），可以在两次联盟大会（党代会）期间采取政

---

① 〔英〕托马斯·波古特克：《从抗议到执政：德国绿党的政治转型》，见郇庆治主编：《环境政治学：理论与实践》，山东大学出版社 2007 年版，第 201—202 页。

② 刘东国：《绿党政治》，上海科学院出版社 2002 年版，第 281—282 页。

③ 〔德〕托马斯·波古特克：《从抗议到执政：德国绿党的政治转型》，见郇庆治主编：《环境政治学：理论与实践》，山东大学出版社 2007 年版，第 203—204 页。

治决定。全国范围内的基层组织结构成倍增加而且被重组，以便招募足够的积极分子和创建一个能够促进议会选举以外的政策创议与政治动员的组织网络。"①

（四）生态型政党与环保团体的关系

一般来讲，生态型政党与环保团体的关系可以分为三种：第一种是社团主导型，即环保社团主导生态型政党的发展及其政策议题。法国绿党与环保社团的关系是这一类型的最佳案例。在法国绿党出现的第一个十年（1974—1984），法国绿党并没有团结成一个单一的运动，而是分化为很多不能真正称为政党的小规模组织。1984 年，法国绿色运动的不同派别签署了一个协定并宣布了绿党的正式成立。然而，到 1992 年时，另一个生态政党——"生态一代"与绿党展开竞争。这种竞争使绿党在 90 年代中期再次分裂为众多的组织和派别的运动。② 所以，法国绿党的制度化程度是很低的，这意味着其在很大程度上仍然是被绿色运动所主导的。第二种是政党整合型，即生态型政党较早地进行了政党制度化，同时将原先支持其活动的社会运动有效整合进政党的支持基础之中。德国的案例是这一类型的代表。德国绿党从一开始产生就不仅仅是绿色运动的代表，而是一个试图整合环境运动、妇女运动、和平运动、反核能运动、反压制运动等不同运动的聚合物。任何一个单一的运动都很难主导和控制绿党的发展，而且，由于德国绿党较早地推动了政党组织的建设，所以其表现出很强的自主性。同时，德国绿党还主动和积极地与各公民团体诸如环境保护公民创议联合会（BBU）、德国绿色和平（Green-peace Deutschland）和德国地球之友（FoE Deutschland）等保持了有效的合作。这些公民社团的活动分子被允许出席绿党的各种会议，并作为非党员绿党候选人被提名和当选。绿党还组建了大量政策研究小组，以吸收来自环境团体和议会党团外专家对未来纲领修订的看法。③ 第三种是相互独立型，即生态型政党与绿色运动之间缺乏有效的合作。这种情形主要发生在英国。英国绿党是欧洲第一个产生的生态型政党，但由于英国多数决选举制度的影响，

---

① 〔意〕罗伯托·比奥西奥：《意大利绿党》，见〔德〕斐迪南·穆勒－罗密尔、〔德〕托马斯·波古特克主编：《欧洲执政绿党》，郇庆治译，山东大学出版社 2005 年版，第 59 页。

② 〔法〕丹尼尔·博伊：《法国绿党》，见〔德〕斐迪南·穆勒－罗密尔、〔德〕托马斯·波古特克主编：《欧洲执政绿党》，郇庆治译，山东大学出版社 2005 年版，第 75—77 页。

③ 郇庆治：《环境政治国际比较》，山东大学出版社 2007 年版，第 170 页。

英国绿党在选举政治中多年都未取得有效的突破。而英国民众越来越习惯用环保组织来表达他们对环境的关心或对政治的不满。环境团体特别是地球之友而不是绿党担当了绿色抗议运动中的领导者。英国绿党多次试图说服环境团体将其作为它们的政治代表，但都没有获得成功。因此，英国绿党与环境团体并不是合作性的。在很多情况下，绿党不得不与环境团体在同一领域中展开竞争。①

当然，这三种分类是一种静态的、共时性的分类。在现实中，仍存在许多变动的情形，即从一种状态到另一种状态。在加入历时性的因素后，我们可以发现，在其发展的初期，多数绿党与环境社团的关系都是社团主导型的，然后在经过政党制度化的过程之后，多数绿党与环境社团的关系可能会转向政党整合型或相互独立型。比利时生态党与环境社团的关系经历了从社团主导型到政党整合型的变化。比利时生态党的最初产生是环境运动的结果，但随着生态党的进一步发展，其独立性逐步增强，并开始扩展其政党纲领。因此，到1995年末和1996年初时，生态党中主张环境主义的一翼与主张"综合—社会"的一翼产生了严重的冲突。在冲突中，"综合—社会"一翼占据上风。之后，生态党决定扩大与其他进步组织包括工会等的联系。这一战略在"生态政治三级会议"的旗帜下于1996—1998年通过组织成千上百个专题论坛（由专家、政治家和社会活动者参加）而实现。② 意大利绿党与环境社团则经历了从社团主导型向相互独立型的转变。在其发展初期，意大利的环境运动强有力地影响到意大利政党的发展。例如，比奥西奥指出，"意大利绿党制度化的过程在它1996年加入政府前仍处在初步阶段。绿党只有数百个成员，而且它的基层结构是脆弱的。作为绿党成员和参与环境运动之间没有大的区别。总的来说，绿党的纲领强烈地受到生态协会目标的影响。"③ 然而，之后的发展是意大利绿党与环境团体逐渐分道扬镳。"当绿党同意意大利政府参与科索沃战争时，绿党与环境团体之间的一个重要分裂出现了。……逐渐明显的是，绿党联盟的组织强化基本上是虚幻的。尽管成员数量在

---

① 郇庆治：《环境政治国际比较》，山东大学出版社2007年版，第171—172页。

② 〔比〕乔·布伦斯、〔比〕克里斯·德绍韦尔：《比利时绿党》，见〔德〕斐迪南·穆勒－罗密尔、〔德〕托马斯·波古特克主编：《欧洲执政绿党》，郇庆治译，山东大学出版社2005年版，第146页。

③ 〔意〕罗伯托·比奥西奥：《意大利绿党》，见〔德〕斐迪南·穆勒－罗密尔、〔德〕托马斯·波古特克主编：《欧洲执政绿党》，郇庆治译，山东大学出版社2005年版，第69页。

1999 年增加到 23 000 人，但活跃程度却下降了。政党看起来已经失去了许多环境团体的支持，首要的、最重要的是生态协会比如环境联盟的支持。"①

结语：生态型政党的去社团化？走向真正的政党？

生态型政党是绿色运动和政党的结合。生态型政党在产生后一直面临一种未来发展方向的选择，即保持绿色运动的特征还是向传统政党转型。② 如果要保持绿色运动的特征，那就意味着需要用扁平式的网络动员方式来解决集体行动问题，并且通过对议题的有限关注来解决社会选择问题，然而，长期坚持这两点特征则会导致政党的选举能量和执政绩效大打折扣。从选举能量来看，如果在民众对政党长期中间化的趋势产生厌恶的情况下，强调其在有限议题上的偏激立场可以在短期内吸引大量选民。而且，扁平式的网络动员在少量次数的动员中成本是非常低的。这两点可以解释生态型政党近年来迅速崛起的原因。然而，从长期参与选举政治来看，在当前非常普遍的选区性而非功能性的代议系统中，任何一个显著的议题都可能成为代议者进行政治动员的领域，倾向于单一议题的生态型政党很难在多元竞争的环境下存活。同时，仅仅扩展议题也是不够的，还需要将政党在多个议题中的立场整合为其政治纲领。因为很多理性的选民并不一定会去了解某一政党的具体政策和主张，而会关注这一政党在左与右、自由与保守等政治分野中的位置，所以政治纲领和政党意识可以帮助这些选民判断未来该政党政策变化的可能。从执政绩效来看，绿色运动的特征会给生态型政党带来不负责任的形象，而在现代政党体系中，负责任的政党才可能在政党体系中较为长久地存在。政党的责任性主要体现在要兑现其选举承诺和更加理性地参与国家治理上。这意味着生态型政党需要弱化其消解性的体制外活动的一面，并凸显其在立法、选举和执政中理性行为的形象。同时，参与国家治理也需要更高程度的组织化，因为只有组织化才可以更多地招募和网罗到治理国家的优秀专业人才。

如果要向传统政党转型，那就意味着生态型政党会更多体现政党的特征，即更多地致力于正式组织的建设并将各个单一议题整合为一致的政党纲领。从现实来看，生态型政党正在通过参与选举政治逐渐抛弃其传统的基层民主

---

① 〔意〕罗伯托·比奥西奥：《意大利绿党》，见〔德〕斐迪南·穆勒－罗密尔、〔德〕托马斯·波古特克主编：《欧洲执政绿党》，郇庆治译，山东大学出版社 2005 年版，第 70 页。

② Herbert Kitschelt, "Movement Parties", in Richard S. Katz and William Crotty (eds.), *Handbook of Party Politics*, London: Sage Publications, 2006, pp. 282–284.

的组织结构，政党公职人员也变得相对稳定并采取较长的任期，政党内部则更加注重正式代议渠道的建设。这种转型使得选民对生态型政党的利益表达和利益实现更为信任。生态型政党还致力于政党纲领的系统构建，尽管从环境保护到女权主义、再到和平和安全，这一系列观念的整合是非常困难的。这些主张之间的联系并不是经过逻辑推理之后的规范性理论演绎。生态型政党是否转型取决于选民利益和政党利益实现的程度。选民利益就是选民所希望表达的吁求能否转化为被执行的政策。政党利益就是政党能否以正式资格的身份进入选举政治。当然，政党更高的利益实现是单独或联合执掌政权，或者至少具备这一能力。如果生态型政党以正式资格进入选举政治，其代表的选民利益也会得到满足，那么这类政党便可能转向其他政党模式。如果生态型政党已经进入选举政治，但选民利益并未满足，则政党可能会抛弃选民。假如生态型政党并未进入选举政治，而选民利益已经满足，则选民可能会抛弃政党。最可能保持生态型政党原貌的博弈结构是，生态型政党未进入选举政治，而且选民利益也未得到满足。虽然政党转型会解决生态型政党的存续问题，但转型同样意味着传统政治资源的流失。因为组织建设和扩展议题同样意味着选举政治的程式化和意识形态的中间化，那这样的政党转型无疑失去了民众当初选择他们的根本原因。因此，对于生态型政党而言，保持社会运动特色还是向传统政党模式转型会始终成为它们在政党发展过程中的存在困境和选择难题。

第六章　西方的理论与实践对中国的启示

　　前面五章主要探讨了政党与公民社会互动的西方理论与实践，而本章则讨论前述这些研究对中国的启示。在第一部分中，笔者对新中国60多年来政党与公民社会关系变迁过程进行了探讨。这里首先尝试对新中国政党与公民社会关系的这段变迁过程进行历史分段，然后分别在政党类型学和功能主义路径的基础上对这段历史进行更为理论化的分析。第二部分则重点关注政党、公民社会与协商民主三者之间的关系，并在此基础上探讨协商民主对于中国处理政党与公民社会关系的意义及其可能路径。这一部分分析的起点是西方协商民主理论中政党因素的缺位问题。笔者强调将政党因素重新引入协商民主的必要性，并重点讨论了政党协商民主的两种重要模式——科恩模式与利普哈特模式，然后在这些理论分析的基础上重点探讨中国协商民主的内核问题。

一、新中国政党与公民社会关系的变迁

　　新中国建立以来，政党与公民社会的关系经历了深刻的变迁过程。笔者试图对建国以来政党与公民社会这一变迁过程进行历史梳理和理论总结。笔者分析的脉络如下：首先对新中国政党与公民社会关系的变迁进行历史分段，然后再用两种理论路径——政党类型学路径和功能主义路径——对这一段关系变迁史进行理论总结，最后在理论的基础上对这一段关系史进行总结性评述。

（一）新中国政党与公民社会关系的变迁史

　　"会党"一词表明了中国古代民间社会与政治社会的一种互动。"会"主要是指民间结社，如"合会"、"善会"等。"党"主要是指政治结社，如唐

末的"清流党"、宋代的"元祐党"、明代的"东林党"等。① 民间社会与政治社会的结合往往对中国古代朝代的更替产生作用，如汉朝末年的"会党"黄巾起义和元朝末年的"会党"白莲教起义等。在近现代历史中，民间结社与政治结社同样密切联系在一起，如中国国民党的前身"兴中会"和"同盟会"本身就兼具民间结社和政治结社两种功能。② 同时，一些革命性社团如学联、工会、妇联、青年团等对中国共产党的发展起到重要的辅助和推动作用。将视角切入到新中国建立至今的历史中，政党与公民社会的关系变迁主要经历了以下四个时期。

1949 年到 1966 年是法团主义时期。法团主义是指数量有限的、代表各种职业利益的垄断组织与国家机构就公共政策的制定进行讨价还价的政治社会过程。③ 这一时期的主要特征是执政党主导和规制公民社会的发展。具体来看，主要表现以下方面：第一，中国共产党在每个社会领域中都支持某一类带有半官方性质的公民社团的发展，如工人运动领域的中华全国总工会、妇女运动领域的全国妇联等。通过对这些半官方公民社团的主导，执政党得以对社会进行控制和影响。第二，一些传统的"封建组织"或"反动组织"在中国共产党的主导下根据新的法律而加以取缔，其中包括会党和反动政治团体，也包括一些传统色彩浓厚的互助组织、慈善组织和宗教组织。1950 年9 月制定的《社会团体登记暂行办法》，规定了社会团体的分级登记原则和双重管理原则。这一办法规定，任何民间组织的登记注册，都必须挂靠一个国家核定编制的正式党政机关作为它的主管部门，作为主管机关的党政部门必须对该民间组织负政治领导责任。通过这一严格的制度规约，中国共产党实现了对公民社会的全面掌控和主导。

1966 年到 1976 年是双重破坏时期。这一时期的主要特征是政党和公民社会都受到较为严重的破坏和干扰。"文化大革命"期间，中国共产党党组织、民主党派和社会团体都受到冲击。这一时期，各级革命委员会取代各级党委会成为最有权力的政治组织。在群众运动中形成的一些"文斗"或者"武斗"群众组织成为混乱社会状态下的主要社会组织。群众运动使得民主党派和半官方群众社团都受到严重的破坏。总之，这一时期的政治社会和公

① 杨幼炯：《中国政党史》，上海书店 1984 年版，第 2 页。
② 李金河：《中国政党政治研究：1905—1949》，中央编译出版社 2006 年版，第 20—39 页。
③ 〔英〕米勒、波格丹诺编：《布莱克维尔政治学百科全书》，邓正来等译，中国政法大学出版社 1992 年版，第 175 页。

民社会都处于失序状态。

1976 年到 2000 年是渐进开放时期。这一时期的主要特征是执政党逐渐给予公民社会更大的活动空间。一方面，执政党将直接掌控公民社团的权力逐渐交给政府。1988 年民政部成立了社团管理司，并启动了相关社团管理的一系列立法工作。另一方面，执政党给予人民团体的更大自治性并鼓励草根民间社会组织的发展。草根民间组织反映了改革开放后中国公民社会的新兴空间。譬如，在环境保护领域，诸如"自然之友"、"地球村"和"绿色家园"等一些草根的公民组织兴起。较为自主的商会组织和行业协会组织如温州商会此时也大量成立。执政党对公民社会空间的释放更为明显的体现在国际公民组织如香港乐施会、救世军和救助儿童会等在中国开设分支机构的案例中。

2000 年至今是秩序合作时期。这一时期的主要特征是执政党对公民社会的重新主导和掌控。引发执政党政策变化的是"法轮功"事件。"法轮功"事件使得执政党认识到缺乏领导的公民社会可能对政治秩序具有颠覆性作用，因此，在"法轮功"事件之后，执政党对非法民间社团进行了一轮整顿清理工作。同时，执政党采取了一系列加强对公民社会重新主导的政策，主要包括在新经济组织和新社会组织中建立和发展党组织等。新经济组织是指非公有制企业组织。新社会组织主要是指在社区服务、环境保护、扶贫开发、慈善互助等社会领域新出现的民间社团。这两类组织是传统执政党建设的盲区。然而，近几年这两类组织的执政党建设工作取得快速发展。通过这种重新主导和掌控，执政党与公民社会之间又呈现出在一定政治秩序下紧密合作的关系。

（二）国家、政党与公民社会：政党类型学路径

西方的政党类型学路径对于我们分析新中国政党与公民社会关系的变迁是具有借鉴意义的。从西方政党类型学角度来看，中国共产党长期采取了群众型政党的动员模式。根据卡茨和梅尔的研究，群众型政党的特征主要体现在与特定阶层联结、正式组织建设和意识形态构建三个方面。从建党伊始一直到上世纪末，中国共产党对自身性质的定位是"工人阶级的先锋队"，并将农民阶级界定为中国共产党进行革命和建设的天然盟友。在正式组织方面，中国共产党把建设党支部和发展正式党员作为组织发展的动力和重要工作。严格的党员遴选程序、向党组织缴纳党费和党员的纪律性要求都是群众型政

党的重要组织特征。在意识形态方面，中国共产党把马克思主义作为指导思想，并把共产主义和社会主义作为未来发展目标。从整个政治意识形态谱系来看，这些理想和价值诉求处于谱系的左端。但在 20 世纪 90 年代之后，中国共产党逐渐吸纳了一些全方位政党的特征。在与特定阶层联结方面，虽然在党章中仍然存在"中国共产党是工人阶级先锋队"的表述，但同时也出现了"中国共产党党要始终代表中国先进生产力的发展要求，要始终代表中国最广大人民的根本利益"这样的表述。这种新表述的出现表明原先与工人阶级紧密联结的情况在相对弱化。在意识形态上，"代表中国先进文化的前进方向"这样的表述同样弱化了原先的左翼意识形态特征。在正式组织上，虽然组织构建的基本框架并未发生变化，但党内民主的出现相对弱化了原先对纪律性的强调。对党员选举（参与）权利的强调也是全方位政党的重要特征。总之，中国共产党开始在群众型政党模式的基础上部分吸纳全方位政党的特征。

自新中国成立至 20 世纪 90 年代，由于中央集权政治体制和计划经济体制的影响，国家管理的范围比较大，而公民社会的范围则比较小。在群众性政党模式之下，执政党一部分介于国家的领域之内来控制政权，另一部分则处于公民社会之中，通过对公民社会的发散性控制来主导对社会领域的动员。这一时期，执政党通过组织建设和发展群众性社团深入到公民社会之中。20世纪 90 年代至今，由于改革开放的深入、市场经济的发展和政治改革的启动，国家管理的范围逐渐缩小，而公民社会的影响和范围则在逐渐扩展。这一时期，执政党逐渐吸纳全方位政党的一些特征。虽然政党介于国家与公民社会之间的基本格局并未发生变迁，执政党介入公民社会的幅度和深度却出现明显变化。执政党介入公民社会的幅度显著增加，这主要体现在执政党在新经济组织和新社会组织中建设支部和发展党员上。与此同时，执政党深入公民社会的程度却在下降，这主要体现在执政党给予公民社会组织更多自治空间上。执政党主导公民社会幅度的增加与执政党自身的扁平化趋势相一致。党内民主的发展使得执政党逐渐从自上而下的金字塔结构向上下互动的扁平结构转型。（见图 11）

执政党深入公民社会程度的降低有两层含义。一层是执政党给予公民社会更多自治空间。按照目前学界的共识来看，自治更容易推动公民社会的发展和繁荣。另一层是政党脱离公民社会，意味着政党社会基础的减弱和政党

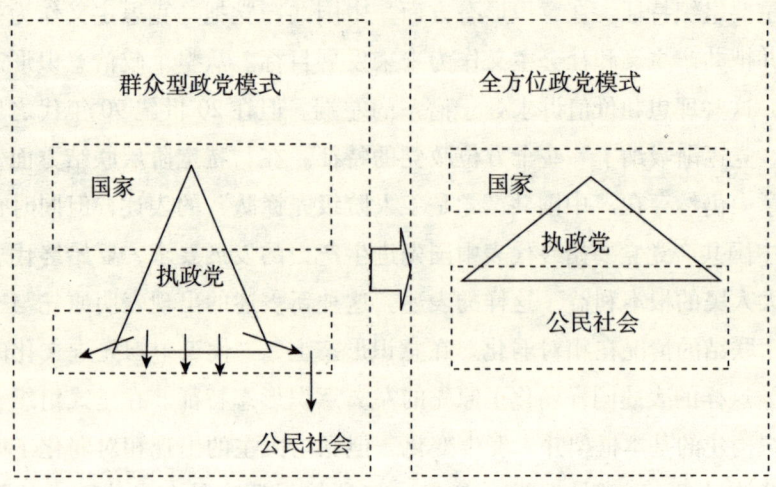

图11：政党类型学视角下新中国的国家、政党和公民社会关系变化

自身利益考虑的上升。目前仍留恋于传统政党动员模式的学者则很容易从这一角度来批判目前执政党与公民社会关系的变迁。同时，政党对公民社会主导幅度的扩大也有两层含义。一层是执政党对新兴公民社会的重新主导需求。执政党担心那些在新经济或新社会领域出现的公民社团可能会对政治秩序产生消极影响，因此，运用传统的主导方式来引导和管理这些新兴公民社团主要是一种政治的考虑。而这种重新主导可能会损害公民社会的自治性。另一层则可以将这种变化视为政党对社会的一种回归。通过在新经济组织和新社会组织中建设支部和发展党员，可以增强政党日益弱化的代议能力。

（四）集体行动与功能主义路径

无论政党和公民社会都试图将分散的公民个体组织起来实现某种政治或社会结果，即都试图解决集体行动的问题。但两者在解决集体行动问题上的组织、方式以及效率都有所不同。政党比较依赖正式组织，通常以制度化的方式来影响政治结果，其在整体性表达利益和分配资源时较有效率。公民社会则往往是一种非正式组织的网络，通常以更为随意和灵活的方式实现社会结果，其在公民互助和社区治理的过程中较有效率。

美国社会学家查尔斯·梯利（Charles Tilly）在其著作《从资源动员到革命》中区分了政体内成员和政体外成员。政体内成员可以通过常规的、低成本的渠道对政治施加影响，而政体外成员却没有这种能力。① 这一区分可以被用于新中国政党与公民社会关系变迁的分析。改革开放之前，公民社会的独立性是不强的，很多代表公民社会的群众性社团甚至是被包含在执政党体制之内的。从另一角度而言，执政党采取了一种通过政党动员模糊体制边界的策略，具体方式包括通过在深度和广度上建设政党支部、政党与群众性社团密切联系、政党直接联系群众等。换言之，改革开放前，通过政党渠道来进行体制内诉求的范围很大，许多群众可以通过群众性社团或是其与党员的联系间接地进行体制内表达。总之，这种体制内的集体行动方式减弱了体制外社会表达的发生。这一点与社会学家康豪瑟（William Kornhauser）的大众社会理论观点相一致，即社会中中层组织越发达，就越不容易产生抗争性的集体行动。② 因此，在改革开放之前，除了"文化大革命"的秩序动荡时期，社会对执政党政权的抗议性行动和群体性事件是比较少的。

改革开放后，作为体制内表达的主要途径，尽管以政党为单位的集体行动模式的重要性在下降，但其仍然是重要的公民行动模式。譬如，公民通过党组织途径来信访仍然是成本相对较低且比较有效的方式。同时，以公民社会为中心的集体行动在逐渐兴起。伴随着公民社会自治性的增强，公民社会的行动路径以体制内和体制外两种路向展开，并体现政治社会的各个方面，如业主委员会在城市社区层面的活动，民间商会和行业协会在经济层面的活动，村民自治组织在农村层面的活动，绿色组织在环境保护领域中的活动，以及其他网络组织在非正式社会领域中的活动等。

改革开放后，公民社会路径在集体行动中作用的上升，可以有两种解释。一种解释是社会心理解释。根据美国社会学家泰德·格尔（Ted Gurr）的"相对剥夺感"理论，当社会变迁导致社会的价值能力小于个人的价值期望时，人们就会产生相对剥夺感。相对剥夺感越大，人们进行体制外动员的可能性越大。③ 改革开放之前，社会变迁的冻结和整齐划一的社会分层使得人们可以接受以政党为中心的体制内集体行动模式。改革开放之后，社会变迁导致社会分层加剧和人们的相对剥夺感增强，这种社会挫折感引导人们使用体制外的动员渠道，而这时自治性日益增强的公民社会组织正好应势成为受

①　Charles Tilly, *From Mobilization to Revolution*, New York: Random House, 1978.

②　William Kornhauser, *The Politics of Mass Society*, New York: Free Press, 1959, pp. 35 – 88.

③　Ted Gurr, *Why Men Rebel*, Princeton, N. J.: Princeton University Press, 1970, pp. 46 – 56.

挫折公民的主要集体行动模式。另一种解释是资源动员解释。资源动员理论是美国社会学家麦卡锡（John D. McCarthy）和扎尔德（Mayer N. Zald）在分析 20 世纪 60 年代的美国集体行动时提出的。麦卡锡和扎尔德认为，资源动员和专业化是影响集体行动的两个重要因素。资源动员中的资源主要指集体行动者可自由支配的时间和社会上可以被集体行动者利用的资源。专业化主要体现在成员主要以缴纳会费和表达倾向性意见的方式来参与社会组织、组织中的领导和成员都是领薪的职业人士（而不是传统的强烈认同某一信念的活动家）以及社会组织善于运用各种媒体技术来设置和推动社会议题的发展等。① 改革开放以来，社会多元化的发展和节假日的增多，使得中国公民有较多可自由支配的时间来参与公民社会组织。此外，整个社会丰裕程度的提高，使得公民社会组织可以从社会上募集到更多的活动资源和资金。同时，专业化这一特征也出现在中国新兴的一些公民社会组织中，譬如环保领域或者慈善救助领域的公民组织。伴随着中国经济丰裕程度的进一步提高，公民时间的机会成本越来越高，那公民们就会愈加倾向于用金钱购买时间（缴纳会费或捐助）同时表达倾向性意见的集体行动模式。毕竟，专业化的公民社会动员是现代社会中成本较低且效率较高的集体行动方式。（见图 12）

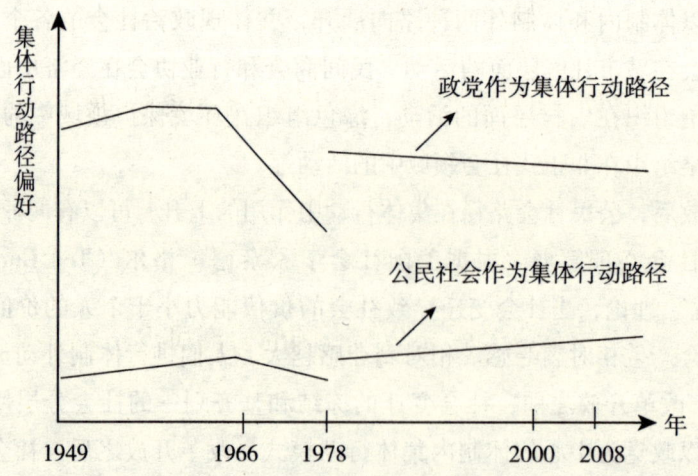

图 12：新中国成立以来政党与公民社会作为集体行动路径的偏好

---

① John D. McCarthy and Mayer N. Zald, "Resource Mobilization and Social Movement: A Partial Theory", *American Journal of Sociology*, Vol. 82, 1977, pp. 1212 – 1241.

结　论

从两者的和谐程度来看，政党与公民社会的关系可以分为四种：公民社会对抗政党、公民社会制衡政党、公民社会参与政党和公民社会与政党共生共强。第一种主要体现为公民社会反抗极权的一党体制的情况，譬如苏联和东欧的斯大林式政党体制下公民社会的反抗运动。第二种则是西方政党政治中较为常见的一种关系，即公民社会是"社会的独立的眼睛"（托克维尔语），而如卡茨和梅尔所述，政党日益与国家结合并与社会疏远，这时公民社会便同政党一道竞争对社会的代议合法性，并限制政党政治行为对公民自由边界的侵犯。第三种关系模式实际承认政党的主导地位。根据政党主导程度的不同，又可以分为法团主义参与和多元主义参与。法团主义参与中，公民社团的自治性较弱，而在多元主义参与中，公民社团的自治性较强。第四种关系模式是两者最为和谐的双赢模式，即强大的公民社会与强大的政党和谐共生并相互提供合法性支持。强大政党保证了政治秩序的稳定，而强大的公民社会则可以对不同的社会群体利益快速作出反应，两者的结合是有效民主和政治治理的坚实基础。从新中国以来政党与公民社会的变迁史来看，改革开放之前，两者关系主要是一种法团主义的公民社会参与政党模式。改革开放之后，公民社会参与政党的基本政治格局仍未变化，但也已经发生向多元主义参与的特征性改变。总体来看，未来中国两者关系的发展目标应是第四种模式，即政党与公民社会的共生共强模式。前两种模式都是紧张对抗型的关系模式，其潜藏了对政治秩序的破坏动能。从现阶段中国的现实政治状况来看，前两种模式的实践势必会对中国政治发展产生较高的负面效应。

二、政党、公民社会与中国的协商民主

协商民主理论是西方民主理论中近 20 年来迅速崛起的一个新研究领域。协商民主试图在自由主义的竞争性民主和共和主义的参与性民主之间构建桥梁。协商民主理论研究的基本假设是当代西方社会的文化异质性和功能差异性。按照詹姆斯·博曼（James Bohman）的观点，协商民主力图解决多元社会中民主的持续性困境。博曼认为，困境之一是社群主义困境。一方面，缺乏整合性的宪法要素和权利框架作为支撑，坚持社群主义的文化共同体之间只能各自为营，另一方面，缺乏对文化权利的差异性界定则会导致强制性的

整合和统一，从而牺牲多样性。另一种困境是自由主义困境。自由主义试图在中立性和平等之间寻求平衡，但却很难成功。一方面，以所有团体平等的方式将其纳入公共政策过程，则容易破坏部分团体（特别是弱势团体）文化社会化的合适条件，另一方面，有区别地纳入部分团体则会损害所有团体间的政治平等。博曼认为，公民及其团体需要在多元公共理性和动态公共理性的基础上展开公共协商，才会有助于民主困境问题的解决。① 博曼是西方协商民主论争中的主要参与者之一，其观点具有明显的代表意义，即西方协商民主理论中公共协商的主体是公民及其团体。这样的一种理论倾向将政治领域中重要行为体——政党排除在外。笔者将对西方协商理论中政党因素的缺位问题进行分析，考察政党之于协商民主的重要性以及如何将政党引入协商民主等问题，并对国内学界已出现的关于中国协商民主的可能模式——党际协商论、公民协商论和折中协商论进行探讨，最后对中国协商民主的内核作出判断并予以论证。

（一）西方协商民主理论中政党的缺位及其原因

在协商民主的初期讨论中，政党是占有一席之地的。如曼宁（Bernard Mannin）在 1987 年的《民主协商与合法性》一文中提到，像柏克（Edmund Burke）和密尔（John Stuart Mill）这些理论家在强调协商作用的同时，也为政党的存在提供了合理性证明。② 曼宁认为，政党可以帮助协商民主实现其聚合功能。因为协商民主经常会在一些问题上造成更多的分歧而不是达成一致，政党则可能避免协商民主的清谈会性质，而促使协商各方达成一定程度的共识。③ 科恩（Joshua Cohen）在 1989 年的《协商与民主合法性》一文中也讨论了政党在协商民主过程中的作用。科恩认为，独立的、公共财政资助的政党会对民主产生积极影响。政党的组织资源可以为公民协商提供更为广泛的支持。政党往往会提出更为宏观的政治议题，这样可以使得公民辩论集中于那些较长远和宽泛的问题上。④

---

① 〔美〕詹姆斯·博曼：《公共协商：多元主义、复杂性与民主》，黄相怀译，中央编译出版社 2006 年版，第 68—73 页。

② Bernard Mannin, "On Legitimacy and Democratic Deliberation", *Political Theory*, Vol. 15, 1987, p. 368.

③ Ibid. , pp. 356 – 357.

④ Joshua Cohen, "Deliberation and Democratic Legitimacy", in A. Hamlin and Pettit（eds.）, *The Good Polity*, Oxford：Basil Blackwell, 1989, pp. 31 – 32.

但在之后的研究中，政党的作用似乎淡出了协商民主理论家们的视野。早期协商论者对政党与协商民主关系的研究并没有得到进一步的发展。从笔者对外文文献数据库 EBSCO、JSTOR 和 SAGE 以及国内翻译的协商民主著作和编著中搜索的情况来看①，没有找到直接描述两者相关关系的单篇论文或较长的论述。总之，在 20 世纪 90 年代之后的西方协商民主论争中，政党是缺席的。仅有少数理论家在谈论协商民主的其他问题时略带谈及政党在协商民主中的作用。譬如，克里斯蒂安诺（Thomas Christiano）在其 1996 年著作《多数人的统治》中谈到了与科恩相似的观点，也认为政党经常会关注宽泛的议题，从而可以使公众远离以选举人为中心的政治。克里斯梯安诺将政党看成选举市场中的行为者，而把选举过程看成政党与选民之间的对话过程，或者说政党说服选民的竞争性辩论过程。一方面，政党可以在更加开阔的视野上塑造公共议题，另一方面，政党可以接近那些非专家选民或相对弱势的选民，从而弥补协商政治中某些群体很难介入协商的问题。② 然而，克里斯蒂安诺的观点主要是对科恩观点的再阐述，而且讨论的篇幅也非常有限。

为什么在协商民主的讨论中政党被忽视了呢？其中原因可能有两点。第一，到目前为止，西方理论界中协商民主的讨论主要是规范性的，一般涉及协商与民主合法性、公共理性与协商民主、协商与正义、公共协商的意义、协商民主的目的、协商民主与政治平等、协商民主与社会自由、协商民主与文化权利、协商民主与弱势群体等，这些问题都在政治哲学的范围之内。政党问题的讨论主要是实证性的，一般都涉及政党与选举制度、政党与政府、

---

① 国内关于协商民主的译著主要集中在中央编译局出版的协商民主译丛（目前为八册），该译丛几乎覆盖了西方协商民主理论的主要论者及其观点。其他一些还包括古特曼和汤普森著的《民主与分歧》一书以及谈火生主编的《审议民主》一书。这些译著或编著中均没有直接描述政党与协商民主关系的单篇论文或较长的论述。参见〔美〕詹姆斯·博曼：《公共协商：多元主义、复杂性与民主》，黄相怀译，中央编译出版社 2006 年版；〔南非〕毛里西奥·帕瑟林·登特里维斯：《作为公共协商的民主：新的视角》，王英津等译，中央编译出版社 2006 年版；〔澳大利亚〕约翰·德雷泽克：《协商民主及其超越：自由与批判的视角》，丁开杰等译，中央编译出版社 2006 年版；〔美〕詹姆斯·博曼和威廉·雷吉主编：《协商民主：论理性与政治》，陈家刚等译，中央编译出版社 2006 年版；〔美〕约·埃尔斯特《协商民主：挑战与反思》，周艳辉译，中央编译出版社 2009 年版；〔美〕詹姆斯·菲什金、〔英〕彼得·拉斯莱特主编：《协商民主论争》，张晓敏译，中央编译出版社 2009 年版；〔美〕赛拉·本哈比：《民主与差异：挑战政治的边界》，黄相怀等译，中央编译出版社 2009 年版；〔美〕伊森·里布《美国民主的未来：一个设立公众部分的方案》，朱昔群等译，中央编译出版社 2009 年版；〔美〕阿米·古特曼、丹尼斯·汤普森：《民主与分歧》，杨立峰、葛水林、应奇译，东方出版社 2007 年版；谈火生主编：《审议民主》，江苏人民出版社 2007 年版。

② Thomas Christiano, *The Rule of the Many*, Boulder, CO: Westview Press, 1996, pp. 222–224, 244–248.

政党与国家、政党的组织结构变迁、政党与社会的关系，等等，这些问题都在政治科学的范围之内。政治哲学的讨论多数很少与具体的政治现实结合，而政治科学的分析多数也很少上升到哲学的抽象层面。两个领域本身的界限影响和阻挠了政党主体在协商民主讨论中的出现。第二，协商民主从一开始便是批判选举民主（或聚合民主）的姿态出现的。聚合民主的主要理论基础是理性选择理论，关注的问题是公民如何通过投票将意愿理性地聚合在一起。政党研究是理性选择理论在政治学应用中的主要研究领域，也产生了一大批理论成果，如安东尼·唐斯的中间选民定理和威廉·赖克的最小化获胜联盟法则。[1] 然而，正如朱迪思·斯夸尔斯（Judith Squires）所言，"协商民主的倡导者认为民主思想的关键在于偏好的转变，而不是偏好的简单聚合。协商民主背后的一个基本动力是相信人们会在与他人的讨论中，不断调整自己对社会的看法。所以民主参与的关键是创造，而不是发现和聚合公共利益"[2]。因此，在以协商民主和聚合民主为分界的讨论中，政党被划为聚合民主一方，这样，协商民主与政党就产生了距离。

（二）协商与决策的断裂：政治代表的必要

然而，事实上，政党与协商民主的密切关联是不应该被割裂的。其中一个重要的理由是，协商民主理论家们谈及的公共协商与政治决策之间的断裂，需要借助政党才可以弥补。关于协商与决策之间断裂的讨论已经大量出现在协商民主从规范讨论向实证讨论的转向过程中。例如，杰克·耐特（Jack Knight）和詹姆斯·约翰逊（James Johnson）试图把协商与决策结合起来，其逻辑图示是，先进行公共协商并推动偏好的转变，再引进意义集合的程序并形成结果。这一试图结合两者的努力实际上表明了两者关系的断裂：要达成决策，就必须终止协商而进入聚合程序。[3] 换言之，公共协商虽然使得人

---

① 唐斯的中间选民定理认为，在两党制中，政党表述其施政纲领时要吸引中心位置的选民，即在选举中处于中间位置可以同时吸引左右两边的选民。Anthony Downs, *An Economic Theory of Democracy*, New York: Harper & Row, 1957, pp. 116–117. 赖克的最小化联盟获胜法则认为，政党并不是总是将选举支持率最大化，政党的积极性往往仅限于获得选举胜利所必须的最小投票。William Riker, *The Theory of Political Coalitions*, New Haven: Yale University Press, 1962, pp. 32–33.

② 朱迪思·斯夸尔斯：《协商与决策：双轨模式中的非连续性》，见〔南非〕毛里西奥·帕瑟林·登特里维斯主编：《作为公共协商的民主：新的视角》，王英津等译，中央编译出版社 2006 年版，第 80—81 页。

③ Jack Knight and James Johnson, "Aggregation and Deliberation: On the Possibility of Democratic Legitimacy", *Political Theory*, Vol. 22, No. 2, 1994, p. 286.

们的意见得以无约束地表达，相互辩论也使得各方的观点更加理性和逻辑清晰，但要达成决策的结果，这一协商的过程就要终止，并需要通过传统的投票方式聚合大家的意愿。正如亨利·理查德森（Henry Richardson）所言，这种先协商再投票表决的过程实际上反映了"概念上的非连续性"①。朱迪思·斯夸尔斯也表达了同样的观点，民主协商是在寻求真理，多数人投票则是为达成决策而打断这种寻求的过程。②

詹姆斯·菲什金（James Fishkin）的协商民意调查模式试图解决这一断裂问题。协商民意调查的过程是，从所调查议题的相关人群中随机抽样出部分代表，这些代表获得与议题相关的全部资料并进行讨论，最后这些代表参与议题的决策过程，并向政治家和政策专家组成的陪审团群体提问和表达意见。这种模式优于非协商或者即时的民意测验，体现了政治平等和协商性。用菲什金的话来说就是，"该模式假设每位选民会认为所有投票者都有进入民意测验样本的同等机会"③。更重要的是，这种测试的结果拥有规范性而非预测性的优点，"其结果拥有规范性力量，因为它是人们在特殊情况下的声音，在这种情况下人们会思考问题，因而它们的声音是值得倾听的"④。菲什金建议协商民意调查可以用于总统预选候选人的提名中，但实际上这一模式可以应用于更为广泛的公共话题的决策中，如福利改革、刑事系统改革、金融改革或同性恋权利等。然而，虽然协商民意调查会对政府决策产生一些影响，然而这一模式在可行性上仍然会受到很多质疑，譬如绝大多数政治决策所要求的速度限制不允许有太多的时间进行这种协商民意调查，而抽样的过程可能被决策者操纵从而只是为决策增加表面的合法性。原本应该是由训练有素的政治家或者专家来承担的政治角色和社会责任，现在由被随机抽中的公民来承担，而这似乎在考验普通公民的理性抉择能力和政治技巧。而且，出于人们对政治家和专家的习惯性尊重，在协商过程中普通公民似乎很容易会被政治家和专家说服，而固执己见地代表公民则会被其他公民扣以偏执和

---

① 亨利·理查德森：《民主的目的》，见詹姆斯·博曼、威廉·雷吉主编：《协商民主：论理性与政治》，陈家刚等译，中央编译出版社 2006 年版，第 264 页。

② 朱迪思·斯夸尔斯：《协商与决策：双轨模式中的非连续性》，见〔南非〕毛里西奥·帕瑟林·登特里维斯主编：《作为公共协商的民主：新的视角》，王英津等译，中央编译出版社 2006 年版，第 86 页。

③ James Fishkin, *Democracy and Deliberation*: *New Directions for Democratic Reform*, New Haven CT: Yale University Press, 1991, p. 4.

④ Ibid.

癫狂的帽子。总之，相对于现代社会决策的主要形式而言，协商民意调查还是很容易成为边缘化的政治活动。

哈贝马斯的双轨协商模式同样试图解决断裂问题。哈贝马斯的双轨协商基于两个不同的公共领域，一是非正式的、"未被扭曲的"弱公共领域，这是公共意见形成的场所。另一个是正式的、"安排好的"强公共领域，这是政治决策形成的场所。哈贝马斯认为，强公共领域必须公开接受来自弱公共领域的影响，并将之转变为一个"有法律依据的能广泛传播的力量"①。用博曼的评价来说就是，"政治决策必须既对非正式的充满活力的公共领域（发现的背景）的信息输入保持开放，又要被用来保障各种相关话语类型的理性并保证实施"②。在弱公共领域的信息如何进入强公共领域的问题上，哈贝马斯谈及政治代表的作用，"只要那些从多元建构的公共领域涌入的建议、问题、信息和观点对政治代表间的对话保持渗透性和敏感性，并促使其迅速接受和反应，那代表之间的对话可以满足所有成员平等参与这一条件"③。

另一位研究者艾丽斯·扬（Iris Marion Yonng）也注意到政治代表在联结协商与决策的作用。扬表述到，协商民主理论要增强其现实的适用性，"除了许多其他要求之外，还要求有一个与其规制相一致的关于代表性的政治理论"④。扬认为，"反代表制的立场……拒绝面对民主过程的复杂现实，将代议制与参与程序错误地对立起来"⑤。因为现代社会的事实复杂性，每个人不可能在涉及其利益的决策协商过程中都参与，所以只能通过代表来解决这一问题。换言之，代议政治与协商民主是不冲突的，其根本原则是一致的。扬的观点得到其他学者的支持，如朱迪思·斯夸尔斯认为，一个成熟的协商民主理论，在一定程度上要包含对代表制的论述，这样才能使得理想的协商民主与复杂的当代社会现实相吻合。⑥ 政治代表在协商民主理论中的出场，暗示了一个重要的理论倾向：哪一类政治行为体最适合以政治代表的身份出现

---

① Jüurgen Habermas, *Between Facts and Norms*, Cambridge, MA：MIT Press, 1996, p. 147.

② James Bohman, "Complexity, Pluralism, and the Constitutional State：On Habermas's Faktizität und Geltung", *Law and Society Review*, Vol. 28, No. 4, 1994, p. 914.

③ Jüurgen Habermas, *Between Facts and Norms*, Cambridge, MA：MIT Press, 1996, p. 182.

④ Iris Marion Young, *Inclusion and Democracy*, Oxford：Oxford University Press, 2000, p. 36.

⑤ Ibid., p. 124.

⑥ 朱迪思·斯夸尔斯：《协商与决策：双轨模式中的非连续性》，见〔南非〕毛里西奥·帕瑟林·登特里维斯主编：《作为公共协商的民主：新的视角》，王英津等译，中央编译出版社 2006 年版，第 94 页。

在政治领域呢？仍然要回到关于政党的讨论。因此，政党是协商民主从规范研究到实证研究转向过程中必须充分分析的一个政治角色。

（三）政党的代议：科恩模式与利普哈特模式

科恩在 1989 年的论文《协商与民主合法性》仍然是具有启发意义的。[①]笔者在这里重新回溯科恩的逻辑思考过程，再次审视科恩关于政党与协商民主关系的论述。科恩的协商民主理论是以民主社团为中心展开的，这体现在科恩界定的协商民主的五个特征上：协商民主是一个正在形成的、独立的社团，其成员希望其延伸到不确定的未来；社团的成员都认为，恰当的社团条件为他们之间的协商提供了框架；协商民主是一个多元的社团，其成员关于自身生活的行为具有各种不同的偏好、信念和理想；社团成员将协商程序看成合法性的来源，他们更喜欢明显体现协商与结果之间联系的制度；社团成员认为彼此都具有协商的能力，即公开交换理性并根据这些推理结果而行动所需要的能力。[②] 科恩认为，民主协商的制度与民主社团是一致的。这些社团不仅受到致力于共同善的协商所规约，而且尊重其成员的自治。这些社团是公民为政治议程提出议题并就这些议题参与讨论的"舞台"。这些"舞台"本身是一种公共物品，而应该用公共资金来支持。[③]

然而，这些公民社团还并非科恩最为青睐的代议角色。科恩认为以公民社团为中心的协商模式不可避免地会存在两点问题。第一，"物质不平等是政治不平等的一个重要来源"[④]。这些公民社团拥有的资源是不平等的，那在政治领域的活动中便容易导致不平等的政治结果。关于这一点罗伯特·达尔也充分地论述过。[⑤] 第二，公民社团的有限范围不能考虑广泛的共同善。公

---

① 科恩这篇论文的学术影响是比较广泛的。之后，这篇论文又重新完整地被收录在博曼和雷吉于 1997 年主编的《协商民主：论理性与政治》一书中。该书已有中译本。所以，笔者在注解时以 1997 年版本的中文译本为准。James Bohman and William Rehg, *Deliberative Democracy: Essays on Reason and Politics*, MIT Press, 1997；詹姆斯·博曼、威廉·雷吉主编：《协商民主：论理性与政治》，陈家刚等译，中央编译出版社 2006 年版。

② 乔舒亚·科恩：《协商与民主合法性》，见詹姆斯·博曼、威廉·雷吉主编：《协商民主：论理性与政治》，陈家刚等译，中央编译出版社 2006 年版，第 55 页。

③ 同上，第 65 页。

④ 同上。

⑤ 达尔指出，代表商业利益的团体拥有过于强大的影响力，它们足以控制最后的结果，而这是违反政治平等和民主运作的基本原则的。Robert Dahl, *A Preface to Economic Democracy*, Cambridge: Polity, 1985, p. 60.

民社团基本都是专门围绕地方、部门或特定问题组织起来的，所以其不可能产生协商程序制度化所需要的无约束协商。因为这些社团仅仅集合了有限范围的利益，所以以公民社团为中心的协商最多只会产生一致的部门利益，而不会产生广泛的共同利益。①

最后，在公民社团困境的基础上，科恩诉诸于公共资金支持的政党来解决协商民主的可能性问题。科恩认为，政党的一个重要特征是，"它们可以为缺乏天然财富优势的个人和团体提供克服由此产生的政治不利条件"②。换言之，政党可以克服协商过程中那些源自物质不平等的结果不平等。当然，为了保证这种作用的发挥，政党本身需要解除私人资源的支配，所以政党的独立和自主性是非常关键的，因此，需要公共资金来资助政党。此外，政党倾向于处理和整合那些广泛的政治问题。不同于公民社团（或利益集团）的那些局部化的协商舞台，政党能够提供更为开放的、形成和表述共同善概念所需要的舞台。③ 借以政党来实现的这种共同善才是协商民主政治所追求的核心。

另一位对政党在民主中的代议角色进行充分论述的学者是利普哈特。利普哈特将其所提出的民主模式称为共识民主（consensus democracy）。虽然利普哈特从未描述过他的民主理论与协商民主理论的关系，协商民主理论的论战中也未提及利普哈特的研究成果，但从共识民主和协商民主的内涵来看，这两个概念有诸多一致之处。根据利普哈特的界定，共识民主是相对于多数民主而言的。多数民主就是多数人统治，但其经常会把"政治权力集中在相对多数人而不是绝对多数人手中"。多数民主是"排他性的、竞争的和对抗性的"。而共识民主努力让尽可能多的人参与到政府中来，"努力使'多数'的规模最大化，而不是满足于获得做出决策所需的狭隘多数"，是一种以包容、交易和妥协为特征的民主，也可被称为"谈判式民主"（negotiation democracy）。④ 就协商民主的内涵而言，不同学者在界定时侧重不同，如佩迪特（Philip Pettit）认为协商民主最重要的特征是包容性约束（the inclusive con-

---

① 乔舒亚·科恩：《协商与民主合法性》，见詹姆斯·博曼、威廉·雷吉主编：《协商民主：论理性与政治》，陈家刚等译，中央编译出版社2006年版，第65—66页。

② 同上，第66页。

③ 同上。

④ 〔美〕阿伦·利普哈特：《民主的模式：36个国家的政府形式和政府绩效》，北京大学出版社2006年版，第1—2页。

straint）、判断约束（the judgment constraint）和对话约束（the dialogical constraint）①，古特曼和汤普森则概括为互惠性（reciprocity）、公共性（publicity）和责任性（accountability）②。这些对协商民主内涵的界定中有一些共通的成分，如对包容性和公共对话的强调，而这两点也是共识民主所强调的。

在利普哈特的共识民主模式中，政党以及政党制度的作用是重要的。这体现在如下几点：第一，代表一些少数群体利益的小政党要参与到政府的决策过程。利普哈特认为，多数决原则会导致少数群体代表权的丧失，特别是在同质性较弱的社会中。在高度分化的多元社会中，"多数决原则不仅是不民主的，而且是危险的，其原因是长期被排除在政权之外的少数派感到被排斥和受歧视，也就失去了对体制的忠诚"③。因此，就需要那些永远不可能单独执政的、代表少数群体利益的小政党参与到执政联盟之中。第二，小政党参与政府和议会的规则是比例代表制度。比例代表制可以使社会分野转化为政党制度分野的过程不受阻碍。相对多数制度往往使大党获得超额代表权，小党则得不到足额代表权，比例代表制的基本制度设计是按照各个政党获得的选票来分配议会席位。政府职位的分配也可以参照议会的比例代表制，正如瑞士联邦委员会的行政职位分配一样。④ 第三，执政联盟中的部分政党轮替比执政党的完全轮替更容易保持政策的连贯性和民主的治国绩效。利普哈特的统计分析表明，共识民主国家在妇女代表权、政治平等、选票投票率、公民对民主满意程度、政府与选民的亲近度、公众对内阁的平均支持度、政府的腐败程度、社会福利水平、环境保护力度等所有反映民主代表性和民主品质的指标上都优于多数民主国家。执政党的完全轮替经常导致决策执行的中断，而执政联盟中的部分政党轮替则可以使决策保持连续性，而且也会利

① Philip Pettit, "Deliberative Democracy and the Discursive Dilemma", *Philosophical Issues*, Vol. 11, 2001, pp. 268 – 299.

② 〔美〕阿米·古特曼、丹尼斯·汤普森：《民主与分歧》，杨立峰、葛水林、应奇译，东方出版社 2007 年版，第二、三、四章。

③ 利普哈特援引了北爱尔兰的例子来证明这一点。北爱尔兰社会分化为新教多数派和天主教少数派，而由于多数决原则的选举规则导致代表多数派利益的统一党在 1921 年到 1972 年的所有选举中获胜，并垄断了组织政府的权力。这种多数民主的压制迫使天主教徒在 20 世纪 60 年代末组织了大规模抗议活动并演变为新教徒与天主教徒之间的内战。参见〔美〕阿伦·利普哈特：《民主的模式：36 个国家的政府形式和政府绩效》，陈琦译，北京大学出版社 2006 年版，第 23 页。

④ 〔美〕阿伦·利普哈特：《民主的模式：36 个国家的政府形式和政府绩效》，陈琦译，北京大学出版社 2006 年版，第 24—26 页。

于多元社会中不同利益诉求的调和与妥协。① 虽然利普哈特在界定共识民主时，运用了复杂的行政机关—政党维度和联邦制—单一制维度，也区别出共识民主与多数民主的十项差别②，但在这十项区别中，政党以及政党制度的作用是根本性的区分。

虽然科恩和利普哈特都对政党在协商民主中的作用进行了讨论，但两种分析模式的侧重与风格都明显不同。科恩偏重政治哲学，而利普哈特偏重政治科学。科恩偏重在法理层面上讨论政党对于协商的必要性，通过把协商放在政党中考虑，使协商在结构上更接近政治决策，也增加了达成共识的压力和可能性，同时通过国家资助的政党来启动国家资助的正式协商，使协商的平等性和公平性得以充分体现。利普哈特则偏重在制度层面上分析政党以及政党制度如何可以使弱势群体影响政治决策，通过比例代表制的制度设计，使少数群体的政治代表可以通畅且有效地进入政治决策的范围之内，同时通过执政联盟中的部分政党轮替，来保证政府决策和执行的连贯性和有效性。这里需要强调的是，利普哈特的共识民主理论被协商民主论者们忽视了。利普哈特模式的特点是实证性和科学性，而引入利普哈特的分析则可以大为增加协商民主论争的实践性。

（四）政党与协商民主的问题领域

科恩和利普哈特的分析只是一种启发性的讨论。科恩只是从规范意义上很简略地谈及政党在协商民主中的意义，而在利普哈特的共识民主中，政党以及政党制度也只是其民主构架的一部分。两位学者的启发性讨论需要被扩展和延续。笔者认为，政党与协商民主关系的问题领域可以在四个方面展开：

第一，党政协商。利普哈特描述的小政党参与政府决策和执政联盟中的部分政党轮替实质是政党与政府之间的协商过程，只不过利普哈特更为关注的弱势群体的代表性和小政党的参与规则。理查德·卡茨（Richard Katz）的

---

① 〔美〕阿伦·利普哈特：《民主的模式：36 个国家的政府形式和政府绩效》，陈琦译，北京大学出版社 2006 年版，第 190—221 页。

② 利普哈特将多数民主的特点总结为：行政权集中于一党微弱多数内阁手中、内阁处于支配地位、两党制、多数决选举制度、利益集团多元主义、单一制中央集权政府、立法权集中于立法机关的一院、柔性宪法、司法审查缺失、行政机关控制下的中央银行。相对应的，共识民主的特点为：行政权在广泛的联合内阁中分享、行政权与立法权平衡、多党制、比例代表制、利益集团合作主义、联邦制和地方分权的政府、强两院制、刚性宪法、司法审查和独立的中央银行。〔美〕阿伦·利普哈特：《民主的模式：36 个国家的政府形式和政府绩效》，陈琦译，北京大学出版社 2006 年版，第 2—3 页。

政党政府概念和让·布隆代尔（Jean Blondel）的支持性政党概念实际上从更为宏观的角度上概括了政党与政府之间的协商和沟通过程①，而毛里齐奥·科塔（Maurizio Cotta）的分析也描述到政党与政府在选举期间和决策期间的协商和博弈过程②。尽管卡茨、布隆代尔和科塔的分析并未使用协商民主或党政协商这样的表达，但这些学者的分析对这一领域的拓展性研究具有启发意义。政府是政治决策的主体，而政党的代议性要转化为政治结果就必须影响政府决策。政党与政府之间的协商可以以政党的执政地位（执政、参政和在野）为维度展开讨论。

第二，党际协商。哈贝马斯双轨模式中强公共领域的作用是形成制度化的民主意志，而这一作用主要是由立法部门即议会团体来实现的。哈贝马斯强调承担强公共领域功能的立法机构是一个讨价还价和妥协折中的场所。③尽管哈贝马斯并未进一步地深入分析这一问题，也未清楚地言及谈判和妥协的主体是政党，但哈贝马斯的分析暗示如下的结论，强公共领域中的议会协商实质是党际协商。党际协商要求各政党在代表性与政治性之间寻求平衡：一方面，政党的代表性要求政党需要为其代表的社会集团表达诉求和争夺利益；另一方面，政党的政治性又要求政党与其他政党达成妥协，以在利益冲突的议题中寻求共同接受的结果。

第三，党社协商。哈贝马斯的双轨模式包含了弱公共领域（公民社会）影响强公共领域（政党、议会和政府）的内容④，但由于政党在哈贝马斯分析中的非主流位置，哈贝马斯并未清晰地表达出政党与社会协商的观点。科恩的观点暗含了党社协商的内容，主要表现在其对政党吸纳和整合社会议题的描述上。⑤总之，鉴于政党在社会和国家之间的特殊位置，政党可以在公域协商和私域协商之间发挥调节性作用。作为一种组织化的场域，政党可以向那些希望协商的社团和个人提供政治沟通的渠道和机会。因为多数主流政

---

① 〔法〕让·布隆代尔、〔意〕毛里齐奥·科塔：《导论》，见〔法〕让·布隆代尔、〔意〕毛里齐奥·科塔：《政党与政府——自由民主国家的政府与支持性政党关系探析》，史志钦等译，北京大学出版社 2006 年版，第 2—5 页。

② 〔意〕毛里齐奥·科塔：《定义政党和政府》，见〔法〕让·布隆代尔、〔意〕毛里齐奥·科塔：《政党政府的性质——一种比较性的欧洲视角》，曾淼等译，北京大学出版社 2006 年版，第 80—81 页。

③ Jüurgen Habermas, *Between Facts and Norms*, Cambridge, MA: MIT Press, 1996, pp. 170 – 171.

④ Ibid., p. 308.

⑤ 〔美〕乔舒亚·科恩：《协商与民主合法性》，见〔美〕詹姆斯·博曼、〔美〕威廉·雷吉主编：《协商民主：论理性与政治》，陈家刚等译，中央编译出版社 2006 年版，第 66 页。

党都力图代表整个社会而非某一社会阶级，所以政党在社会公众和政治精英之间提供对话协商的功能是合法和合理的。

第四，党内协商。西方的协商民主论者们还没有关注到党内协商的问题，而实质上党内协商的内涵潜藏在关于党内民主（intra-party democracy）和政党内部改革的讨论之中。① 党内协商可以促进政党高层与普通党员之间的沟通。政党可以提供一种理性政治辩论的场域，即通过政党会议或论坛将党员聚集在一起讨论政党纲领、竞选口号或候选人提名等。通过党内协商，党员中在某些议题上的极端主义情绪可能会逐渐消退，这样可以使得政党在议会中提出更多对公众负责的议案。当然，政党在党内协商时也需要在一致性与多元性之间寻求平衡，避免为寻求一致性的负责任的议题倾向而压制多元性的表达。由于党内民主和协商民主在国内都是近年热烈讨论的问题，所以关于党内民主与党内协商的研究已经出现一些。② 然而，国内出现的相关研究仅是在概念层面作一些逻辑性的推导，而对党内协商的规范性意义及其制度性设计都未谈及。

（五）党际协商、公民协商及其折中

西方协商民主理论在被介绍进中国后，引起中国学界研究协商民主的浪潮。中国学者惊奇地发现，西方学术中这一新近流行的概念与半个多世纪以来中国实行的政治协商制度有明显契合之处。李君如、庄聪生、齐卫平等学者在经过论证后进而得出结论，中国政治协商制度便是协商民主的重要实践形式。李君如认为，人民政协是作为协商民主的主要形式，在社会主义民主政治建设中具有独特的地位和作用。"我们的民主政治，从人民代表大会制度来讲，实行的主要是选举民主。从人民政协来讲，实行的主要是协商民主，这种民主形式的优点是能够在选举前和选举后保证各界别的政协委员都能平等地参与公共政策的制定过程，自由表达意见。"李君如进而论证到，"协商民主的实质，就是要推进公民有序的政治参与。……人民政协就是公民实现有序的政治参与的主要形式。"③

---

① Herbert Kitschelt, "The Internal Politics of Parties: The Law of Curvilinear Disparity Revisited", *Political Studies*, Vol. 37, 1989, pp. 400–421; Francoise Boucek, "The Structure and Dynamics of Intra-party Politics in Europe", *Perspectives on European Politics and Society*, Vol. 3, No. 3, 2002, pp. 453–493.

② 张书林：《党内协商民主与党内和谐的互动》，载《社会科学》，2007 年第 4 期，第 72—77 页。

③ 李君如：《协商民主是一种重要的民主形式》，载《同舟共进》，2006 年第 6 期，第 6—7 页。

庄聪生认为，协商民主是中国共产党和中国人民对民主形式的伟大创造，而我国协商民主主要体现在中国共产党领导的多党合作和政治协商制度之中，贯穿于多党合作和政治协商的全过程，表现在国家政治和社会生活的各个方面，并具体有四种实现途径，即政治协商、参政议政、民主监督、合作共事。[①] 齐卫平也认为，协商民主并不是舶来品，是中国共产党将马克思主义基本原理与中国革命、建设和改革的实践紧密结合，独立探索民主道路和建构民主制度的创造性成果。近代中国的选举民主没有成功生长，而协商民主则得到较快发展。半殖民地半封建国情的特殊政治生态、中国共产党统一战线思想、政党联盟的反专制斗争形式，构成协商民主生长的社会资源、理论资源和组织资源。"协商民主在中国已经具有实实在在的运作机制。多党合作和政治协商制度是协商民主运作的载体，统战部机构、人民政协机构是在中国共产党实行统一战线的实践中形成的两个工作系统。"[②]

这一类观点认为，协商民主在中国的主要形式便是政治协商制度，主要场所是中国人民政治协商会议，主要内容则分为四方面：中国共产党在重要决策前和执行过程中与各民主党派以及各族各界人士进行政治协商；各民主党派和无党派人士围绕党和国家工作积极参政议政；各民主党派和无党派人士通过提出意见、批评和建议的方式进行民主监督；中国共产党与党外人士在国家权力机关和各类社会组织中合作共事。[③] 可以发现，在这类观点中，协商民主的主体虽然包括各族各界人士和无党派人士，但其核心主体是各民主党派。因此，这类观点界定的协商民主的内核是党际协商，可以将这类观点总结为"党际协商论"。

国内另外一些学者在解读和界定协商民主时，则就其实质和内核提出与党际协商论者不同的理解。这些观点可以分为两类，一类强调公民在协商民主中的主体地位，譬如陈剩勇和陈家刚便持此类观点。陈剩勇认为，"协商式民主理论强调公民是民主体制的参与主体，应该积极促进公民对于公共事务的参与。"[④] 陈家刚认为，"协商民主是一种治理形式，其中，平等、自由

---

① 庄聪生：《协商民主：中国特色社会主义民主的重要形式》，载《马克思主义研究》，2006 年第 7 期，第 81—82 页。

② 齐卫平：《中国特色协商民主的内生源简论》，载《中央社会主义学院学报》，2008 年第 2 期，第 53—56 页。

③ 庄聪生：《协商民主：中国特色社会主义民主的重要形式》，载《马克思主义研究》，2006 年第 7 期，第 82—83 页。

④ 陈剩勇：《协商民主理论与中国》，载《浙江社会科学》，2005 年第 1 期，第 28 页。

的公民在公共协商过程中，提出各种相关理由，说服他人，或者转换自身的偏好，在广泛考虑公共利益的基础上利用公开审议过程的理性指导协商，从而赋予立法和决策以政治合法性。"① 这类学者的观点可以总结为"公民协商论"，这一类观点强调公民在公共论坛中就公共利益进行平等自由的对话、争辩、讨论和协商，并最终赋予公共决策的政治合法性。这一观点基本上沿袭了西方学者关于协商民主的论述，其分析中国政治的最大不足体现在，由于中国政治中最重要的党的力量未在这一协商情境中体现出来，这意味着这一形式的公民协商往往只在较低的政治社会层面上展开，很难上升为公共政策，而更多是一个乌托邦的民主理想。另一类观点则试图在西方观点和中国现实中找到一种平衡，林尚立和朱勤军持这一立场。林尚立用协商政治一词来表达与协商民主相同的内涵，认为政治协商不等于协商政治，因为政治协商运作的单位主体是党派与界别组织，所以不能直接运用于日常性和社会性民主政治生活。"协商政治自然包括政治协商和社会协商。但是，协商政治不是政治协商和社会协商的简单相加，因为它不是协商领域的扩大，而是民主运作程序的价值偏好的选择，所以，协商政治在本质上超越了政治协商与社会协商之间的机械分野，是作为整个社会主义民主政治运行的原则而存在的。"但就协商政治的内核，林尚立未作更为明晰的表述。② 朱勤军则认为，"协商政治的基本主体是政党或政府、利益集团。……公民则通过参加政党和社会团体，以团体的形式参与对公共事务的讨论与协商，还可以通过协商，形成社会舆论，对政治过程产生一定影响。"③ 这两位学者的观点可以总结为"折中协商论"。这类观点一方面认为党际协商是协商民主的一部分，另一方面也考虑到公民在协商民主中的作用，同时强调公民的协商是通过政党和团体来进行的。这一观点考虑到了政党在中国政治权力结构中的决定性因素，但其不足是在协商概念内核上的模糊地位。

（六）党际协商与党群协商之间：中国协商民主的内核

基于此，笔者在公民协商论和折中协商论观点的基础上，提出"党群协

---

① 陈家刚：《协商民主引论》，载《马克思主义与现实》，2004 年第 3 期，第 28 页。

② 林尚立：《协商政治：对中国民主政治发展的一种思考》，载《学术月刊》，2003 年第 4 期，第 22 页。

③ 朱勤军：《中国政治文明建设中的协商民主探析》，载《政治学研究》，2004 年第 3 期，第 60 页。

商"的概念，力图从另一角度来把握中国协商民主的内核与实质。笔者在这里选用了富有中国式话语特征的"党群"一词来描述政党与社会的结构关系。这里的群是哲学意义上的"人民群众"，是指不同历史阶段与社会形态下的社会个体。在中国政治的语境下，党群协商主要在执政党与群众之间展开。执政党是群众利益的集中代表，而群众是历史活动的主体。这里的群众既包括群众个体，也包括群众社团。党群协商的方式既包括群众就公共事务通过社团同执政党的协商，也包括群众直接与执政党的协商。

中国协商民主的内核更可能处于党际协商和党群协商之间。党际协商与党群协商之间具有一定的一致性。譬如，两者都强调多元共识这一协商原则的表达和整合功能。党际协商强调执政党与各民主党派就国家事务可以交换不同的意见，并通过讨论而达成政策上的共识。党群协商也强调执政党与群众就公共事务表达不同的偏好，并以话语论证的方式来形成相对一致的意见。再者，两者都强调公共讨论这一协商过程的程序性含义。党际协商强调国家重要事务在人大表决之前需经过人民政协的事前协商和讨论。党群协商强调执政党与群众通过各种公开论坛或直接接触达成意见上的一致。

然而，党际协商与党群协商之间的差别也是明显的。首先，两类协商主体的性质不同。党际协商是一种精英协商，而党群协商则是一种大众协商。当前作为党际协商另一方主体的民主党派，更多集聚了中国的社会经济精英，所以党际协商更多是精英参与的协商。而党群协商的另一方主体则是普通的人民群众，所以党群协商则更多是执政党与群众之间的对话。其次，两类协商过程的目的不同。党际协商的目的是咨询，而党群协商的目的是审议。因为在历史上民主党派只是特殊社会力量的代表，并不具备对广大人民群众的代表性，所以民主党派的意见仅仅是国家决策的咨询和参考。而人民群众是国家的主人，人民群众对国家决策的参与从宪法上讲是具备审议权利的，因此党群协商是群众对国家政策的合法性进行审议的过程。

党际协商在某种意义上是历史制度的积淀，而且在当前的中国政治制度中发挥着重要的作用，有其政治合法性和合规范性，所以在党际协商的基础上扩展协商民主也自然成为中国民主政治建设的重要内容之一。从政治绩效的角度来看，由于民主党派对国家事务的积极参与和献言献策，党际协商会对国家政策产生一些重要的影响，但由于其浓厚的咨询色彩，这一政策绩效会因而打一些折扣。从阶层属性和代表性而言，民主党派在历史上是特殊社会力量的代表，在现在更多是精英阶层的代表。客观而言，民主党派同社会大众之间的联系是非常有限的，因此党际协商存在一个民主党派代议合法性的问题。政协委员和民主党派党代表的产生，不是由群众层级代议选举出来的，而是通过常委提名推荐再由内部选举产生的，这很难保证党际协商的参与者可以将不同群众的偏好带入协商的过程。因此，从代议合法性的角度来讲，随着民主政治的推进，党际协商的历史内核地位应该向党群协商转向。

党群协商的内核地位则是由中国民主政治的价值取向所决定的。人民民主和共产党领导是中国民主政治的规范性价值取向。人民民主是卢梭人民主权观念的发展，主张国家权力来自人民并属于人民，人民群众才是历史的主体，才是推动人类历史发展和社会进步的决定性力量。民主就是人民的统治，是人民掌握和执行国家权力的过程。从这一价值取向来看，协商的主体更应该是人民群众。民主的根本要落脚到人民身上。坚持共产党的领导意味着要实现协商的政策效果则需要同执政党进行协商，因此在中国民主政治的规范性条件下，党群协商就自然成为中国协商民主的价值内核。

党群协商的价值内核意义在于，通过执政党与群众的直接协商，将参与协商的主体从经济社会精英扩大为普通民众。在这种协商过程中，执政党与群众可以确立一种民主对话的直接交往模式。在这一过程中，执政党与群众的交往是普遍和公开的，而且得到制度上的保障。执政党与群众彼此平等，围绕公共事务进行自由平等的对话和讨论，通过话语论证来达成共识。这样，执政党的权威才能转化为理性的民主话语，而群众则可以在自身意志深思熟虑的表达之后，形成一种政治的公众舆论，通过这种舆论对执政党实行有效的监督，将社会生活的发展完全掌握在群众自己手中。

这里也要清楚地看到党群协商在中国未来实践中存在的难题。譬如，党群协商的理想与现实之间存在着距离。协商民主作为一种体现交往理性的话语民主模式有着确定的理想条件，而在现实中，执政党与群众的公开协商很难达到这些规定的条件，因此从这个意义上讲，党群协商仍然带有着一些乌托邦的理想色彩。再如，党群协商与制度化民主也存在着距离。党群协商中体现的交往过程本身很难体现治理的功能，换言之，多数人参与的协商会导致公共政策的低效率，党群协商也很难转化为制度化民主的权力。这些难题都是未来党群协商在中国的推进中所需要解决的问题。

结论：构建中国执政党与公民社会
关系的双向赋权模式

马克思和恩格斯在《德意志意识形态》中写道："真正的市民社会只是随同资产阶级发展起来的：但是市民社会这一名称始终标志着直接从生产和交往中发展起来的社会组织，这种社会组织在一切时代都构成国家的基础以及任何其他的观念的上层建筑的基础。"① 在马克思和恩格斯的理解中，政治国家与市民社会被赋予了一种辩证统一关系。笔者提出的问题是，在现实中，作为政治国家一部分的政党与公民社会处于何种关系？从规范意义上分析，政党与公民社会如何可以实现一种良性互动的关系？前一问题是一个实然的问题，后一问题是一个应然的问题。本部分尝试对这两个问题进行回答。

一、政党与公民社会的联结趋势

传统研究往往强调政党与公民社会的区别。譬如，《布莱克维尔政治学百科全书》中的"政党发展"词条认为，"政党运行于政治体制的正式（合法、立宪的）部分和非正式（社会的）部分之间的交界上。政党不同于其他社会构成，如利益集团（或根据韦伯著名的定义所言之，阶级或地位集团），因为政党不仅仅谋求对合法的立宪权力结构施加影响，而且还谋求占据其中的职位"②。英国学者海伍德也认为，"政党是为了通过选举或其他途径来赢得政府权力而组织起来的一群人。人们经常把政党与压力集团和社会运动相混淆，但政党并不同于其他团体，它通常有四个特征。第一，政党旨在通过赢得公职来实施政府权力（尽管小型政党可能更在意用选举来获得讲台，而

---

① 〔德〕马克思、恩格斯：《德意志意识形态（节选）》，见《马克思恩格斯选集》（第一卷），人民出版社 1995 年版，第 130—131 页。
② 〔英〕戴维·米勒、韦农·波格丹诺编：《布莱克维尔政治学百科全书》，邓正来等译，中国政法大学出版社 1992 年版，第 521 页。

不是权力）。第二，政党是有着正式'带卡'的成员资格的有组织的实体，因而与更广泛与分散的社会运动不同。第三，政党具有极为广泛的议题焦点，对有关政府决策的每一项重大议题都要发表意见（而小型政党可能只有一个议题焦点，因此与压力集团相似）。第四，政党在不同程度上都是通过享有共同的政治偏好和总体的意识形态认同而联合起来的。"① 美国学者庞顿和吉尔对政党和"有组织的集团"进行了区分。两位作者认为，"政党因其意图控制政府的主要机构而有别于其他集团。因而政党常提出一系列的政策，这些政策涵盖了国家生活中具有政治意义的所有方面。"同时，"有组织的集团的目的只限于为其组织成员获取利益，或更进一步的特定目标；它们既没有全面的政治纲领，也不会寻求去控制政府的主要机构。它们的目的就是对政府施加影响以促使政府采纳有利于他们的政策。"② 另如，台湾学者周阳山对政党和利益集团的区分，"政党是一种有组织的团体，以争取政治权力与政府职位为目的。……而一个只对个别议题争取利益的利益团体或压力团体，亦因其关心议题的狭窄以及不以争取执政为目的，而不被视为政党。"③

目前西方学术界新的研究趋势是重视两者的联系。《布莱克维尔政治学百科全书》中的"政党发展"词条同样也提到政党与公民社会关系在政党发展中的作用，词条的撰写者在讨论了政党与议会的关系、政党与选举政治的关系之后，强调说："上述诸种特征中最重要的是，政党在把政府形式上的结构与'市民社会'的各种不同成分相联系的过程中所起到的作用，这些成分包括：个体公民和由他们组成的各种不同类型的经济、文化、宗教组织及其他组织。这种联系作用在实施反应和控制这两种功能的导向方面明显相差甚大。"④ 庞顿和吉尔虽然对政党与公民团体进行了区分，但两位作者也不讳言这种区分的有效性。庞顿举出英国的威尔士民族主义党和绿党来说明，这些没有机会控制政府的政党所期望的最多是在可能的联合政府中分享少量的权力，其主要目的是影响而不是控制政府，而这几乎是压力集团的功能。庞

---

① 〔英〕安德鲁·海伍德：《政治学核心概念》，吴勇译，天津人民出版社 2008 年版，第 270 页。

② 〔美〕杰弗里·庞顿、彼得·吉尔：《政治学导论》，张定淮等译，社会科学文献出版社 2003 年版，第 123 页。

③ 周阳山：《政党与政党体系》，见郑宇硕、罗金义：《政治学新论：西方学理与中华经验》，香港中文大学出版社 1997 年版，第 293 页。

④ 〔英〕戴维·米勒、韦农·波格丹诺编：《布莱克维尔政治学百科全书》，邓正来等译，中国政法大学出版社 1992 年版，第 520 页。

顿又举出以色列的宗教党派的例子来证明，一些压力集团的成员为数众多而且永久性地共同参与政府，并被视为永久的议会集团。换言之，这些利益集团像政党一样活动着。① 庞顿和吉尔进而分析了政党与压力集团之间的紧密关系。两位举例说，"一个明显的例子是英国的工党，实际上它原是产生于工会。工会和其他集团在形式上隶属于工党。但是，正如商业和金融利益集团与保守党的关系那样，这些非正式关系与更加公开的正式关系一样重要。"②

杰克·戈德斯通观察到，"自从 19 世纪法国共和运动以来，同一个人常常既是社会运动的积极参与者，又是政治候选人。在美国，总统候选人拉尔夫·纳德（Ralph Nader）以第三党候选人身份参加 2000 年总统竞选，以扩展其消费主义者/环境保护主义者运动，与此同时，在欧洲，前环境保护主义运动的积极参与者成为德国议员，甚至作为绿党政治家成为政府部长，同性恋政治激进分子在竞选地方官职，艾滋病研究运动领导人已经在地方政府立法机构任职。"③ 戈德斯通还分析了美国政治早期社会运动中的政党化努力。戈德斯通举出 19 世纪和 20 世纪初的三个重要社会运动组织：反对奴隶制度的社会团体、农场主联盟和主张关闭酒店的联盟。这些社会运动组织都有政党化的努力，分别发展为自由国家党、人民党和禁酒党。这些社会运动组织在政党化后都在很大程度实现了其运动初始的目标。如自由国家党加入了林肯领导的共和党，而林肯最终废除了奴隶制度。人民党在 1892 年得到 22 张选举人票，选出了 7 位州长和众议院议员，之后融入民主党之中。禁酒党虽然未能在美国全国选举中成为重要角色，但其通过政治活动，领导了各州关于禁酒令的投票运动并取得成功。戈德斯通总结说，"在第一次世界大战之前的重大社会运动中，只有妇女选举权运动始终没有牵扯到制度化政治活动和政党之中。"④

罗塞尔·达尔顿也观察到同样的事实，即同一个人常常把时间和金钱投给社会运动，也投给传统的政党政治。戴维·迈耶和康奈尔大学政府和社会

---

① 〔美〕杰弗里·庞顿、彼得·吉尔：《政治学导论》，张定淮等译，社会科学文献出版社 2003 年版，第 124 页。

② 同上。

③ 〔美〕杰克·戈德斯通：《跨越制度化政治与非制度化政治》，见〔美〕杰克·戈德斯通主编：《国家、政党与社会运动》，章延杰译，上海人民出版社 2009 年版，第 XVIII 页。

④ 同上，第 XX 页。

学教授西德尼·塔罗（Sidney Tarrow）持有类似的观点，"社会抗议活动的参与者不会放弃其他形式的参与活动……那些参与抗议活动多的人，而不是参与少的人，更可能在传统的公民政治领域投票和参与政治活动。"① 加州大学墨西德分校社会学副教授尼拉·范戴克认为，"当制度化政治体制向其敞开大门的时候，社会团体才可能被组织起来。"② 范戴克所言的制度化政治体制就包括重要的政党代议通道。德保罗大学政治社会学教授诺贝达·加纳（Roberta A. Garner）和密歇根大学社会学荣休教授美亚·扎尔德（Mayer N. Zald）的研究认为，政党结构很可能是理解社会运动模式最重要的变量。政党会有意发起社会运动以增加其社会支持或进行选举动员，或者在其内部党派分裂的过程中发起运动。社会运动产生于政党内部。两者都是追求政治目标的组织形式，因此政党与社会运动紧密地交织在一起。③ 马古厄阐述了英国核裁军运动和意大利和平运动与政党的密切关系。在英国，核裁军运动发展之初，工党给予其支持，此时核裁军运动发展迅速，然而，当工党转而认为核裁军运动不是其感兴趣的议题并表示反对时，核裁军运动迅速消解并失败。在意大利，和平运动在组织和财政上非常依赖于意大利共产党的支持。④

在西方国家中，政党与公民社会已经成为相互交叠和相互依赖的两个因素。为了赢得选举胜利，政党需要得到来自公民社会方面的支持，并且这种支持关系进一步的固定化，譬如美国共和党和宗教右翼之间的关系。同时，没有制度化政党的支持，公民社会也无法长期存在或有效地影响政治。西方政党与公民社会的合作关系重点体现在选举动员之中。一方面，公民社会需要参与政治活动。另一方面，公民社会对政党最大的贡献也体现在选举的过程之中，公民社会为政党提供政治资金和选举义工。政党与公民社会之间实

---

① David Meyer and Sidney Tarrow, "A Movement Society: Contentious Politics for a New Century", in David Meyer and Sidney Tarrow (eds.), *The Social Movement Society: Contentious Politics for a New Century*, Lanham, MD: Rowman & Little Field, 1998, p. 7.

② 〔美〕尼拉·范戴克：《抗议周期与政党政治——1930 年至 1990 年间美国精英盟友及其对手对美国学生抗议活动的影响》，见〔美〕杰克·戈德斯通主编：《国家、政党与社会运动》，章延杰译，上海人民出版社 2009 年版，第 199 页。

③ Roberta A. Garner and Mayer N. Zald, "The Political Economy of Social Movement Sectors", in Mayer N. Zald and John D. MaCarthy (eds.), *Social Movements in an Organizational Society*, New Brunswick, NJ: Transaction Publishers, 1987, pp. 293 – 317.

④ Diarmuid Maguire, "Oppositon Movements and Oppositon Parties: Equal Partners of Dependent Relations in the Struggle for Power and Reform?", in Graig Jenkins and Bert Klandermans, *The Politics of Social Protest*, Minneapolis: University of Minnesota Press, 1995, pp. 223 – 226.

质是一种政治交换关系：公民社会为政党提供选举支持，而政党为公民社会分配利益。政党与公民社会关系是政党与选民关系的一个变体。由于集体行动困境的存在，公民与政党之间的交换会产生一个重要的问题，即在交换过程中政党是绝对的主导，而选民是消极的交换受众。所以为克服集体行动的困境，选民在与政党的交换过程中最好可以结成公民社团。从这个意义上讲，政党与公民社会之间的交换关系要优于政党与选民之间的交换关系。公民社会的组织性可以对政党的强势主导形成一定的制约和限制。

二、双向赋权：双方紧密关系的延展

政党与公民社会的关系可分为两大类：一元关系与二元关系。一元关系是指两者在实力分配和政治结构中的地位极不对称，一方很明显地优于另一方或一方对另一方有高度的依赖。一元关系可以分为政党强势关系和公民社会强势关系。政党强势关系是指政党的发展优于公民社会的发展，同时政党往往主导或控制公民社会的发展。这一情形在日本和新加坡等东亚国家的政治实践中较为常见。公民社会强势关系与之相反，即公民社会组织已经较为强大和成熟，而政党还未完成制度化，同时公民社会对政党有着强大的控制力。这一情形在美国的政治实践，以及英德的工会和左翼政党的关系中多有体现。二元关系是指两者在政治系统都具有独立的政治行动者资格，两者所拥有的能力和资源差别并不悬殊，同时两者在政治结构中分担的功能都具有很强的不可替代性。二元关系可以分为温和二元关系和极化二元关系。温和二元关系是指政党和公民社会都以合作的态度看待对方，双方在遇到观念分歧或利益纷争时习惯用协商来解决争端。双方同在政治体制内行动是温和二元关系的重要标志。实际上，法团主义所反映的在某一功能领域中展开的体制内合作便是这种温和二元关系。极化二元关系是指政党与公民社会在本质上都不认同对方的合法政治地位，双方习惯用冲突的方式来达成社会合意。在这一关系中，政党活动的主要场域是在政治体制内部，而公民社会活动的主要场域则在政治体制外部。政党往往利用其接近政治决策的机会宣布公民社会非法或限制公民社会的活动范围，而公民社会则往往采用公民不服从、游行示威、街头抗争甚至暴力革命等方式来反抗政党的极化策略。

从规范意义上讲，在这四种关系中，笔者最倾向的是温和二元关系，而其他三种都存在一些问题。政党强势关系的不足在于，公民社会本应发挥的政治功能不能有效地实现。公民社会有很强的社会代议性，在少数群体和弱势群体的利益表达方面有政党所不具备的优势，同时，公民社会还可以以一种解构性的力量对政治权威形成压力。此外，公民社会还是民主巩固中最重要的场域之一。因此，公民社会欠发展的政治不能算是一种成熟的现代民主政治。公民社会强势关系的缺失在于，社会意愿的聚合以及政策的整体实现会由于政党作用的缺席而大打折扣。政党的意义在于可以将社会各种意愿汇集并整合成一种相对折中的集体意愿，并且通过执政活动将这一意愿以政策的形式付诸实施。因此，脱离了政党的意愿整合和政策实现，而仅仅通过公民社团与政府的即时互动，这一政府的政策设计就往往缺乏整体性和长远性。极化二元关系的缺陷在于两者的相互排斥和冲突容易导致政治体制的不稳定和政策的非连续性。极化二元关系在一些未完成政治发展或正处于政治变迁的国家中较为常见，其容易导致一种结果，即在政党与公民社会的相互冲突和斗争之中，其他政治行为体如军队或复辟势力会从中渔利，并利用政治不稳定来逆转政治发展的进程。与这两种关系相比，温和二元关系中的政党与公民社会处于一种相对和谐与相互尊重的关系之中。温和二元关系的价值在于，双方都在合作的框架下实现其各自的政治目标，而且由于相互包容和接纳而在客观上不会导致政治动荡的情形出现。温和二元关系的实质是实现政党与公民社会的双向赋权。

在中文语境中，赋权一般有两层含义，一是指赋予权力，另一是指赋予权利。在不同的学科中，赋权的含义有不同的使用偏好。一般而言，在管理学、社会学和教育学等领域中，赋权主要是指赋予权力。在管理学领域中，张百章对赋权管理和授权管理进行了区分。张百章认为，授权管理是管理者将自己职责范围内的部分工作及该项工作的部分权限授予下属。授权方对被授权方的管理与控制常常通过权力大小的分配来实现。较之授权管理，赋权管理给予下属更大的主观能动性。赋权管理的核心内容包括：第一，将下属可以担当的职责以及拥有的权力完全赋予下属；第二，赋权之后，上级对下属的日常工作及相关决策有权参与但无权干预；第三，赋权人对被赋权人的日常管理依靠"纠偏机制"来实现，即被赋权人的工作出现或可能出现重大偏差时实施"纠偏决策"。① 社会学领域对赋权的研究有较多的成果，特别是

---

① 张百章：《赋权管理及其纠偏机制》，载《北京工商大学学报（社会科学版）》，2005 年第 3 期，第 31 页。

在妇女赋权的研究方面。国外的妇女研究专家认为，权力性别分布的不均，即因性别不同而导致的拥有和控制资源与意识形态的不平等是妇女问题产生的根源。因此，妇女赋权研究强调，妇女问题解决的根源是给予妇女更多权力，以及尊重妇女的主体地位。① 在教育学领域中，"教师赋权增能"理论主张赋予教师以教学政策制定及决策的权力，从而有效地从内部（教师个体）和外部（事业与工作环境）两个方面对教师发展产生积极的指导作用。②

在法学和政治学领域中，赋权的含义往往兼具赋予权利和权力两层内涵。郭道晖在讨论行政许可是否是赋权行为时，将赋权行为基本理解为赋予权利——"从事特定行为的自由和权利"。郭道晖指出，"权利不是天赋的，而是人类社会生活历史地客观地形成的。如果它得到法律的认定，那就成为了法定权利。既是法定权利，也就意味着只能由法律定之，也可以说是由宪法和法律'赋予'。"③ 张紧跟和黎丽意在对农民减负增收问题进行政治学探讨时，就主要在赋予权利这一含义上强调对农民的赋权。两位作者认为，导致农民减负不增收的深层次原因是权利的缺失。破解三农困境的最重要办法是赋予农民基本发展权利和分享改革成果的平等权利。④ 当然，对权利的强调并不是法学和政治学关于赋权研究的全貌。譬如，在宪法学领域中，对赋权的理解也考虑权力的因素。许俊伦在赋权立法和授权立法时基本上将赋权视为赋予权力（权限）。许俊伦认为，赋权立法是国家最高权力机关按照法律赋予地方权力机关或行政机关创制法律法规的权限，而授权立法是权力机关把属于自己行使的部分立法权，按照一定的条件部分地授权其他机关以制定特殊法团的权限。前者是从属性的立法，而后者是自主性的立法。⑤

在英文世界中，赋权有两个对应的词：entitlement（赋权利）和 empow-

---

① 孙戎：《国际 NGO 关心焦点之一：赋权妇女》，载《妇女研究论丛》，1994 年第 3 期，第 4—6 页；叶敬忠：《国际发展项目中妇联组织的无赋权参与》，载《妇女研究论丛》，2004 年第 6 期，第 32—36 页；安娜贝尔·斯莱伯尼：《性别、赋权和沟通：回顾与展望》，载《国际社会科学杂志（中文版）》，2006 年第 2 期，第 95—108 页；陈宇：《农村妇女参与社区发展的赋权模式新探》，载《经济与社会发展》，2008 年第 9 期，第 144—147 页。

② 辛枝、吴凝：《教师赋权增能理论对促进教师发展的理论意义》，载《外语界》，2007 年第 4 期，第 69—73 页。

③ 郭道晖：《对行政许可是"赋权"行为的质疑——关于享有与行使权利的一点法理思考》，载《法学》，1997 年第 11 期，第 6 页。

④ 张紧跟、黎丽意：《赋权：走出后农业税时代新困境的政治学探讨》，载《岭南学刊》，2007 年第 2 期，第 24—27 页。

⑤ 许俊伦：《论赋权立法与授权立法》，载《法律科学》，1992 年第 6 期，第 82 页。

erment（赋权力）。赋权利与赋权力的相关研究出现在一些实证问题的探讨之中。① 英文世界对赋权利的研究相对较丰富。一些理论研究关注赋权利与理性的关系②、赋权利与自由主义的关系③、赋权利与正义的关系④、人权在赋权利中的地位等⑤。也有一些关于赋权利的实证研究，譬如，有研究关注《加拿大权利与自由宪章》对加拿大公民的赋权影响等。⑥ 笔者在这里重点讨论的是阿马蒂亚·森的赋权利理论。森在《贫困与灾荒》一书中写道，"法律处于食物的可利用（food availability）与食物的赋权利（food entitlement）之间。因饥饿导致的死亡反映的是一种法律的复仇。"⑦ 在《资源、价值与发展》一书中，森对赋权利进行了进一步的界定。森认为，赋权利是"一组替代性选择的集合：在这组集合中，人们可以使用其所面对的所有权利和机会在社会中掌握自己的命运"⑧。森在这两部文献中所要表达的一种观点是，人们之所以处于贫困和饥荒状况，并不是因为食物短缺所致，而是因为在这些人群中个人权利关系是不完整的，交换权利也是匮乏的。而解决饥荒和贫困的办法，就是赋予人们充足的权利。森的观点是一种关于贫困和饥荒的权利分析。这一观点与其"以自由看待发展"的观点是一致的。目前，关于森的赋权利研究是西方政治经济学界的热点研究之一。⑨

---

① David Bailey and Lisa De Propris, "The 1988 Reform of the European Structural Funds: Entitlement or Empowerment?", *Journal of European Public Policy*, Vol. 9, No. 3, 2002, pp. 408 – 428.

② Nikolaj J. Pedersen, "Entitlement, Value and Rationality", *Synthese*, Vol. 171, 2009, pp. 443 – 457; C. S. Jenkins, "Entitlement and Rationality", *Synthese*, Vol. 157, 2007, pp. 25 – 45.

③ Sven RosenKranz, "Liberalism, Entitlement, and Verdict Exclusion", *Synthese*, Vol. 171, 2009, pp. 481 – 497.

④ Mark Peel, "Entitlement and Justice", *Urban Policy and Research*, Vol. 18, No. 2, 2000, pp. 239 – 246.

⑤ Amy Goymour, "Proprietary Claims and Human Rights: A 'Reservoir of Entitlement'?", *Cambridge Law Journal*, Vol. 65, No. 3, 2006, pp. 696 – 720.

⑥ Emmett Macfarlane, "Terms of Entitlement: Is There a Distinctly Canadian 'Rights Talk'?", *Canadian Journal of Political Science*, Vol. 41, No. 2, 2008, pp. 303 – 328.

⑦ Amartya Sen, *Poverty and Famines: An Essay on Entitlement and Deprivation*, Oxford: Clarendon Press, 1981, p. 166.

⑧ Amartya Sen, *Resources, Values and Development*, Oxford: Basil Blackwell, 1984, p. 497.

⑨ Stephen Devereux, "Sen's Entitlement Approach: Critiques and Counter-critiques", *Oxford Development Studies*, Vol. 29, No. 3, 2001, pp. 245 – 263; Peter Sohlberg, "Amartya Sen's Entitlement Approach: Empirical Statement or Conceptual Framework?", *International Journal of Social Welfare*, Vol. 15, 2006, pp. 357 – 362; Khandakar Qudrat-I Elahi, "Entitlement Failure and Deprivation: A Critique of Sen's Famine Philosophy", *Journal of Development Studies*, Vol. 42, No. 4, 2006, pp. 541 – 558; Meera Tiwari, "Chronic Poverty and Entitlement Theory", *Third World Quarterly*, Vol. 28, No. 1, 2007, pp. 171 – 191.

实际上，在赋权的研究中，权力与权利的内涵是结合在一起的。郑广怀在其关于伤残农民工的研究中对赋权、无权、去权与剥权等一组概念进行了辨析。郑广怀对赋权概念的界定可以看出权力与权利内涵的契合与互补。郑广怀指出，"赋权是赋予权力或权威的过程，是把平等的权利通过法律、制度赋予对象被使之具有维护自身应有权利的能力。透过这一过程，人们变得具有足够的能力去参与影响他们生活的事件和机构，并且努力地加以改变。"[①] 郑广怀的定义始于权力（权威），然后将实现这种权力的手段诉诸于权利，最后再用结果来评判时又回到权力（足够的能力）。双向赋权是笔者提出的概念。双向赋权主要有两层含义：第一，强调主体间性而不是主体性。第二，强调赋予的内容既包括权力也包括权利。就政党与公民社会的关系而言，强调主体间性可以避免两者关系的一元化倾向。在主体间性的视野当中，政党与公民社会究竟何者优先已经失去了讨论的意义。强调赋予的内容包括权利和权力两者，可以巩固双方的主体地位，也可以避免双方极化关系的出现。相互给予对方一定的权力就是给对方让渡生存的空间，这样可以给双方关系留下一定的缓冲地带。同时给对方让渡权力也是将对方作为主体并给予尊重的一种表现。权利是保障权力让渡的一种框架，可以使空间缓冲和主体尊重以制度的形式保留下来。在这一意义上，赋予权力是实质性的，而赋予权利是形式的。形式不一定能改变内容，但可以使得已经发生的内容较长时间地保留。具体而言，构建政党与公民社会的双向赋权关系，需要在两方面努力：第一，政党放权给公民社会，给予公民社会更多自由结社的空间。同时，公民社会也需要赋权给政党，允许政党在政治领域中为公民社会代言，并鼓励政党在更广泛和长远的视野下整合社会利益。第二，政党应通过其接近政治决策的便利为公民社会争取一些诸如自组织权的基本权利，并鼓励公民社会用这些基本权利来保障其自主空间。同时，公民社会也应利用其接近社会的便利为政党所拥有的一些权利如代表权、仲裁权和调解权赋予更多的合法性，公民社会赋予这些权利合法性的方法主要通过其与社会成员的沟通来实现。

---

① 郑广怀：《伤残农民工：无法被赋权的群体》，载《社会学研究》，2005 年第 3 期，第 101 页。

三、双向赋权与合法性：在经验与规范之间

双向赋权的提法触及政党与公民社会关系的合法性问题。传统的合法性研究强调经验主义，即不同的社会情境产生不同的合法性基础，而合法性的关键在于与某种社会情境适合。韦伯、帕森斯、李普塞特、伊斯顿、阿尔蒙德等都持有经验主义的合法性观点。韦伯在对社会史进行梳理后发现，命令和服从构成了每一个社会活动系统的基本存在，而合法性赋予了命令和服从的存在意义。对于命令者而言，合法性是统治正当性的问题，而对于服从者而言，合法性是对政治的认同问题。韦伯认为，合法性主要体现为政治体系的稳定性，即服从者对命令者地位的确认和认可。韦伯提出合法性的三种基础：传统型、魅力型和法理型，并认为法理型合法性是最适用于现代社会的类型。① 帕森斯认为，合法性来自社会的价值规范系统，即社会的制度模式根据社会系统价值基础而被合法化。帕森斯特别强调合法性的因素"在具体情况下始终是个经验问题，而且决不能先验地假定"②。李普塞特也认为，"任何政治系统只要有能力形成并维护一种使其成员确信现行制度是最为合理的信念，那这一政治系统便具有统治的合法性。"③ 戴维·伊斯顿将合法性定义为系统成员对政治系统的支持，并将其细化为特定支持和散布性支持。特定支持是由某种利益或需求满足所驱动的，而散布性支持则是基于对政治系统的"无条件依附"或信仰。伊斯顿认为，政治体系的合法性更主要地来自散布性支持而非特定支持。④ 阿尔蒙德和鲍威尔也认为，"如果某一社会中的公民都愿意遵守当权者制定和实施的法规，而且还不仅仅是因为若不遵守就会受到惩处，而是因为他们确信遵守是应该的，那么，这个政治权威就是合法的。"⑤ 经验主义合法性对政党与公民社会关系的喻意是，从客观情境下

① 〔德〕马克斯·韦伯：《经济与社会》（上卷），林荣远译，商务印书馆 1997 年版，第 238—241 页。

② 〔美〕帕森斯：《现代社会的结构与过程》，梁向阳译，光明日报出版社 1988 年版，第 144—161 页。

③ Simon Lipset, "Some Social Requisites of Democracy: Economic Development and Political Legitimacy", *American Political Science Review*, Vol. 53, 1959, p. 86.

④ 〔美〕戴维·伊斯顿：《政治生活的系统分析》，王浦劬译，华夏出版社 1999 年版，第 298 页。

⑤ 〔美〕加布里埃尔·A. 阿尔蒙德、小 G. 宾厄姆·鲍威尔：《比较政治学：体系、过程和政策》，曹沛霖等译，上海译文出版社 1987 年版，第 35—36 页。

来理解两者关系。譬如，从美国的政治特征来看，美国政党与公民社会的有限合作模式就拥有很强的合法性。再如，从东亚的政治特征来看，日本和新加坡政党主导公民社会模式的合法性也是很充足的。这种理解带有很强的历史主义特征，强调政治个案的特殊性，对理解和尊重特殊案例有很强的帮助，但也容易被批评为披着文化相对主义的外衣而行政治保守主义之实。

与经验主义相对应的是规范主义。规范主义的合法性概念将合法性视为对某种永恒的美德和正义的强调，即认为统治合法的标准是其能否符合永恒的美德和正义。只要它不符合永恒的美德和正义，即使其得到大众的认同和忠诚，例如法西斯治下的德国，也是不合法的。哈贝马斯认为苏格拉底的正义理论便属于规范主义的合法性界定。[①] 对于政党与公民社会关系而言，规范主义合法性意味着要从某一种法理与标准出发对双方关系进行界定。然而，现实的困境在于很难确定一种可以辨明两者关系的客观标准。国家主义和多元主义是两种界定双方关系的标准。国家主义的实质是强调普遍性和整合性，因此在这一标准中政党处于更为优势的合法性地位。而多元主义则更强调特殊性和分立性，所以以此为基础容易得出公民社会地位优先的结论。实际上，规范主义的合法性概念完全排斥了大众赞成和认可的经验基础，而去寻求一种合法性的永恒标准，从而陷入了抽象思辨和形而上学，并最终导致了价值上的绝对主义。

在这一意义上，哈贝马斯的"重建的合法性"概念便拥有了在经验和规范之间的特殊价值。哈贝马斯在卢梭社会契约论的基础上，提出了其独特的合法性概念，"证明的程序和假设前提本身是合法化之有效性立于其上的合法性基础，某种协议——这种协议乃是作为自由的平等的全体涉及者中间产生——的观念决定着现代合法性的程序类型"[②]。哈贝马斯将其早期著作《公共领域的结构转型》中的公共领域概念作为合法性的主要源泉，并认为政治合法性的重建有赖于公共领域及其政治功能的重构。在哈贝马斯心目中，理想的公共领域应当被构建成一种能够提供自由、平等、开放的"交往共同体"，公众可以自由而平等地介入其中，自由论辩以形成公共意见，借助公共舆论的监督功能将公共权力限定在合理范围内，并为政治的统治秩序生产

---

① 〔德〕哈贝马斯：《交往与社会进化》，张博树译，重庆出版社1989年版，第208—210页。
② 同上，第191页。

出经过公众论辩、审视及批判的服从和忠诚。① 哈贝马斯的"重建的合法性"概念实质便是笔者所论及的双向赋权，即构建一个政党与公民社会之间的交往共同体，政党与公民社团都可以自由而平等的介入其中，通过论辩和协商达成双方的合意与共识。

四、构建双向赋权模式的实践思考

在实践中，双向赋权的过程是政党和公民社会围绕公共事务进行自由平等的对话和讨论，通过话语论证来达成共识进而形成政治结果的过程。具体而言，双向赋权模式在中国的构建需要执政党与公民社会各自都作出一些努力。在执政党方面，需要以下方面的努力：第一，执政党要给予公民社会更多的空间，并通过法律制度建设来保障公民结社和公民社会自组织的权利。执政党要给予草根的社会团体更多的政治空间和社会资源。草根民间组织是时代发展的产物，其往往出现在党的治理比较薄弱的领域。党可以允许民间组织在这些领域发挥更大的积极性，并在宏观上把握这些组织参与治理的方向和内容。党要以更为宽容的态度看待草根组织对群众利益的表达和伸张，给予其平等的协商地位，同时鼓励它们以更加建设性和负责任的态度参与党群治理。第二，尝试执政党与公民社团对话的直接协商模式。执政党要逐步推动与公民社团的协商和社会对话，向关心党工作的公民社团和群众开放，特别要给予那些代表弱势群体的社团表达利益和诉求的机会。可以在党的内部会议邀请一些公民社团代表参加或列席，并逐步尝试允许公民社团代表发表其看法和主张。可以尝试设立一些与公民社团合作的党务论坛，鼓励党员和公民社团代表共同参与讨论党务建设中的问题和解决办法。党的干部要把其工作时间的一部分用在与公民代表的直接联系上，包括定期亲自接待公民代表来访和到公民社团调研等。

在公民社团方面，需要在以下方面努力：第一，公民社会要以合作的态度看待执政党。在欧美政治或中东欧政治中，公民社会在一些情况下是以反叛者或是解构者的角色出现的，而这种态度会给正在经历政治和社会变迁的

---

① 〔德〕哈贝马斯：《在事实与规范之间：关于法律和民主法治国的商谈理论》，童世骏译，生活·读书·新知三联书店 2003 年版，第 436—467 页；傅永军：《公共领域与合法性——兼论哈贝马斯合法性理论的主题》，载《山东社会科学》，2008 年第 3 期，第 5—11 页。

中国带来更多的不稳定因素。因此，公民社会也需要赋权给执政党，给予执政党的政策和行为以充足的合法性，允许并鼓励执政党在一个特殊的社会转型期为社会的整体发展进行筹划和设计。公民社团一方面要主动地参与执政党政策的规划，另一方面对执政党政策的不合理之处也要积极地给予回应。同时，公民社团还应该利用其社会基础和广泛影响，向社会成员解释和传播执政党对未来发展设计的一些想法和思考。通过公民社团的中介，执政党与群众之间的沟通可以更为通畅和便利地实现。第二，工青妇等人民团体的代议优势和政策实现潜能需要被重新重视。用西方的学术语言来表达，工青妇等人民团体实际上发挥了法团主义的功能。人民团体在社会与政党之间的中介功能及其意义是毋庸置疑的。现在需要深入思考的是，人民团体更多体现了国家法团主义的功能，而时代的发展潮流是一种社会法团主义，即需要人民团体逐步扩大其自治性和群众基础，使其更多地发挥自下而上整合群众利益的功能。人民团体的优势是政策实现潜能，而其所缺乏的是对民众意愿的代议性和整合性。假若人民团体的功能可以更为完整地发挥，那将对政党合法性的实现带来非常积极的影响。总之，双向赋权的目的，就是执政党与公民社会之间要确立一种民主对话的交往模式。在这种模式下，执政党与公民社会的交往是普遍和公开的，而且得到制度上的保障。执政党与公民社会彼此平等，围绕公共事务进行自由平等的协商和讨论，通过话语论证来达成共识。这样，执政党的权威才能转化为理性的民主话语，而公民社会则可以在自身意志深思熟虑的表达之后，形成一种政治的公众舆论，通过这种舆论对执政党实行有效的监督。

参考文献

（一）中文书籍：

1.〔澳〕约翰·芬斯顿主编：《东南亚政府与政治》，张锡镇等译，北京大学出版社 2007 年版。

2.〔澳〕约翰·德雷泽克：《协商民主及其超越：自由与批判的视角》，丁开杰等译，中央编译出版社 2006 年版。

3.〔德〕斐迪南·穆勒-罗密尔、〔德〕托马斯·波古特克主编：《欧洲执政绿党》，郇庆治译，山东大学出版社 2005 年版。

4.〔德〕哈贝马斯：《公共领域的结构转型》，曹卫东等译，学林出版社 1999 年版。

5.〔德〕哈贝马斯：《交往与社会进化》，张博树译，重庆出版社 1989 年版。

6.〔德〕黑格尔：《法哲学原理》，范扬、张企泰译，商务印书馆 1979 年版。

7.〔德〕卡尔·施密特：《论断与概念》，朱雁冰译，上海人民出版社 2006 年版。

8.〔德〕卡尔·施密特：《政治的概念》，刘宗坤等译，上海人民出版社 2003 年版。

9.〔德〕罗伯特·米歇尔斯：《寡头统治铁律——现代民主制度中的政党社会学》，任军锋等译，天津人民出版社 2003 年版。

10.〔德〕马克斯·韦伯：《经济与社会》（上卷），林荣远译，商务印书馆 1997 年版。

11.〔法〕邦雅曼·贡斯当：《古代人的自由与现代人的自由》，阎克文、刘满贵译，上海世纪出版集团 2005 年版。

12.〔法〕乔治·阿耶歇、马蒂厄·方托尼：《法国社会党及其领导人物》，沈炼等译，新华出版社 1982 年版。

13. 〔法〕让·布隆代尔、〔意〕毛里齐奥·科塔：《政党与政府——自由民主国家的政府与支持性政党关系探析》，史志钦等译，北京大学出版社 2006 年版。

14. 〔法〕托克维尔：《美国的民主》（上册），董果良译，商务印书馆 1991 年版。

15. 〔古希腊〕柏拉图：《理想国》，郭斌和、张竹明译，商务印书馆 1986 年版。

16. 〔美〕阿米·古特曼、丹尼斯·汤普森：《民主与分歧》，杨立峰、葛水林、应奇译，东方出版社 2007 年版。

17. 〔美〕加布里埃尔·A. 阿尔蒙德、小 G. 宾厄姆·鲍威尔：《比较政治学：体系、过程和政策》，曹沛霖等译，上海译文出版社 1987 年版。

18. 〔美〕阿伦·利普哈特：《民主的模式：36 个国家的政府形式和政府绩效》，陈琦译，北京大学出版社 2006 年版。

19. 〔美〕埃里克·诺德林格：《民主国家的自主性》，孙荣飞等译，江苏人民出版社 2010 年版。

20. 〔美〕安东尼·唐斯：《民主的经济理论》，姚洋等译，上海人民出版社 2005 年版。

21. 〔美〕安东尼·奥罗姆：《政治社会学导论》，张华青等译，上海人民出版社 2006 年版。

22. 〔美〕本杰明·巴伯：《强势民主》，彭斌等译，吉林人民出版社 2006 年版。

23. 〔美〕彼得·埃文斯、迪特里希·鲁斯迈耶、西达·斯考切波主编：《找回国家》，方力维等译，生活·读书·新知三联书店 2009 年版。

24. 〔美〕大卫·格里芬：《超越解构——建设性后现代哲学的奠基者》，鲍世斌等译，中央编译出版社 2002 年版。

25. 〔美〕戴维·伊斯顿：《政治生活的系统分析》，王浦劬译，华夏出版社 1999 年版。

26. 〔美〕杜鲁门：《政治过程——政治利益与公共舆论》，陈尧译，天津人民出版社 2005 年版。

27. 〔美〕费耶阿本德：《反对方法》，周昌忠译，上海译文出版社 1992 年版。

28. 〔美〕杰弗里·庞顿、彼得·吉尔：《政治学导论》，张定淮等译，社会科学文献出版社 2003 年版。

29. 〔美〕杰克·戈德斯通主编：《国家、政党与社会运动》，章延杰译，上海人民出版社 2009 年版。

30. 〔美〕肯尼思·华尔兹：《国际政治理论》，信强译，上海世纪出版集团 2003 年版。

31. 〔美〕罗伯特·达尔：《民主及其批评者》，曹海军、佟德志译，吉林人民出版社 2006 年版。

32. 〔美〕罗斯金等著：《政治科学》，林震等译，华夏出版社 2000 年版。

33. 〔美〕罗威尔：《英国政府（政党制度之部）》，秋水译，上海人民出版社 1959 年版。

34. 〔美〕帕森斯：《现代社会的结构与过程》，梁向阳译，光明日报出版社 1988 年版。

35. 〔美〕塞缪尔·亨廷顿：《变化社会中的政治秩序》，王冠华、刘为等译，上海人民出版社 2008 年版。

36. 〔美〕赛拉·本哈比：《民主与差异：挑战政治的边界》，黄相怀等译，中央编译出版社 2009 年版。

37. 〔美〕威廉·詹姆士：《多元的宇宙》，吴棠译，商务印书馆 2002 年版。

38. 〔美〕西达·斯考切波：《国家与社会革命：对法国、俄国和中国的比较分析》，何俊志、王学东译，上海人民出版社 2007 年版。

39. 〔美〕熊彼特：《资本主义、社会主义与民主》，吴良健译，商务印书馆 2002 年版。

40. 〔美〕伊森·里布《美国民主的未来：一个设立公众部分的方案》，朱昔群等译，中央编译出版社 2009 年版。

41. 〔美〕詹姆斯·伯恩斯等：《美国式民主》，谭君久等译，中国社会科学出版社 1993 年版。

42. 〔美〕詹姆斯·博曼：《公共协商：多元主义、复杂性与民主》，黄相怀译，中央编译出版社 2006 年版。

43. 〔美〕詹姆斯·博曼、威廉·雷吉主编：《协商民主：论理性与政治》，陈家刚等译，中央编译出版社 2006 年版。

44.〔美〕詹姆斯·菲什金、〔英〕彼得·拉斯莱特主编:《协商民主论争》,张晓敏译,中央编译出版社 2009 年版。

45.〔南非〕毛里西奥·帕瑟林·登特里维斯编:《作为公共协商的民主:新的视角》,王英津等译,中央编译出版社 2006 年版。

46.〔希腊〕尼科斯·波朗查斯:《政治权力与社会阶级》,叶林等译,中国社会科学出版社 1982 年版。

47.〔意〕萨托利:《政党与政党体制》,王明进译,商务印书馆 2006 年版。

48.〔英〕艾德礼:《工党的展望》,吴德芬、赵鸣歧译,商务印书馆 1961 年版。

49.〔英〕安德鲁·海伍德:《政治学核心概念》,吴勇译,天津人民出版社 2008 年版。

50.〔英〕戴维·米勒、韦农·波格丹诺编:《布莱克维尔政治学百科全书》,邓正来等译,中国政法大学出版社 1992 年版。

51.〔英〕霍布斯:《利维坦》,黎思复、黎廷弼译,商务印书馆 1986 年版。

52.〔英〕凯特·纳什、阿兰·斯科特主编:《布莱克维尔政治社会学指南》,李雪、吴玉鑫、赵蔚译,浙江人民出版社 2007 年版。

53.〔英〕拉尔夫·密里本德:《资本主义社会中的国家》,沈汉、陈祖洲、蔡玲译,商务印书馆 1997 年版。

54.〔英〕罗纳德·欧文:《西欧基督教民主党》,吴章彬等译,上海译文出版社 1987 年版。

55.〔英〕托尼·布莱尔:《新英国》,曹振寰等译,世界知识出版社 1998 年版。

56.〔英〕威廉·佩特森、阿拉斯泰尔·托马斯:《西欧社会民主党》,林幼琪等译,上海译文出版社 1982 年版。

57.〔英〕以赛亚·伯林:《自由论》,胡传胜译,译林出版社 2003 年版。

58.〔英〕约翰·希克:《信仰的彩虹——与宗教多元主义批评者的对话》,王志成译,江苏人民出版社 1999 年版。

59.《葛兰西文选(1916—1935)》,中央编译局国际共运史研究所编译,人民出版社 1992 年版。

60. 陈启天：《新社会哲学论》，商务印书馆 1946 年版。

61. 陈振明、陈炳辉、骆沙舟：《"西方马克思主义"的社会政治理论》，中国人民大学出版社 1996 年版。

62. 邓正来、〔英〕亚历山大主编：《国家与市民社会——一种社会理论的研究路径》，中央编译出版社 2002 年版。

63. 范丽珠主编：《全球化下的社会变迁与非政府组织》，上海人民出版社 2003 年版。

64. 方庆秋：《中国青年党》，档案出版社 1988 年版。

65. 高岱：《英国政党政治的新起点：第一次世界大战与英国自由党的没落》，北京大学出版社 2005 年版。

66. 高放：《政治学与政治体制改革》，中国书籍出版社 2002 年版。

67. 何增科：《公民社会与民主治理》，中央编译出版社 2007 年版。

68. 贺圣达：《东南亚文化发展史》，云南人民出版社 1996 年版。

69. 洪波：《法国政治制度变迁：从大革命到第五共和国》，中国社会科学出版社 1993 年版。

70. 郇庆治：《环境政治国际比较》，山东大学出版社 2007 年版。

71. 郇庆治主编：《环境政治学：理论与实践》，山东大学出版社 2007 年版。

72. 黄宗良、林勋健：《共产党和社会党百年关系史》，北京大学出版社 2002 年版。

73. 金志霖：《英国行会史》，上海社会科学院出版社 1996 年版。

74. 李金河：《中国政党政治研究：1905—1949》，中央编译出版社 2006 年版。

75. 李路曲：《当代东亚政党政治的发展》，学林出版社 2005 年版。

76. 李文主编：《东亚：宪政与民主》，中国社会科学出版社 2005 年版。

77. 林茂生：《中国现代政治思想史》，黑龙江人民出版社 1984 年版。

78. 林尚立：《政党政治与现代化——日本的历史与现实》，上海人民出版社 1998 年版。

79. 刘东国：《绿党政治》，上海社会科学院出版社 2002 年版。

80. 刘军宁等编：《直接民主与间接民主》，生活·读书·新知三联书店 1998 年版。

81. 卢现祥：《西方新制度经济学》，中国发展出版社 2005 年版。

82. 〔日〕千叶正士：《法律多元——从日本法律文化迈向一般理论》，强世功等译，中国政法大学出版社 1997 年版。

83. 钱乘旦：《工业革命与英国工人阶级》，南京出版社 1992 年版。

84. 孙洁：《英国的政党政治与福利制度》，商务印书馆 2008 年版。

85. 谈火生主编：《审议民主》，江苏人民出版社 2007 年版。

86. 唐士其：《西方政治思想史》，北京大学出版社 2002 年版。

87. 汪晖、陈燕谷主编：《文化与公共性》，生活·读书·新知三联书店 1998 年版。

88. 汪行福：《通向话语民主之路：与哈贝马斯对话》，四川人民出版社 2002 年版。

89. 王建芹：《从自愿到自由——近现代社团组织的发展演进》，群言出版社 2007 年版。

90. 王绍光：《多元与统一——第三部门国际比较研究》，浙江人民出版社 1999 年版。

91. 闻黎明、侯菊坤编：《闻一多年谱长编》，湖北人民出版社 1994 年版。

92. 吴国庆：《当代法国政治制度研究》，社会科学文献出版社 1993 年版。

93. 吴国庆：《法国政党和政党制度》，社会科学文献出版社 2008 年版。

94. 吴志成：《当代各国政治体制：德国和瑞士》，兰州大学出版社 1998 年版。

95. 阎照祥：《英国政党政治史》，中国社会科学出版社 1993 年版。

96. 杨幼炯：《中国政党史》，上海书店 1984 年版。

97. 姚大志：《何谓正义：当代西方政治哲学研究》，人民出版社 2007 年版。

98. 余家菊：《教育原论》，大陆书局 1934 年版。

99. 张伯玉：《日本政党制度政治生态分析》，世界知识出版社 2006 年版。

100. 张静：《法团主义》，中国社会科学出版社 1998 年版。

101. 赵永清：《德国民主社会主义模式研究》，北京大学出版社 2005 年版。

102. 郑宇硕、罗金义：《政治学新论：西方学理与中华经验》，香港中文大学出版社 1997 年版。

103. 朱振明主编：《当代泰国》，四川人民出版社 1992 年版。

104. 史志钦：《全球化与欧洲社会民主党的转型》，中央编译出版社 2007 年版。

（二）中文论文

1. 〔韩〕韩相震：《当代韩国的社会转型——论迈向竞争化市民社会的三种主要推动力》，吴玉鑫译，载《江海学刊》，2008 年第 2 期。

2. 〔韩〕李寿勋：《1987—1992 年韩国过渡时期的政治：市民社会的兴起》，徐漪译，载《国外社会科学文摘》，1998 年第 6 期。

3. 〔美〕约翰·海厄姆：《当代美国思想中的民族多元主义》，黄兆群译，载《世界民族》，1992 年第 3 期。

4. 〔美〕詹姆斯·菲什金：《实现协商民主：虚拟和面对面的可能性》，劳洁译，载《浙江大学学报（人文社会科学版）》，2005 年第 3 期。

5. 安戈、陈佩华：《中国、组合主义及东亚模式》，劳洁译，载《战略与管理》，2001 年第 1 期。

6. 安娜贝尔·斯莱伯尼：《性别、赋权和沟通：回顾与展望》，朱世达译，载《国际社会科学杂志（中文版）》，2006 年第 2 期。

7. 鲍伯丰、王同起：《变革中的欧洲绿党》，载《当代世界》，2007 年第 2 期。

8. 鲍健强：《从绿色运动到绿色科技》，载《科学学与科学技术管理》，2001 年第 2 期。

9. 蔡拓：《全球主义与国家主义》，载《中国社会科学》，2000 年第 3 期。

10. 曹海军、文长春：《"统合主义"政府：一种新型的政府治理模式》，载《理论探讨》，2006 年第 4 期。

11. 陈畅：《试论考古类型学的逻辑与原则》，载《华夏考古》，2006 年第 1 期。

12. 陈家刚：《协商民主引论》，载《马克思主义与现实》，2004 第 3 期。

13. 陈露：《法国社会党处理党群关系的经验教训》，载《当代世界与社会主义》，2006 年第 5 期。

14. 陈崎：《新世纪的西欧右翼政党》，载《北京行政学院学报》，2006

年第 4 期。

15. 陈少晖：《新合作主义：中国私营企业劳资关系整合的目标》，载《当代经济研究》，2008 年第 1 期。

16. 陈剩勇：《协商民主理论与中国》，载《浙江社会科学》，2005 第 1 期。

17. 陈宇：《农村妇女参与社区发展的赋权模式新探》，载《经济与社会发展》，2008 年第 9 期。

18. 程乃胜：《论类型学研究范式在法制现代化研究中的运用》，载《法学评论》，2006 年第 1 期。

19. 戴忠信：《论外语教学研究中的折中主义思想》，载《教育探索》，2002 年第 12 期。

20. 邓正来、景跃进：《建构中国的市民社会》，载《中国社会科学季刊》（中国香港），1992 年第 1 期。

21. 董向荣：《韩国政党政治的发展与演变》，载《当代韩国》，2006 年夏季号。

22. 傅永军：《公共领域与合法性——兼论哈贝马斯合法性理论的主题》，《山东社会科学》，2008 年第 3 期。

23. 高洪：《日本政党体制转换的社会成因》，载《日本学刊》，1999 年第 2 期。

24. 高洪：《新世纪日本政党形态相关的若干问题》，载《日本研究》，1999 年第 4 期。

25. 高奇琦：《欧洲新左翼与极右翼的政党政治——一种运动型政党模式的分析》，载《世界经济与政治论坛》，2009 年第 2 期。

26. 高奇琦：《欧洲运动型政党产生的政治文化分析》，载《国际论坛》，2009 年第 4 期。

27. 高奇琦、李路曲：《新加坡公民社会组织的兴起与治理中的合作网络》，载《东南亚研究》，2004 年第 5 期。

28. 葛洪义：《规范主义·概念主义·国家主义（下）——评我国法概念研究理论框架的逻辑实证倾向》，载《政治与法律》，1989 年第 4 期。

29. 顾昕、王旭：《从国家主义到法团主义——中国市场转型过程中国家与专业团体关系的演变》，载《社会学研究》，2005 年第 2 期。

30. 顾昕：《公民社会发展的法团主义之道——能促型国家与国家和社会

的相互增权》，载《浙江学刊》，2004 年第 6 期。

31. 管敏政：《折中主义·当代民主社会主义·资产阶级自由化思潮》，载《浙江社会科学》，1991 年第 4 期。

32. 郭道晖：《对行政许可是"赋权"行为的质疑——关于享有与行使权利的一点法理思考》，载《法学》，1997 年第 11 期。

33. 韩隽：《澳大利亚工党与工会的特殊关系》，载《当代世界与社会主义》，2000 年第 1 期。

34. 何平立：《认同感政治：西方新社会运动述评》，载《探索与争鸣》，2007 年第 9 期。

35. 郇庆治：《从抗议党到议会党：西欧绿党的新发展》，载《山东大学学报（哲社版）》，1998 年第 2 期。

36. 黄维民：《凯末尔与国家主义》，载《西北大学学报（哲学社会科学版）》，1994 年第 4 期。

37. 蒋晓：《班杜拉社会学习说述评》，载《社会科学》，1987 年第 1 期。

38. 景跃进：《比较视野中的多元主义、精英主义与法团主义——一种在分歧中寻求逻辑结构的尝试》，载《江苏行政学院学报》，2003 年第 4 期。

39. 兰军：《余家菊国家主义思想与世界教育会议》，载《江汉大学学报（社会科学版）》，2006 年第 4 期。

40. 李华锋：《英国工党与工会关系的起源和早期发展述论》，载《聊城大学学报（社会科学版）》，2009 年第 5 期。

41. 李华锋：《英国工党与工会关系嬗变的影响因素分析》，载《社会主义研究》，2009 年第 5 期。

42. 李剑鸣：《西奥多·罗斯福的新国家主义》，载《美国研究》，1992 年第 2 期。

43. 李路曲：《当代西方政党的形态和类型评析》，载《中共天津市委党校学报》，2006 年第 3 期。

44. 李路曲：《论新加坡人民行动党对民主社会主义的民族主义改造》，载《当代世界与社会主义》，1997 年第 4 期。

45. 李路曲：《泰爱泰党一党独大局面的形成》，载《社会主义研究》，2005 年第 5 期。

46. 李路曲：《政党分类的一些思考》，载《华东政法大学学报》，2008 年第 4 期。

47. 李瑞昌：《"亚政治"与"新社会运动"》，载《复旦学报》，2006 年第 6 期。

48. 李莹：《试论日本政党体制的转型》，载《当代亚太》，2007 年第 5 期。

49. 林尚立：《党高官低：日本政策决定过程中的政党与官僚》，载《复旦学报（社会科学版）》，1996 年第 4 期。

50. 林尚立：《协商政治：对中国民主政治发展的一种思考》，载《学术月刊》，2003 第 4 期。

51. 刘安：《市民社会？法团主义？——海外中国学关于改革后中国国家与社会关系研究述评》，载《文史哲》，2009 年第 5 期。

52. 刘滨：《东西方心理疗法整合主义之我见》，载《社会心理科学》，2003 年第 4 期。

53. 刘诚、杜晓成：《为国家主义法制观正名——以新中国 1949 年至 1957 年的法律实践为例》，载《武汉大学学报（哲学社会科学版）》，2005 年第 5 期。

54. 刘淳：《转型期的市民社会与社会秩序——以中国台湾及韩国为例》，载《当代中国政治研究报告》，2003 年总第 2 期。

55. 刘恩东：《法团主义视阈中利益集团与政府关系》，载《国家行政学院学报》，2009 年第 3 期。

56. 刘建飞：《英国工党与工会的特殊关系》，载《当代世界与社会主义》，1996 年第 4 期。

57. 刘为民：《法团主义与中国政治转型的新视角》，载《理论与改革》，2005 年第 4 期。

58. 刘阳：《从政党的组织结构和组织制度看新加坡人民行动党长期执政的原因》，载《当代世界与社会主义》，2005 年第 6 期。

59. 吕世伦、贺小荣：《国家主义的衰微与中国法制现代化》，载《法律科学》，1999 年第 3 期。

60. 罗仁地：《历史语言学和语言类型学》，载《北京大学学报（哲学社会科学版）》，2006 年第 2 期。

61. 罗云力：《德国社会民主党的传媒党化》，载《当代世界与社会主义》，2006 年第 1 期。

62. 马秋莎：《比较视角下中国合作主义的发展：以经济社团为例》，载

《清华大学学报（哲学社会科学版）》，2007 年第 2 期。

63. 门洪华：《国家主义、地区主义与全球主义——兼论中国大战略的谋划》，载《开放导报》，2005 年第 3 期。

64. 齐卫平：《中国特色协商民主的内生源简论》，载《中央社会主义学院学报》，2008 第 2 期。

65. 任一雄：《政党的素质与民主政治的发展——从泰国政党的历史与现状看其民主政治的前景》，载《东南亚研究》，2001 年第 5 期。

66. 佘云霞：《九十年代英国工党的改革及其对英国工会运动的影响》，载《工会理论与实践》，1999 年第 1 期。

67. 沈煜峰、吴清：《班杜拉的社会学习理论述评》，载《教育研究与实验》，1989 年第 3 期。

68. 宋全成：《欧洲移民问题的形成与欧洲极右翼政党的崛起》，载《山东大学学报（哲学社会科学版）》，2005 年第 6 期。

69. 孙戎：《国际 NGO 关心焦点之一：赋权妇女》，载《妇女研究论丛》，1994 年第 3 期。

70. 孙文恺：《论西塞罗自然法思想的折中主义特质》，载《苏州大学学报（哲学社会科学版）》，2007 年第 6 期。

71. 唐卫海、杨孟萍：《简评班杜拉的社会学习理论》，载《天津师范大学学报》，1996 年第 5 期。

72. 王辉森：《密尔政治思想体系中的折中主义特征》，载《江淮论坛》，2004 年第 2 期。

73. 王谨：《"生态学马克思主义"和"生态社会主义"：评介绿色运动引发的两种思潮》，载《教学与研究》，1986 年第 6 期。

74. 王谨：《从西方绿色运动看"绿色文化、绿色美学"崛起的必然性》，载《安徽大学学报》（哲学社会科学版），1995 年第 1 期。

75. 王诗宗：《行业组织的政治蕴涵——对温州商会的政治合法性考察》，载《浙江大学学报（人文社会科学版）》，2005 年第 2 期。

76. 王皖强：《从法团主义到撒切尔主义——战后英国保守党在国家干预问题上的转变》，载《湘潭大学社会科学学报》，2001 年第 2 期。

77. 王向阳：《文化国家主义的诉求：闻一多"大江"时期诗作的审美内核》，载《现代文学》，2007 年第 4 期。

78. 王晓朝：《"折中主义"考辩与古希腊晚期哲学研究》，载《哲学动态》，2001 年第 9 期。

79. 王燕：《金诺克改革与英国新工党》，载《当代世界社会主义问题》，2004 年第 2 期。

80. 王芝茂、王筱宇：《新社会运动与德国绿党的形成》，载《江南大学学报（人文社会科学版）》，2006 年第 5 期。

81. 王子昌：《泰国他信的治国之道》，载《东南亚研究》，2006 年第 5 期。

82. 王子昌：《泰爱泰党与泰国的政治发展》，载《东南亚研究》，2007 年第 1 期。

83. 韦红：《新加坡的民主社会主义》，载《社会主义研究》，2004 年第 5 期。

84. 魏光明：《当代民族主义的类型学分析》，载《中南民族学院学报（人文社会科学版）》，2001 年第 2 期。

85. 闻黎明：《闻一多与"大江会"——试析 20 年代留美学生的"国家主义观"》，载《近代史研究》，1996 年第 4 期。

86. 吴春相：《当代语言类型学视野下的汉语研究方法论》，载《东疆学刊》，2009 年第 3 期。

87. 吴洪成：《试论近代中国国家主义教育思潮》，载《河北大学学报（哲学社会科学版）》，2007 年第 4 期。

88. 吴辉：《德国政党与政治基金会的关系》，载《中共石家庄市委党校学报》，2006 年第 7 期。

89. 夏立安：《法团主义在法西斯意大利的命运》，载《齐鲁学刊》，2003 年第 2 期。

90. 夏世忠：《"国家主义派"的民族主义思想评析》，载《马克思主义与现实》，2007 年第 2 期。

91. 谢峰：《英国工党的第三条道路述评》，载《国际政治研究》，1999 年第 4 期。

92. 辛枝、吴凝：《教师赋权增能理论对促进教师发展的理论意义》，载《外语界》，2007 年第 4 期。

93. 徐万胜：《政治资金与日本政党体制转型》，载《日本学刊》，2007 年第 1 期。

94. 许俊伦：《论赋权立法与授权立法》，载《法律科学》，1992 年第

6 期。

95. 许婷：《法团主义：政府与社会组织的关系模式选择》，载《中共浙江省委党校学报》，2006 年第 4 期。

96. 薛澜、彭志国：《论合作主义视角下政策咨询机制构建与完善》，载《科学学研究》，2005 年第 5 期。

97. 闫瑾：《德国外交政策决策过程中的政治基金会》，载《国际论坛》，2004 年第 2 期。

98. 闫瑾：《德国政治基金会探析》，载《德国研究》，2003 年第 1 期。

99. 颜文京：《调整国家与社会关系的第三种模式——试论组合主义》，载《政治学研究》，1999 年第 2 期。

100. 杨鹏飞：《新合作主义能否整合中国的劳资关系？——以上海市的实践为例》，载《社会科学》，2006 年第 8 期。

101. 叶敬忠：《国际发展项目中妇联组织的无赋权参与》，载《妇女研究论丛》，2004 年第 6 期。

102. 殷叙彝：《法国社会党近年来关于社会主义的论述》，载《国际政治研究》，2002 年第 4 期。

103. 殷叙彝：《社会主义政党与工人运动及工会的关系》，载《马克思主义与现实》，2009 年第 4 期。

104. 余友辉：《学园怀疑主义与希腊折中主义》，载《浙江社会科学》，2004 年第 4 期。

105. 余子侠、郑刚：《余家菊国家主义教育思想论析》，载《江汉大学学报（社会科学版）》，2006 年第 4 期。

106. 张百章：《赋权管理及其纠偏机制》，载《北京工商大学学报（社会科学版）》，2005 年第 3 期。

107. 张伯玉：《日本民主模式及政党制形态转变的可能性与不确定性》，载《日本学刊》，2009 年第 6 期。

108. 张登及：《中国大国外交的类型学分析》，载《世界经济与政治》，2004 年第 8 期。

109. 张恩和、张洁宇：《闻一多：从国家主义到民主主义——一个真正爱国者的思想轨迹》，载《清华大学学报（哲学社会科学版）》2003 年第 1 期。

110. 张纪梅：《从人性观角度看折中主义疗法的意义》，载《心理科学》，2002 年第 5 期。

111. 张紧跟、黎丽意：《赋权：走出后农业税时代新困境的政治学探讨》，载《岭南学刊》，2007 年第 2 期。

112. 张静：《"法团主义"模式下的工会角色》，载《工会理论与实践》，2001 年第 1 期。

113. 张静：《"合作主义"理论的中心问题》，载《社会学研究》，1996 年第 5 期。

114. 张书林：《党内协商民主与党内和谐的互动》，载《社会科学》，2007 年第 4 期。

115. 张文红：《并肩前进抑或分道扬镳？——德国社民党与工会的关系》，载《欧洲研究》，2003 年第 6 期。

116. 张小劲：《关于政党组织嬗变问题的研究：综述与评价》，载《欧洲》，2002 年第 4 期。

117. 张昕：《转型中国的治理新格局：一种类型学途径》，载《中国软科学》，2010 年第 1 期。

118. 赵东升：《考古类型学的一点思索》，载《文物世界》，2002 年第 6 期。

119. 郑秉文：《合作主义：中国福利制度框架的重构》，载《经济研究》2002 年第 2 期。

120. 郑广怀：《伤残农民工：无法被赋权的群体》，载《社会学研究》，2005 年第 3 期。

121. 中国人民大学马克思主义学院课题组：《全球信息化背景下西方主要政党组织发展趋势研究》，载《当代世界与社会主义》，2008 年第 3 期。

122. 中央组织部党建研究所课题组：《全球化信息化背景下国外一些主要政党组织发展趋势研究》，载《当代世界与社会主义》，2008 年第 3 期。

123. 周方冶：《泰国非暴力群众运动与政治转型》，载《当代亚太》，2007 年第 7 期。

124. 周方冶：《泰国政治动荡的原因与前景》，载《当代世界》，2008 年第 10 期。

125. 周杰：《新选举制度对日本政党体制的影响——"迪韦尔热效应"的实证分析》，载《日本学刊》，2009 年第 4 期。

126. 周亮、徐绫泽：《论类型学研究范式在犯罪学中的应用》，载《时代法学》，2008 年第 5 期。

127. 周世亮：《泰国政局中的政治三角：军队、技术官僚、公众社会》，载《学术探索》，2008 年第 3 期。

128. 周义程：《民主是什么——一项关于民主概念与类别的类型学考量》，载《探索》，2009 年第 3 期。

129. 周永坤：《法律国家主义评析》，载《云南法学》，1997 年第 1 期。

130. 朱勤军：《中国政治文明建设中的协商民主探析》，载《政治学研究》，2004 第 3 期。

131. 朱艳圣：《不寻常的民主——自民党单一政党统治与日本式民主》，载《当代世界与社会主义》，2003 年第 5 期。

（三）英文书籍

1. Hamlin and Pettit (eds.), *The Good Polity*, Oxford：Basil Blackwell，1989.

2. Alan Ware, *Political Parties and Party System*, Oxford：Oxford University Press，1996.

3. Amartya Sen, *Poverty and Famines：An Essay on Entitlement and Deprivation*, Oxford：Clarendon Press，1981.

4. Amartya Sen, *Resources, Values and Development*, Oxford：Basil Blackwell，1984.

5. Andrew Shonfield, *Modern Capitalism：The Changing Balance of Public and Private Power*, Oxford：Oxford University Press，1965.

6. Anglo Panebianco, *Political Parties：Organization and Power*, New York：Cambridge University Press，1988.

7. Angus Campbell (ed.), *The American Voter*, New York：John Wiley and Sons，1960.

8. Austin Ranney, *The Doctrine of Responsible Party Government*, Urbana：University of Illinois Press，1962.

9. Avinash Dixit, *The Making of Economic Policy：A Transaction-Cost Politics Perspective*, Cambridge：MIT Press，1996.

10. Benedetto Croce, *Sylvia Saunders Sprigge*, *History as the Story of Liberty*, New York：Norton，1941.

11. I. Eugene Kim and Young Whan Kihl (eds.), *Party Politics and Elections in Korea*, Silver Spring, Maryland: The Research Institute on Korean Affairs, 1976.

12. Cas Mudde, *Populist Radical Right Parties in Europe*, Cambridge: Cambridge University Press, 2007.

13. Charles Tilly, *From Mobilization to Revolution*, New York: Random House, 1978.

14. Kuan-Hsing Chen (ed.), *Trajectories: Inter-Asia Cultural Studies*, London: Routledge, 1998.

15. Chua Beng-Hua, "Singapore in 1990: Celebrating the End of an Era", in *Southeast Asian Affairs 1991*, Institute of Southeast Asian Studies, Singapore, 1992.

16. Clinton Rossiter, *Parties and Politics in America*, Ithaca, NY: Cornell University Press, 1960.

17. Daniel Arghiros, *Democracy, Development and Decentralization in Provincial Thailand*, Richmond, Surrey: Curzon, 2001.

18. David A. Wilson, *Politics in Thailand*, Ithaca: Cornell University Press, 1962.

19. David C. Schak and Wayne Hudson (eds.), *Civil Society in Asia*, Hampshire: Ashgate Publishing Limited, 2003.

20. David Meyer and Sidney Tarrow (eds.), *The Social Movement Society: Contentious Politics for a New Century*, Lanham, MD: Rowman & Little Field, 1998.

21. David Robertson, *Class and the British Electorate*, Oxford: Blackwell, 1984.

22. David Schak and Wayne Hudson (eds.), *Civil Society in Asia*, Burlington: Ashgate, 2004.

23. E. E. Schattschneider, *Party Government*, New York: Holt, Rinehart &Winston, 1942.

24. E. S. Burin and K. L. Shell (eds.), *Politics, Law and Social Change: Selected Essays of Otto Kirchheimer*, New York: Columbia University Press, 1954.

25. Elizabeth Carter, *The Extreme Right in Western Europe*, Manchester:

Manchester University Press, 2005.

26. Ernst Cassirer, *The Philosophy of Enlightenment*, Trans. Fritz C. A. Koelln and James P. Pettegrove, Princeton: Princeton University Press, 1951.

27. F. G. Castles and R. Wildenmann (eds.), *Vision and Realities of Party Government*, Berlin: De Gruyter, European University Institute Series, 1986.

28. Frank J. Schwartz and Susan J. Pharr (eds.), *The State of Civil Society in Japan*, Cambridge, U. K.: Cambridge University Press, 2003.

29. Frank Jacob Schwartz and Susan Pharr (eds.), *The State of Civil Society of Japan*, Cambridge: Cambridge University Press, 2003.

30. G. Lehmbruch and Phillipe Schimitter (eds.), *Patterns of Corporatist Policy-Making*, London: Sage, 1982.

31. Garry Rodan (ed.), *Political Oppositions in Industrialising Asia*, London: Routledge, 1996.

32. Georg Iggers & Konrad von Moltke (eds.), *The Theory and Practice of History*, Indianapolis, IN: Bobbs-Merril, 1973.

33. Giambattista Vico, *The New Science of Giambattista Vico*, trans. Thomas Goddard Bergin and Max Harold Fisch, Ithaca, New York, 1948.

34. Gillian Koh and Ooi Giok Ling (eds.), *State-Society Relations in Singapore*, Singapore: Oxford University Press, 2000.

35. Graig Jenkins and Bert Klandermans (eds.), *The Politics of Social Protest*, Minneapolis: University of Minnesota Press, 1995.

36. H. D. Evers (ed.), *Loosely Structured Social Systems: Thailand in Comparative Perspective*, New Haven: Yale University Press, 1969.

37. Hans Daalder and Peter Mair (eds.), *Western European Party System: Continuity and Change*, London: Sage, 1983.

38. Harold Laski, *Studies in the Problems of Sovereignty*, London: George Allen and Unwin, 1968.

39. Herbert Kitschelt and Anthony J. McGann, *The Radical Right in Western Europe: A Comparative Analysis*, Ann Arbor: The University of Michigan Press, 1995.

40. Herbert Kitschelt, *The Logic of Party Formation*, Ithaca, NY: Cornell University Press, 1989.

41. Ian Budge, *The New Challenge of Direct Democracy*, Cambridge: Polity Press, 1996.

42. Iris Marion Young, *Inclusion and Democracy*, Oxford: Oxford University Press, 2000.

43. J. Blondel and M. Cotta (eds.), *Party Government: An Inquiry into the Relationship between Government and Supporting Parties in Liberal Democracies*, London: Macmillan, 1996.

44. J. Blondel and M. Cotta (eds.), *The Nature of Party Government: A Comparative European Perspective*, London: Palgrave, 2000.

45. Jack M. Potter, *Thai Peasant Social Structure*, Chicago and London: The University of Chicago Press, 1976.

46. James Fishkin, *Democracy and Deliberation: New Directions for Democratic Reform*, New Haven CT: Yale University Press, 1991.

47. Jean Cohen and Andrew Arato, *Civil Society and Political Theory*, Cambridge, MA: MITP, 1992.

48. Jennifer Chan-Tiberghien, *Gender and Human Rights Politics in Japan: Global Norms and Domestic Networks*, Stanford, Calif.: Stanford University Press, 2004.

49. Joseph Lapalombrara and Myron Weiner (eds.), *Political Parties and Political Development*, Princeton: Princeton University Press, 1966.

50. Juan J. Linz and Alfred Stepan, *Problems of Democratic Transition and Consolidation*, Baltimore: Johns Hopkins University Press, 1996.

51. Jüurgen Habermas, *Between Facts and Norms*, Cambridge, MA: MIT Press, 1996

52. Karl R. Popper, *The Poverty of Historicism*, London: Routledge, 1961.

53. Larry Diamond and Richard Gunther (eds.), *Political Parties and Democracies*, Baltimore and London: The Johns Hopkins University Press, 2001.

54. *FOCAS: Forum on Contemporary Art & Society*, Singapore: The Necessary Stage, 2001.

55. Mary F. Katzenstein and Carol M. Mueller (eds.), *The Women's Movement of the United States and Western Europe*, Philadelphia: Temple University Press, 1987.

56. Maurice Duverger, *Political Parties: Their Organization and Activity in the Modern State*, London: Methuen, 1954.

57. Mayer N. Zald and John D. MaCarthy (eds.), *Social Movements in an Organizational Society*, New Brunswick, NJ: Transaction Publishers, 1987.

58. Nicos Poulantzas, *Political Power and Social Classes*, London: NLB, 1973.

59. Paul Langford (ed.), *The Writings and Speeches of Edmund Burke*, Oxford: Clarendon Press, 1981.

60. Peter B. Evans, Dietrich Rueschemeyer, Theda Skocpol (eds.), *Bringing the State Back In*, Cambridge: Cambridge University Press, 1985.

61. Peter Mair, *Party System Change: Approaches and Interpretations*, Oxford: Clarendon Press, 1997.

62. Piero Ignazi, *Extreme Right Parties in Western Europe*, Oxford: Oxford University Press, 2003.

63. Pippa Norris, *Radical Right, Voters and Parties in Electoral Market*, Cambridge: Cambridge University Press, 2005.

64. R. S. Katz (ed.), *Party Governments: European and American Experience*, Berlin: De Gruyter, European University Institute Series, 1987.

65. Ralph Miliband, *The State in Capitalist Society*, New York: Basic Books, 1969.

66. Reuven Y. Hazan, *Center Parties: Polarization and Competition in European Parliamentary Democracies*, London: Pinter, 1997.

67. Richard Gunther, José Ramón Montero, and Juan J. Linz (eds.), *Political Parties: Old Concepts and New Challenges*, New York: Oxford University Press, 2002.

68. Richard Rose and Rei Shiratori (eds.), *The Welfare State East and West*, Oxford: Oxford University Press, 1986.

69. Richard S. Katz and Peter Mair (eds.), *How Parties Organize, Change and Adaptation in Party Organizations in Western Democracies*, London: Sage, 1994.

70. Richard S. Katz and William Crotty (eds.), *Handbook of Party Politics*, London: Sage Publications, 2006.

71. Robert D. Putnam, *Bowling Alone: The Collapse and Revival of American Community*, New York, Simon & Schuster, 2000.

72. Robert Dahl, *A Preface to Economic Democracy*, Cambridge: Polity, 1985.

73. Robert Pekkanen, *Japan's Dual Civil Society: Members without Advocates*, Stanford, Calif.: Stanford University Press, 2006.

74. Russell Dalton and Martin Wattenberg (eds.), *Parties without Partisans: Political Change in Advanced Industrial Democracies*, New York: Oxford University Press, 2000.

75. Russell Dalton, Scott Flanagan and Paul Beck (eds.), *Electoral Change in Advanced Industrial Democracies: Realignment and Dealignment*, Princeton, NJ: Princeton University Press, 1984.

76. Russell J. Dalton and Manfred Kuechler (eds.), *Challenging the Political Order: New Social and Political Movement in Western Democracies*, Oxford: Oxford University Press, 1990.

77. Seymour Lipset, *Political Man*, New York: Doubleday, 1960.

78. Seymour Martin Lipset and Stein Rokkan (eds.), *Party System and Voter Alignments*, New York: Free Press, 1967.

79. Sigmund Neumann, *Modern Political Parties: Approaches to Comparative Politics*, Chicago: University of Chicago Press, 1956.

80. Suzanne Berger (ed.), *Organizing Interests in Western Europe: Pluralism, Corporatism, and the Transformation of Politics*, New York: Cambridge University Press, 1981.

81. Ted Gurr, *Why Men Rebel*, Princeton, N. J.: Princeton University Press, 1970.

82. Thomas Christiano, *The Rule of the Many*, Boulder, CO: Westview Press, 1996.

83. Thomas Poguntke, *Alternative Politics: The German Green Party*, Edinburgh: Edinburgh University Press, 1993.

84. Will Kymlicka, *Multicultural Citizenship: A Liberal Theory of Minority Rights*, Clarendon Press, 1995.

85. William H. Riker, *The Theory of Political Coalition*, New Haven: Yale

University Press, 1962.

86. William Kornhauser, *The Politics of Mass Society*, New York: Free Press, 1959.

87. William N. Chambers, *Political Parties in a New Nation: The American Experience 1776 – 1809*, New York: Oxford University Press, 1963.

88. Yoichiro Sato, *Growth and Governance in Asia*, Honolulu: Asia-Pacific Center for Security Studies, 2004.

89. Zhao Liqing and Carolyn L. Irving (eds.), *The Non-profit Sector and Development*, Hongkong Press for Social Science LTD, 2001.

(四) 英文论文

1. Alan Cawson, "In Defense of the New Testament: A Reply to Andrew Cox, 'The Old and New Testaments of Corporatism' ", *Political Studies*, Vol. 36, 1988.

2. Amitai Etzioni, "Is Bowling Together Sociologically", *Contemporary Sociology*, Vol. 30, No. 3, May 2001.

3. Amy Goymour, "Proprietary Claims and Human Rights: A 'Reservoir of Entitlement'?", *Cambridge Law Journal*, Vol. 65, No. 3, 2006.

4. Andrew Cox, "The Old and New Testaments of Corporatism: Is It a Political Form or a Method of Policy-making?", *Political Studies*, Vol. 36, No. 2, 1988.

5. Arnauld Miguet : "The French Elections of 2002 : After the Earthquake", *West European Politics*, October 2002.

6. Bernard Mannin, "On Legitimacy and Democratic Deliberation", *Political Theory*, Vol. 15, 1987.

7. Birgitta Nedelmann and Kurt G. Meier, "Theories of Contemporary Corporatism: Static or Dynamic?", *Comparative Political Studies*, Vol. 10, No. 1, 1977.

8. Bruce Ackeman and James S. Fishkin, "Deliberation Day", *Journal of Political Philosophy*, Vol. 10, No. 2, 2002.

9. C. S. Jenkins, "Entitlement and Rationality", *Synthese*, Vol. 157, 2007.

10. Carolyn Forestiere, "Kirchheimer Italian Style: Catch-all Parties or Catch-all Blocs", *Party Politics*, Vol. 15, No. 5, 2009.

11. Christoffer Green-Pedersen, "Center Parties, Party Competition, and the

Implosion of Party System: A Study of Centripetal Tendencies in Multiparty Systems", *Political Studies*, Vol. 32, 2004.

12. Christoffer Green-Pedersen, "The Growing Importance of Issue Competition: The Changing Nature of Party Competition in Western Europe", *Political Studies*, Vol. 55, 2007.

13. Christopher S. Allen, "Empty Nets: Social Democracy and the Catch-all Party Thesis in Germany and Sweden", *Party Politics*, Vol. 15, No. 5, 2009.

14. Colin Crouch, "Pluralism and the New Corporatism: A Rejoinder", *Political Studies*, Vol. 31, 1983.

15. David Bailey and Lisa De Propris, "The 1988 Reform of the European Structural Funds: Entitlement or Empowerment?", *Journal of European Public Policy*, Vol. 9, No. 3, 2002.

16. Douglass North, "A Transaction Cost Theory of Politics", *Journal of Theoretical Politics*, Vol. 2, 1990.

17. Ellis S. Krauss and Robert Pekkanen, "Explaining Party Adaptation to Electoral Reform: The Discreet Charm of the LDP?", *Journal of Japanese Studies*, Vol. 30, No. 1, 2004.

18. Emmett Macfarlane, "Terms of Entitlement: Is There a Distinctly Canadian 'Rights Talk'?", *Canadian Journal of Political Science*, Vol. 41, No. 2, 2008.

19. Francesco Raniolo, "Forza Italia: A Leader with a Party", *South European Society & Politics*, Vol. 11, No. 3-4, September-December 2006.

20. Francoise Boucek, "The Structure and Dynamics of Intra-party Politics in Europe", *Perspectives on European Politics and Society*, Vol. 3, No. 3, 2002.

21. Fredrick B. Pike, "Corporatism and Latin American-United States Relations", *Review of Politics*, Vol. 36, No. 1, 1974.

22. Gabriel Almond, "Corporatism, Pluralism and Professional Memory", *World Politics*, Vol. 35, No. 2, 1983.

23. Gordon White, "Civil Society, Democratization and Development I", *Democratization*, Vol. 1, No. 3, 1994.

24. Harold Hotelling, "Stability in Competition", *The Economic Journal*, Vol. 39, 1929.

25. Heather MacIvor, "Do Canadian Political Parties Form a Cartel?", *Cana-*

dian Journal of Political Science, Vol. 29, No. 2, 1996.

26. Herbert Kitschelt, "Citizen, Politicians, and Party Cartellization: Political Representation and State Failure in Post-Industrial Democracies", *European Journal of Political Research*, Vol. 37, 2000.

27. Herbert Kitschelt, "Left-libertarian Parties: Explaining Innovation in Competitive Party Systems", *World Politics*, Vol. 40, No. 2, 1988.

28. Herbert Kitschelt, "The Internal Politics of Parties: The Law of Curvilinear Disparity Revisited", *Political Studies*, Vol. 37, 1989.

29. Howard J. Wiarda, "Corporatism and Development in the Iberic-Latin World: Persistent Strains and New Variations", *Review of Politics*, Vol. 36, No. 1, 1974.

30. Jack Knight and James Johnson, "Aggregation and Deliberation: On the Possibility of Democratic Legitimacy", *Political Theory*, Vol. 22, No. 2, 1994.

31. Jae-Jae Spoon, "Holding Their Own: Explaining the Persistence of Green Parties in France", *Party Politics*, Vol. 15, No. 5, 2009.

32. James Adams, Michael Clark, Lawrence Ezrow, Garrett Glasgow, "Are Niche Parties Fundamentally Different from Mainstream Parties? The Causes and the Electoral Consequences of Western European Parties' Policy Shifts, 1976 – 1998", *American Journal of Political Science*, Vol. 50, No. 3, 2006.

33. James Bohman, "Complexity, Pluralism, and the Constitutional State: On Habermas's Faktizität und Geltung", *Law and Society Review*, Vol. 28, No. 4, 1994.

34. James M. Malloy, "Authoritarianism, Corporatism and Mobilization in Peru", *Review of Politics*, Vol. 36, No. 1, 1974.

35. Jennifer K. Smith, "Campaigning and the Catch-all Party: The Process of Party Transformation in Britain", *Party Politics*, Vol. 15, No. 5, 2009.

36. John D. May, "Opinion Structure of Political Parties: The Special Law of Curvilinear Disparity", *Political Studies*, Vol. 2, No. 2, 1973.

37. John D. McCarthy and Mayer N. Zald, "Resource Mobilization and Social Movement: A Partial Theory", *American Journal of Sociology*, Vol. 82, 1977.

38. John Griffiths, "What is Legal Pluralism?", *Journal of Legal Pluralism and Unofficial Law*, Vol. 24, 1986.

39. Jonathan Hopkin and Caterina Paolucci, "The Business Firm Model of Party Organization: Case from Spain and Italy", *European Journal of Political Research*, Vol. 35, 1999.

40. Joseph Farrell, "Berlusconi and Forza Italia: New Force for Old?", *Modern Italy*, Vol. 1, No. 1, 1995.

41. Kaare Strøm, "A Behavioral Theory of Competitive Political Parties", *American Journal of Political Science*, Vol. 34, No. 2, 1990.

42. Khandakar Qudrat-I Elahi, "Entitlement Failure and Deprivation: A Critique of Sen's Famine Philosophy", *Journal of Development Studies*, Vol. 42, No. 4, 2006.

43. Kim Sunhyuk, "Civil Society in South Korea: From Grand Democracy Movements to Petty Interest Group?", *Journal of Northern Asian Studies*, Vol. 15, No. 2, 1996.

44. Klaus Detterbeck, "Cartel Parties in Western Europe", *Party Politics*, Vol. 11, No. 2, 2005.

45. Klaus Detterbeck, "Party Cartel and Cartel Parties in Germany", *German Politics*, Vol. 17, No. 1, 2008.

46. Larry Diamond, "Toward democratic consolidation", *Journal of Democracy*, Vol. 5, No. 3, 1994.

47. Leo Panitch, "Recent Theorizations of Corporatism: Reflections on a growth industry", *The British Journal of Sociology*, Vol. 31, No. 2, 1980.

48. Lisa Young, "Party, State and Political Competition in Canada: The Cartel Model Reconsidered", *Canadian Journal of Political Science*, Vol. 31, No. 2, 1998.

49. Mark Peel, "Entitlement and Justice", *Urban Policy and Research*, Vol. 18, No. 2, 2000.

50. Mary Alice Haddad, "Transformation of Japan's Civil Society Landscape", *Journal of East Asian Studies*, Vol. 7, No. 3, 2007.

51. Meera Tiwari, "Chronic Poverty and Entitlement Theory", *Third World Quarterly*, Vol. 28, No. 1, 2007.

52. Michelle H. Williams, "Kirchheimer's French Twist: A Model of the Catch-all Thesis Applied to the French Case", *Party Politics*, Vol. 15,

No. 5, 2009.

53. Nicole Bolleyer, "Inside the Cartel Party: Party Organization in Government and Opposition", *Political Studies*, 2008.

54. Nicos Poulantzas, "The Capitalist State: A Reply to Miliband and Laclau", *New Left Review*, No. 95, 1976.

55. Nikolaj J. Pedersen, "Entitlement, Value and Rationality", *Synthese*, Vol. 171, 2009.

56. Oliver Pye and Wolfram Schaffar, "The 2006 Anti-Thaksin Movement in Thailand: An Analysis", *Journal of Contemporary Asia*, Vol. 38, No. 1, 2008.

57. Otto Kirchheimer, "German Democracy in the 1950's ", *World Politics*, Vol. 13, 1961.

58. Otto Kirchheimer, "Majorities and Minorities in Western European Governments", *Western Political Quarterly*, Vol. 12, 1959.

59. Otto Kirchheimer, "Notes on the Political Scene in West Germany", *World Politics*, Vol. 6, No. 3, 1954.

60. Otto Kirchheimer, "The Political Scene in West Germany", *World Politics*, Vol. 9, 1957.

61. Otto Kirchheimer, "The Waning of Opposition in Parliamentary Regimes", *Social Research*, Vol. 24, 1957.

62. Pasuk Phongpaichit and Chris Baker, "Thaksin's Populism", *Journal of Contemporary Asia*, Vol. 38, No. 1, February 2008.

63. Paul Almeida and Linda B. Stearns, "Political Opportunities and Local Grassroots Environmental Movements: The Case of Minamata", *Social Problems*, Vol. 45, No. 1, 1998.

64. Paul Taggart, "New Populism", *West European Politics*, No. 1, Jan. 1995.

65. Peter Gerlich, Edgar Grande and Wolfgang Müller, "Corporatism in Crisis: Stability and Change of Social Partnership in Austria", *Political Studies*, Vol. 36, No. 2, 1988.

66. Peter Mair, "Party Politics in Contemporary Europe: A Challenge to Party?", *Western European Politics*, Vol. 7, No. 4, 1981.

67. Peter Sohlberg, "Amartya Sen's Entitlement Approach: Empirical Statement or Conceptual Framework?", *International Journal of Social Welfare*, Vol. 15,

2006.

68. Philip Pettit, "Deliberative Democracy and the Discursive Dilemma", *Philosophical Issues*, Vol. 11, 2001.

69. Philippe C. Schmitter, "Still the Century of Corporatism?", *Review of Politics*, Vol. 36, No. 1, 1974.

70. Philippe Schmitter, "Corporatism is dead! Long Live Corporatism!", *Government and Opposition*, Vol. 24, No. 1, 1989.

71. Richard Gunther and Larry Diamond, "Species of Political Parties: A New Typology", *Party Politics*, Vol. 9, No. 2, 2003.

72. Richard Katz and Peter Mair, "Changing Models of Party Organization and Party Democracy: The Emergence of the Cartel Party", *Party Politics*, Vol. 1, No. 1, 1995.

73. Richard Rose and Derek W. Urwin, "Persistence and Change in Western Party System since 1945", *Political Studies*, Vol. 18, No. 3, 1970.

74. Robert D. Putnam, "Bowling Alone: America's Declining Social Capital", *Journal of Democracy*, January 1995.

75. Robert Harmel and John D. Robertson, "Formation and Success of New Parties: A Cross-national Analysis", *International Political Science Review*, Vol. 6, No. 4, 1985.

76. Robert Pekkanen, "After the Developmental State: Civil Society in Japan", *Journal of East Asian Studies*, Vol. 4, No. 3, 2004.

77. Robert Putnam, "Bowling Together: the United State of America", *The American Prospect*, February 11, 2002.

78. Ronald C. Newton, "Natural Corporatism and the Passing of Populism in Spanish America", *Review of Politics*, Vol. 36, No. 1, 1974.

79. Ross Martin, "Pluralism and the New Corporatism", *Political Studies*, Vol. 31, No. 1, 1983.

80. Ruud Koole, "Cadre, Catch-all or Cartel? A Comment on the Notion of the Cartel", *Party Politics*, Vol. 2, No. 4, 1996.

81. Scott C. Flanagan and Russell J. Dalton, "Parties under Stress: Realignment and Dealignment in Advanced Industrial Societies", *West European Politics*, Vol. 7, No. 1, 1984.

82. Simon Hug, "Studying the Electoral Success of New Political Parties: A

Methodological Note", *Party Politics*, Vol. 6, No. 2, 2000.

83. Simon Lipset, "Some Social Requisites of Democracy: Economic Development and Political Legitimacy", *American Political Science Review*, Vol. 53, 1959.

84. Stephen Devereux, "Sen's Entitlement Approach: Critiques and Counter-critiques", *Oxford Development Studies*, Vol. 29, No. 3, 2001.

85. Stephen Parsons, "On the Logic of Corporatism", *Political Studies*, Vol. 36, No. 3, 1988.

86. Susan E. Scarrow, "Party Subsidies and the Freezing of Party Competition: Do Cartel Mechanisms Work", *West European Politics*, Vol. 29, No. 4, 2006.

87. Sven Rosen Kranz, "Liberalism, Entitlement, and Verdict Exclusion", *Synthese*, Vol. 171, 2009.

88. Terence Lee, "The Politics of Civil Society in Singapore", *Asian Studies Review*, Vol. 26, No. 1, March 2002.

89. Theda Skocpol, "Association without Members", *The American Prospect*, July 1999.

90. V. O. Key, Jr., "A Theory of Critical Elections", *Journal of Politics*, Vol. 17, No. 1, 1955.

91. William Safran, "The Catch-all Party Revisited: Reflection of a Kirchheimer Student", *Party Politics*, Vol. 15, No. 5, 2009.

92. Yael Yishai, "Bringing Society Back in: Post-Cartel Parties in Israel", *Party Politics*, Vol. 7, No. 6, 2001.

93. Yong Rae Kim, "Emerging Civil Society and the Development of Interest Group Politics in Korea", *Korea Observer*, Vol. 30, No. 2, 1999.

后 记

　　本书主要是在我博士后出站报告的基础上修改而成的，得到了教育部人文社科青年项目"国外政党与公民社会的关系研究：以欧美和东亚为例"（09YJC810012）的资助。它记录着我博士后期间的学术历程，汇集着我两年来的努力和思索。在书稿付梓之际，我的心情激动而又忐忑。激动的是，这两年的心力和思考终于杀青。忐忑的是，鉴于自己学术积淀的薄弱，本书的努力是否能触及理论创新和实践研究的内在精髓？在激动和忐忑之外，更多的是感激之情。确实，要感谢的人实在太多。

　　两年前，进入华东政法大学政治学研究院工作，同时做了李路曲教授的博士后。李路曲教授是我的博士后合作导师，也是我硕士阶段的导师，是我走上学术研究道路的引路人。李老师是国内比较政治研究方面的重要学者之一。近年来，李老师的研究方向侧重比较政党政治和比较政治学的理论与方法。在李老师的指导下，我选择了政党与公民社会关系的比较研究这一题目。在研究和写作过程中，李老师给我提出了许多真知灼见，并经常在我松懈之时加以鞭策和激励，这些使得本书得以顺利完成。李老师总是用他的一言一行教授我处世的道理，同时在生活上也给予无微不至的关怀。在我的出站报告出版之际，李老师又欣然为本书作序，令我感念不已！

　　另一位需要特别感谢的是我博士期间的导师沈丁立教授。虽然博士期间我的研究方向与目前有较大差异（博士论文是关于美韩核关系史的研究），但博士期间的研究训练使我终身受益。在博士期间，沈老师对第一手研究资料、论证逻辑以及文字表达流畅的强调深深地影响了我的研究习惯。沈老师治学严谨、学养深厚，他的人格风范时常激励着我。

　　感谢我的妻子张宪丽。她有自己的工作和事业，但她却在繁忙的工作之外欣然地承担了照顾孩子和家庭的重任。有了妻子的责任担当，家里的柴盐米醋、女儿高墨涵的饥饱冷暖都不用我多分一点心思，这使我可以专心致志地完成这本书。有了妻子的无私奉献，我才可以有更多的时间游弋于学术知识的海洋之中。总之，这里的三言两语是无法表达我对妻子的感激和愧疚之情的。

感谢养育我的父母，没有他们持之以恒的无私奉献和精神支持，我就不能顺利地完成我的学业。这么多年在学术的道路上前行，与父母的支持是分不开的。父母是我前行的支持，也是我前行的动力。

我所在的政治学研究院有着浓厚的研究和学习氛围。在平时的研究中，我多次向袁峰教授、阙天舒博士、王金良博士、邢瑞磊博士、杨云珍博士、章远博士请教和求证一些问题。在资料收集和文字校对的过程中，一些学生如杜欢、郝诗楠、张春满、付建军、黄振乾、毛启蒙等都为我提供了一些帮助，在此一并致谢。

在整个著作的编辑和出版过程中，得到中央编译出版社贾宇琰主任和侯天保老师的大力帮助。他们严谨的编辑态度、对文笔精准的要求，让我受益匪浅。

值此，我谨向所有曾经给予我支持和帮助的老师、领导、同仁、朋友和家人，表示衷心的感谢！

高奇琦
2010 年 12 月 26 日于华政园

图书在版编目（CIP）数据

国外政党与公民社会的关系：以欧美和东亚为例 /
高奇琦著. —北京：中央编译出版社，2011.10
（比较政治学丛书）
ISBN 978 - 7 - 5117 - 1025 - 3

Ⅰ.①国…

Ⅱ.①高…

Ⅲ.①政党 - 关系 - 社会团体 - 研究

Ⅳ.①D564 ②C231

中国版本图书馆 CIP 数据核字（2011）第 200069 号

国外政党与公民社会的关系：以欧美和东亚为例

出 版 人	和　龑	
策划编辑	贾宇琰	
责任编辑	侯天保	
责任印制	尹　珺	
出版发行	中央编译出版社	
地　　址	北京西城区车公庄大街乙 5 号鸿儒大厦 B 座（100044）	
电　　话	（010）52612345（总编室）	（010）52612341（编辑室）
	（010）66161011（团购部）	（010）52612332（网络销售）
	（010）66130345（发行部）	（010）66509618（读者服务部）
网　　址	www..cctpbook.com	
经　　销	全国新华书店	
印　　刷	北京瑞哲印刷厂	
开　　本	787 毫米×960 毫米　1/16	
字　　数	320 千字	
印　　张	19	
版　　次	2011 年 10 月第 1 版第 1 次印刷	
定　　价	58.00 元	

本社常年法律顾问：北京大成律师事务所首席顾问律师　鲁哈达

凡有印装质量问题，本社负责调换，电话：（010）66509618